Helene Sommerfeld
Die Töchter der Ärztin
Zeit des Vertrauens

HELENE SOMMERFELD

# DIE TÖCHTER DER ÄRZTIN

*Zeit des Vertrauens*

Roman

dtv

Von Helene Sommerfeld ist im dtv außerdem erschienen:
Polizeiärztin Magda Fuchs –
Das Leben, ein ewiger Traum
Polizeiärztin Magda Fuchs –
Das Leben, ein großer Rausch
Polizeiärztin Magda Fuchs –
Das Leben, ein wilder Tanz
Die Töchter der Ärztin. Zeit der Sehnsucht
Die Töchter der Ärztin. Zeit der Hoffnung

MIX
Papier | Fördert gute Waldnutzung
FSC® C019821

Originalausgabe 2024

Umschlaggestaltung: Hauptmann & Kompanie Werbeagentur, Zürich
©Umschlagmotive: Lee Avison © Arcangel Images; Rekha Garton © Arcangel Images; © Hauptmann & Kompanie Werbeagentur, Zürich; Alamy / Album; shutterstock.com / S. Thors, nuruddean, Serg64, G_O_S
Karte »Berlin«, »Los Angeles« und »Riviera-Express«: © Peter Palm, Berlin
Stammbaum: © Katharina Netolitzky, www.katharina-netolitzky.com
Gesetzt aus der Stempel Garamond 10,25/13,5˙
Druck und Bindung: Druckerei C.H.Beck, Nördlingen
Printed in Germany · ISBN 978-3-423-22069-9

Für Ilona

Wenn du zur Arbeit gehst
am frühen Morgen,
wenn du am Bahnhof stehst
mit deinen Sorgen:
da zeigt die Stadt
dir asphaltglatt
im Menschentrichter
Millionen Gesichter:
Zwei fremde Augen, ein kurzer Blick,
die Braue, Pupillen, die Lider –
Was war das? vielleicht dein Lebensglück ...
vorbei, verweht, nie wieder.

Du gehst dein Leben lang
auf tausend Straßen;
du siehst auf deinem Gang,
die dich vergaßen.
Ein Auge winkt,
die Seele klingt;
du hasts gefunden,
nur für Sekunden ...
Zwei fremde Augen, ein kurzer Blick,
die Braue, Pupillen, die Lider;
Was war das? kein Mensch dreht die Zeit zurück ...
Vorbei, verweht, nie wieder.

Du mußt auf deinem Gang
durch Städte wandern;
siehst einen Pulsschlag lang
den fremden Andern.
Es kann ein Feind sein,
es kann ein Freund sein,
es kann im Kampfe dein
Genosse sein.
Es sieht hinüber
und zieht vorüber ...
Zwei fremde Augen, ein kurzer Blick,
die Braue, Pupillen, die Lider.
Was war das?
Von der großen Menschheit ein Stück!
Vorbei, verweht, nie wieder.

*Augen in der Großstadt*
von Kurt Tucholsky (1890–1935)

LOS ANGELES
1931
High School
VAN NUYS
Hollywood School for Girls
HOLLYWOOD
Hollywood Blvd.
Sunset Blvd.
Santa Monica Blvd.
Cedars of Lebanon
Melrose Ave.
La Brea Ave.
WEST HOLLYWOOD
Filmstudio Paramount
Vermont Ave.
BEVERLY HILLS
Sunset Blvd.
Wilshire Blvd.
Western Ave.
Haus Henny und Victor
San Vicente Blvd.
El Coyote Café
PACIFIC PALISADES
Santa Monica Blvd.
Breed Street Shul
(247 North Breed Street)
Overland Ave.
CULVER CITY
SANTA MONICA
LOS ANGELES
Filmstudio MGM
Santa Monica Pier
Baldwin Hills
Ocean Park
Culver Blvd.
Venice
PAZIFISCHER OZEAN
INGLEWOOD
Friedhof
Manchester Ave.
Palisades Del Rey
Belleview Ave.
HAWTHORNE
El Segundo
El Segundo Ave.
ATHENS
Manhattan Beach
GARDENA
Hermosa Beach
Redondo Beach
TORRANCE
N
W
O
Palos Verdes Hills
PASADENA
HOLLYWOOD
PACIFIC PALISADES
BEVERLY HILLS
SANTA MONICA
INGLEWOOD
LOS ANGELES
Santa Monica Bay
NORTH LONG BEACH
LONG BEACH
Terminal Island
San Pedro Bay
0 1 2 3 4 5km

RIVIERA-EXPRESS 1931
NORDSEE
NIEDERLANDE
Amsterdam
Berlin
Elbe
Brüssel
BELGIEN
DEUTSCHES REICH
Rhein
Frankfurt
Paris
Donau
FRANKREICH
Basel
Bodensee
ÖSTERREICH
Loire
SCHWEIZ
Genfer See
Genf
Lyon
Mailand
Venedig
Turin
Po
ADRIA
Genua
ITALIEN
Monte Carlo
Rapallo
Rhône
Beaulieu-sur-Mer
Arles
Nizza
Sanremo
Florenz
Cannes
Cap Ferrat
Marseille
Côte d'Azur
Toulon
MITTELMEER
Korsika
0 50 100 150 km

# DIE KAPITEL

# DIE WICHTIGSTEN PERSONEN

RICARDA THOMASIUS »Rica« * 1863, Ärztin
HENRIETTE VANDENBERG »Henny« * 1890, ihre älteste Tochter
ANTONIA THOMASIUS »Toni« * 1900, ihre jüngste Tochter
SIEGFRIED THOMASIUS * 1860, Ricardas Mann
VICTOR VANDENBERG * 1892, Hennys Mann
VICTORIA VANDENBERG »Vicky« * 1918, Hennys und Victors Tochter
LEONHARD VANDENBERG »Leo« * 1929, Hennys und Victors Sohn
GUNTRAM HARRICH * 1901, Arzt, Antonias Freund
KARLA PETERSEN * 1842, Ricardas und Rosels Mutter
ROSAMUNDE VON FREYSTETTEN »Rosel« * 1865, Ricardas Schwester
FRIEDEMANN VON FREYSTETTEN * 1864, Rosels Mann
FRANZ VON FREYSTETTEN * 1888, Friedemanns und Rosels Ältester
FLORENTINE VON FREYSTETTEN * 1862, Friedemanns Schwester und Victors Mutter
FRIEDA LANDSMANN * 1907, Friedemanns und Rosels Tochter
JONATHAN LANDSMANN * 1895, Friedas Ehemann
FELICITAS und FELIX * 1929, Friedas Zwillinge
JOANNA * 1931, Tochter von Frieda und Jonathan
CELIA FAHRLAND * 1898, Freundin von Toni
FRIEDA HINNES »Ida« * 1925, Celias Tochter

Edgar Hinnes * 1897, Ingenieur, Celias geschiedener Mann

Josefine Daldrupp »Fini« * 1896, Sprechstundenhilfe

Doris Kaufmann * 1901, Schauspielerin

Ernst Wagner * 1878, Kriminalrat

Klaus Gramzow * 1899, Friedemanns Fahrer

# DAS GLÜCK DES AUGENBLICKS

— ♦ —

*Silvester 1930*

Den Jahreswechsel unter Palmen am eigenen Swimmingpool verbringen! Gab es etwas Schöneres?

Vielleicht nichts Schöneres, dachte Henny. Aber sie lebte nicht in Kalifornien, um einen ausgedehnten Urlaub zu genießen. Auch wenn es sich manchmal so anfühlte. Sie war Ärztin und musste diesen Beruf auch am letzten Tag des Jahres ausüben, um einem kleinen Menschen auf die Welt zu helfen. Leider befand sich die Hochschwangere an diesem Silvestermittag in einer schwierigen Lage – der Fötus lag quer.

So bald würde es also nichts werden mit den Vorbereitungen zur ersten Silvesterparty in Hollywood.

Zu Hause warteten nicht nur ihre Familie auf sie, sondern demnächst auch die ersten Gäste. Und sie hörte ihre Zwölfjährige maulen, dass ihre *Mom* doch schon über Weihnachten Dienst gehabt hätte, was in den USA ohnehin nur ein einziger Feiertag war. »Schließlich bin ich die neue Oberärztin, und ich habe als Letzte angefangen, da kann ich mich nicht drücken«, hatte sie versucht, sich zu rechtfertigen. Dass die Frauenstation obendrein erst im Aufbau befindlich war, das hatte sie wohlweislich weggelassen. Es hätte zu sehr daran erinnert, dass die Familie gerade damit beschäftigt war, ihr gesamtes Leben neu zu erfinden.

Manchmal war es eben besser, die Dinge zu nehmen, wie

sie kamen. So wie die Patientin mit der Querlage, die sich des Ernsts der Situation nicht bewusst war. Sie lachte und scherzte, wobei sie überwiegend Spanisch sprach, was hier einige Patienten taten. Ihr Körper wurde offensichtlich von Glücksgefühlen überschwemmt, obwohl sie immer wieder von Wehen gepeinigt wurde.

Henny ging die Möglichkeiten durch, die ihr offenstanden; es waren genau genommen nur zwei. Und keine von beiden war verlockend. Denn das Krankenhaus, an dem sie ihre neue Verantwortung übernommen hatte, war klein, und sie war alles andere als eine erfahrene Gynäkologin. Was am *Cedars of Lebanon Hospital* durchaus bekannt war, wo man jedoch händeringend eine Frauenärztin brauchte.

Während fast ihrer gesamten Laufbahn hatte sich Henny in die Onkologie eingearbeitet, sich in New York ausgebildet und in Berlin eine eigene Praxis gehabt, galt auf ihrem Gebiet als Vorreiterin. Doch hier in Los Angeles, am *Cedars,* wurde sie nicht als Expertin für Krebs benötigt. Henny hatte das Beste aus der Situation gemacht und sich in der Fachliteratur über Frauenheilkunde vergraben, als gälte es, ein Examen zu bestehen. Was auch tatsächlich der Fall war, und zwar täglich aufs Neue.

So war sie auch auf die Lehre über die Hormone gestoßen, ein ganz neues Fachgebiet, in dem sich Chemie und Biologie zu einem heimlichen Stelldichein mit der Psychologie verabredet hatten. Und da hieß es, dass der Körper unter großer Anspannung – die Kollegen benutzten das in diesem Zusammenhang ungewohnte Wort *stress* – besonders viele Hormone produzierte, um sich selbst zu schützen. Die Hochschwangere, die vor Henny auf dem Bett lag, profitierte offenbar gerade von diesem Mechanismus. Für sie als Ärztin war das ein nützliches Wissen, denn sie wollte den Selbstschutz des Körpers bei ihrem Vorgehen einbeziehen.

»Wir verzichten zunächst auf Morphium«, sagte sie auf Englisch zu der jungen Hebamme Maria, die ihr im Kreißsaal helfen sollte und bereits eine Spritze aufziehen wollte.

Denn Henny erinnerte sich an ihre jüngere Schwester Antonia, die eine Weile in Ostafrika gelebt und dort an einem Krankenhaus jede Menge praktischer Erfahrungen hatte sammeln können. Weil in Daressalam Improvisation oberstes Gebot gewesen war, konnte Antonia ungewollt zur Spezialistin für komplizierte Geburten werden. Das hatte sie ihrer älteren Schwester Henny ganz praktisch vorgeführt, als sie Frieda, die Kusine der beiden, in deren eigenen Bett von Zwillingen entbunden hatte. Das war auch so eine der Lektionen, die Henny in letzter Zeit hatte lernen dürfen: Ihre einstmals *kleine* Schwester war zur gestandenen Kollegin herangereift, deren Können ihren Respekt verdiente.

Jetzt nahm Henny Hebamme Maria zur Seite. »Unterhalten Sie sich bitte mit der Patientin. Reden Sie mit ihr über die anderen vier Kinder, die sie hat. Erzählen Sie, wie wunderbar es ist, dass das Kind gerade heute kommt, an Silvester. Die Frau ist gläubig. Erinnern Sie sie daran, dass Gott sie an diesem Tag mit diesem Kind segnet. Lenken Sie sie ab und ich drehe das Kind.«

Die Hebamme, die wohl höchstens Anfang zwanzig war, starrte sie entsetzt an: »Sie tun *was*?«

Es war die fünfte Geburt der Patientin, aber sie hatte von weiteren Schwangerschaften erzählt.

Daraus zog Henny ihre Schlüsse, die sie der Hebamme erklärte: »Die Gebärmutter lässt diesem kleinen Fötus sehr viel Platz, darum liegt er falsch. Das korrigiere ich. Okay? Fangen wir an.«

Ihr Vorgehen würde für die Kreißende schmerzhaft sein. Ein Kaiserschnitt – was die zweite Option gewesen wäre – barg allerdings ein wesentlich größeres Risiko, da die Fruchtblase bereits geplatzt war. Denn ein Anästhesist musste gerufen werden und ein Chirurg.

Das konnte in Los Angeles Stunden in Anspruch nehmen: Viele kleine, teils weit voneinander entfernte Ortschaften begannen etwas darzustellen, das Los Angeles noch längst nicht war – ein zusammenhängendes Stadtgebilde. Bis all die Spezialisten, die längst in Feierstimmung waren, eingetroffen sein würden, wäre Neujahr. Der Kalender zeigte zwar noch für ein paar Stunden das Jahr 1930. Die Sterblichkeit von gebärenden Frauen lag in diesem Teil der Welt allerdings auf einem Niveau, auf dem sie in Berlin Jahrzehnte zuvor gelegen hatte – bei über fünfzig Prozent.

Das sah Hebamme Maria ein: »Ja, Frau Doktor.«

Mit höchster Konzentration machte sich Henny ans Werk.

Damals, als sie sich mit dem Krebs und seinen Symptomen beschäftigt hatte, hatte sie begonnen, ihre Arbeit als Zwiegespräch mit dem Körper einer Patientin zu verstehen. In der Behandlung von Schwangeren, das spürte sie in diesem Fall besonders deutlich, gewann die Kommunikation zwischen Behandlerin und Behandelter eine neue Dimension. Sie hatte keine Röntgenapparate zur Verfügung, denn die Strahlen, das war inzwischen bekannt, schädigten Ungeborene. Sie hatte nur ihre Hände, ihre Ohren und ihr Gespür, um alles richtig zu machen. Wie früher, wie zu den Zeiten, als ihre Mutter Ricarda sich das Wissen einer Frauenheilkundlerin erworben hatte.

Schließlich wusste sie, dass der neue Mensch hinaus konnte in die Welt, die ihn erwartete. Bald darauf glitt er in ihre Hände, sie überließ es der Hebamme, den kleinen Jungen abzunabeln und zu versorgen, und kümmerte sich um die Nachversorgung der Patientin. Nur eine Stunde später – die Sonne stand glutrot über dem Meer – lag der Säugling an der Brust seiner glücklichen Mutter.

Die junge Hebamme blickte Henny mit leuchtenden Augen an. »Bitte, Frau Doktor, bringen Sie mir bei, wie Sie das gemacht haben.«

Nachdem sie sich vergewissert hatte, dass auf ihrer kleinen Station alles in Ordnung war, ging Henny zu ihrem Auto, das als Vorletztes auf dem Parkplatz vor dem Gebäude des Krankenhauses stand, um heimzufahren.

Sie blickte hinauf in das satte Blau des Himmels über Kalifornien und dachte an ihre Großmutter Karla, deren Glauben ihr immer etwas fremd geblieben war. Für Henny war Wissenschaft der Maßstab ihres Denkens, für Karla war es die Zuversicht, dass Gott es besser wüsste als seine Kreaturen. Für den kurzen Moment, in dem Henny sich bei der Behandlung der Kreißenden entschieden hatte, auf die kaum erforschten Hormone und damit auf sich selbst zu vertrauen, hatte sie da etwas empfunden, das sich der Logik einer bestens ausgebildeten Ärztin entzog?

»Ich habe dich lieb, Großmutter«, sagte sie hinauf zum blauen kalifornischen Himmel, der zum selben Zeitpunkt längst pechschwarz war über Deutschland, wo das neue Jahr begonnen hatte. »Bleib gesund.«

Henny wurde etwas rührselig, da sie wegen ihrer Arbeit ganz vergessen hatte, dass der Jahreswechsel in ihrer Heimat schon stattgefunden hatte.

Du auch, Mutter, und du, Toni, setzte sie in Gedanken hinzu.

Morgen würde sie Neujahrsgrüße per Telegramm nach Hause schicken, beschloss sie.

Schlimmer durfte sie das Heimweh in ihrem Herzen nicht wüten lassen! Sie startete den Motor ihres cremefarbenen *Ford T.* Ein hübsches kastenförmiges Auto mit großen schwarzen Kotflügeln. Das Lenkrad war riesig, der Schalthebel schwergängig. Das billig gebraucht gekaufte, ein paar Jahre alte Gefährt war unabdingbar, wenn sie diese Arbeit ausführen wollte. Ein Stück Selbstständigkeit.

Die Strecke nach Hause war denkbar einfach – immer geradeaus den Santa Monica Boulevard westwärts, viele Hügel mit keuchendem Motor langsam hinauf, schneller hinab, immer dem Meer und der untergehenden Sonne entgegen. Vor ihrem geistigen Auge sah sie ihren Mann Victor, ihre Tochter Vicky und das Baby Leo vor sich – ihre kleine Familie, Anker in einer noch fremden Welt. Für die Umgebung rechts und links der teilweise noch nicht asphaltierten Straße hatte sie kaum ein Auge. Der überwiegende Teil der Gegend, durch die sie fuhr, war trockenes Brachland, teils mit Kakteen, oder große Werbetafeln versprachen, dass hier neue Wohnviertel entstünden, was Henny unvorstellbar erschien. Schon etliche Male war Henny diese Route gefahren.

Als ein kleines dunkles Lebewesen auf die Fahrbahn huschte, hielt Henny es für eine Ratte. Da jedoch fast in demselben Moment ein Mädchen aus den mannshohen Büschen an der Böschung auftauchte, lag die Vermutung näher, dass es sich um eine entlaufene Katze handelte. Zunächst blieb das Tierchen auf der Straßenmitte stehen, dann holte das Kind es ein, hob es hoch und umklammerte es. Währenddessen drückte Henny mit aller Kraft auf die Bremse. Und trat ins Leere. Direkt durch bis auf das kaum verkleidete Blech des Chassis.

Luft in den Bremsschläuchen war ein häufiges Problem älterer Autos, das fiel ihr sofort ein. Sie musste das Bremspedal schnell loslassen, erneut drücken, loslassen – und nun griffen die Bremsen. Jedoch zu spät.

Das Mädchen blieb wie erstarrt stehen. Henny blickte direkt in seine Augen, dunkle, große Augen, in denen eine unausgesprochene Frage stand. Kurz bevor einer der sanft geschwungenen schwarzen Kotflügel das Kind treffen konnte, ließ Henny die Bremse los, riss gerade noch das Lenkrad herum, was den Wagen auf dem sandigen Untergrund prompt ausbrechen ließ. Es gelang ihr zwar, die Schleuderbewegung abzufangen, aber zum Stehen kam der schwerfällige Ford erst nach etlichen weiteren Metern.

Hennys Herz schlug bis zum Hals. Sie hatte großes Glück gehabt, dass das Auto nicht umgestürzt war. In Sorge um das Kind stieß sie die Wagentür auf und rannte zurück.

Das Mädchen lag auf der staubigen Fahrbahn, Henny kniete sich neben sie. Der zarte Körper des Kindes zuckte unkontrolliert, während es die Augen verdrehte.

Dass am Straßenrand eine junge Katze saß und mauzte, nahm Henny kaum wahr.

Ricarda liebte die klaren, kühlen Morgen, wenn die sanften Hügel Ostbrandenburgs unter einer dünnen weißen Schneedecke leuchteten. Warm angezogen, ließ sie am Silvestermorgen den Blick über die friedliche Landschaft gleiten. Der Schnee glitzerte, als wären Millionen winziger Perlen darauf verstreut, aber am Horizont zogen schwere Wolken auf. Sie bedauerte, dass Siegfried nicht bei ihr war, aber die Kälte machte seinen Gelenken zu schaffen, und so hatte sie ihrem Mann geraten, sich am Feuer des Kamins zu wärmen. Sie machte sich Sorgen um seine Gesundheit, für das neue Jahr nahm sie sich vor, deshalb aktiv zu werden. Was nicht einfach werden dürfte, da der siebzigjährige

Herr Sanitätsoffizier Dr. Thomasius keine Schwäche zeigen wollte.

Gerade als sie den in einer leichten Senke ruhenden zugefrorenen Schlosssee erreichte, riss sie ein Schuss aus den Gedanken. Im selben Moment stiegen Fasane so dicht vor ihr in das Kristallblau des Winterhimmels auf, dass sie zusammenzuckte. Kurz darauf wurde erneut mehrfach geschossen.

Die morgendliche Spaziergängerin atmete erleichtert auf, als keiner der Vögel getroffen zu Boden stürzte. Sie fand, dass es eine unglaubliche Verantwortungslosigkeit war, morgens Fasane zu jagen, ohne Spaziergänger mit einem Schild zu warnen. Schließlich war der Schlosspark für jedermann zugänglich, auch wenn es zu dieser Stunde niemand außer ihr tat. Wieder einmal fühlte sie sich unangenehm erinnert an Vorgänge, die Jahrzehnte zurücklagen und sich in diesem Park zugetragen hatten. Ausgerechnet in dem See, an dem sie sich gerade befand, war ihre ältere Schwester Antonia ertrunken wegen einer unverantwortlichen Nachlässigkeit, derer sich der Vater des gegenwärtigen Grafen schuldig gemacht hatte.

Unsinnig erschien ihr die Ballerei obendrein, denn ihr Schwager, Friedemann von Freystetten, züchtete in Käfigen Fasane, die er vorwiegend an Gastronomen in der Hauptstadt verkaufte; Gut Freystetten hatte einen exzellenten Ruf als Wildbretlieferant.

Ricardas Laune war verdorben. Über die Orangerie und den Marstall kehrte sie zum Schloss zurück. Gerade als sie die gräflichen Stallungen erreichte, hörte sie zwei Männerstimmen. Die Jagdhunde von Graf Friedemann, zwei Weimaraner, begrüßten sie schwanzwedelnd. Der Graf und sein Sohn stiegen von ihren Pferden, wobei der Ältere eindeutig gelenkiger wirkte. Was auch deshalb erstaunlich war, weil Franz ein hochdekorierter Offizier der Reichswehr war.

»Alles Gute zum Geburtstag, Franz«, begrüßte sie den Jüngeren, der an diesem Tag seinen zweiundvierzigsten feierte.

Der Schlosserbe kam selten zu Besuch, hielt seiner Mutter zuliebe jedoch den Brauch aufrecht, zumindest einige Stunden am letzten Tag des Jahres hier zu verbringen.

»Danke, Tante«, schnarrte er im Offizierston.

Trotz ihrer Verstimmung blieb sie freundlich: »Das Jagdglück war dir hold?«

Franz ignorierte die Frage. Es stand schon länger nicht gut zwischen den beiden.

»Jagdglück«, wiederholte Friedemann spöttisch. »So kann man das auch nennen, Franz, nicht wahr?«

»Lass mich in Ruhe, Vater.«

Der Jüngere kümmerte sich nicht um sein nass geschwitztes Pferd, nickte Ricarda flüchtig einen Gruß zu und verließ die aus Stein gemauerten Hallen, in denen die Pferde unterstanden. Ricarda bemerkte ein leichtes Hinken an ihm.

»Was ist los mit Franz?«, fragte sie.

Da die Stallknechte die Pferde übernahmen, wandten sich der Graf und Ricarda mit den beiden großen grauen Hunden dem Schloss zu.

»Ich weiß nicht, was er hat. Der Junge war jahrelang unser Schützenkönig«, sagte Friedemann. »Und in letzter Zeit trifft er nicht mehr … ich verstehe es nicht.« Er sah seine Schwägerin an. »Franz' Pech bleibt bitte unter uns, Ricarda. Auch zu Rosel kein Wort.«

Die Bitte, ihre Schwester außen vor zu lassen, hielt Ricarda nicht davon ab, Siegfried davon zu erzählen, als sie in das Gesindehaus neben dem Schloss zurückkehrte. Das

Ehepaar Thomasius wohnte während seines Aufenthalts bei Ricardas Mutter Karla im sogenannten Gesindehaus neben der Schlosseinfahrt. Die Gesellschaft der alten Dame war ihnen beiden lieber als der immer etwas kühle Prachtbau.

»Wenn Franz nicht trifft, fühlt er sich in seiner Ehre gekränkt. Für uns Soldaten gibt es kaum etwas Wichtigeres. Das muss ich dir doch nicht erklären, Rica.«

Ihr Neffe war alles andere als ein netter Kerl, um den Ricarda sich sorgte. Er war seit ein paar Monaten Abgeordneter im Reichstag für die NSDAP und galt als einer ihrer Hoffnungsträger. Die gesamte Familie und mit ihr Ricarda hatte den Verdacht, dass Franz den Prügelangriff auf ihre älteste Tochter in Auftrag gegeben hatte. Es waren seine SS-Leute gewesen, die Henny zusammengeschlagen hatten, was Franz naturgemäß bestritt.

Der einstige Sanitätsarzt Siegfried schmunzelte mit der Abgeklärtheit eines Altgedienten. »Die Frage ist doch: *Weshalb* trifft er nicht? Besser gesagt: nicht *mehr*.«

Ricardas Mutter Karla hatte das Gespräch verfolgt. »Drüben reden sie schlecht von Franz«, sagte sie.

Als Mutter von Gräfin Rosel und einstige Schlossköchin entging der Achtundachtzigjährigen nichts. Für wen ihr Herz schlug, verriet Ricarda die Formulierung *drüben*.

»Was reden sie über Franz?«, fragte sie.

»Du weißt schon, Rica: Da heiratet der ewige Junggeselle Franz endlich, und dann läuft ihm die Frau davon«, sagte Karla. »Und die Sache mit der kleinen Felicitas erst! Jetzt muss sich Rosel um das Kind kümmern. Und sobald sie es tut, verlässt ihr Herr Sohn sofort den Raum. Als hätte das Kindchen eine ansteckende Krankheit. Das ist doch schrecklich!« Sie seufzte schwer.

Schon in Kürze würde es Franz nicht mehr gelingen, seiner Tochter aus dem Weg zu gehen. Ricarda konnte nur hoffen, dass der übellaunige junge Graf seine Abneigung gegenüber Kindern im Zaum hielte.

Im Salon war der Mittagstisch für das Silvesteressen festlich geschmückt. Hinter den bodentiefen Rundfenstern lag der Park im Dämmerlicht des nun wolkenverhangenen Mittags, drinnen schufen der Kristalllüster und die Kerzen in den Silberleuchtern eine vornehme Atmosphäre. An der Stirnseite der langen Tafel saß Graf Friedemann, rechts und links von ihm seine Frau Rosel und Sohn Franz. Ricarda hatte zwischen ihrer Schwester und ihrer Mutter Platz genommen, Siegfried saß ihr gegenüber, womit die beiden Offiziere Tischnachbarn waren.

Die siebte Person im Raum befand sich in einem Laufgitter direkt neben den beiden Schwestern. Großmutter Rosel legte viel Wert darauf, dass ihre blondgelockte Enkelin bei den Mahlzeiten in ihrer Nähe war. Die fünfzehn Monate alte Felicitas von Freystetten saß auf dem Boden und war damit beschäftigt, an einer Möhre zu knabbern. Ihre ersten Backenzähnchen standen kurz davor durchzubrechen, das Gemüse massierte offenbar wohltuend ihr Zahnfleisch. Rings um sie verstreut lagen verschiedene Puppen.

Rosel warf dem Kleinkind, das mit seinem Rüschenkleidchen selbst wie ein Püppchen zurechtgemacht war, einen verzückten Blick zu. »Nächstes Jahr darfst du mit uns am Tisch sitzen, mein Schätzchen«, versprach sie.

»Ich glaube nicht, dass sie dich versteht, Mutter«, knurrte Franz. »Und ich weiß auch nicht, ob das eine wirklich gute Idee ist. Im Salon haben Kinder nichts zu suchen.«

Rosel lächelte tapfer gegen seine Rüge an. Ihr Mann schwieg.

Es wurde Fasan mit Birne, Rotkohl und Klößen serviert.

Friedemann brachte einen Toast zum Geburtstag seines Sohnes aus, man hob die Gläser und trank auf seine Gesundheit.

Und Rosel sagte: »Danke dir, Franz, dass du heute mit Vater jagen warst. Wilder Fasan schmeckt eben doch am besten.«

Sie bemerkte den Unterschied offenbar nicht, und Ricarda hätte ihn ebenfalls nicht herausgeschmeckt.

»Ich habe die Schüsse gehört«, fuhr Rosel fort. »Die Jagd hat dir gewiss Freude bereitet.«

»Selbstverständlich«, knurrte Franz und strich sich mit einer seiner manikürten Hände über den glatt polierten Schädel.

Die Brust seiner Offiziersuniform war mit ein paar Orden geschmückt, deren Bedeutung Ricarda nicht entziffern konnte. Wichtig waren sie gewiss. Als Oberst hatte er gemeinsam mit seinen Soldaten den Krieg verloren, wenngleich er selbst dabei an den Kartentischen der Obersten Heeresleitung in Berlin gestanden hatte. Seit der Kapitulation des Deutschen Reichs – mithin seit über zwölf Jahren – machte er keinen Hehl daraus, dass er auf einen neuen Krieg hoffte, um die verloren gemeinte Ehre des Vaterlandes wiederherzustellen.

»Wie gefällt es dir im Reichstag?«, fragte seine Mutter.

»Das ist eine Schwatzbude, reine Zeitverschwendung«, lautete die karge Antwort. »Wenn wir erst mal an der Macht sind, werden wir diese Geldverschwender nach Hause schicken.«

»Da bin ich anderer Meinung, Franz«, widersprach sein Vater, der bereits zum zweiten Mal als Abgeordneter einer konservativen bürgerlichen Partei wiedergewählt worden war. »Dennoch wünsche ich dir Erfolg. Man sagt dir eine große Laufbahn voraus, mein Sohn.«

»Politik ist kein schönes Tischthema«, warf Großmutter Karla ein. »Reden wir lieber über die Kinder, ja? Hat Henny aus Kalifornien geschrieben? Sie hat mir mal gesagt, es würde dort nie schneien. Ist das nicht schrecklich? Eine Welt ohne Schnee!«

»Wenn du meine Knochen fragst, sind die anderer Meinung«, warf Siegfried schmunzelnd ein.

»Ich kann dir nur beipflichten, Großmutter«, meldete sich Franz zu Wort. »Wer den Wert der Heimat nicht zu schätzen weiß, ist zu bedauern.«

»Es gibt leider Menschen, die sich alle Mühe geben, die Heimat in einen ungemütlichen Ort zu verwandeln«, sagte Siegfried mit einem Seitenblick zu seinem Tischnachbarn.

Ricarda musste über die Spitze gegen den Faschisten Franz lächeln. Der wollte gerade zu einer Erwiderung ansetzen, als Felicitas zu weinen begann.

Rosel beugte sich zu ihrer Enkelin hinunter und hob sie aus dem Laufstall. »Oh, meine Kleine, tun dir wieder die Zähnchen weh?«

Damit nahm sie das schreiende Kind, dem der Speichel aus dem Mund lief, auf den Schoß.

»Nein, Mutter, das machst du nicht«, sagte Franz scharf. »Ruf bitte die Amme, damit sie sich um das Kind kümmert.«

»Aber Franz, sie hört gleich wieder auf. Warte einen Moment.«

»Mit diesem Balg am Tisch ist jede Konversation unmöglich!«

»Besonders hochgeistig war unser Gesprächsniveau gerade nicht«, sagte Siegfried.

»So, meinst du?«, fragte Franz herablassend.

In der Hierarchie des Militärs stand er weit oberhalb des pensionierten Sanitätsoffiziers.

Da es Rosel nicht gelang, Felicitas zu beruhigen, stand Franz schließlich vom Tisch auf. »Ich wünsche einen schönen Tag.«

Er legte die Serviette ab und strebte zur Tür. Niemand versuchte, ihn aufzuhalten.

Wieder fiel Ricarda sein leichtes Hinken auf. Hatte er Schmerzen? Kam daher seine angespannte Stimmung? Im Grunde war es ihr einerlei. Obwohl er ihr Neffe war, hatte sie ihn nie leiden können. Seine politische Einstellung hatte sie darin nur bestärkt.

»Was ist eigentlich mit Toni?«, fragte Großmutter Karla in dem Versuch, ein erfreulicheres Thema anzuschneiden. »Nicht einmal Weihnachten war sie hier. Dabei war ihr das Christfest im Kreise der Familie immer am liebsten!«

Weder Ricarda noch Siegfried stand der Sinn danach, der alten Dame die Wahrheit zu sagen. Der Streit zwischen den Familien Thomasius und Freystetten ruhte nur; eine Versöhnung hatte es bislang nicht gegeben. Dennoch war es gelungen, das unerfreuliche Thema von der Seniorin fernzuhalten: Antonia mied Freystetten seitdem.

»Toni geht es gut«, antwortete Ricarda in der festen Überzeugung, dass es so war.

Das Leben ihrer Jüngsten hatte eine Wende genommen, von der sie als Mutter kaum noch zu träumen gewagt hatte. Und von der heutigen Nacht, der letzten des zu Ende gehenden Jahres, erhoffte nicht nur sie sich einen Neuanfang, einen wunderbaren.

Die elegante Wohnung am Bayerischen Platz war erfüllt von ausgelassenem Lachen und der Musik eines Jazztrios. Die forschen Klänge des Klavierspielers, des Klarinettisten und des Bassisten rissen aufgekratzte Paare zu Tanzschritten hin. In der Mitte des größten Salons war eine Pyramide aus Champagnerkelchen aufgebaut, die im Licht des mit Papierschlangen geschmückten Kronleuchters glitzerte. Kellner schlängelten sich mit Tabletts voller Kanapees durch die elegant gekleideten Damen und Herren.

Antonia konnte die ausgelassene Stimmung nicht richtig genießen, obwohl auch sie sich für diesen Anlass ein neues nachtblaues Abendkleid gekauft hatte, von der Stange zwar, aber mit tiefem Dekolleté, was sonst nicht ihr Stil war. Ihre langen brünetten Locken hatte sie hochgesteckt und sogar einen Hauch von Make-up aufgetragen.

Dies war schließlich ein besonderer Abend, nicht nur, weil es der letzte des Jahres war. Der Mann, mit dem sie an diesem Abend eine kleine Premiere begehen wollte, ließ sich bislang jedoch nicht blicken. Obwohl der Jahreswechsel in zwei Stunden anstand. Mit einem Kuss um null Uhr wollten sie sich vor aller Augen zu ihrer Liebe bekennen.

Sie versuchte, nicht daran zu denken, sondern das Fest zu genießen. Celia Fahrland, die nicht nur ihre Freundin war, sondern mit der sie sich auch eine Praxis teilte, hatte keine Mühen gescheut, einen unvergesslichen Abend zu gestalten. In diesem Moment behielt ein Jongleur sieben Bälle in der Luft und stellte anschließend dasselbe mit sieben Hüten an. Antonia klatschte gerade Beifall, als sie von einer Dame angesprochen wurde, die zum Stamm der Patientinnen gehörte. Eine ältere Frau mit Federboa und einem halben Gesichtsschleier, der wohl verwegen wirken sollte. Denn noch waren sie ja nicht so ganz vorbei, zumindest gefühlt, die Zwanzigerjahre, in denen Berlin die Hauptstadt der Sünde gewesen war.

»Entzückend sehen Sie aus, Frau Doktor!«, lobte die Dame.

Antonia ließ das so stehen; sie hatte keinen Titel. Aber

heute war Silvester, man durfte sein, wer oder was man sich zu sein wünschte.

»Danke, Frau Geheimrat.«

Der Gatte der Patientin ruhte seit etwa zehn Jahren unter der Erde und mit ihm sein Titel.

»Was ich Sie schon so lange fragen wollte, Frau Doktor: Wie geht es eigentlich Ihrer Frau Mutter? Und Ihrer Schwester! Ich habe beide schon so lange nicht mehr gesehen.«

»Sie sind beide wohlauf. Danke der Nachfrage, Frau Geheimrat.«

Hätte sie etwa sagen sollen, dass sie Henny seit Monaten nicht gesprochen hatte, weil die Westküste der USA, wo sie sich aufhielt, gewissermaßen am anderen Ende der Welt lag? Oder dass ihre Mutter gerade in ihrer neu gefundenen Rolle als Pensionärin aufging?

Das alles lächelte sie weg und kaute stattdessen einen Moment lang an der Tatsache, dass die Frage sie darauf hingewiesen hatte, wem sie als Teilhaberin der Praxis Thomasius in der Behrenstraße nachgefolgt war. Ihre Schwester, ihre Mutter und deren Nenntante hatten große Fußstapfen hinterlassen. Sie auszufüllen, machte Antonia nicht nervös, wohl aber, dass Patientinnen wie Frau Geheimrat sie ständig daran erinnerten, *die Kleine* zu sein, wie ihre Schwester Henny sie lange genannt hatte.

»Ich entführe sie Ihnen kurz, Frau Geheimrat.« Celia tauchte im rechten Augenblick auf, legte den Arm um Antonias Hüfte und lotste sie durch die Menge. »Du wirkst so nachdenklich. Mach dich bloß nicht verrückt wegen Guntram, Toni. Der kommt gleich.«

Genau das schätzte Antonia an ihrer Freundin: Für sie war das Glas immer halb voll.

Celia war zwei Jahre älter als Antonia, eine zarte, dynamisch auftretende Person mit weizenblondem Haar. Heute hatte sie es sich in Löckchen legen lassen, um mit dem Vorurteil zu spielen, unter dem sie seit ihrer Kindheit litt – das niedliche Mädchen zu sein, das niemand ernst nahm. Das hatte sich in den letzten Jahren gründlich geändert: Celia Fahrland galt als Spezialistin für die Behandlung von Krebserkrankungen; mit diesem Aufgabenfeld war sie in die Praxis eingetreten, als Henny im August nach Kalifornien gewechselt war.

»Wir waren schon ausgehfertig, als Frau Winkler anrief. Juniors Bauch täte so weh«, berichtete Antonia.

»Wie alt ist besagter Junior?«

»Drei.«

»Das kann alles sein. Von der Kolik bis zum Blinddarmdurchbruch.«

»Guntram geht auch in der Silvesternacht kein Risiko ein.«

»Ich verstehe deine Enttäuschung, Toni.« Celia fasste sie bei den Schultern. »Aber wenn du jetzt schon verstimmt bist, wenn dein Mann sich verspätet – Entschuldigung: dein künftiger Gemahl –, dann vergiss das ganze Ding mit der Ehe. Du wirst noch hundert Mal auf ihn warten.« Sie grinste. »Und tausend Mal Guntram auf dich.«

Celia sprach aus Erfahrung; obwohl sie so jung war, hatte sie bereits zwei Ehen hinter sich. Oder: überstanden, wie sie gelegentlich sagte, denn beide Male hatten nichts an Dramatik fehlen lassen.

»Ich stelle dir jetzt eine Frau vor, Toni, der du von Afrika berichten musst«, sagte Celia.

»Ach, du meine Güte, Afrika! Das ist so lange her!«, protestierte Antonia.

Die Hausherrin führte sie durch die Räume ihrer hochherrschaftlichen Wohnung, die sich um zwei Seiten eines großen Lichthofs zog. Kollegen von der Charité und Freunde aus Studienzeiten, Leute vom Film, vom Theater, aus Wirtschaft und Politik waren gekommen. Nicht immer fielen Antonia sogleich die Namen zu den Gesichtern ein, obwohl sie mitgeholfen hatte, die Einladungskarten zu schreiben.

In einem der kleineren Salons wurde eine burschikos wirkende junge Frau, die dem festlichen Anlass zum Trotz einen Straßenanzug für Herren mit Weste und Krawatte trug, von Gästen umgeben, die ihr aufmerksam lauschten. Celia schob sich und Antonia dicht an die Dame heran, die ihr dunkelblondes Haar mit bravem Seitenscheitel trug. In bestechender Weise wirkte sie sowohl provinziell als auch weltgewandt.

»Elly, das ist meine beste Freundin Toni und Partnerin in unserer Praxis. Sie kennt Afrika aus eigenem Erleben. Toni, das ist Elly Beinhorn, die es sich in den Kopf gesetzt hat, in ein paar Tagen nach Afrika zu fliegen.«

»Das ist nicht Ihr Ernst!«, platzte es aus Antonia heraus. »Es ist jetzt im Winter eisigkalt da oben in den Lüften!«

Mit diesem Ausruf hatte sie alle Aufmerksamkeit gewonnen. Man starrte sie regelrecht an.

»Nun ja«, schob sie rasch nach, »ich bin von Tansania nach Alexandria in Ägypten geflogen. Das hat mehrere Tage gedauert. Es war ziemlich kalt, denn Afrika besteht nicht nur aus sonnendurchglühter Steppe.«

»Sie müssen mir davon berichten«, sagte Elly Beinhorn und wandte sich an Celia Fahrland: »Lia, du kennst die richtigen Frauen.«

»Wir haben unsere Flugzeuge auf dem Flugplatz in Staaken stehen«, erklärte Celia Fahrland, die nicht nur eine Fluglizenz, sondern auch eine eigene Maschine besaß. »Jedoch: Elly fliegt und ich träume davon, weit wegzufliegen.«

»Ich habe die paar Male, als ich das Glück hatte, dich auf Flügen zu begleiten, sehr genossen, Lia«, sagte Antonia. »Im Moment bin ich jedoch heilfroh, dich jeden Tag in unserer Praxis zu wissen.«

Die Runde stimmte lachend zu.

»Irgendwann werde ich es Elly gleichtun, Toni. Ihr alle werdet es erleben. Ich wollte schon damals gemeinsam mit meiner Freundin Antonia nach Afrika.«

Antonia ergriff die Hand der Freundin. »Ich werde dir den Rücken freihalten, wenn du endlich dein Fernweh stillst.« Aber sie hoffte insgeheim, dass Celia sich noch Zeit ließ mit der Erfüllung ihres großen Traums.

»Ein Versprechen für das neue Jahr!«, rief jemand. »Darauf trinken wir.«

»Erzählen Sie! Wie war Afrika?«, fragte Elly Beinhorn interessiert.

Ein Kellner ging vorbei mit einem Tablett voller Champagnergläser, Antonia nahm sich eins, atmete den Duft des moussierenden goldgelben Weins ein und erzählte von ihrem Abenteuer, das sie fast mit dem Leben bezahlt hatte.

»Die Jugend birgt den Reiz, verrückte Dinge tun zu können«, sagte sie. »Ich fühlte mich frei und probierte mich aus. Von den Konsequenzen wollte ich nichts wissen.«

Sie blickte in die Gesichter von Menschen, von denen viele älter als sie waren und die unter Umständen nachvollziehen konnten, wovon sie sprach.

In diesem Moment sah sie den Mann im Türrahmen lehnen, auf den sie seit Stunden wartete. Sein Smoking saß immer noch perfekt, obwohl er gerade eben noch im Dienst gewesen war. Er lächelte sie verliebt an.

»Aber es geht um die Konsequenzen«, fuhr Antonia fort. »Immer geht es um das, was aus dem folgt, was man gerade tut. Als ich in Afrika war, bekam ich einen Brief. Als ich ihn öffnete, rieselten mir unzählige getrocknete Rosenblätter in den Schoß.« Die Erinnerung ließ ihre Stimme vor Rührung leicht schwanken. »Da hatte jemand an Konsequenzen gedacht. Ich stelle Ihnen diesen Jemand jetzt vor.« Sie ging Guntram entgegen. »Sie kennen Doktor Harrich als Lias und meinen Partner in unserer Praxis.« Sie trat zu ihm und legte den Arm um seine Hüfte. »Und nun lernen Sie ihn und mich als Paar kennen.«

Sie sah Guntram an, dass ihre gefühlsstarken Worte auch ihn ergriffen. Zum Dank küsste er zärtlich ihre Lippen.

»Ein neues Paar! Es lebe hoch!«, rief jemand.

»Auf Toni und Guntram«, sagte Celia. »Möge euer Glück ewig währen!«

»Wo ist der Fotograf?«, fragte eine Dame. »Schnell! Knipsen Sie das glückliche Paar!«

Der Mann hantierte mit seiner Kamera und jemand sagte: »Welch eine ungewöhnliche Konstellation! Zwei Ärztinnen und ein Arzt teilen sich eine Praxis, und davon sind zwei ein Paar. Celia, Sie werden sich doch hoffentlich nicht als drittes Rad am Wagen fühlen?«

»Ganz im Gegenteil! Ich wache über das Glück meiner Freunde«, sagte Celia.

Gemeinsam mit einem Mann in aller Öffentlichkeit als Paar aufzutreten, das hatte es bei Antonia zuvor nicht gegeben. Manche hatten gemeint, sie wäre zu dickköpfig, um einen Mann zu halten, oder ihr freches Mundwerk verschreckte das wohl doch nicht so starke andere Geschlecht. Sie hatte nach außen die Ansicht vertreten, dass eben keiner zu ihr gepasst hatte, obwohl es durchaus Kandidaten gegeben hatte.

Nun jedoch, am letzten Tag des Jahres, stand für sie fest: Es sollte kein Zurück mehr geben zu einem Leben als Mauerblümchen, wie eine Frau genannt wurde, die mit dreißig ohne Mann durchs Leben ging. Nicht so sehr, weil Antonia sich Sorgen machte, was die Leute von ihr dachten. Es war eher so, dass ihr Herz sich nach Wärme sehnte, wie frierende Finger einen Handschuh brauchten, und Guntram war der Richtige, davon war sie überzeugt. Arm in Arm verschränkt, sich zu ihrer endlich gefestigten Liebe bekennend. Ein unglaublich schönes Gefühl.

»Was war denn los mit Junior?«, fragte sie ihn, als sie ungestört waren.

»Ich hatte gleich so ein Gefühl, als ich ihn sah. Ich habe ihn in die Charité bringen lassen und bin bei ihm in der Notaufnahme geblieben, damit er richtig behandelt wird an einem Tag wie heute. Ein unglaublicher Andrang! Und tatsächlich: Blinddarmdurchbruch. Tut mir leid, Toni. Ich wollte wirklich früher hier sein.«

»Solange du Menschenleben rettest, ist unsere Liebe nicht in Gefahr.«

Er lachte über ihren Scherz und machte ihr Komplimente für ihr Aussehen. Aber ihm war anzumerken, dass seine Gedanken den kleinen Patienten nicht so schnell loslassen konnten.

»Ich vertraue den Kollegen, dass sie es richtig machen«, sagte Guntram.

Mit einigen von ihnen hatten er und Antonia studiert.

»Lass uns die Arbeit für eine Weile vergessen und tanzen!«, forderte Antonia ihn auf. »Hörst du? Das ist ein Tango!«

Sie zog Guntram in den Raum, in dem eine argentinische Band lebhaft aufspielte. Sie sehnte sich danach, seine Bewegungen zu spüren, sein Zögern, mit ihm zusammen Mut zu fassen, sich sicher zu fühlen, einen vertrauten Blick zu tauschen, der jedes Wort überflüssig machte.

Als es auf Mitternacht zuging, wurden Antonia und

Guntram von Frau Geheimrat beglückwünscht. »Erleben wir denn heute Nacht noch eine Verlobung?«

Sich danach zu erkundigen, war an einem solchen Abend durchaus naheliegend. Deshalb wurde Antonia schlagartig klar, dass sie in ihrer Freude wohl unbedacht vorgegangen war. Die Silvesternacht war der perfekte Zeitpunkt für die Bekanntgabe einer Verlobung, um dann gleich anzuhängen: Und im Sommer heiraten wir!

Wenn es in ihrem Fall nur so einfach gewesen wäre …

Tausende Kilometer von ihrer Schwester Antonia entfernt, stand Henny gerade unter Schock. Obwohl sie sich schon in etlichen brenzligen Situationen befunden hatte. Sie machte sich Vorwürfe, auf unverantwortliche Weise versagt zu haben. Wäre sie mit ihren Gedanken nicht sonst wo gewesen – gleichzeitig bei ihren Liebsten in Berlin und Freystetten und bei der eigenen Familienfeier zu Silvester, die sie dringend vorbereiten musste –, hätte sie das auf die Straße rennende Kind wohl rechtzeitig wahrgenommen.

Nun zuckte das auf dem staubigen Santa Monica Boulevard liegende Mädchen unkontrolliert. Henny bemühte sich, die Kleine, die sie auf höchstens acht Jahre schätzte, zu stabilisieren. Sie hatte braune Haut, trug ein verschlissenes Kleid, war barfuß und nicht nur dünn, sondern eher unterernährt.

Allmählich begann Henny die Situation zu begreifen. Der Körper des Kindes wies keinerlei äußere Verletzungen auf. Ein Schlag gegen den Kopf konnte allenfalls stattgefunden haben, als die Kleine gestürzt war. Also während Henny bereits versucht hatte, die Kontrolle über das Auto zurückzubekommen. Aber es hatte doch kein Zusammenprall stattgefunden! Oder hatte der schleudernde Wagen das Kind noch erfasst? Aber wieso die Zuckungen, wenn der Kopf des Kindes nicht einmal eine Schürfwunde aufwies?

Wie auch immer – das Kind musste sofort ins Krankenhaus! Wie sollte Henny das anstellen? Ganz allein. Zwar brauste hier irgendwo zwischen Beverly Hills und Santa Monica hin und wieder ein Auto vorbei, tauchte alles in eine Staubwolke und verschwand. Es musste ihr irgendwie gelingen, die Kleine im *Cedars* röntgen und behandeln zu lassen. Und das an Silvester, wo niemand da war, der das übernehmen konnte, fiel ihr schlagartig ein. Im Zweifelsfall konnte sie das sogar selbst: Sie hatte doch für die eigene Praxis in Berlin ein Gerät von *General Electric* angeschafft und sich im Gebrauch schulen lassen! Das müsste sie also hinbekommen, gleichwohl konnte sie das Kind nicht einfach mitnehmen, es gehörte irgendwohin, zu einer Familie, die es vermisste.

Henny redete beruhigend auf sie ein, obwohl sie Zweifel hatte, dass das Mädchen sie verstand. Tatsächlich ließen die Zuckungen jedoch langsam nach und auch der Blick des Kindes schien sie wieder zu erfassen. Was war mit ihr?

*»Soy medica«*, sagte Henny, weil sie das mehrfach am Tag zu ihren Patientinnen im *Cedars* sagte. *Ich bin Ärztin.*

*»Gattita!«*, antwortete das Kind.

Im Gegensatz zu vielen Menschen im südlichen Kalifornien sprach Henny kein Spanisch, sodass sie nicht sofort den Zusammenhang erkannte. Aber sie hatte den Eindruck, dass es nicht seinen Namen nannte oder signalisierte, Schmerzen zu haben. Als es das Wort wiederholte und sich fragend umsah, fiel Henny die in der Nähe sitzende kleine schwarze Katze wieder auf, die nach wie vor mauzte.

*»Gattita?«*, fragte Henny und deutete auf das vermutlich wenige Wochen alte Tierchen, erhielt jedoch keine Antwort. So nahm sie das im Staub des Straßenrands sitzende

Kätzchen liebevoll hoch und legte es dem Mädchen in die Arme, das es sofort herzte.

In diesem Augenblick hörte Henny, wie jemand mehrfach »Lucia!« rief. Von derselben Seite, von der auch zuerst die Katze und dann das Mädchen auf die Straße gelaufen waren, näherte sich eine wild gestikulierende Frau. Von dem Wortschwall, der auf sie herniederging, verstand Henny kein Wort. Die Frau packte das Kind, das sich dies gefallen ließ, und zog es mit sich fort.

*»Un momento, por favor! Soy medica. Lucia hospital!«*, rief Henny.

Zur Antwort erhielt sie einen weiteren Wortschwall, mit dem Frau und Kind im Gestrüpp verschwanden. Ohne zu zögern, folgte Henny den beiden geradewegs hinein in die Wildnis. Immer wieder verfingen sich ihre weiten Hosenbeine an den dornigen Büschen. Schließlich erreichte sie ein Areal aus Hütten und Zelten, auf dem offenbar dauerhaft Menschen wohnten. Überall Staub, Trockenheit, Kakteen und Dornbüsche, dazwischen ein paar dürre Laubbäume.

Und schon hatte sie die beiden aus den Augen verloren; sie waren wie vom Erdboden verschluckt.

Eine ältere Frau kam auf Henny zu, sprach sie auf Spanisch an, Henny erwiderte: *»No hablo español«*, und wurde mit unfreundlichen Gesten fortgescheucht.

Es hatte keinen Sinn zu versuchen, Hilfe anzubieten, stellte sie fest und schwankte zwischen Verärgerung darüber, dass sie nicht einmal eine Chance dazu bekam, und Resignation.

Wie lebten die Menschen hier? Wer versorgte ein Kind wie jenes, das sie angefahren hatte? Gab es eine Schule? Wo war hier Wasser? Fragen über Fragen! Mehr als dass sie ging, stolperte sie über das ausgedorrte Land. Sie hörte ein seltsames Geräusch, blieb stehen, ihre Augen suchten nach dem Ursprung und entdeckten eine gut getarnte Schlange, deren Körperende aufgerichtet war – eine Klapperschlange. Ohne zu überlegen, rannte sie fort, fand zurück zu ihrem Auto, das wie gestrandet am Straßenrand stand.

Sie verharrte ratlos und blickte sich um. Würde sie die Stelle wiederfinden?

Sie entschied sich loszufahren. Trotz des Zwischenfalls sprang der Wagen anstandslos an. Bei der nächsten Abbiegung fuhr Henny hinein in das unbewohnt wirkende Gelände. Der unbefestigte Weg schlängelte sich in ein Tal und endete abrupt.

Sie befand sich mitten in Los Angeles und dennoch in einer Wildnis, wo sich in weiteren flachen Seitentälern eine Siedlung verbarg. Oder möglicherweise mehrere. In ihr kroch ein Gefühl von Einsamkeit und Verlassenheit hoch. Was mochten Menschen empfinden, die hier leben mussten und keinen Zugang zum Glanz der aufstrebenden Stadt hatten? Und sie dachte an das Kätzchen, das Lucia an sich gedrückt hatte. Ob es das Einzige war, das ihr gehörte? Wie kamen Menschen in einer derart lebensfeindlichen Welt zurecht, in der so viele Gefahren lauerten?

Weil sie das Auto nicht wenden konnte, musste sie den Weg rückwärts zum Santa Monica Boulevard fahren. Egal aus welchem Grund – sie hatte versagt, weil sie dem Mädchen Lucia nicht geholfen hatte.

Begleitet von den begeisterten Rufen der Dorfbewohner, erblühten am nachtschwarzen Himmel über Freystetten immer neue Feuerblumen. In diesem Jahr hatte Graf Friedemann seine Nachbarn, von denen viele gleichzeitig seine Angestellten waren, in den Schlosspark eingeladen, damit sie das Feuerwerk, das am zugefrorenen See gezündet wurde, aus der Nähe bewundern konnten. Sobald alle Raketen verschossen waren und der Applaus für das flüchtige Kunstwerk verklungen, verschwanden auch die Bewohner des Schlosses wieder in ihren behaglichen Räumen.

Eine Taschenlampe in der Hand, nahmen Ricarda und ihr Mann Großmutter Karla in ihre Mitte und legten den Weg zum Gesindehaus zurück, das sich auf der Vorderseite des Schlosses befand.

Anstatt den Luxus des Prachtbaus zu genießen, wollte Ricarda bei ihrer Mutter Karla wohnen. Denn so ganz konnte sie den Gedanken nicht verdrängen, dass es nicht mehr allzu oft möglich sein würde, gemeinsam Silvester zu feiern.

Unvermittelt blieb die alte Dame stehen, was ihre Tochter schon kannte; manchmal wurde ihr die Luft knapp. Jetzt jedoch musste sie offenbar aussprechen, was ihr Herz bewegte: »Ihr beide seid gute Ärzte. Deine Soldaten hast du immer wieder auf die Beine gebracht, Siegfried. Und du, Rica ... so vielen Kindern hast du auf die Welt geholfen, hast Frauen gesund gemacht. Könnt ihr beiden mir etwas versprechen?«

»Ja, Mutter, natürlich!«, sagte Ricarda sofort.

»Um was geht es, Mutter?«, fragte der Schwiegersohn um eine Nuance skeptischer.

»Um etwas, was mir immer sehr kostbar war. Und vielleicht kann es auch euch noch nützen. Euch und euren Patienten.«

Es war zu dunkel, als dass Ricarda die Reaktion ihres Mannes genau erkennen konnte. Er hatte sich schon vor einiger Zeit aus der praktischen Arbeit als Arzt zurückgezogen. Im Berliner Invalidenheim betreute der einstige Sanitätsoffizier nun ehrenamtlich Kriegsversehrte nach den neuesten Erkenntnissen der Psychologie. Karlas Bitte richtete sich mithin vor allem an ihre Tochter.

»Morgen fangen wir an!«, verkündete die Seniorin resolut.

Um was es sich dabei handeln würde, wurde Ricarda vor Augen geführt, als sie das Häuschen betraten, in dem Karla seit Jahrzehnten wohnte und in dem Ricarda ihre Jugend verbracht hatte. In allen Ecken, von den Decken, am Küchenherd, auf den Fensterbänken – überall Kräuter, getrocknet und zu Sträußen gebunden oder frisch in Töpfen, in Dosen als Pulver. Eine Art duftende Apotheke. Über die Anwendung hatte Ricarda sich nie groß Gedanken gemacht. Das von Sommer bis Spätherbst immer wieder aufs Neue entstehende Sammelsurium war eine skurrile Konstante, an die nicht nur sie sich gewöhnt hatte. Lange waren alle sogar davon ausgegangen, dass es Küchengewürze waren, die der Verwendung harrten. Minze, Estragon, Kerbel, Kümmel – was eben geläufig war. Aber wie beim Thymian kam auch bei der Verwendung des Salbeis eine andere Komponente hinzu – die Behandlung kleiner gesundheitlicher Probleme.

Jetzt, am Übergang von einem Jahr zum anderen, gefiel Ricarda die Vorstellung, tatsächlich zu lernen, welches Mittelchen die Natur wofür bereithielt. Ein wenig wehmütig wurde sie gleichzeitig, denn ein Kreis begann sich zu schließen: Sie, die immer danach gestrebt hatte, keine neuen wissenschaftlichen Entdeckungen zu verpassen, sollte sich auseinandersetzen mit Wissen, das seit Jahrhunderten existierte. Das versprach sie Karla nun in diesen ersten Stunden des neuen Jahres.

Später saß sie vor dem Frisierspiegel und kämmte ihr eisgraues Haar, während sich Siegfried zu Bett legte. Das Gestell knarrte und er stöhnte leise.

»Das war ein langer Tag«, meinte der schon immer Rastlose. »Morgen lassen wir es ruhiger angehen.«

Seine Gelenke schmerzten, das musste er ihr nicht eigens sagen. Sie holte die blecherne Wärmflasche aus der Küche, schob sie zu ihm ins Bett und legte sich neben ihn.

»Hör du dir Mutters Weisheiten an, Rica. Mein alter Kopf will nichts Neues mehr aufnehmen.«

Sie küsste seine Wange und signalisierte damit schweigend ihre Zustimmung. Sie beide hatten viel erlebt, großes Wissen gesammelt und zahllose Erfahrungen gemacht. Nicht alles davon war nötig, das meiste jedoch kostbar. Doch in ihr war nach wie vor der Wunsch vorhanden, Neues zu entdecken – und sei es auch nur das alte Wissen um die Behandlung alltäglicher Wehwehchen.

Wenig später lauschte sie auf Siegfrieds regelmäßigen Atem. Trotz seiner Verletzungen, die er sich in zwei Kriegen in Afrika und China zugezogen hatte, hielt er sich gut. Er klagte nicht über seine immer schlimmer werdenden Gelenkprobleme, weil er sich nie über etwas beklagte. Aber sie als seine Ehefrau wusste, dass der Tag nicht mehr fern sein würde, an dem auch ein tapferer Mann wie er Hilfe brauchte.

Und dann war da noch der Wunsch, Henny und ihre Familie in Kalifornien zu besuchen. Ein wirklich großes Ziel für dieses neue Jahr! Konnten sie beide das noch verwirklichen?

Nach der turbulenten Silvesterfeier genoss Antonia die Ruhe des frühen Neujahrsmorgens. Es war zwar sehr spät geworden, aber sie und Guntram wollten kein Taxi nehmen, sondern zu Fuß gehen, um frische Luft zu atmen. Der Schnee funkelte im Licht der Laternen des Bayerischen Platzes. Die von den Schöneberger Gärtnern symmetrisch angelegten großen rechteckigen Beete ruhten unter der weißen Pracht.

»Bist du enttäuscht, Toni?«, fragte Guntram.

Sie hielt seine Hand. »Warum sollte ich? Es war ein wundervoller Abend! Fandest du nicht?«

»Doch, das war es. Aber ich dachte, wir hätten uns ...«

Sie verschloss seine Lippen mit einem schnellen Kuss.

Natürlich hatten um Mitternacht alle darauf gewartet, dass Guntram vor ihr niederkniete, den Ring in der Hand, und ihr den Antrag machte. Sie hatte die Erwartung, dass sie bei ihrem ersten Auftritt als Paar ihre Verlobung bekannt geben, in so vielen Gesichtern gesehen. Und dann war der magische Moment gekommen, um null Uhr hatten sie sich geküsst, und Gastgeberin Celia hatte ihr Glas gehoben und gerufen: »Auf alle Paare, die sich lieben!«

»Damit sind wir gemeint, Toni. Ich liebe dich.« Guntram hatte seine Worte mit einem Kuss besiegelt. »Ich wünsche uns beiden dreihundertfünfundsechzig Tage voller Glück!«

Sie war so gerührt gewesen, dass ihr kurzzeitig die Worte gefehlt hatten. »Ein paar gemeinsame Nächte voller Glück wären auch schön«, hatte sie dann gesagt.

Mit ihrem frechen Mundwerk musste er erst umzugehen lernen. »Ich werde mir Mühe geben.«

Damit war das Thema Hochzeit erst mal vergessen gewesen. Antonia hatte es damit auch gar nicht so eilig, kannte sie doch schon etliche Paare, deren junge Ehen bereits gescheitert waren. Guntrams zählte dazu. Bislang wehrte sich seine in der Nähe von Kiel wohnende Frau Svenja vehement gegen die Scheidung.

»Aber mir ist es wichtig, dass wir noch in diesem Jahr Mann und Frau werden«, sagte Guntram jetzt feierlich. »Es ist eine Frage der Ehre, des Anstands und der guten Sitten.«

»Ach so. Dann bin ich ja beruhigt. Ich hatte schon befürchtet, dass es mit so etwas Kompliziertem wie Liebe zu tun haben könnte«, neckte sie ihn übermütig.

Guntram blieb ernst: »Wir sind Partner in einer gemeinsamen Praxis mit Celia. Auch auf ihrer Party vorhin gab es deshalb Gerede. Das tut weder deinem noch ihrem Ruf gut.«

Ihm schadete das wohl weniger, schien das zu heißen. Er war ja auch ein gut aussehender Mann mit scharf geschnittenen Gesichtszügen. Manchmal spielte er mit seinem Aussehen als Herzensbrecher. Oder trug er seinen breitkrempigen Hut nur deshalb etwas schief auf dem Kopf, weil es gerade die Herrenmode war, die ihn verwegener wirken ließ, als er in Wahrheit war? Aber das wusste kaum eine seiner Verehrerinnen, die ihn als Arzt ihrer Kinder öfter aufzusuchen schienen, als die lieben Kleinen kränkelten …

»Wenn du mich unbedingt heiraten willst, musst du ein paar romantischere Gründe vorbringen!«, rief sie und lief ihm davon.

Am Ende der kleinen Parkanlage hatte er sie eingeholt, nahm sie in die Arme, küsste sie stürmisch und beugte schließlich ein Knie in den Schnee. »Antonia Thomasius, ich schenke dir für immer mein Herz, meine Liebe und meine Treue. Wollen wir beide alles möglich machen, um noch in diesem Jahr Mann und Frau zu werden?«

»Ja, Guntram Harrich, das tun wir. Ist ein guter Plan.« Sie grinste.

Aus einem nahen Kellerlokal erklang Walzermusik. Guntram legte den Arm um ihre Hüfte und sie tanzten eng aneinandergeschmiegt über die menschenleere verschneite Straße. Im Laternenlicht waren ihre Fußspuren im Schnee zu erkennen. Sie erinnerten Antonia daran, dass sie beide einen langen gemeinsamen Weg zurückgelegt hatten. Es war ein warmes Gefühl der Zusammengehörigkeit, das sie bei diesem Gedanken empfand, und dennoch lag darin auch etwas Aufregendes. Für sie beide wäre so vieles möglich. Über die wichtigste Sache dabei hatten sie noch nie gesprochen. Etwas, zu dem er ihre Einstellung bislang nicht kannte. Aber sie würden darüber reden müssen, wie es wäre, ein Kind zu haben. Wobei sie sich fast sicher war, dass Guntrams Ansicht dazu eine andere als ihre war.

Fürs Erste tanzten sie ins neue Jahr hinein. Denn das Glück des Augenblicks, das hatte das Leben sie bereits gelehrt, war so viel kostbarer als sämtliche Versprechen auf die Zukunft.

Erst gegen sieben Uhr am Abend erreichte Henny ihr Zuhause in dem zum Raum Los Angeles zählenden Dorf Pacific Palisades. Die Lichter brannten, aus den Häusern in der Nachbarschaft drang Musik. Das hier war ihr Leben. Seit vier Monaten wohnte sie in Los Angeles, hatte anfangs mit ihrer Familie ein hübsches kleines Haus mit Blick auf den Pazifischen Ozean bewohnt und war dann in dieses sehr luxuriöse umgezogen, das ihrer Schwiegermutter gehört hatte. In der ganzen Zeit war sie enorm reichen oder berühmten Menschen begegnet, aber niemals war ihr jemand wie das Kind Lucia aufgefallen, das mit einer Armut zurechtkommen musste, von der sie nicht geahnt hatte, dass es sie hier gab.

Ihre eigene Tochter stürmte ihr entgegen. »*Mom*, oh mein Gott, *Mom*, wo warst du so lange!«, rief Vicky und schlang die Arme um sie. »Deine Hose ist kaputt, du bist dreckig. Geht es dir gut?«

»Ja, Vicky, ich bin okay. Mir ist nichts passiert.«

»Daddy hat im Krankenhaus angerufen. Sie sagten, du wärst längst weg.«

»Ich hatte Probleme mit dem Auto. Es hat alles länger als erwartet gedauert.«

Die ganze Geschichte zu erzählen, hätte die sensible

Vicky in ein weiteres Gefühlschaos gestürzt. Sie küsste ihre Tochter, die schon so groß war, dass sie ihr bis zur Schulter reichte, auf die Wange. In der Tür erwartete sie ihr Mann. Victor hatte ihren einjährigen Sohn Leo auf dem Arm. Sie sah ihm an, dass auch er in Sorge gewesen war. Das Wohnzimmer war bereits voller festlich gekleideter Gäste mit lustigen Hütchen auf den Köpfen. Victor hatte es auch ohne ihr Zutun geschafft, ein reichhaltiges Büfett aufzubauen, und überall hingen Luftschlangen. Die Stimmen der Gäste füllten den Raum mit Lachen und Gesprächen.

»Guten Abend!«, sagte sie in die Runde. »Da bin ich. So viele Gesichter, die uns hier lieb geworden sind! Schön, dass ihr alle gekommen seid.«

Die Gäste, Leute vom Film – von denen einige vor und die meisten hinter der Kamera ihr Geld verdienten –, waren bester Laune und prosteten Henny vergnügt zu. Sie nahm ein Glas hoch und ließ es im Licht funkeln, setzte ebenfalls ein breites Lächeln auf. Das konnte sie, weil ihr das Leben früh beigebracht hatte, dass es nicht gut war, das Innere nach außen zu kehren. In Wahrheit hatte sie gerade das Gefühl, es wäre alles nur ein Film, in dem sie mitspielte. Das wahre Leben jedoch fand anderswo statt, es war hart und unbarmherzig.

In diesem Moment beleuchtete eine Silvesterrakete den Nachthimmel mit bunten Farben, und Henny fragte sich, ob es Lucia gut ginge.

Victor bemerkte ihre verhaltene Stimmung. »Du wirkst so bedrückt, fast wie abwesend. Ist etwas schiefgelaufen im Krankenhaus?«

Sie versprach, ihm später alles zu erzählen. Sie tat es, als die Gäste gegangen waren und sie sich im Bett im Arm hielten. Es war der erste ruhige Moment der Zweisamkeit.

»Ich fuhr ein Mädchen an, es hatte seltsame Zuckungen.

Ich wollte ihr helfen, aber die Situation erlaubte es nicht.« In Gedanken sah sie sich durch die trockene Einöde stolpern. »Schließlich ließ ich mich von einem Ort verscheuchen, an dem Menschen in Zelten leben, die nur Spanisch sprechen.«

»Ein Kind anzufahren, das ist schrecklich. Das tut mir leid, auch wenn alles gut gegangen ist. Ich werde veranlassen, dass das Auto repariert wird, damit es in Zukunft sofort zum Stehen kommt. Was hättest du tun sollen, Henny? Du konntest dich nicht verständlich machen. Du hast nichts falsch gemacht.«

Sie strich nachdenklich über seine Brust. »Kurz zuvor, im Krankenhaus … Die werdende Mutter wäre vermutlich gestorben, weil wir keinen Kaiserschnitt geschafft hätten. Dann habe ich mir ein Herz gefasst und den Fötus gedreht, und sie brachte ihr Kind zur Welt. Das ist, was ich meine: Unmögliches möglich machen. So muss das Leben sein. Nicht zu sagen, wie ich: *No hablo español.* Ich spreche nicht deine Sprache, also bin ich nicht wie du, also bin ich fein raus. Das ist bequem und deshalb feige.«

»Du übertreibst.« Victor küsste sie sanft auf die Stirn. »Du hast etwas zu viel Champagner getrunken und übermüdet bist du sowieso. Morgen sieht die Welt anders aus.«

»Nein, das wird sie nicht, Victor. Du hoffst nur, dass ich dann andere Sorgen haben werde.« Eine verspätete Rakete ließ das Schlafzimmer aufleuchten. »Wir dürfen nicht vergessen, welch ein Glück uns zuteilwurde.«

Von seinen Gefühlen überwältigt, wandte sich Victor ihr zu, bedeckte ihr Gesicht mit Küssen. »Das habe ich auch nicht, Henny. Wie könnte ich! Vicky ist fast verrückt geworden, weil du nicht heimkamst. Die Sorge, die sie nach dem Attentat auf dich hatte, wird immer in ihr sein. Ich war damals nicht bei euch in Berlin, aber die Vorstellung, dass du so hilflos warst, setzt mir noch immer zu. Darum glaube mir: Ich halte unser Glück, all den Wohlstand, diese ganzen Äußerlichkeiten, nicht für selbstverständlich. Es ist ein Geschenk, mehr nicht, aber wir können auch ohne all das glücklich sein. Wichtig sind nur wir.«

Trotz der Dunkelheit sah sie das Leuchten in seinen Augen, aus denen die Überzeugung sprach. Die Liebe, die sie lebten, war ihnen einmal abhandengekommen; umso wichtiger war es, sich immer wieder an ihre Kostbarkeit zu erinnern.

»Nein«, widersprach sie, obwohl etwas Wahres in seinen Worten lag. »Nicht nur wir sind wichtig. Das ist es, was ich heute Abend, bevor ich hier eintraf, erkennen durfte. Nicht unser kleines Glück allein zählt. Wir tragen es mit uns herum wie einen Schatz, den niemand rauben oder zumindest beschädigen darf. Dabei vergessen wir, dass Glück etwas ist, das nicht weniger wird, wenn man es teilt. Im Gegenteil: Es wird mehr.«

Victor strich die schwarzen Locken zärtlich aus ihrem Gesicht, das entflammt war von der Begeisterung für eine neue Idee. »Was hast du dir überlegt, Henny? Weih mich ein in deine Pläne und lass mich daran teilhaben.«

# ALTE HEILKUNST

— ◆ —

*Januar 1931*

An diesem kalten grauen Januarmorgen trieb eisiger Wind Schneegriesel über den Asphalt des Flugplatzes Staaken. Mit einem Flugzeug durch die Luft zu schweben, war nichts für zartbesaitete Naturen, vor allem nicht im Winter, das wussten auch all jene, die das im Gegensatz zu Antonia noch nicht erlebt hatten.

Aber so, wie Elly Beinhorn sich an diesem Sonntag gegen die Kälte wappnete, der sie sich stunden-, tage-, wochenlang aussetzen wollte, hatte Antonia sich selbst nicht schützen müssen. Es war ja auch etwas anderes gewesen, von Ost- nach Nordafrika zu fliegen. Tagelang Sonne und Wind ausgesetzt. Elly jedoch wollte von Berlin nach Afrika und dabei zwar auf ihrem Weg nach Westen die höchsten europäischen Regionen meiden. Aber allein der Gedanke, die verschneiten deutschen Mittelgebirge zu überfliegen, ließ Antonia erschauern. Denn das Flugzeug sah zwar windschnittig aus, und die Pilotenkanzel war sogar verglast, aber eine Isolierung gegen die Kälte bot es nicht.

Gerade halfen Antonia und ihre Freundin Celia Elly dabei, sich in einen mit Bärenfell gefütterten Ledermantel zu wickeln, unter dem sie bereits einen anderen Wollmantel trug, darunter zusätzlich ein paar Pullover. Nun sah die zierliche Pilotin eher selbst aus wie ein tapsiger Schwarzbär, aber sie strahlte über das ganze Gesicht.

Natürlich lag Antonia seit der Silvesterfeier die naheliegende Frage auf der Zunge: Warum tust du das, Elly? Es ist ein Spiel mit dem Leben, auf das du dich einlässt! Doch sie hatte sich die Frage verkniffen. Denn Elly hatte auf ihre Weise eine Antwort gegeben: »Ich mache einen Traum wahr!« Wie hätte Antonia mit Vernunftargumenten dagegenhalten sollen, hatte sie doch selbst jede Vernunft in den Wind geschossen, als sie, ganz auf sich selbst gestellt, vor Jahren nach Afrika aufgebrochen war. Und in wenigen Minuten würde sie selbst in jenes Flugzeug steigen, mit dem Celia und sie Elly eine Weile begleiten würden.

Die drei dick vermummten Frauen schlossen sich gegenseitig in die Arme.

»Hals- und Beinbruch!«, rief Celia.

Ein Mutmacher, der Antonia nicht über die Lippen kommen wollte. Schließlich hatte sie am eigenen Leib erfahren, welch entsetzliche Folgen eine ungeplante Landung in der afrikanischen Savanne haben konnte. Davon hatte sie Elly durchaus berichtet, aber die junge Pilotin hatte bereits entsprechende eigene Erfahrungen gemacht. Antonia hatte damals zwar im Unterschied zu ihrem Piloten die Kollision unbeschadet überstanden, aber das Überleben in der Einsamkeit des Buschlands war keine geringere Herausforderung gewesen.

»Hab keine Angst vor den Einheimischen«, hatte Antonia gesagt. »Sie begegnen uns Weißen zwar zurückhaltend, aber ohne Argwohn. Und hab genug Wasser dabei!«

Gegenwärtig mutete es aberwitzig an, dass eine erst Dreiundzwanzigjährige allein nach Afrika flog. Auch deshalb wimmelte es hier auf dem Flugplatz von Reportern und Neugierigen. Elly war schließlich keine Unbekannte. Als Kunstfliegerin hatte sie etliche Bewunderer. Und Bewunderinnen. Die drahtige Person war ein Vorbild für andere Frauen, lebte sie doch vor, wozu das angeblich schwache Geschlecht fähig war. Doch die Bewunderung kannte jene Grenzen, die das Geld zog. Obwohl der Flugsport populär war, wollte nur eine Boulevardzeitung Ellys jetziges Unternehmen finanzieren. An dieser Stelle war Dr. Celia Fahrland, die wohlhabende Ärztin aus der Behrenstraße, mit einer kräftigen Finanzspritze eingesprungen. Aber darüber verlor die Freundin in der Öffentlichkeit kein Wort und Antonia kannte den Grund: Celia war eine Realistin, aber sie half anderen, ihre Träume wahr werden zu lassen.

»Los geht's!«, rief Celia ihrer Freundin Antonia jetzt zu. »Wir starten zuerst, drehen eine Runde über dem Flugplatz, um dabei auf Elly zu warten. Und zum Mittagessen sind wir zurück!«

Antonia kletterte auf den Soziussitz, wickelte den Schal enger und sah Celia zu, wie sie am Armaturenbrett werkelte. Währenddessen wurde Elly noch ausgiebig vor ihrer Maschine geknipst. Ein Reporter rannte zu Celias und Antonias startbereiter Maschine und reichte Antonia einen modernen Rolleiflex-Fotoapparat, wie ihn bislang nur die Pressevertreter benutzten.

»Lassen Se die bitte nich fallen, Frau Dokta! Und wenn, dann wenigstens nich ausm Flugzeug!«

Der unverwüstliche Berliner Humor …

»Werde mir Mühe geben!«, rief Antonia lachend zurück. Geübt hatte sie das Fotografieren mit dem handlichen schwarzen Kasten bereits.

So viele Male war Antonia in Afrika gestartet, aber das Kitzeln im Bauch beim Abheben genoss sie immer wieder. Sie wusste sich bei Celia in guten Händen. Schon lag das leicht verschneite Berlin mit seinen vielen Seen und Flussläufen unter ihnen. Der eisige Wind pfiff um den Kopf, denn Celias Maschine, eine ältere *Klemm*, besaß keine verglaste Kanzel.

Plötzlich streckte Celia den Arm aus. »Da ist Elly!«

Dies war das Zeichen für Antonias Einsatz, um ein Bild nach dem anderen zu schießen. Am Abend würde die Zeitung *B. Z.* diese Fotos veröffentlichen, von denen sie nicht wusste, ob sie wirklich etwas taugten. Durch ihre Fliegerbrille sah sie nicht scharf genug. Noch eine Weile folgten die beiden der mutigen Freundin, dann winkte Ellys Maschine zum Abschied mit einem leichten Schaukeln der Tragflächen. Antonia wandte den Kopf, um ihr nachzusehen. Immer kleiner wurde das Flugzeug und verschwand schließlich aus ihrem Blickfeld.

Hoffentlich geht das gut, dachte Antonia. Sie bewunderte Ellys Schneid, aber ihr eigener Mut hatte Grenzen. Und die kannte sie hinlänglich. Gleichzeitig erinnerte der Flug sie an ein Versprechen, das sie sich selbst gegeben hatte.

Die Berliner Weihnachtsferien waren zu Ende. An diesem Sonntag, vier Tage nach Silvester, schoben sich die Menschen durch den Lehrter Bahnhof. Mitten im Gewühl behauptete sich ein vielleicht Zehnjähriger, indem er die Nachricht des Tages hinausschrie: *»Rekordflug nach Afrika! Elly Beinhorn jestartet! Lesen Se inne BZ allet über det jroße Abenteuer!«*

Er wurde die Exemplare der Abendausgabe der Tageszeitung offensichtlich sehr schnell los. Als Antonia ihm einen Groschen in die Hand drücken konnte und dafür die Zeitung bekam, war es die vorletzte, wie sie erstaunt feststellte. Deutschland war im Flugfieber. Seitdem es möglich war, mit einem Zeppelin über den Atlantik nach New York zu fliegen, war die Erinnerung an die großen technischen

Leistungen erwacht, zu denen das Land vor dem Krieg fähig gewesen war. Aber die Gegenwart sah trostlos aus: Ein Junge, der ein Konkurrenzblatt anbot, hatte mit seiner Schlagzeile weniger Glück.

»Vier Millionen Arbeitslose! Lesen Se, wat die Regierung macht!«

Antonia warf einen raschen Blick auf ihren Kauf. Ganz oben war eines der Fotos abgedruckt, das sie in luftiger Höhe geschossen hatte. Es war nur ein klein wenig unscharf. Sie wurde sogar erwähnt: *Unsere Fotografin ist Frau Doktor Thomasius, eine Freundin der tapferen Pilotin.*

Ach, dachte sie, der Titel! Eine Ärztin schien man nur dann sein zu können, wenn man ihn hatte. Sie seufzte. Ja, vielleicht war es unumgänglich, sich noch mal hinzusetzen und die Promotion zu machen. Aber nicht mehr mit demselben Aufwand wie beim ersten Versuch! Da war sie dafür in afrikanischen Tümpeln herumgewatet, um Krankheitserregern auf die Spur zu kommen. Nein, es würde etwas sein müssen, was sich aus ihrer gegenwärtigen Arbeit ergab. Sie hatte in Berlin schon mal einen Ansatz gehabt – das Drehen des Fötus im Uterus. Ein Kollege an der Charité hatte ihr leider das Thema weggeschnappt. Kommt Zeit, kommt Thema, beruhigte sie sich.

In diesem Augenblick rollte der Zug ein, den Guntram genommen hatte. Als einer der Ersten sprang er ungestüm auf den Bahnsteig. Er trug nur einen kleinen Koffer bei sich, genug für einen Zwei-Tage-Besuch. Als er auf Antonia zueilte, ein glückliches Lachen im Gesicht, wirkte er wieder wie der Student, in den sie sich verliebt hatte. Er zog sie an sich, küsste sie unbeirrt vor den nachdrängenden Reisenden. Sie ließen sich durch das Gedränge auch nicht daran hindern, eng umschlungen zu einem der vielen Ausgänge zu gehen.

»Geht es dir gut?«, fragte Antonia.

»Mit dir an meiner Seite: Ja!«

»Deine Reise war nicht so richtig erfolgreich gewesen?« Sie hatte es an seiner Stimme bereits gehört.

»Enno hat mich nicht erkannt. ›Wer bist du?‹, hat er gefragt. Und Svenja hat gelacht: ›Ja, Enno, frag deinen Vater nur, wer der fremde Mann ist, der dich besucht.‹ Als hätte sie nicht genau darauf hingearbeitet!«

Sowohl seine Verärgerung als auch seine Verzweiflung waren deutlich, obwohl Guntram sich um einen Plauderton bemühte.

»Aber du durftest deinen Sohn sehen und ihn umarmen?«

»Sehen? Ja. In den Armen nehmen konnte ich ihn nicht. Enno hat sich versteckt. Ich hab' ihm doch die kleine Holzeisenbahn mitgebracht, die wir gemeinsam im KaDeWe ausgesucht haben.«

Das war Wochen vor Weihnachten gewesen, schon damals hatte Guntram dem Wiedersehen mit seinem Kind entgegengefiebert.

»Meine Schwiegereltern haben das Kunststück fertiggebracht, dass Enno annimmt, sie hätten sie ihm geschenkt.« Er seufzte erneut. »Was soll's? Im Grunde geht es doch darum, dass es dem Jungen gut geht, und nicht um meine Befindlichkeiten.«

Er hatte ihr einmal gestanden, dass er die Krankenschwester Svenja wegen des gemeinsamen Kindes geheiratet hatte, das sie unter dem Herzen getragen hatte. Es sollte nicht dem schrecklichen Schicksal ausgesetzt sein, unehelich geboren worden zu sein.

Sie waren bereits auf dem Weg vom Bahnhof zur Behrenstraße, als Guntram sagte: »Mein Schwiegervater hat mir ein Angebot gemacht.«

Antonia wusste nicht viel über Guntrams Schwiegereltern. Svenjas Vater war Kapitän gewesen und hatte sich vor Jahren in einen Ort an der Schlei zurückgezogen, wo er mit Svenjas Mutter lebte. Aber Guntram klang nicht so, als wäre dieses *Angebot* vorteilhaft.

»Svenja willigt in die Scheidung ein. Natürlich muss ich die Schuld auf mich nehmen«, schränkte er gleichzeitig ein. »Der Preis ist, dass ich auf Enno verzichte.«

»Was ist damit gemeint?«

»Svenjas Vater verlangt das Sorgerecht.«

Bislang waren die Großeltern des Jungen offiziell nur dessen Pflegeeltern gewesen, womit Guntram wegen seiner eigenen Lebensbedingungen einverstanden gewesen war; der juristische Vormund war er geblieben. Doch künftig wäre die Verbindung zu Guntram als Vater mehr oder weniger gekappt.

»Was wirst du nun tun?«

Guntram legte den Arm fester um Antonia. »Ich weiß es nicht. Was rätst du mir?«

»Dass du dir mit deiner Entscheidung Zeit lassen solltest, Guntram.«

»Willst du denn nicht, dass wir heiraten? Das geht nicht, wenn ich mir Zeit lasse!«

»Ich weiß«, sagte sie. »Wenn du jetzt auf deinen Sohn verzichtest, wird dich diese Entscheidung dein Leben lang verfolgen.«

Erst als sie beide in ihrer Wohnung oberhalb der gemeinsamen Praxis in der Behrenstraße angekommen waren, wo sie niemand störte, stellte Guntram die Frage, um die es im Kern ging: »Möchtest du eigentlich ein eigenes Kind haben, Antonia?«

Sie hatte gerade Hut, Mantel und Handschuhe vor dem Spiegel im Flur abgelegt und richtete mit schnellen Handbewegungen ihre Frisur.

»Ach, die Kinder gehören einem doch sowieso nie so richtig! Die machen früher oder später, was sie wollen!«, scherzte sie.

Guntram, immer noch im Mantel, den Hut auf dem Kopf, trat hinter sie, legte die Arme sanft um ihre Hüfte. »Ich meine das ernst, Toni, das weißt du. Ich möchte nämlich mit dir ein Kind. Ich will eine Familie mit dir gründen.«

Sie drehte sich zu ihm, nahm ihm den Hut vom Kopf und legte ihn auf die dafür bestimmte Ablage zu dem zweiten Hut, den er besaß und der dort lag, als wohnte Guntram bereits hier.

»Im Moment ist es gut, wie es ist«, sagte sie.

»Ja.«

Trotz seiner Zustimmung sah sie ihm an, dass ihm ihre Antwort zu dürftig war, und sie ahnte, dass sie das Thema weiterhin beschäftigen würde. Stand doch an diesem Abend noch ein Besuch bei ihrer Kusine Frieda an.

Als die beiden später das Haus verließen, wäre Guntram fast über einen Mann gestolpert, der zusammengekrümmt im Hauseingang schlief. Der Anblick von Obdachlosen war in Berlin allgegenwärtig.

»Armer Kerl«, sagte Antonia. »Bei der Kälte! Den können wir doch nicht so liegen lassen.«

»Wir sind spät dran, Toni. Was willst du mit ihm machen? Ihn etwa in deine Wohnung bringen?«

In der Fröbelstraße im Prenzlauer Berg befand sich ein großes Obdachlosenasyl, aber es hatte um diese Uhrzeit längst seine Tore geschlossen.

»Wir bleiben nicht lange fort. Wenn er nachher immer noch da ist, geben wir ihm Decken«, schlug Guntram vor, und sie stimmte zu.

Von dem Obdachlosen war nicht viel zu erkennen. Ein

verdreckter Wollmantel, den er mit einem Strick zusammengebunden hatte. Zumindest besaß er Schuhe und auch einen Hut, der sein Gesicht verdeckte. Antonia hatte ein seltsames Gefühl. Nicht so sehr wegen ihres schlechten Gewissens. Es war nur eigenartig, dass der Mann ausgerechnet hier lag, wohin noch nie ein Obdachloser gefunden hatte.

»Deine Kusine wohnt in einem Kaufhaus?«, fragte Guntram verwundert.

Es war längst dunkel, die Straßen nordöstlich des Alexanderplatzes am Sonntagabend ungewöhnlich menschenleer. Üblicherweise fanden hier die Demonstrationen der Kommunisten statt. Allerdings kannte Antonia die Gegend als tagsüber überaus belebt.

Das Haus in der Lothringer Straße, in dem sie mit Frieda verabredet waren, prominent an einer großen Straßenkreuzung platziert, schwang sich in weitem Bogen um die Straßenecke und stapelte die Stockwerke in die Höhe. Das *Kaufhaus Jonaß* war stadtbekannt, weil man Kleidung billig erstehen konnte. Dass dies obendrein auf Kredit möglich war, war für viele Menschen wie ein Geschenk, das man sonst kaum irgendwo bekam. Auch Antonia hatte hier bereits eingekauft.

»Bisschen eigentümlich ist es schon, dass eine Gräfin so wohnt«, bemerkte Guntram.

»Bei Frieda wundert mich gar nichts«, erwiderte Antonia und lachte. »Allenfalls, wenn sie sich einmal nicht so verhalten würde, wie man es von ihr gewohnt ist.«

Dass ihre Kusine an diesem ungewöhnlichen Ort wohnte, hatte allerdings einen sachlichen Grund. Ihr frisch angetrauter Ehemann Jonathan Landsmann war einer der Architekten des Hauses im Stil der sogenannten Neuen

Sachlichkeit. Der entsprach dem Geschäftsstil der Besitzer – keine Schnörkel, kein Zierrat, reine Klarheit: Ein Kaufhaus ist ein Haus, in dem etwas verkauft wird, basta. Das verkörperte eine radikale Abkehr vom Pomp des KaDeWe oder des nahegelegenen Kaufhauses Tietz. Diese Andersartigkeit wiederum entsprach Friedas Mann. Ihr gegenüber hatte die Kusine Jonathan als den *besten Mann, den ich je hatte* bezeichnet. Das konnte Antonia zwar nicht beurteilen; bei den wenigen Begegnungen mit ihm war er ihr jedoch auf angenehme Weise als ein ungewöhnlicher Mann erschienen. Und zudem als ausgesprochen attraktiv.

Mit schwarzer Farbe hatte jemand den empfindlichen Naturstein der Fassade des Kaufhauses mit dem Wort *Jude* beschmiert; es würde sich schwer entfernen lassen. Nicht nur Friedas Mann, sondern auch die Besitzer des Kaufhauses waren jüdisch.

Ein Summer gab die schwere Haustür frei. Der Fahrstuhl brachte die beiden Gäste ins siebte und oberste Stockwerk, wo sie eine elegante Dame mit hochgestecktem rotblondem Haar erwartete, einen kleinen Jungen auf dem Arm. Antonia war sprachlos. Ihre Kusine hatte eine Wandlung um hundertachtzig Grad vollzogen! Sie hatte Frieda als völlig überdrehte, extravertierte, selbstzweiflerische, aber auch kämpferische Frau erlebt. Nun war sie in eine neue Rolle geschlüpft, jene der liebevollen Mutter, Gattin und Gastgeberin. Und die spielte sie überzeugend, fand Antonia. Oder Frieda hatte zu jenem Ich gefunden, das unter all dem Krawall verborgen gewesen war, den sie früher veranstaltet hatte. Was von beidem zutraf, würde sich wohl erst noch zeigen …

Jetzt drehte sich alles zuerst um Friedas fünfzehn Monate alten Sohn Felix, der die Ärmchen um den Hals seiner Mutter schlang, während er die beiden Gäste argwöhnisch in Augenschein nahm. Er kannte beide als seine Ärzte, wobei Antonia ihm sogar auf die Welt geholfen hatte. Guntram hatte Felix' Herzschwäche diagnostiziert und seine Mutter in einer Therapie unterwiesen, die aus dem schwachen Säugling den gesund wirkenden Knaben gemacht hatte, der er nun war.

Nachdem man sich über die gesundheitliche Entwicklung des Kindes hinreichend unterhalten hatte, lobte Antonia ihre Kusine: »Du siehst umwerfend aus.«

»Danke! Und ihr zwei seht sehr verliebt aus«, stellte Frieda lächelnd fest. »Alles Gute zum neuen Jahr. Ihr habt ja gewiss schon weitreichende Pläne …« Sie grinste anzüglich.

»Mal sehen.« Antonia strich über den Bauch ihrer Kusine und zwinkerte ihr zu. »Was auch immer kommt, dich werde ich nicht einholen können.«

Der Geburtstermin für ein weiteres Geschwisterchen für Felix würde Juli sein. Das gefühlsbelastete Thema, dass seine Zwillingsschwester Felicitas in Freystetten bei Rosel lebte, wollte Antonia nicht anschneiden.

Die Wohnung des Paares schien riesig zu sein und war gleichzeitig spärlich möbliert; wohnlich war sie nicht, wie Antonia fand. Ihrem Geschmack entsprach eher die großbürgerliche Behaglichkeit, in der sowohl sie selbst als auch ihre Freundin Celia lebten.

»Hier haben Sie Platz für eine große Familie«, stellte Guntram fest. »Ein imposanter Bau. Gratuliere. So sieht wohl die Zukunft aus.«

»Danke, Doktor! Ich versuche immer, eine Zeit lang in den Häusern zu leben, die ich baue, um zu erproben, ob ich gut gearbeitet habe!«, rief gut gelaunt ein blendend aussehender Herr im Smoking, der mit raschem, festem Schritt aus der Tiefe der Eingangshalle herbeieilte.

»Jonathan, jetzt lernst du endlich Guntram kennen. Doktor Harrich, Felix' kluger Arzt und Tonis große Liebe. Dies ist Jonathan Landsmann, Felix' Papa und meine große Liebe.«

»Guten Abend, Toni!« Jonathan begrüßte zunächst sie mit Wangenküssen und streckte Guntram die Hand entgegen. »Wen auch immer ich in dieser Stadt kennenlerne, dem empfehle ich Sie als Kinderarzt. Darf ich Sie umarmen? Was Sie für Felix getan haben, ist nahe an einem Wunder! Sie haben meinem Sohn eine Zukunft gegeben!«

Er ließ seinen Worten die Tat folgen. Antonia sah ihrem an der Nordsee aufgewachsenen Freund an, dass er eine solch herzliche Begrüßung nicht gewohnt war.

»Den größten Teil der Arbeit hat Ihre Gattin getan, Herr Landsmann. Sie hat konsequent mit Felix Übungen zu seiner Kräftigung gemacht. Deshalb hat Felix sich so gut rausgemacht.«

»Er kann schon ein paar Schritte laufen! Setz ihn doch mal runter, Frieda. Soll er mal zeigen, was er schon kann.«

»Später, Liebster. Er fremdelt noch ein wenig.«

»Dann erst mal hereinspaziert. Ich habe eine Kleinigkeit vorbereitet«, sagte Jonathan und deutete auf eine Silberplatte mit Hummer und Langusten.

In der weitläufigen Küche, die viel zu groß für eine kleine Familie war, ließ er einen Korken aus der Champagnerflasche zischen, und man stieß auf das neue Jahr an. Frieda trank jedoch nur Mineralwasser. Dem früher ungezügelten Genuss seiner Mutter von Alkohol und Kokain verdankte Felix seine angeborene Herzschwäche.

»Eine beeindruckende Wohnung«, lobte Guntram.

»Danke, aber wir werden nicht mehr lange hierbleiben.«

»Ist ein neues Haus zum Probewohnen fertig geworden?«, fragte Antonia.

Frieda und Jonathan tauschten einen kurzen Blick, der erkennen ließ, dass das junge Ehepaar sich noch nicht vollends einig war über seine Zukunftspläne.

»Jonathan möchte weg aus Deutschland«, sagte Frieda etwas zögernd. Sie setzte Felix neben sich auf den Teppich.

»Wie weit wollt ihr denn fort?«, fragte Antonia leicht besorgt.

Im vorangegangenen Jahr war sie ihrer Kusine wegen der nervenaufreibenden Streite zwischen ihrer eigenen und Friedas Familie sehr nahe gekommen. Die Geburt der Zwillinge und die Sorge um Felix hatten die Beziehung ohnehin vertieft.

In diesem Moment bemerkte sie, dass Felix sich hinstellte, ohne sich irgendwo festzuhalten. Was zwar für ein Kind seines Alters normal war, aber er war in seiner Entwicklung um Monate zurück. Und dann setzte er einen Fuß vor den anderen und lief einfach los, eroberte den großen Raum Schritt für Schritt.

»Wie weit wir wegwollen, Toni?«, fragte Frieda. »Jon möchte in New York leben.«

»Da sind schon so viele Häuser. Und da willst du noch mehr dazustellen?«, scherzte Antonia, um dem Thema seine Schwere zu nehmen.

Jonathan nickte. »Das ist nun mal meine Arbeit. Ich kann nichts dafür!« Er wurde ernst. »Frieda will nicht nach New York.« Er sah sie liebevoll an. »Obwohl du dort gut hinpassen würdest.« Er räusperte sich. »Zunächst werde ich an der französischen Riviera mit dem Bau einer Villa beginnen.« Mit Blick auf seine Frau verbesserte er: »*Wir* werden dort beginnen.«

»Tante Flora hat ein Haus an der Côte d'Azur, wie die Franzosen sagen. Es ist so schön dort«, schwärmte Frieda. »Ich habe sie oft besucht, hatte aber immer nur Unsinn im

Kopf.« Sie sah Jonathan liebevoll an und sagte dann zu Antonia: »Jon kennt meine Vergangenheit. Nur weil ich so ein wildes Huhn war, haben wir uns überhaupt kennengelernt.«

»De facto hat Friedas Tante mir den Auftrag vermittelt«, fuhr Jonathan fort. »Gräfin Freystetten mag den Stil meiner Häuser.«

»In Südfrankreich ist es wärmer als hier«, warf Guntram ein. »Kann ich verstehen.«

»Auch gesellschaftlich«, erwiderte Jonathan. »Übrigens hat Gräfin Freystetten mir bewiesen, dass nicht alle in ihrer Familie so engstirnig sind wie ihr Bruder. Wissen Sie, Doktor Harrich, mir begegnet in dieser Stadt so viel Feindseligkeit. Und dieselben Erfahrungen machen Bekannte überall in diesem Land. Ein guter Freund hat mich gefragt: ›Wie lange willst du dem Treiben von Hitlers Bande noch zusehen? Wann willst du daraus deine Schlüsse ziehen?‹ Ich habe zurückgefragt: ›Welche Schlüsse soll ich ziehen?‹ Der andere sagte: ›Du solltest etwas unternehmen, bevor Tatsachen geschaffen wurden, die dich daran hindern, zu reagieren.‹« Jonathan legte seine Hand auf Friedas: »Mein eigener Schwager ...« Er stutzte. »Haben Sie Franz von Freystetten eigentlich schon kennengelernt, Doktor?«

Guntram schüttelte den Kopf.

»Seien Sie froh. Franz von Freystetten verdanke ich, dass ich die Warnung meines guten Freundes ernst nehme. Ich fürchte, wir stehen vor düsteren Zeiten. Bei den Wahlen im September bekam die NSDAP sechseinhalb Millionen Stimmen, bei der Wahl davor waren es achthunderttausend. Verzeihen Sie, wenn ich Ihnen mit Zahlen komme, aber sie sind mein Metier. Darum noch eine: Wir hatten fünfeinhalb Millionen Erstwähler. Die meisten von ihnen sind ohne Vater aufgewachsen, weil die Väter im Krieg blieben.

Diese jungen Männer finden nirgendwo Arbeit. Die SA lädt in die Kneipe ein: ›Trink bei uns ein Bier, iss eine Stulle. Kostet dich nix.‹ Und dann steht ein SA-Mann auf und sagt: ›Schuld an eurem Unglück sind die Juden, die müsst ihr verdreschen.‹«

In diesem Moment begann Felix zu weinen. Jonathan ging zu seinem Sohn, hob den Kleinen, der vermutlich über seine eigenen Beinchen gestolpert war, auf und trug ihn zum Tisch.

»Unsere Kinder sind die Antwort auf die Fragen nach der Zukunft. Wenn draußen die Stiefel der Braunen marschieren, dann denke ich daran, dass es meine Pflicht ist, für die Sicherheit meiner Familie zu sorgen.«

So hatte Antonia das noch nie gesehen: Welche Sorgen jemand in diesen Zeiten haben mochte, der ein eigenes Kind hatte. Und ein weiteres erwartete.

Am Brandenburger Tor wurden wieder Befehle gebrüllt und Stiefel knallten auf den Asphalt. Doch schon eine Seitenstraße weiter verlor sich das Geräusch in der Nacht. Antonia hatte sich enger an Guntram geschmiegt, nicht nur, weil es eisig kalt war. Jonathans Worte von einer heraufziehenden Bedrohung für seine kleine Familie gingen ihr nicht aus dem Kopf.

»Meinst du, Jonathan hat mit seiner Sorge recht, dass Juden bald nicht mehr sicher sind in Deutschland?«, fragte sie.

»Wir leben in unruhigen Zeiten, gewiss. Die Menschen haben keine Arbeit, die Wirtschaft ist nicht stabil, und die Politik scheint nicht mehr zu wissen, wie es weitergehen soll. Ich denke dennoch, dass Jonathan Landsmann übertreibt. Bei den letzten Wahlen haben die Kommunisten deutlich zugelegt und auch die SPD. Heute werden die Nationalsozialisten gewählt und morgen vergessen. Niemand nimmt die wirklich ernst.«

»Vielleicht wäre es besser, sie ernst zu nehmen«, widersprach Antonia und dachte dabei an Cousin Franz, der sich gerade sehr zielstrebig eine politische Karriere in Hitlers Partei aufbaute. Jenen Abend im Schloss, als er am Geburtstag seiner Mutter eine flammende Rede gehalten und alle Anwesenden begeistert applaudiert hatten, würde sie so schnell nicht vergessen.

»Unsere Nacht wird kurz«, sagte Guntram und klang dabei sehr zärtlich.

Sie grinste ihn an. »Und mir ist so kalt. Du wirst mich wärmen müssen.«

Der Haustürschlüssel klapperte in ihrer Hand, als sie den überdachten Vorraum vor dem Hauseingang betraten und abrupt innehielten. Den Obdachlosen, der dort schon Stunden zuvor gelegen hatte, hatte sie vollständig vergessen. Aber er war nach wie vor dort, die Kälte hatte ihn wohl wach gehalten. Das Licht, das die Straßenlaterne spendete, war nicht sehr hell, aber hell genug, um sein Gesicht zu erkennen.

»Tonja«, sagte er mit zittriger Stimme, »bitte, hilf mir!«

Es gab nur einen Menschen, der sie jemals Tonja genannt hatte.

Vor etwas mehr als einer Woche war Henny das zarte Mädchen, von dem sie nur vermuten konnte, dass es Lucia hieß, vor das Auto gelaufen. Seitdem ließ sie das Schicksal des Kindes nicht los – weder die Umstände, unter denen es lebte, noch die Frage nach den eigentümlichen Zuckungen, die es befallen hatten. Konnten sie durch einen Autounfall ausgelöst werden? War es eine Art Schock? Oder gar eine mit dem Auge nicht sichtbare Verletzung am Kopf?

Doch war sie weder Kinderärztin, noch kannte sie sich mit der Ursache von Spasmen aus. In Berlin hätte sie gewusst, welcher Kollege an der Charité in dieser Frage weitergeholfen hätte. Aber in Los Angeles gab es nicht nur zu wenige Ärzte, obendrein kannte sie keinen Spezialisten für die komplizierten Vorgänge im menschlichen Gehirn. Ihr blieb nichts anderes übrig, als sich nach Fachliteratur umzusehen. Bevor sie sich auf die erneute Suche nach Lucia machte, musste geklärt werden, wie ihr zu helfen war.

Darüber hinaus hatte Henny in der Silvesternacht einen zweiten Vorsatz gefasst. Vielleicht dachten in einer Stadt, in der wenige Menschen sehr viel Geld verdienten, manche wie sie selbst: dass man von dem Glück, das einem zuteilwurde, abgeben könnte, um jemandem wie Lucia ein angenehmeres Leben zu ermöglichen. Eine Spendensammlung, wie sie Henny vorschwebte, musste ebenfalls gründlich vorbereitet werden. Auch so etwas hatte sie nie zuvor auf die Beine gestellt.

»Das sind nur Latinos«, erwiderte einer von Hennys neuen Kollegen am *Cedars* auf die Frage, ob er etwas über die Behausungen in der wüstenartigen Nachbarschaft wüsste. »Die wollen nichts mit uns zu tun haben.« Er klang, als ginge es ihm ebenso.

Bei einer der nächsten Entbindungen sprach Henny mit Hebamme Maria und erzählte, was sie am späten Silvesternachmittag erlebt hatte.

»Frau Doktor, Gott vergisst keines seiner Geschöpfe«, erwiderte die junge Frau.

»Gewiss möchte Gott, dass wir ihm helfen«, erwiderte Henny, obwohl sie selbst nicht gläubig war. Der Verweis auf Gottes Allmacht hatte ihr noch nie gereicht, um das Nichtstun der Menschen zu rechtfertigen. »Ich möchte mich auf die Suche nach Lucia machen. Allein kann ich das nicht, weil ich die Sprache nicht beherrsche.«

»In der nächsten Woche habe ich einen freien Tag«, sagte Maria. »Ich begleite Sie.«

Folglich würden noch mehr Tage verstreichen. Wie schwierig es war, das Offensichtliche tun zu können – zu helfen! Plötzlich überkam Henny ein Gefühl von großem Heimweh. Sie fühlte sich so, wie sie nie hatte sein wollen und wie sie es im letzten Jahr nach dem Überfall auf sie hatte sein müssen – hilflos.

Dieses Gefühl gab ihr jedoch neuen Schwung. Sie wandte sich an den Mann, der sie eingestellt hatte, den Leiter des *Cedars*, Dr. Rozenberg. Viel wusste sie nicht über ihren Chef. Die Tatsache jedoch, dass er vor den Bolschewisten aus Russland über Deutschland in die USA geflohen war, ließ sie hoffen. Ein Mann, der selbst Ausgrenzung und Flucht erlebt hatte, würde der nicht Verständnis für ihr Vorhaben aufbringen?

»Los Angeles ist voller Menschen, die ein neues Leben beginnen wollen«, sagte er auf Deutsch mit schwerem russischem Akzent. »Wo wollen Sie anfangen zu helfen, Frau Kollegin?«

»An der Stelle, wo ich mit der Nase darauf gestoßen werde«, erwiderte sie lächelnd.

Er nickte nachdenklich. »Das ist ein guter Punkt. Sagen Sie Bescheid, was Sie sich überlegt haben.«

Das klang unverbindlich und dennoch so, als würde er ihr Vorhaben unterstützen.

Rozenberg, ein zierlich wirkender Mann von Mitte fünfzig mit vollem schwarzem Haar und sorgfältig gestutztem Oberlippenbart, der ständig unter innerer Anspannung zu stehen schien, lehnte sich in seinem Stuhl zurück. »Was dieses Kind betrifft: Ich könnte mir vorstellen, dass die junge Kollegin Esther Somerfeld Ihnen weiterhelfen kann. Sie beschäftigt sich mit Neurologie. Und sie ist Pädiaterin.«

»Das klingt, als wäre Frau Somerfeld genau die Kollegin, die ich gesucht habe!«

Doktor Rozenfeld schrieb etwas auf einen Zettel. »Das ist ihre Adresse. Ihr Mann Eugene Ziskind und sie eröffnen gerade eine eigene Praxis. Aber Sie wissen, wie das ist, nicht wahr? Es dauert manchmal lange, bis man Geld verdienen kann mit den eigenen Visionen. Andererseits lernen auch Sie viele Menschen kennen. Vielleicht ergibt das eine das andere, wie es so ist im Leben«, sagte er vieldeutig und reichte Henny den Zettel. »Eugene und Esther sind in derselben Gemeinde wie meine Familie, *Breed Street Shul.* Waren Sie schon einmal dort?«

»Ich bin nicht jüdisch.«

»Oh, so meinte ich das nicht. Glaube sollte nicht trennen, sondern verbinden. Wir machen hübsche Feste. Sie und Ihr Mann sollten einmal kommen und die Kinder mitbringen, Frau Kollegin. Und grüßen Sie Esther und Eugene von Fedor Rozenberg.«

Auf der Fahrt nach Hause machte Henny einen kurzen Umweg zur Praxis der beiden Kollegen. Sie befand sich ein paar Querstraßen südlich des *Cedars* auf dem Wilshire Boulevard, ein kleines flaches Haus mit dem Namensschild des Arztehepaares.

Mit Esther Somerfeld traf sie eine Frau im Alter ihrer eigenen Schwester, die sie freundlich, aber zurückhaltend empfing.

»Danke für die Grüße«, sagte sie.

»Ihr Familienname klingt deutsch, sprechen Sie deutsch?«, fragte Henny.

Die Kollegin schüttelte den Kopf. »Meine Eltern stammen aus Osteuropa, ich bin in Chicago aufgewachsen. Jiddisch spreche ich, aber das werden Sie wohl nicht verstehen. Was führt Sie zu mir?«

Henny erzählte von dem Unfall.

»Sie müssten mir das Kind bringen, damit ich es untersuchen kann«, sagte die Kollegin.

»Das werde ich versuchen. Kann Schock die Zuckungen erklären?«

Die Spezialistin wog bedächtig den Kopf. »Vor einer Untersuchung kann ich das nicht sagen, aber es klingt eher nach einem epileptischen Anfall. Versuchen Sie herauszufinden, ob sie das öfter hat, dann wissen wir mehr.«

Fallsucht, so sagte man in Deutschland. Natürlich! Henny fragte sich, weshalb sie diese Möglichkeit nicht früher erwogen hatte. »Haben Sie derartige Fälle bereits behandelt?«

»Ja, gewiss. Wir arbeiten mit verschiedenen Methoden, weil es unterschiedliche Ausprägungen gibt.«

Das Gespräch wurde unterbrochen, als eine Frau mit einem Kind im Grundschulalter an der Haustür läutete. Die Frau überreichte Lebensmittel, ihre Tochter war die Patientin.

Zum Abschied sagte Esther Somerfeld zu Henny lächelnd: »Vielen meiner Patientinnen fällt es leichter, mich mit dem zu bezahlen, was ihr Land oder ihre Tiere hergeben.«

Nach dem Zusammenbruch großer amerikanischer Banken hatten sich die USA bislang ebenso wenig vom wirtschaftlichen Niedergang erholt wie Deutschland.

Henny bewunderte die großherzige Einstellung der jungen Kollegin und verließ die noch unfertig wirkenden Praxisräume mit dem guten Gefühl, an der richtigen Stelle zu sein. Aber auch mit der Frage, ob es realistisch war, Lucia überhaupt hier vorstellen zu können.

Im Licht der untergehenden Sonne stoppte sie ihr Auto bald darauf an der Stelle des Zusammentreffens mit Lucia. Niemand war zu sehen, nur dürres, unwirtliches Land.

Greta Garbo sagte gerade: »Vicky, bringst du mir bitte noch ein Glas Sodawasser? Ich fürchte, ich verdurste gerade!«, als Henny den Salon ihres Hauses betrat. Dann fragte der zurzeit begehrteste Star seinen Schneider: »Adrian, *darling*, der Anzug ist sagenhaft. Aber wie soll ich darin überleben, wenn die Scheinwerfer eingeschaltet sind? Die Hitze wird mich umbringen!«

»Miss Garbo, in dem Anzug sehen Sie so schön aus! Darin werden Sie niemals sterben«, sagte Vicky, und Henny sah ihrer Tochter an, dass sie es ehrlich meinte.

»Vicky hat recht«, ergänzte Victor augenzwinkernd. »Du wirst unsterblich, Greta!«

Es war einer jener typischen, der Wirklichkeit vollkommen entrückten Momente, die sich in Hennys Salon immer wieder, aber das schon seit Monaten, abspielten. Wobei das Ambiente selbst filmreif war: Der riesige *Living Room* befand sich direkt neben dem blau glitzernden Swimmingpool und war von Palmen umstanden. Die vielen Filmmenschen kümmerten sich um etwas, das nichts mit jener Realität zu tun hatte, die Henny bei ihrer Arbeit erlebte.

Es war die Welt ihres Mannes, der sich die Filmschaffenden ins Haus geholt hatte, damit er gleichzeitig Familienvater sein konnte. Um Henny mit einem Kuss zu begrüßen, hob er den knapp siebzehn Monate alten Leo auf den Arm.

»Sieh nur, *Mom* ist zurück. Gib *Mom* ein Küsschen!«

Henny drückte ihren kleinen Sohn zärtlich an sich. Obwohl er schon lange kein Baby mehr war, genoss sie es, ihn zu liebkosen. Und während sie die Nase an seinen Kopf hielt, um seinen Geruch einzuatmen, dachte sie an das Gespräch mit der Kollegin Somerfeld. Wie wenig sie über das wusste, was im menschlichen Kopf vor sich ging, und wie vielfältig das Wissen um die menschliche Gesundheit war!

Greta Garbo trank von dem ihr von Vicky gereichten Wasser nur einen winzigen, fast schon symbolischen Schluck, und das mit einem hörbaren Seufzer, der wohl unterstreichen sollte, wie schwer sie es gerade hatte. In einer an den Schultern weiten und an der Hüfte schmal geschnittenen Jacke aus reich verziertem Goldbrokatstoff, zu der sie eine hautenge Hose trug, die ihre gertenschlanke Silhouette in eine zweite Haut hüllte, sah sie aus wie ein Wesen von einem anderen Stern, was wohl die Absicht war.

»Zwei Zentimeter mehr an der Hüfte, Adrian, und ich werde immer noch unsterblich sein, aber atmen können.«

Die Garbo schlug die Lider ihrer ausdrucksstarken blauen Augen kurz nieder, um anschließend ihren klaren Blick umso intensiver leuchten zu lassen.

»Selbstverständlich, Miss Garbo. Aber zunächst noch die Kappe. Ich hoffe, sie fällt jetzt zu Ihrer Zufriedenheit aus.«

Adrian half ihr dabei, eine eng anliegende Kopfbedeckung überzustülpen, die auf der Stirn und an den Schläfen schweren Ornamentschmuck trug. Henny konnte sich zwar nicht vorstellen, dass sich jemals eine Frau in ein solches Monstrum gezwängt hätte. Aber dies war eben Hollywood und hier galt: Erst wenn's richtig verrückt war, war's richtig gut.

»*Mom*, sieht Greta nicht wunderschön aus!«, rief Vicky.

»Lass dir von Mister Adrian doch auch so etwas schneidern!«, neckte Henny ihre seit ein paar Tagen dreizehn Jahre alte Tochter.

»Das hat doch keinen Sinn, *Mom*. Du selbst hast gesagt, ich wachse so schnell.«

Henny mochte es sehr, wenn ihre Tochter mit solchen Doppeldeutigkeiten spielte.

»Hast du Greta und Adrian schon eine Kostprobe von deinem Klavierspiel gezeigt?«, fragte Henny mit Blick auf das Piano, dessen zugeklappte Tastatur als Ablage für Scheren und Nadelkissen diente.

»Deine Tochter spielt wie ein Engel, Henny. Sie hat zuvor geschaffen eine wunderbare *atmosphere* für unsere Arbeit. Wirklich!«, lobte Greta, deren Deutsch-Englisch-Gemisch vom Akzent ihrer schwedischen Muttersprache untermalt war.

Trotz der familiären Stimmung sah Henny ihrem Mann an, wie sehr seine Nerven angespannt waren. Die Dreharbeiten zu dem Film *Mata Hari* sollten in Kürze beginnen, aber man schlug sich immer noch mit den Anproben für die aufwendigen Kostüme der Hauptdarstellerin herum.

»Während gleichzeitig Marlenes Spioninnenfilm bereits im nächsten Monat in die Lichtspielhäuser kommt«, hatte Hennys Mann am Vorabend geklagt.

Eigentlich hätte Greta Garbo genau jetzt für Victors Herzensprojekt *Grand Hotel* vor der Kamera stehen sollen. Stattdessen hatte sein Chef, der allmächtige Louis B. Mayer, ebendiesen Spionagefilm *Mata Hari* vorgezogen, in dem ebenfalls Greta Garbo die Hauptrolle spielte. Und dennoch war Marlene Dietrich, die Victor so gern für *Grand Hotel* als Hauptdarstellerin verpflichtet hätte, mit ihrem zweiten Hollywood-Film *Entehrt*, der ebenfalls eine Spionin in den Mittelpunkt der Handlung stellte, schneller gewesen. Die treibende Kraft dahinter war ausgerechnet jener Regisseur, mit dem Victor nach Hollywood gekommen war und mit dem er zuvor für *Der blaue Engel* zusammengearbeitet hatte. Doch ein kompliziertes System der konkurrierenden Studios hatte die beiden auseinandergebracht.

Dem Ränkespiel der Männer begegnete Henny mit zunehmender Ratlosigkeit. Vor allem nach einem Tag wie dem heutigen, an dem sie versucht hatte herauszufinden, wie sie einem ausschließlich Spanisch sprechenden Mädchen helfen konnte.

Dieses Mal war Henny besser auf den Ausflug in das ausgedörrte Land zwischen Santa Monica und Beverly Hills vorbereitet. Aus Deutschland hatte sie sich kniehohe Winterstiefel mitgenommen, obwohl Victor sie bei der Abreise aus Berlin ausgelacht hatte, dass die im warmen Kalifornien nutzlos wären. Gerade erwiesen sie sich als überaus sinnvoll. Immer wieder warnte Hebamme Maria vor irgendwelchen Gefahren, oftmals erkannte Henny erst viel zu spät, was es war. Ein Skorpion, der seinen Stachel aufrichtete. Büsche mit grünem, hartem Laub, von denen Maria meinte, die Blätter wären giftig. In gewisser Weise fühlte Henny sich erinnert an jene Phase ihrer Kindheit, die sie in Deutsch-Ostafrika verbracht hatte: Überall lauerten Gefahren!

Sie wusste durchaus, weshalb sie sich aus vollem Herzen dazu bekannte, ein Stadtmensch zu sein. Eigentlich lebte sie auch gerade in einer Stadt – jedoch keiner vergleichbar mit Berlin, der drittgrößten Metropole der Welt, die vier Mal so viele Einwohner hatte wie Los Angeles. Und das spürte sie sehr deutlich in dem Nirgendwo, durch das sie gerade Maria folgte.

»Weshalb wohnt jemand ausgerechnet hier?«, fragte Henny.

»Es sind Mexikaner, Frau Doktor. Niemand vermietet ihnen ein anständiges Haus und kaufen können sie sich keines.«

»Und Wohnungen?«

Maria warf ihr einen ratlosen Blick zu. »Was meinen Sie mit Wohnungen? So etwas gibt es nicht.«

Man hatte sein eigenes Häuschen, Haus, Villa, je nachdem. Das war Henny nicht wirklich bewusst gewesen, denn auch ihr Lebensstandard war so.

»Niemand will Mexikaner in seinem Haus«, sagte Maria halblaut, und Henny war nicht ganz klar, ob die junge Hebamme sie damit auf etwas aufmerksam machen wollte oder ob es nur so dahingesagt war.

»Darf ich fragen, woher Sie so gut Spanisch sprechen?«, erkundigte Henny sich mit der Ahnung, die Antwort zu kennen.

»Meine *Mom* ist Mexikanerin, Frau Doktor.« Sie blieb stehen und sah Henny offen an. »Ich habe Kusinen, die genauso wohnen wie das hier.« Sie breitete die Arme aus, als versuchte sie, das unwirtlich erscheinende Land zu umarmen. »Wissen Sie, dass all dies vor gar nicht langer Zeit zu Mexiko gehörte? Es wurde an die USA verkauft, so sagt man, aber in Wahrheit wurde das Land uns weggenommen. Diese Stadt heißt Los Angeles, weil sie auf früher heiligem Gebiet lag, dem Land der Engel.« Eine Art von Schleier legte sich über Marias Gesicht, als wollte sie ihre Gefühle vor der aus Deutschland stammenden Ärztin verbergen. »Entschuldigung, Frau Doktor. Ich wurde emotional.«

»Darüber wusste ich nichts. Ich kam, wie die meisten, nur deshalb her, weil ich hier arbeite. Eher muss also ich um Verzeihung dafür bitten, nur das zu sehen, was da ist, und nicht das, was einmal war.«

»Wie könnten Sie auch? So geht es allen. Auch mein Dad kam der Arbeit wegen.« Maria lächelte. »Sonst wäre ich nicht hier. Worüber klage ich also? Ist das nicht das große Rad des Schicksals, das Gott dreht?«

Schließlich erreichten sie die Ansammlung von Hütten. Henny war sich nicht sicher, ob es dieselbe war, in der sie Lucia aus den Augen verloren hatte. Zumindest fiel dieses Mal die Begrüßung freundlicher aus. Maria unterhielt sich nacheinander mit mehreren Frauen unterschiedlichen Alters, wobei Henny nur den Namen Lucia verstand.

»Hier heißen viele Mädchen so«, fasste Maria schließlich das Ergebnis zusammen. »Der Name bedeutet Licht, also Hoffnung und Zukunft. Was jeder braucht.«

»Fragen Sie bitte nach einem Mädchen, das hinfällt und zuckt. Und sie hat eine kleine schwarze Katze, die sie *Gattita* ruft.«

Henny sah in den Gesichtern der Frauen, mit denen Maria sprach, wie sie sich regelrecht verschlossen.

Ein paar Worte wurden gewechselt, dann meinte Maria: »Sie sagen: So eine Lucia gibt es hier nicht.«

Hennys Blick glitt über die Mienen. Wie hart sie waren, gezeichnet von unwirtlichen Lebensbedingungen. Dagegen sie, so teuer gekleidet, wie eine Frau eben angezogen sein musste, die in einem angesehenen Krankenhaus Oberärztin war. In gewisser Weise war die Rollenverteilung in diesem Moment in der Wüste genauso wie an dem Abend, als Greta Garbo bei Henny zu Besuch gewesen war, nur mit umgedrehten Vorzeichen: Nun war sie Greta Garbo. Obwohl sie Gutes vorhatte, war es ihr peinlich.

Sie würde die Frauen nicht für sich gewinnen, begriff Henny. Wenn sie Lucia helfen wollte, musste sie Maria davon überzeugen, dass es nicht die Laune einer reichen Weißen war, die sie nach Lucia suchen ließ. So erzählte sie von einem Erlebnis, das sie als Kind in Daressalam gehabt hatte.

»Ich hatte meinen Hund *Karibu* genannt, das heißt in der dortigen Sprache Swahili *Willkommen*. Weil ich mir so sehr wünschte, willkommen zu sein im fremden Afrika. Eines

Tages war mein Hund, den ich vor einem Krankenhaus angebunden hatte, verschwunden. Ich entdeckte, dass ein Python ihn verschlungen hatte, und war verzweifelt. Für die Menschen dort war die Schlange allerdings nicht nur eine Schlange; sie war eine Gottheit in Tiergestalt. Es war diese Göttin, die meinen Hund verschlungen hatte, deshalb durfte man ihr nicht böse sein. Wie ist das hier?«, fragte Henny. »Kommt es vor, dass ein Tier nicht das ist, wonach es aussieht? Oder gibt es wie in Afrika Menschen, die nicht nur das sind, was man sieht?«

Wenn es sich so verhielt, wie Hennys Bauchgefühl es ihr gerade sagte, war es dann nicht falsch, wenn sie als Ärztin einschritt? Wo verlief die Grenze zwischen dem, was sie als Medizinerin für angebracht hielt? Und wo begann sie sich einzumischen in Fragen, die sie niemals verstehen würde, aber respektieren musste?

Die junge Hebamme musterte Henny nachdenklich. »Ja, so etwas gibt es.«

»Trifft das möglicherweise auf Lucia zu?«, fragte Henny. »Ist sie vielleicht mehr als nur ein Mädchen, das an Zuckungen leidet?«

Maria, Hennys Führerin in diese fremde Welt, sah sie sprachlos an. Für sie war Henny in der Tat bislang wohl nur eine Ärztin aus Europa gewesen.

»Gut«, sagte Henny, »ich habe verstanden. Ich will niemanden belästigen. Lassen Sie uns zurückgehen, Maria.« Sie blickte in die verhärmten Gesichter der Frauen und verabschiedete sich mit einem Lächeln. *»Adiós, señoras!«*

Plötzlich begann eine Art von heftig geführtem Gespräch zwischen den Frauen. Und Maria sagte: »Warten Sie, Frau Doktor. Die *señoras* sagen, dass Sie Lucia treffen dürfen.«

Dem schweren Glasbottich in der Küche ihrer Mutter hatte Ricarda nie Aufmerksamkeit geschenkt. Mit einem Tuch zugedeckt, stand das bauchige Gefäß in einem der Holzregale, die ihr auch als Tischler begabter Vater vor Jahrzehnten gebaut hatte. Da die Küche reichlich geschmückt war mit Kräutern, war Ricarda davon ausgegangen, dass sich wohl auch darin etwas befand, für das nur die betagte Karla die Verwendung kannte.

Mit ernstem Gesicht wuchtete die zierliche alte Frau nun den Bottich auf den Küchentisch, ohne zuvor auch nur anzudeuten, was sie vorhatte.

Es war Vormittag, die Wintersonne schickte helle Strahlen in den Raum, ließ nicht nur das blasse Grün der Kräutersammlung leuchten, sondern auch den Inhalt des bislang von Ricarda missachteten Gefäßes. Es war zu drei viertel mit klarem Wasser gefüllt, in dem sich etliche tiefbraune, fast schwarze dünne Würmer gemächlich bewegten, manche klebten auch am Glas. Die unappetitlichen Tierchen und das saubere Wasser, in dem sie sich befanden, bildeten einen eigentümlichen Gegensatz. So, als wären sie kurz zu Besuch, aber Ricarda wusste, dass sie es dort Ewigkeiten aushalten konnten. Bis sie hervorgeholt und eine besondere Form der Nahrung erhielten.

»Sind das etwa Blutegel, Mutter?«

»Natürlich sind sie das, Rica, was dachtest du denn?«

»Ich frage nur, weil ich das nicht erwartet habe.«

»Du erwartest wohl etwas zu wenig von deiner alten Mutter, wie mir scheint.«

Womit die Hochbetagte den Nagel auf den Kopf traf, wie Ricarda zugeben musste. Kannte sie das doch aus eigenem Erleben: Jetzt, mit achtundsechzig, eisgrauem Haar und den Falten eines gelebten Lebens im Gesicht, wurde sie oftmals entweder übersehen oder man nahm sie wegen ihres Alters nicht mehr ernst. Genauso war sie gerade mit ihrer zwei Jahrzehnte älteren Mutter umgegangen und schämte sich.

»Benutzt du die Egel oft?«

Ihre Frage klang nicht nur interessiert, Ricarda war tatsächlich fasziniert. Dass die Tierchen von ihrer Mutter selbst gezüchtet worden waren, stand außer Frage. Eine Karla Petersen ließ auch in ihrer Küche der Natur ihr Recht, kochte nicht nur fantasievoll, sondern auch gesund. Und ihr Kräutergarten neben dem Haus war ebenso legendär wie ihr selbst gezogenes Gemüse und Obst.

»Oh, Rica, seit Jahrzehnten nutze ich die Egel! Ich hatte es doch so früh mit den Knien, weißt du nicht mehr? Hast du dich nie gewundert, weshalb das irgendwann verschwunden war?«

Vor mehr als einem halben Jahrhundert hatte der plötzliche Tod von Ricardas ein Jahr älterer Schwester Antonia die Mutter erheblich aus dem Gleichgewicht gebracht. Nie würde Ricarda vergessen, wie schwer es ihre Mutter gehabt hatte, darüber hinwegzukommen. Monatelang hatte sie an Antonias Grab gebetet, auf ihren Knien, im Schnee. Als Kind von dreizehn Jahren hatte Ricarda nicht ahnen können, welche Folgen das für Karla haben würde. Später hieß es immer, die Mutter habe *schlimme Beine*. Die Zeit verging und irgendwann war davon keine Rede mehr gewesen.

»Das hast du mit den Blutegeln wegbekommen?«, fragte Ricarda verwundert.

Seitdem ein paar Jahre zuvor die letzten Niederschriften des Homöopathen Samuel Hahnemann entdeckt und veröffentlicht worden waren, hatte auch sie sich durchaus für die alternativen Heilmethoden interessiert. Da sie ebenso wie ihre beiden Töchter an den Fortschritt glaubte, überwog jedoch ihre Skepsis. Alte Heilkunst war gestrig.

»Nicht nur mit Egeln, auch mit Brennnesselsaft, Heublumensäckchen und Quarkwickeln«, betonte die alte Dame.

»Davon hast du nie erzählt!«

»Du warst so vernarrt in die neumodische Medizin der Komtess Freystetten, Rica. Du hättest mich für eine Hinterwäldlerin gehalten!«

Was nicht ganz falsch war, hatte sich Ricarda doch nach anfänglichen Anpassungsschwierigkeiten für die Arbeit ihrer Mentorin, der Ärztin Henriette von Freystetten, begeistert. Ein wenig schämte sie sich, wie sehr sie deshalb ihre Mutter aus dem Blick verloren hatte.

Die alte Dame blickte ein wenig verklärt auf den Bottich mit den dunklen Würmern. »Ich weiß nicht, wie die Egel es anstellen, Rica. Aber ich weiß: Es wirkt. Bei schweren Fällen muss man es häufig machen, mindestens einmal wöchentlich. Willst du es nicht bei Siegfried versuchen? Ich sehe doch, wie er leidet, auch wenn er sich nichts anmerken lassen will.«

Vor allem abends, wenn ihr Mann Treppen steigen musste, konnte er seine Schmerzen kaum verbergen. Die Winter machten ihm schon lange zu schaffen, und jetzt war erst Anfang Januar.

Am Abend machte sie ihm den Vorschlag.

»Warum nicht?«, erklärte sich Siegfried zu Ricardas Erstaunen sofort bereit.

»Wir müssen sie oft ansetzen, damit eine Wirkung eintritt.«

»Ich kenne mich damit auch ein wenig aus, Rica.« Siegfried schmunzelte. »Das hat man bereits in meiner Kindheit gemacht.«

Er war an der Spree im damaligen Viertel Krögel in größter Armut aufgewachsen.

»Woher hattet ihr mitten in der Stadt Blutegel?«

»Ich weiß es nicht!« Er lachte. »Wunderheiler hatten damals viel zu tun. Sie wuchsen aus dem Boden wie der Schimmel an den Wänden. Denn wer nichts hat, braucht Wunder.«

»Du glaubst also nicht daran?«

»Oh, ich glaube an alles, was helfen soll.« Er gab ihr einen sanften Kuss. »Es ist das Wesen der Medizin, dass der Patient von ihrer Wirkung überzeugt ist. Warum sonst wird man Patient genannt, also der Geduldige?«

Karla nahm einen Blutegel aus dem Wasser heraus, führte ihn an die nackte Haut an Siegfrieds Knie. Es dauerte weniger als eine Sekunde, bis das Tierchen erkannte, wo es war und was es tun sollte. Es kippte sein Maul nach vorn und stülpte es auf die Haut. Siegfried verzog bei dieser ersten Behandlung, die seine Schwiegermutter bereits am nächsten Morgen an ihm vornahm, keinen Gesichtsmuskel.

»Was spürst du?«, fragte Ricarda, die sich auf die Rolle der Assistentin ihrer Mutter beschränkte.

»Nicht viel. Es piekt ein bisschen. Aber lässt schon wieder nach«, sagte Patient Siegfried.

Die Heilkundige fuhr konzentriert mit der Behandlung fort. Rund um die Kniescheibe platzierte sie sechs Egel, anschließend setzte sie die Blutsauger auf dem zweiten Knie an. Kaum, dass sie damit fertig war, fiel ein Egel vom zuerst behandelten Bein ab. Eine kurze Blutspur zog sich über die Haut, und wäre Ricarda als Ärztin nicht alle Arten von medizinischen Heilmethoden gewohnt, sie hätte es wohl für einen unangenehmen, vielleicht sogar ekligen Anblick gehalten.

So jedoch bewunderte sie stillschweigend ihren Mann,

der sich nicht aus der Ruhe bringen ließ. Ein Soldat, auch wenn er als Arzt im Einsatz gewesen war, blieb ein Soldat, lebenslang. Und was hatte dieser Mann in seinem Leben für Schmerzen ausgehalten! In Afrika war ihm ein Speer in den Fuß gerammt worden, in China hatte ihn eine Kugel verletzt. Sein leichtes Hinken rührte sowohl von den Verletzungen als auch von der Kälte, die er in einem chinesischen Straflager ertragen hatte. So oft hatte sie um ihn gebangt!

»Rica, die Egel«, wurde sie von ihrer Mutter ermahnt. »Die müssen wieder ins Wasser. Nein, nicht in den Bottich. Neben der Spüle steht einer mit frischem Wasser, da tust du die gebrauchten rein.«

»Entschuldige, Mutter, ich war in Gedanken gerade weit weg.«

»Wisst ihr zwei eigentlich, welches Glück ihr habt?«, fragte Karla unvermittelt.

Siegfried sah seine Frau an, als er antwortete: »Ich weiß zwar nicht, worauf du anspielst, Mutter. Aber mein großes Glück ist deine Tochter. Ich bin für jeden Tag dankbar, den ich mit ihr habe.«

Die alte Dame nickte schwer mit dem Kopf. »Ja, dieses Glück meine ich. Gemeinsam alt werden zu dürfen, das ist ein unschätzbar großes Geschenk. So viele Menschen halten es für normal oder sie beschweren sich über die Marotten ihres Mannes oder ihrer Frau. Und sie wissen nicht, wie schön es ist, wenn der Mensch bei dir ist, den du einst erwählt hattest.«

Ricarda war gerührt. Ihre Mutter sprach zwar über Siegfrieds und ihre Ehe, enthüllte jedoch gleichzeitig die Einsamkeit, mit der ihr eigenes Herz lebte: Gustav Petersen hatte die Ehe vor Jahrzehnten gebrochen und Freystetten verlassen. Niemand sprach mehr von ihm, Ricarda hatte ihn jedoch nie vergessen. Die Gartenanlagen, die er geschaffen hatte, waren sein lebendiges Vermächtnis.

»Wir sind bei dir, Mutter«, sagte Ricarda. »Und du hast Rosels Familie, die dich liebt. Du wirst gebraucht. Hilft dir das nicht auch ein wenig?«

»Oh doch, Rica, das tut es! Aber ich wollte gar nicht von mir reden. Ich wollte euch nur daran erinnern, wie gut ihr es habt. Trotz allem.« Karla beugte sich über Siegfrieds Beine. »Es sieht schrecklich aus, ich weiß.« Sie lächelte. »Jetzt legst du dich ein wenig hin, Siegfried, und Rica macht dir lauwarme Wickel. Morgen lernst du meine Heublumen kennen.«

Sie zwinkerte ihrer Tochter verschwörerisch und mit einem Lächeln zu. Es tat ihr offensichtlich gut, endlich von ihr ernst genommen und gebraucht zu werden.

Schwerfällig ging Siegfried nach nebenan ins Gästezimmer, wo Ricarda die Nachsorge übernahm. »Mutter hat recht«, sagte er.

Ricarda legte sich neben ihn auf das Bett. »Ja, ich genieße jeden Tag, den wir haben.«

Sie schmiegte sich an ihn und lauschte auf das gleichmäßige Schlagen seines Herzens.

Wenig später klopfte es an der Tür. Es war Rosel, die ihre kleine Enkelin Felicitas auf dem Arm hielt.

»Verzeiht, wenn ich störe.«

Ricarda sah ihrer Schwester an, dass sie gekommen war, weil sie eine unerfreuliche Nachricht mit jemandem teilen musste.

Umso erstaunter war sie, als Rosel sagte: »Seltener Besuch hat sich angekündigt.«

»Besuch ist doch schön!«

»Wie man's nimmt«, erwiderte Rosel bedeutungsschwanger.

Auf ihren Sohn bezog sich das wohl nicht, vermutete Ricarda, obwohl das Verhältnis der beiden nicht mehr so innig wie früher war.

Der Mann, der Antonia in ihrem Hauseingang um Hilfe angefleht hatte, saß nun in ihrer Küche auf einem Stuhl am Tisch, stank entsetzlich und stopfte sich mit beiden Händen das Leberwurstbrot in den Mund, das sie ihm gerade geschmiert hatte. Guntram lehnte mit verschränkten Armen im Türrahmen und beobachtete schweigend, was gerade geschah. Er hatte noch immer keine Ahnung, weshalb Antonia gerade ihre mitfühlende Seite bewies.

Während Antonia von der Situation, die sie herbeigeführt hatte, überfordert war. Denn der Mann in Lumpen hatte sie erst vor ein paar Monaten in die Arme genommen, zärtlich geküsst und gesagt: »Ich liebe dich und möchte, dass wir Mann und Frau werden, eine Familie.«

Doch sie hatte Adam zurückgewiesen. Ja, sie hatte auch ihn geliebt, seinen schönen Körper begehrt, seine Klugheit geschätzt. Aber er hatte sie besitzen, lenken und zu etwas zwingen wollen, für das sie sich nicht geschaffen gefühlt hatte – ein Leben als Mutter und Ehefrau. Und zwar nicht als eine, die gleichzeitig ihren Beruf ausüben konnte. Er hatte sie mitnehmen wollen in die USA, in seine Heimatstadt Atlanta. Keine Praxis, keine Freundinnen, ein Neuanfang. Sie war zurückgeschreckt, hatte Dinge gesagt, die in ihrem Kopf nachhallten als verzerrtes Echo ihrer verletzten Eitelkeit. Wahr war all das nach wie vor, allerdings wäre ihre Wortwahl inzwischen einfühlsamer. So überrumpelt hatte sie sich gefühlt, weil sich sein Heiratsantrag nahtlos angeschlossen hatte an das erste Mal, dass sie miteinander geschlafen hatten. Daraus hatte er abgeleitet, dass sie ein Kind von ihm erwarte, und daraus ergab sich für ihn, dass sie seine Frau werden musste.

Nun kauerte Adam auf ihrem Küchenstuhl, gebeugt. Der Mann, der hier zuletzt in einer Weise herumgelaufen war, dass sie gedacht hatte: Er passt hierher, dies ist wie maßgeschneidert für Adam. Er war zwar ein armer Student gewesen, der aber auf sein Äußeres stets geachtet hatte – Anzug, gebügeltes Hemd, Krawatte, Hut.

Dieser Mann war nicht mehr wiederzuerkennen. Nicht nur wegen seiner Kleidung. Der Glanz, die Kraft, der Charme, alles, was ihn ausgemacht hatte, war ihm abhandengekommen. Und das in so kurzer Zeit!

Eine Nachricht hatte er ihr zukommen lassen nach jenem Morgen, nach dem er grußlos gegangen war: *Ich weiß nicht, was mit mir geschehen wird. Vermutlich ein Gulag. Vergiss mich für immer.* Er hatte ihr gebrochenes Herz damit freigegeben.

»Wer ist dieser Herr?«, fragte Guntram jetzt.

»Entschuldige«, sagte Antonia. »Darf ich vorstellen: Adam Jacob Mills. Guntram Harrich.«

Adam blickte kurz auf, anscheinend desinteressiert. »Hast du dir einen Bourgeois ins Bett geholt, Tonja?«

Er war kaum zu verstehen, weil er immer noch Brot in seinen offenbar ausgehungerten Magen stopfte. Und gebrauchte dennoch ein Kosewort, mit dem nur er sie bedacht hatte. Der Widerspruch zwischen vergangener Zärtlichkeit und schonungsloser Gegenwart war kaum zu ertragen.

»Macht der Langweiler, was du willst?«, brummelte er, als wollte er sie herausfordern. »Glückwunsch.«

»Ich habe dich nicht heraufgebeten, damit du Guntram beleidigst«, sagte Antonia.

»Stimmt. Du wolltest dein schlechtes Gewissen beruhigen.«

»Deinetwegen habe ich gewiss kein schlechtes Gewissen.«

»Warum hast du mich dann in deine Küche gelassen? An deine prallvoll gefüllten Kapitalistentöpfe?«

Adams unverhohlene Aggressivität provozierte sie dazu, mit gleicher Münze zurückzuzahlen. »Zu diesen Töpfen kommst du, um deinen Magen zu füllen. Konsequent ist das nicht gerade. Oder ist es einfach nur pragmatisch für einen Kommunisten wie dich: Man nimmt sich, was einem nicht gehört?«

»Ich wusste nicht, wohin«, sagte er unerwartet kleinlaut.

»Du hattest hier Freunde. Warum bist du nicht zu denen gegangen?«

»Verhaftet, verprügelt, verschwunden. Das wurde aus ihnen. Du bist eine Handlangerin der kapitalistischen Elite und damit die Letzte, die ich um Hilfe bitte.«

Guntram löste sich vom Türrahmen, ging zu Adam und baute sich vor ihm auf. »Ich kenne Ihre Geschichte nicht, mein Herr. Ihnen geschah vermutlich Schlimmes, aber Sie missbrauchen die Gastfreundschaft, die Fräulein Thomasius Ihnen bietet. Es ist besser, wenn Sie gehen.«

»Und wenn ich das nicht tue?«

»Dann sehe ich mich veranlasst, Sie vor die Tür zu setzen«, sagte Guntram.

Es war offensichtlich, dass er stärker als der entkräftet wirkende Adam war, von dem Antonia zudem wusste, dass er jede Gewalt ablehnte.

Der seltsame Gast blickte Antonia fragend an. »Darf er das?«

»Ich bitte Guntram sogar darum, dich vor die Tür zu setzen«, sagte sie, obwohl sie gern erfahren hätte, was Adam in Russland zugestoßen war.

Ein paar Monate zuvor hatte sie um ihn gebangt, weil sie

lange nicht gewusst hatte, dass ein Gulag ein russisches Straflager war. Und weshalb er, der überzeugte Kommunist und leidenschaftliche Redner für die Sache der Bolschewiken, ausgerechnet in der UdSSR als Konterrevolutionär bezeichnet und verfolgt wurde. Möglicherweise erklärte sein momentanes Verhalten auch das. Adam Mills, aufgewachsen in einer tiefreligiösen Familie, war ein Mann, der sich nirgendwo anpassen wollte. Sein jetziges Auftreten erschien Antonia so schroff, dass sie ihn lieber nicht ausfragen wollte.

»Ich brauche Geld«, stellte Adam fest.

»Welche Staatsangehörigkeit haben Sie?«, fragte Guntram.

»Würden Sie mich das auch fragen, wenn meine Haut nicht schwarz, sondern weiß wie die Ihre wäre?«

»Ja, weil jedes Land seinen Bürgern hilft. Gehen Sie zu Ihrer Botschaft, mein Herr.«

»Mein Pass wurde mir weggenommen«, sagte Adam.

Das mochte stimmen oder auch nicht, dachte Antonia. Adam tat ihr leid, er hatte sich verrannt. Sie konnte nicht zulassen, dass er mittellos auf die Straße geworfen wurde.

»Entschuldige uns einen Moment«, sagte sie zu ihrem einstigen Liebhaber und nahm Guntrams Hand, um ihn aus der Küche ins Nebenzimmer zu ziehen.

»Wer ist das, Toni?«, fragte Guntram sofort. »War da etwas zwischen …«

»Er war der Mann vor dir«, räumte sie ohne Umschweife ein. »Er ist ohne ein Wort verschwunden. Es tut mir leid, dass ich dich mit meiner Vergangenheit auf diese Weise konfrontiere. Aber ich habe eben eine Vergangenheit. Auch wenn du damit schon das meiste davon weißt. Weil … so viel gibt es nicht zu entdecken.« Sie grinste.

In sein gerade noch besorgtes Gesicht schlich sich ein

Lächeln. »Ich habe kein Recht, dir Vorwürfe zu machen. Und das tue ich auch nicht. Jeder Mann, der sich nicht in dich verliebt, müsste für immer als Idiot durchs Leben gehen.«

Sie stutzte, erkannte, wie herrlich verdreht seine Liebeserklärung war, und lachte.

»Also«, sagte Guntram, »was machen wir mit ihm? Ihn so, wie er ist, an die frische Luft setzen, das geht ja tatsächlich nicht.«

Antonia spürte in diesem Moment ein solches Gefühl der Nähe und Verbundenheit mit ihm, dass sie ihm einen schnellen Kuss auf die Wange gab. Er war der Richtige, das stellte er gerade unter Beweis. Allein dafür war es gut, dass Adam aufgetaucht war.

»Adam ist nicht der Stinkstiefel, als der er gerade auftritt.«

»Wäre er das, hättest du ihn wohl nicht gern gehabt.«

»Ja.« Sie lächelte. »Danke, dass du das sagst. Ich möchte ihm helfen, dieses Haus als ein Mann zu verlassen, der wieder unter Leute gehen kann.«

»Unten in der Praxis hängen ein Reserveanzug von mir und ein Hemd. Beides kann er haben. Meinetwegen eine Krawatte dazu. Kleider machen Leute.«

»Und ohne die richtigen Kleider meiden dich die Leute«, bestätigte Antonia.

»Er braucht ein heißes Bad«, sagte Guntram. »Aber das lasse ich ihm ein. Dass das seine Meinung über die Kapitalisten ändert, verspreche ich mir davon jedoch nicht.« Er schmunzelte. »Wir hatten für diese kurze Nacht eigentlich andere Pläne, als Herrn Mills zu retten.«

»Wir werden noch so viele Nächte haben, Herr Harrich!« Sie zwinkerte ihm zu. »Das Jahr ist doch erst ein paar Tage alt.«

»Und was ist mit den Jahren danach, Fräulein Thomasius?«

»Das liegt ganz an Ihnen, Herr Harrich.«

Als sie zurück in die Küche kamen, hatte sich der Revolutionär Adam Jacob Mills wie ein kleiner Hund auf dem Fußboden zusammengerollt und schlief.

Am nächsten Morgen bürstete Antonia ihre langen braunen Locken vor dem Schlafzimmerspiegel. Aus der Küche hörte sie, dass sich Guntram und Adam unterhielten. Sie wollte den beiden Zeit für ein Gespräch lassen. Der Vorabend hatte aus Konfrontation bestanden, aber Adam hatte andere Seiten, die sie Guntram nicht erklären wollte. Er sollte sich selbst eine Meinung über seinen Vorgänger bilden können.

Sie hielt mitten in der Bewegung inne. Was war das? Sie nahm den Handspiegel aus der Kommode und sah genauer hin. Tatsächlich: Senkrecht oberhalb ihrer Nasenwurzel, in der Mitte des Haaransatzes, hatte es sich eingenistet, ihr erstes graues Haar. Es war vielleicht nicht richtig grau, eher silbrig schimmerte es an diesem frühen Morgen im Licht der Deckenlampe. Weshalb hatte sie das zuvor nicht gesehen? War das über Nacht gekommen? Sie war Ärztin, aber über das Entstehen von silbrigem oder grauem Haar wusste sie nichts. Sie packte das Übel bei der Wurzel und rupfte es kurz entschlossen aus. Soweit sie sich erinnerte, hatte ihre Mutter schon immer graue Eindringlinge in der schwarzen Mehrheit ihrer Haarpracht zulassen müssen, die längst ein zusammenhängendes Weiß bildete.

Mit einem schweren Seufzer gestand sie sich ein, dass ihr gerade angewandtes Verfahren nicht für alle künftigen grauen oder silbrigen Haare Anwendung finden konnte.

Der Übergang von der Jugend zum Alter hinterließ nun auch bei ihr sichtbare Spuren.

Wo stand sie, was wollte sie erreichen? Adams überraschendes Auftauchen hatte den Beweis erbracht, dass sie sich mit Guntram für einen Mann entschieden hatte, der zu ihr hielt. Aber er hatte naturgemäß dieselben Ziele wie Adam – Ehe und Kinder. Guntrams Ehe würde nicht so schnell geschieden werden, das verschaffte ihr Zeit zum Nachdenken, löste das Problem jedoch nicht. Der Besuch bei Frieda hatte ihr das ebenfalls vor Augen geführt: Ihre Kusine hatte wegen ihres herzkranken Sohnes an der Charité eine Ausbildung als Kindertherapeutin begonnen und nun abgebrochen, weil sie schwanger war. Wahrscheinlich würde sie nie mehr einen Beruf ergreifen, wenn sie mit Jonathan ins Ausland ziehen würde.

Auf eine entsprechende Nachfrage hatte Frieda achselzuckend geantwortet: »Kommt Zeit, kommt Rat.«

Sorgsam vollendete Antonia das spärliche Make-up, das sie seit Kurzem als Zugeständnis an ihre Arbeit als Ärztin auflegte. Celia hatte neulich gesagt: »Du wirkst so jugendlich.« Aus dem Mund der Freundin war das ein Kompliment, aber die Patientinnen durften sie nicht für unerfahren halten. Was sie an eine andere Baustelle erinnerte – ihre Doktorarbeit.

Sie seufzte erneut und diesmal etwas schwerer. Denn sie kam nicht umhin: Der verflixte Titel musste her! Auf dem Praxisschild musste ein Dr. med. vor ihrem Namen stehen.

Und da war noch so eine Frage: Würde sie auf den schönen Namen Thomasius verzichten wollen? Dr. Antonia Harrich. War das ihre Zukunft?

Das Grübeln über diese Themen machte sie nicht fröhlicher.

Ach, und da waren neue Falten unter ihren Augen! Na gut, das half zumindest, das »Problem Jugend« zu lösen. Sie lächelte sich selbst zu und ging in die Küche, wo es nach Kaffee duftete.

Am Tisch saßen sich Guntram und Adam gegenüber. Beide in Anzügen. Beide blickten bei ihrem Eintreten auf und Adam erhob sich.

»Ich bitte dich um Verzeihung für mein gestrigen Verhalten, Antonia«, sagte Adam sofort. »Ich war verzweifelt und ließ mich gehen. Das hätte mir nicht passieren dürfen. Das entspricht nicht meinen Standards.«

Guntram sagte nichts, aber sie hatte den Eindruck, dass er dem Gast ins Gewissen geredet hatte.

»Ich nehme deine Entschuldigung an, Adam.«

»Danke, Antonia.«

Sie kannte ihn gut genug, um zu wissen, wie peinlich ihm die Situation war. Das folgende Schweigen lag bleischwer in der Luft. Irgendwie schien alles Wesentliche gesagt zu sein.

»Herr Harrich hat mir Kleidung geschenkt.« Adam blickte an sich herunter. »Ich gehe dann also. Leb wohl, Antonia. Und auch Ihnen alles Gute, Herr Harrich. Ich habe mich gefreut, Sie kennengelernt zu haben.«

»Ich begleite dich hinunter. Es ist ohnehin Zeit, mit der Arbeit zu beginnen.« Erst im Treppenhaus fragte Antonia: »Was ist wirklich mit dir geschehen?«

Er zögerte kurz, als wäre er unentschieden, die Wahrheit zu sagen, bevor er erwiderte: »Es gibt nicht nur eine Meinung, wie das Volk an der Macht teilhaben kann. In der Sowjetunion ist das anders. Dort zählt nur eine Meinung dazu. Wer sie nicht teilt, wird eingesperrt. Und wer – wie ich – dann noch sagt, dass das Unrecht ist, kommt in ein Straflager. Dort darf man so lange arbeiten, bis man die

Meinung der Kommunistischen Partei teilt. Das habe ich schließlich getan.«

»Es tut mir leid für dich, Adam.«

»Danke, dass du das sagst. Auch wenn du dir nicht vorstellen kannst, wovon ich spreche.« Er hob die Schultern und seufzte. »Es ist wohl auch unvorstellbar.«

»Was wirst du tun?«, fragte Antonia an der Haustür.

»Ich werde versuchen, für eine Weile im *Haus Vaterland* Arbeit zu bekommen.«

In dem großen Amüsierbetrieb am Potsdamer Platz hatte er früher in einer amerikanischen Bar gekellnert.

»Sobald ich genug Geld gespart habe, kehre ich in die USA zurück«, fuhr er fort.

»Keine Politik mehr?«

Er schüttelte den Kopf. »Nicht hier oder irgendwo anders in Europa. Man hat nicht auf einen schwarzen Mann gewartet, der den Menschen erklärt, wie eine bessere Zukunft aussehen sollte. Das habe ich verstanden.«

»Du hast deutsche Literatur studiert, Adam. Zeig deinen Landsleuten, dass Deutschland auch eine Nation freigeistiger Denker ist.«

Er lächelte. »Und ein Land eigenwilliger Frauen.«

»Kennst du so viele davon?«, neckte sie ihn.

Adam reichte ihr die Hand. »Herr Harrich ist sehr nett. Ich wünsche euch, dass ihr glücklich werdet.«

»Danke und auch dir alles Gute.«

Im selben Moment, als Adam das Haus verließ, betrat es Josefine. Sie erkannte Adam wieder und stutzte kurz.

»Nanu? Adam ist wieder da?«, fragte die Sprechstundenhilfe.

Sie war eine ernsthafte Frau von Anfang dreißig, die seit Kurzem eine Brille mit runden Gläsern trug und ihr Haar zu einem strengen Nackenknoten gebunden. Es kam Antonia so vor, als sorgte sie dafür, dass niemand erkannte, wie hübsch sie eigentlich war. Auch sie hatte Ärztin werden wollen, dieses Ziel mit der ersten Schwangerschaft jedoch aufgegeben. Manchmal sprach sie davon, dass sie gern Psychologie studieren wollte. Was als zweifache, berufstätige Mutter noch ein unerfüllter Traum war. »Fini« war nicht nur Celias Schulfreundin, sondern auch für Antonia eine Vertraute.

»Was ist mit Guntram?« Ihre Frage klang leicht alarmiert.

»Keine Sorge, Josefine!« Der Mann, von dem die Rede war, gesellte sich gut gelaunt zu den beiden Frauen. »Herr Mills verschaffte mir die seltene Gelegenheit, einen meiner Anzüge verschenken zu dürfen.« Er grinste. »Mehr ist nicht geschehen.«

Die drei betraten den Vorraum der zu dieser frühen Stunde noch menschenleeren Praxis. Auf dem Empfangstresen stand eine von Josefine liebevoll gestaltete Spendenschachtel mit der Aufschrift *Für ein Buschkrankenhaus in Afrika.*

Das Holzkästchen mit dem Spardosenschlitz obenauf wartete seit dem Herbst auf Gaben. Es ging zurück auf Antonias Zeit in Daressalam, wo sie die Krankenschwester Hilla kennengelernt hatte, die sie um Geld für ein Hospital für Einheimische gebeten hatte. Als Antonia gemeinsam mit Celia die Pilotin Elly Beinhorn begleitet hatte, hatte Antonia an diese Schachtel denken müssen. Obwohl ihr gegenwärtiges Leben nichts mehr mit Afrika zu tun hatte, wollte sie ihr einstiges Vorhaben, den Menschen in Afrika zu helfen, nicht vergessen.

»Wie viel ist inzwischen zusammengekommen?«, fragte sie Josefine.

»Keine Ahnung, Toni. Ich habe lange nicht mehr hineingesehen.«

Es waren einige Hundert Mark, wie die Überprüfung ergab.

»Und das, obwohl die Patienten an allen Ecken und Enden sparen«, freute sich die Sprechstundenhilfe.

Antonia beschloss, die Summe, mit der Hilla viel Gutes würde tun können, auf den Weg nach Afrika zu bringen. Immer wieder reisten Missionare dorthin, die es der finnischen Ordensschwester übergeben würden.

Die ersten Patienten kamen herein und wurden von Josefine empfangen, die beiden Ärzte gingen nebeneinanderher zu ihren Räumen, unter dem Arm die ersten Patientenunterlagen.

»Es ist ein gutes Gefühl, helfen zu können«, sagte Guntram.

»Du bist nicht eifersüchtig?«

»Auf deine Vergangenheit? Dann wäre ich ganz schön töricht. Ich kann sie doch nicht ändern.«

»Bis zum Mittagessen. Wer kocht?«

»Immer der, der zuerst fragt!«, antwortete Guntram.

»Pass auf, dass du in Zukunft nicht verhungerst!«, warnte sie ihn lächelnd.

Er warf ihr eine Kusshand zu.

Antonia setzte sich an ihren Schreibtisch, schlug die Unterlagen der ersten Patientin auf. Mit einem Blick erfasste sie, dass die Frau ein Jahr jünger war als sie selbst. Anlass des Besuchs war laut Josefines Eintrag *Kinderwunsch*.

Na, das passt ja mal wieder alles gut zusammen, dachte Antonia. Mit dreißig war eine Frau *spät dran* fürs erste Kind, wie die lieben Mitmenschen scheinbar mitfühlend sagten.

Die Markise auf Hennys Terrasse schützte eine fröhliche Gästeschar vor der Sonne Kaliforniens. Gerade stand ein hübscher Bursche mit milchkaffeefarbener Haut im Mittelpunkt. Er erzählte fröhlich von seinem Engagement in einem Horrorfilm, der demnächst gedreht werden sollte. Plötzlich gefroren seine Gesichtszüge. Wie aus Stein gemeißelt blickte er starr vor sich hin. Und brach in schallendes Lachen aus.

»Jetzt habt ihr es gesehen – das Monster!« Der junge Mann von Anfang dreißig blickte in die Runde. »Das war es, mein Frankenstein-Gesicht.« Er starrte Vicky kurz an, die gerade ihr Brüderchen Leo an der Hand hielt, um ihn daran zu hindern, in den blau leuchtenden Pool zu fallen. Und dann machte er: »Buh!«

Vicky prustete vor Lachen los. »Ich zittere vor Angst!«

Es war wieder einmal eine der leicht überdrehten Versammlungen von Filmschaffenden, die Victor zu einer seiner Partys um sich gesammelt hatte. Künstler hatte er schon um sich geschart, als er an Berliner Theatern mehr oder weniger bedeutende Positionen bekleidet hatte. Diese Jahre hatten den jetzigen Filmproduzenten gelehrt, dass die Leute auf der Bühne das wahre Kapital des Kunstbetriebs waren, weil jeder und jede ein zu entdeckendes Juwel war.

So wie jener Herr, der sich neuerdings hochdramatisch Boris Karloff nannte und das *R* osteuropäisch zu rollen verstand. Als Bill Pratt hatte er bislang nur unbedeutende Parts gehabt. Demnächst jedoch würde er die Hauptrolle in einer Neuverfilmung des Horrorklassikers *Frankenstein* spielen. Herr Karloff war dazu ausersehen, ausgerechnet bei der ersten Tonfassung des etwas mehr als einhundert Jahre alten Literaturklassikers das Geschöpf des überspannten Arztes Frankenstein zwar zu spielen – aber dabei kein Wort reden zu dürfen. Für Henny sah es nicht danach aus, als würde der nette Bursche vor einer atemberaubenden Karriere stehen.

»Mach noch mal das Monster!«, bat Vicky, für die der Umgang mit Filmmenschen normal war; sie hatte keine Vorstellung davon, wer berühmt oder wer unbekannt war.

Der Schauspieler tat wieder so, als gefröre seine Miene, und alle schütteten sich aus vor Lachen.

An diesen amüsanten Abend musste Henny gerade denken, während sie ihrer Kollegin Esther Somerfeld zusah. Esther machte sich an diesem Morgen in ihrer karg eingerichteten Praxis am kahl rasierten Kopf eines Mannes zu schaffen. Der Apparat, den sie Henny vorführen wollte, sollte es ermöglichen, Gehirnströme zu messen.

Schon vor Jahren hatte Henny fasziniert den Roman der Schriftstellerin Mary Shelley gelesen und sich gefragt, ob es tatsächlich in der Zukunft möglich sein würde, einen künstlichen Menschen zu erschaffen. War das, was ihre zehn Jahre jüngere Kollegin gerade tat, unter Umständen ein erster Schritt zur Umsetzung von Utopie in Wirklichkeit?

Zwar hatte Henny als eine der ersten Ärztinnen Tumore mit Röntgenstrahlen behandelt, das Innenleben des Menschen war ihr somit kein Geheimnis. Aber das Gehirn? Manche Menschen vermuteten, dass dort die Seele wohnte, ganz sicher jedoch war es der Sitz des Intellekts. Ein so geheimnisvoller Ort, dass nur der Schöpfer allen Irdischen es erschaffen haben konnte. Die Schriftstellerin Shelley hatte deshalb einen so bemerkenswerten Roman geschaffen, weil sie den Versuch beschrieb, wie sich ein menschliches Wesen auf eine Ebene mit Gott stellen wollte, indem es einen anderen kreierte. Für die Ärztin Henny war es deshalb eine herausfordernde Frage: War es möglich, dem Gehirn bei seiner Arbeit zuzusehen, dem Denken? Und welche Schlussfolgerungen und Möglichkeiten stünden einem Frankenstein der Zukunft zur Verfügung?

Doch nicht deshalb weihte Esther Somerfeld Henny in ihre Geheimnisse ein, es ging nach wie vor um die junge Mexikanerin Lucia.

Hochkonzentriert versuchte die Kollegin gerade, auf der rasierten Kopfhaut ihres Probanden Drähte zu befestigen, wozu sie eine Henny noch unbekannte Art von zu Kreisen geschnittenem Klebeband benutzte, dessen Unterseite teilweise mit Papier beschichtet war.

»Erst deshalb ist es möglich, den Strom zu übertragen. Aber auch der Galvanometer ist sehr empfindlich«, erklärte Esther.

Sie meinte damit jenes Gerät, das angeblich so sensibel war, dass es den Gehirnstrom empfangen konnte. Daran angeschlossen war eine Skale mit einem Zeiger, der den Fluss der Elektrizität anzeigen sollte.

Henny hatte Zweifel. Elektrische Ströme im Gehirn? Obwohl die Nutzung der Elektrizität im Alltag erst vor einem halben Jahrhundert begonnen hatte, sollte sich nun herausstellen, dass der *Homo sapiens* seinerseits im eigenen Oberstübchen über etwas Vergleichbares verfügte?

»Schließen Sie bitte das Fenster«, bat Esther. »Schon der kleinste Windhauch kann das Ergebnis beeinflussen.«

»Wie sind Sie auf den Aufbau dieser Untersuchung gekommen?«, fragte Henny und sperrte die klare kalifornische Morgenluft aus.

»Mein Mann beschäftigt sich schon lange mit Psychologie und ich mit Krankheiten bei Kindern. Schade, dass Eugene gerade keine Zeit hat, hier zu sein. Er nennt das, was wir gemeinsam entwickelt haben, *psychophysiologische Medizin*, weil die Signale, die die Psyche aussendet, über Reize vermittelt werden, die der Körper sichtbar macht.«

»Sie messen die Kraft der Psyche mit dem Galvanometer?«

»Ja, fast.« Esther lächelte verständnisvoll. »Zunächst einmal halten wir uns an die medizinischen Tatsachen. Im Gehirn ist so etwas wie Strom vorhanden, der mittels der Drähte auf den Galvanometer übertragen und auf der Skale angezeigt wird. Das nennt sich deshalb *Elektroenzephalografie*. Sie werden es gleich sehen.«

In der Tat bewegte sich der Zeiger.

Esther Somerfeld führte eine Taschenlampe vor die Augen ihres Probanden und schaltete sie ein. Sofort bewegte sich der Zeiger für die Gehirnaktivität stärker.

»Das sind Spielereien«, räumte sie schmunzelnd ein. »Richtig interessant wird das, wenn der Patient etwas liest.«

Sie bat den an den Elektroenzephalografen angeschlossenen Mann, dies unter Beweis zu stellen. Es funktionierte tatsächlich.

»Bei Epileptikern haben wir extrem deutliche Ergebnisse. Für Erkrankungen des Gehirns wird die Elektroenzephalografie von großer Bedeutung sein. Natürlich stehen wir erst am Anfang«, schränkte die Spezialistin ein. »Im nächsten Schritt wird ein besonderes Schreibgerät dokumentieren, wie sich die Gehirnaktivität verändert.«

Nachdem Henny die Praxis verlassen hatte, in der die technisierte Zukunft der Medizin erste Schritte in Richtung Alltag unternahm, drängte sich ihr die entscheidende Frage auf: Würde es ihr gelingen, Lucia, ein Kind aus einfachsten Verhältnissen, nicht nur hierher zu bringen; ein junger Mensch, der nie in einem Auto gesessen hatte? Wie würde Lucia erst reagieren, wenn sie den Elektroenzephalografen sehen würde?

»Ach, wirklich, so etwas ist möglich?« Victor sah seine Frau erstaunt an, als sie ihm von ihrem Erlebnis in der Praxis Somerfeld berichtete.

Oft geschah es nicht, dass er sich an Hennys Arbeit interessiert zeigte. Vor allem, seitdem sie sich ausschließlich mit Frauenheilkunde beschäftigte. Zu den Zeiten, als sie Neuigkeiten aus der Forschung zur Onkologie zu erzählen hatte, war das anders gewesen.

»Der Proband las aus einer Zeitung vor, und du konntest auf der Anzeige beobachten, wie seine Hirntätigkeit stieg«, erzählte Henny.

»Würdest du mich mitnehmen zu Frau Somerfeld?«, fragte Victor.

Henny hatte nur auf diese Bitte gewartet, denn sie brauchte bei ihrem Vorhaben seine Hilfe. Und natürlich die der spanisch sprechenden Hebamme Maria, die ebenso neugierig war auf diese neue Forschung. Sie hatte ein paarmal die *señoras* besucht, die mit ihren Familien in der kargen kalifornischen Steppe lebten. Schon bei dem ersten gemeinsamen Besuch mit Maria hatte Henny schließlich Hilfe versprochen. Seitdem brachte alle paar Tage ein Tankwagen frisches Trinkwasser.

»Ich sehe nur ein Problem«, gestand Henny. »Ich habe noch nicht Lucias Vertrauen gewonnen. Wie erreiche ich das, ohne ihre Sprache zu beherrschen?«

In Victors Augen trat ein Leuchten. »Es gibt eine Sprache, die alle verstehen.«

Sie begriff sofort, was ihr filmbegeisterter Mann meinte: »Ich soll mit ihr ins Kino gehen?«

»Aber ja! Bevor du sie aus der Wüste abholst, um sie an den modernen Apparat anschließen zu lassen, zeig ihr die charmante Seite der Zivilisation. Weite ihren Blick, lass sie staunen, Henny!«

»Und welchen Film?«

Er dachte kurz nach. »Einen Indianerfilm«, verkündete er und zog kurz die Mundwinkel nach unten. »Von der Konkurrenz produziert, von Mister Goldwyn. *Whoopee!* war im letzten Jahr der erfolgreichste Film: Ein Indianer verliebt sich in ein weißes Mädchen, erlebt Zurückweisung, aber die Liebe siegt. Deine Lucia wird intuitiv die Parallele verstehen: Zwei Welten treffen sich und kommen miteinander zurecht.«

»Verstehe, Herr Produzent.« Sie gab ihm einen Kuss. »So funktioniert also deine Arbeit – du spielst mit dem Unbewussten deiner Zuschauer.«

»Klar. Habe ich immer so gemacht!« Er grinste verwegen.

Einige Tage später rollten zwei Autos vorsichtig über Geröll, Dornen und Staub und stoppten nahe der provisorischen Mexikanersiedlung. Die Frauen, Kinder und Männer waren mittlerweile halbwegs an Besucher gewöhnt, brachten diese doch Gutes. Henny, Victor und Maria verteilten Fleisch, Brotfladen, Gemüse und Süßigkeiten, wobei Henny nach Lucia Ausschau hielt.

Die Hauptperson des geplanten Vorhabens war eine der scheusten. Ihre Katze im Arm, hielt sie sich im Hintergrund. Bis Henny für *Gattita* eine Schale mit Milch bereitstellte. Lucia schien nicht glauben zu können, dass die Milch für ihre verschmuste Begleiterin gedacht war. Vorsichtig näherte sich Henny, reichte dem Tierchen ein paar Tropfen auf ihrem Finger, bis das Kätzchen selbst trank. In das Gesicht des Kindes trat ein Lächeln. Das Eis war gebrochen, und Henny zeigte Lucia das grellbunte Plakat zu dem Film, das eine Reiterin auf einem sich aufbäumenden Pferd darstellte.

»Bevor es verfilmt wurde, war es ein erfolgreiches Broadway-Musical«, hatte Victor gesagt. »Dauernd wird gesungen und gelacht. Auch wer kein Wort versteht, begreift die Handlung.«

Jemand von den *señoras* schien zu wissen, was ein Kino war, und erklärte dem Mädchen, was Henny vorhatte. Schließlich fuhr sie mit, begleitet von ihrer Mutter und einer Handvoll anderer Frauen. Henny hatte zu Recht vorausgeahnt, dass sie nur als Gruppe zu diesem Ausflug bereit gewesen waren. Dank Victors Verbindungen endete die Fahrt vor einem der Vorführsäle der Filmfirma *United Artists* in Hollywood. Erwartungsgemäß nahm Henny zur Kenntnis, dass die Mexikaner in ihrer selbst genähten Kleidung nicht auffielen; man hielt sie für Komparsen.

Der Film selbst war nach Hennys Meinung zwar Unsinn, bei ihren Gästen verfing diese amüsante Unterhaltung jedoch so, wie Victor es prophezeit hatte. Endlich erlebte sie, wie Lucia alles um sich herum vergaß und lachen konnte wie ein glückliches Kind.

Wiederum ein paar Tage später machten sich Henny, Maria und Victor gemeinsam mit Lucia und ihrer Mutter auf zu Doktor Somerfeld. Die junge Kollegin hatte sich bestens auf den Besuch vorbereitet, und diesmal war auch ihr Ehemann Eugene Ziskind dabei, ein untersetzter Herr, der wohl etwas älter als seine zurückhaltende Frau war. Bei diesem Besuch übernahm er das Reden und erklärte wortreich den Apparat. Henny vermutete, dass sein Kollege Rozenberg ihre Arbeit lobend dargestellt hatte, denn er schien gerade sie beeindrucken zu wollen. Dabei schien dem gelehrten Mann zu entgehen, dass sowohl die Patientin Lucia als auch ihre Mutter immer längere Gesichter machten. Schließlich stellte die Mutter eine Frage, die Maria übersetzte.

Der Wissenschaftler antwortete überaus präzise: »Es

geht darum, die Geisteskrankheit des Kindes zu erforschen und zu behandeln.«

Maria übertrug die Worte des Wissenschaftlers wohl ungefiltert ins Spanische, denn Lucias Mutter starrte Eugene Ziskind entsetzt an.

Wissenschaftler, dachte Henny, was kann man von ihnen schon erwarten! Mitgefühl wohl eher nicht. Das hatte sie damals schon in New York erlebt, als sie als Pionierin dabei mitgewirkt hatte, Röntgenstrahlen zur Krebstherapie einzusetzen. Sie hatte daraus gelernt, dass medizinische Erkenntnisse dem Laien sensibel vermittelt werden mussten.

Esther Somerfeld schien nun wohl auch zu begreifen, dass ihr Mann sich gerade ausgesprochen ungeschickt ausgedrückt hatte.

Bevor sie vermittelnd eingreifen konnte, ergoss sich ein Wortschwall über die Anwesenden. Auch wenn Henny nichts verstand, so war klar, was Lucias Mutter zum Ausdruck brachte. Sie packte ihr Kind an der Hand und zerrte es zum Ausgang.

»Das wird heute nichts. Fährst du sie bitte nach Hause«, sagte Henny zu Victor.

»Selbstverständlich.« Er ging mit den beiden zum Auto.

Henny blieb mit Maria bei dem Ärztepaar. »Was hat sie gesagt, Maria?«

Die Hebamme schien selbst unter einer Art von Schock zu stehen. Ob sie das Verhalten von Lucias Mutter missbilligte oder jenes des Arztes, war noch nicht klar. Aber bis auf Doktor Ziskind waren wohl alle derselben Meinung: Es war ärgerlich, dass der ganze Aufwand umsonst war wegen einer unbedachten Bemerkung!

»Lucia ist nicht krank. Sie ist eine Seherin. Man darf ihr ihre Fähigkeit nicht nehmen. Das hat Lucias Mutter gesagt«, berichtete Maria.

»Was soll das heißen?«, fragte Dr. Ziskind ungeduldig.

»Dass sie weissagen kann, Doktor.«

»So ein Unfug«, widersprach der Forscher. »Glauben Sie das etwa auch?«

Maria schüttelte den Kopf.

»Epilepsie ist eine Krankheit des Gehirns«, stellte Dr. Ziskind fest. »Mit dem Elektroenzephalografen lokalisieren wir den betroffenen Bereich, um anschließend mit der Therapie beginnen zu können. Haben Sie das der Frau nicht erklärt?«

Die aufgewühlte Maria schüttelte wieder den Kopf.

Henny sprang ihr zur Seite und bemühte sich, ihre eigene Verärgerung nicht zu deutlich werden zu lassen: »Dafür war offensichtlich keine Zeit gewesen, Herr Kollege.«

»Wir versuchen es ein anderes Mal«, schlug Esther Somerfeld begütigend vor.

»Gewiss«, erwiderte Henny. »Erst einmal vielen Dank, dass Sie uns einen Einblick in Ihre Arbeit gewährt haben.«

Wenig später legten sie und Maria gemeinsam die wenigen Blocks von der Praxis zum *Cedars* zu Fuß zurück.

»Es tut mir leid, Maria«, sagte Henny, »dass ich Ihre Zeit und Ihren guten Willen strapaziert habe.«

»Sie haben es gut gemeint, Frau Doktor. Das weiß ich.«

»Doktor Ziskind wurde Ihnen gegenüber persönlich, Maria. Auch aus der Erregung heraus sollte so etwas nicht geschehen.«

Die Hebamme lächelte sanft. »Dieser Mann hat mich durchschaut, Frau Doktor.«

»Tatsächlich? Inwiefern?«

»Ich glaube, dass es möglich ist, Dinge zu sehen, die geschehen werden. Es ist eine Gabe, die wenige Menschen haben. Sie zahlen dafür einen hohen Preis. Der Doktor hätte Lucia ihre Gabe genommen. Vielleicht hätte er sie sogar in die Irrenanstalt gesperrt.«

»Sie wussten nicht, dass Lucia diese Gabe hat?«

»Ich arbeite im Krankenhaus, Frau Doktor. Die *señoras* vertrauen mir nicht. Für sie bin ich eine Weiße. Niemals würden sie so etwas freiwillig preisgeben.«

»Das heißt, wir können Lucias Epilepsie nicht behandeln, Maria.«

»Für *Sie* ist es Epilepsie, Frau Doktor«, sagte Maria. Der Widerspruch in ihrem Tonfall war kaum merklich.

Henny war kurz verblüfft, dann lächelte sie still in sich hinein. Ja, natürlich: Ein Python ist nicht nur eine gefräßige Schlange; für manche Menschen ist er eine Gottheit. Wie konnte sie die Lektion, die sie in ihrer Kindheit in Afrika gelernt hatte, vergessen haben!

Erst viel später kam Henny eine Frage in den Sinn, die sie verwirrte: Wenn nicht alles so war, wie es schien, weshalb war ihr dann Lucia vors Auto gelaufen? Zufall – war alles nur Zufall?

Ricarda schmunzelte in sich hinein, als sie die weit geschwungene Treppe in den ersten Stock des Schlosses hinaufging. Denn sie erinnerte sich sehr gut an die letzte Begegnung mit Florentine von Freystetten, die an Peinlichkeit kaum zu überbieten gewesen war. Zwei Jahre lag das zurück, und Ricarda war durchaus gespannt, wie sich jene Frau entwickelt haben mochte, zu der sie ein höchst kompliziertes Verhältnis hatte. Auf so viele Arten war ihr Schicksal unauflöslich verbunden!

Nach kurzem Klopfen war von der anderen Seite der Tür lautes Husten zu hören, dann ein kaum wahrnehmbares »Herein«.

»Rica, ich bin todkrank.« Florentine eröffnete das Gespräch ohne Begrüßung.

Rosel hatte gute Gründe gehabt, den Besuch der Schwester ihres Mannes nicht gerade freudig anzukündigen. Seitdem waren ein paar Tage vergangen. Dass Florentine krank war, darüber hatte niemand ein Wort verloren. Insofern war Ricardas Argwohn geweckt; Florentine liebte es, Menschen in ihrem Sinne zu beeinflussen.

»Was fehlt dir denn?«, fragte Ricarda mit einer Mischung aus Zugewandtheit und Abwarten.

Florentines höchstwahrscheinlich längst graues Haar leuchtete im einstigen Goldton ihrer Jugend, ihr Make-up versuchte sorgfältig, die ermüdende Haut einer Achtundsechzigjährigen zu verbergen, aber es gab Falten, gegen die keine Schminke half.

»*Du* bist doch die Ärztin«, sagte Florentine mit schwacher Stimme.

»Flora, du hast einmal selbst Medizin zu studieren begonnen und so viele Kenntnisse, dass du mir zumindest eine kleine Eigendiagnose stellen könntest.«

»Du musst mich abhorchen. Ich habe eine Lungenentzündung.«

Ricarda spürte ihr altes Problem zurückkehren: Sobald es um ihre Angehörigen ging, fiel es ihr schwer, ihren Beruf von ihrer Gefühlswelt abzugrenzen. Florentine gehörte in mehrfacher Hinsicht zur Familie: Ihr Sohn Victor war der Ehemann ihrer Tochter Henny und sie war die Schwägerin ihrer Schwester. Obendrein hatte sie ihr gegenüber alte Vorbehalte, die sie nicht ohne Weiteres abstreifen konnte.

Nicht immer, aber meistens, wenn sie ihr begegnete, blitzten die dramatischen Bilder von jenem Weihnachtstagnachmittag des Jahres 1876 auf. Die vierzehnjährige Florentine drückt ihre gleichaltrige Spielgefährtin, Ricardas

Schwester Antonia, unter das Eis, in dem sie beide beim Schlittschuhlaufen eingebrochen waren, um zu überleben. Die ein Jahr jüngere Ricarda ergreift Florentines Hände, rettet ihr Leben, während die eigene Schwester das ihrige im gleichen Augenblick verliert.

Sie alle waren Kinder gewesen, und es war ungerecht, Florentine nicht vergeben zu können. Dennoch hatte sich im Lauf der Jahrzehnte gezeigt, dass ihr damaliges Verhalten ihrem Charakter entsprach. Warum hatte es so sein müssen, dass die Tochter des Gärtners ihr Leben für die Komtess gab? Hätten sich die beiden Mädchen nicht gegenseitig beistehen können? Oder spiegelte der Augenblick von Antonias Tod die gesellschaftlichen Verhältnisse wider? Die einen waren unten, die anderen oben – Gärtner und Schlossbesitzer.

Mit einer Arzttasche, die sie für Notfälle stets im Schloss hatte, kehrte Ricarda wenig später zu Florentine zurück. Sie horchte sie überaus sorgfältig ab.

»In den Bronchien höre ich ein leichtes Rasseln, Flora. Aber die Lungen sind frei. Halt dich warm, dann wird es nicht schlimmer.«

»Also eine beginnende Lungenentzündung, wie ich es vermutet habe«, beharrte Florentine.

»Dazu wird es nur kommen, wenn du dich nicht schonst.« Ricarda legte das Stethoskop beiseite und setzte sich auf einen Stuhl neben dem Bett. »Wenn ich mich recht erinnere, warst du zuletzt am Silvestertag vor zwei Jahren hier.«

Mit einem spöttischen Lächeln deutete sie an, dass sie sich sehr gut an den damaligen Eklat erinnerte: Die damalige Mittsechzigerin war durch eine dumme Verkettung von Umständen dabei ertappt worden, wie sie mit ihrem drei Jahrzehnte jüngeren Chauffeur im Bett gelegen hatte.

Graf Friedemann hatte seine Schwester anschließend gebeten, das Schloss zu verlassen. Es war nicht das erste Mal, dass er sich über die Zuneigung seiner exaltierten Schwester für ihre erheblich jüngeren Begleiter aufgeregt hatte. Das Abwenden eines Skandals war für Friedemann stets wichtiger gewesen als das Verständnis für seine lebenshungrige Schwester.

Florentine ignorierte Ricardas wortlose Anspielung. »Ich habe dieses Jahr Silvester in Berlin verbracht. Im *Adlon*, wie immer.«

In dem eleganten Hotel hatte Ricarda sie auch schon einmal getroffen. Was ebenfalls keine angenehme Erinnerung war.

»Und dann wollte ich Frieda wiedersehen und ihren Mann. Kennst du Jon? Was für ein Glück für sie, dass sich ein solcher Mann für sie entschieden hat!«

Das kann man auch andersherum sehen, dachte Ricarda, ging aber darüber hinweg. »Die Hochzeit war hier. Es war schön, bescheiden und stilvoll. Ja, er tut ihr gut, der Herr Landsmann.«

»Jon ist Jude, Rica. Ich habe viele jüdische Freunde. Nicht alle – aber die meisten – sagen, dass sie Angst haben vor dem, was sich in diesem Land zusammenbraut. Und was macht mein Neffe Franz, dieser Trottel? Beleidigt Jon Landsmann vor der ganzen Familie. So hat Frieda es mir berichtet. Rica, ich habe mich schon immer für die Borniertheit meiner kleingeistigen Sippe geschämt.«

Florentine hatte sich so in Rage geredet, dass sie einen schweren Hustenanfall bekam. Ricarda klopfte beruhigend ihren Rücken. Es war wohl nicht richtig, dass sie Florentine immer wieder an jenem Unglückstag maß, der ihr Schicksal verändert hatte. Ihre Umtriebigkeit, gepaart mit ihrem immensen Reichtum, hatte Florentine, die in New

York ein Mietshaus und am Zürichsee eine Villa besaß, zu einem weltoffenen Menschen gemacht.

»Du weißt, dass ich vor vielen Jahren an der französischen Riviera ein hübsches Haus gekauft habe«, fuhr Florentine fort. »Oft bin ich nicht dort. Das Angebot an Kultur ist nicht so groß wie in New York, Paris oder …«, sie seufzte schwer, »… in dieser zusehends verrohenden Stadt Berlin.« Noch ein Seufzer entrang sich ihr. »Was ich dir erzählen will, Rica: Ein guter Freund aus New York ist befreundet mit dem Schriftsteller F. Scott Fitzgerald. Du weißt, wer das ist?«

Ricarda nickte stumm. Florentine schien nicht viel auf ihre Kenntnisse der zeitgenössischen Literatur zu geben! Den vielgerühmten Roman *Der große Gatsby* über einen unglücklich verliebten Millionär hatte sie zwar gelesen, gemocht hatte sie ihn nicht; die eingebildeten Leiden der Reichen lagen ihr fern.

»F. Scott Fitzgerald ist mit seiner wohl ganz bezaubernden Frau jedes Frühjahr und jeden Sommer an der Riviera. Er liegt meinem Freund ständig in den Ohren, wie hinreißend schön es dort ist. Kurz und gut: Dieser Freund will sich nun ein Haus am Mittelmeer bauen lassen. Was lag für mich näher, als den genialen Architekten Jon Landsmann ins Spiel zu bringen! Und es klappt, Rica. Kurzum: Im Frühling wird die kleine Familie an die Côte d'Azur umziehen. Raus aus dieser Stadt, in der sie sich nicht mehr geborgen fühlen.«

In Florentines Gesicht stand ein triumphierender Ausdruck.

Ricarda begriff nicht so ganz, inwiefern diese Neuigkeit für sie selbst wichtig sein sollte, wie Florentine angedeutet hatte. Sie mochte ihre Nichte durchaus, hatte Frieda beigestanden, als sie als ledige junge Frau schwanger geworden war, bei der Entbindung der Zwillinge geholfen und sich für sie gefreut, dass Jonathan Landsmann und sie ein Paar wurden. Alles hatte ein erstaunlich gutes Ende genommen. Dennoch war ihr Frieda immer etwas fremd geblieben, deren Vergnügungssucht, die Leichtigkeit, mit der sie in den Tag hineingelebt hatte. Für all das hatte es gute Gründe gegeben, die Ricarda kannte und nachvollziehen konnte, doch sie waren grundverschieden. Antonia, sieben Jahre älter als diese, stand ihrer Kusine Frieda wesentlich näher.

»Ist es nicht so, dass der Frühling in Südfrankreich so viel früher einsetzt?«, fragte Ricarda. »Ihre Schwangerschaft im Frühling zu erleben, das wird Frieda guttun.«

»Ja, sie ist schon wieder schwanger. Kann man ja auch verstehen bei einem Mann wie Jon, dass die Libido steigt.«

»Wie lange wird Familie Landsmann denn an der Riviera bleiben, Flora? Zeichnet sich das schon ab? Im Juli wird Frieda niederkommen. Gibt es dort gute Krankenhäuser?«

»Ach, Rica! Frankreich ist wunderschön, aber in ein Krankenhaus sollte man da besser nicht gehen. Darum erzähle ich dir das doch, meine Gute. Ich lade dich ein, mich zu besuchen und dich dabei ein wenig um unsere Frieda und ihr Kind zu kümmern. So klein ist das und so kränklich. Der arme Jon muss schließlich den Kopf frei haben für seine Arbeit.«

»Ein wohldurchdachtes Vorhaben«, sagte Ricarda.

Ein wenig bewunderte sie die Unverfrorenheit, mit der Florentine vorging, um ihre Ziele zu erreichen. In Wahrheit, vermutete Ricarda, ging es ihr vor allem darum, den *armen Jon* an sich zu binden. Mit ihrem vielen Geld, ihren Beziehungen, ihrem Luxus. Und ihrem Charme, mit dem sie einem Mann wohl das Gefühl gab, etwas ganz Besonderes zu seien, *genial*, wie sie das soeben genannt hatte.

Nach einer nachdenklichen Pause fügte Ricarda hinzu: »Ich werde Siegfried fragen, was er davon hält.«

»Siegfried?« Florentine stutzte. »Ach so, ja.«

Es klang, als hätte sie längst vergessen, dass Ricarda einen Ehemann hatte. Mit dem überzeugten Sozialdemokraten wusste sie rein gar nichts anzufangen.

Florentine hustete. »Was tust du nun gegen meine Lungenentzündung?«, fragte sie leicht vorwurfsvoll.

Ricardas Mutter häufte zwei Teelöffel der getrockneten Blätter in eine Tasse mit kaltem Wasser. »Das lassen wir zwei Stunden ziehen, seihen die Blätter ab und erwärmen den so entstandenen Tee. Damit lässt du unsere Prinzessin mehrmals täglich gurgeln.«

Auf dem Glas, dem Karla die Blätter entnommen hatte, stand mit einer Handschrift, sorgsam wie gemalt, *Spitzwegerich zur Zubereitung eines Kaltwasserauszugs*.

»Spitzwegerich ist schleimlösend und entzündungshemmend«, erklärte Karla. »Wenn du unsere Prinzessin schneller auf den Beinen haben willst, Rica, dann sollten wir zudem eine Inhalation zubereiten.« Sie schickte einen schmunzelnden Blick zu ihrer Tochter. »Die Inhalation hat einen Nachteil: Die schöne Frisur unserer Prinzessin dürfte Schaden nehmen, denn sie muss den rot gefärbten, blaublütigen Kopf ganz unter einem Tuch verschwinden lassen, um die Dämpfe einzuatmen. Willst du es dennoch probieren?«

Welche Abneigung ihre Mutter gegen Florentine hatte, wurde Ricarda wieder einmal bewusst. Aber war es ein Wunder? Alles hatte die Familie Freystetten unternommen, um die Hintergründe zu verschleiern, die zum Tod von Karlas Tochter Antonia geführt hatten. Überdies hatte sie die gleichaltrige Flora heranwachsen sehen, hatte sie bekocht und gleichzeitig um das eigene Kind getrauert.

»Ja, wir lassen sie inhalieren, Mutter. Eine Lungenentzündung wünschen wir niemandem, auch nicht solchen, die sich das Haar rot färben.«

»Natürlich nicht.« Großmutter Karla verstand die sanfte Rüge: »Verzeih, ich ließ mich gerade gehen.«

Karla kramte in ihren Schachteln, Dosen und Gläsern. Schließlich tat sie Thymiankraut, Oreganoblätter und Kamillenblüten in eine Schale.

»Lass dir im Schloss heißes Wasser geben, um es darüber zu gießen.«

Ricarda gab sich folgsam: »Ja, Mutter.«

Selbstverständlich war ihr diese alte Methode vertraut, aber das erwähnte sie nicht. Es tat ihrer Mutter gut, dass ihrer Heilkunst vertraut wurde.

»Sag unserer Durchlaucht, sie solle den Kopf nicht zu dicht an die Flüssigkeit halten und abwechselnd durch Nase und Mund atmen. Und dann schick Siegfried zu mir. Eine Bäuerin hat mir in der Früh frischen Quark gebracht. Damit kann ich ihm gleich nachher Wickel für seine Rheumabeine machen.«

»Wird erledigt, Mutter.«

»Und für uns gibt's Quarkkuchen. Ich habe noch Rosinen. Magst du, Rica?«

»Liebend gern!«

Ricarda grinste in sich hinein. Welche Sorgen sie zu Winteranfang um die Seniorin der Familie gehabt hatte! Sie hatte ernsthaft befürchtet, dass Großmutter Karla die kalte Jahreszeit nicht überstehen würde. Und jetzt sprühte sie vor Leben. Es stimmte schon, was man sagte: Solange sich ein Mensch gebraucht fühlt, so lange würde er nicht hören, wenn der Tod an seine Tür klopft.

Das Inhalat platzierte Ricarda wenig später vor ihrer Patientin. Die Erklärungen beschränkte sie auf das Nötigste.

»Das hältst du zehn Minuten lang durch, Flora. Dann sehe ich nach dir.«

Florentine blickte skeptisch. »Anschließend werde ich einen Friseur brauchen.«

»Besser, als dass du einen Bestatter brauchst«, gab Ricarda trocken zurück.

Das war wohl die richtige Antwort, denn Komtess Florentine von Freystetten erwiderte kleinlaut: »Ich werde brav inhalieren.«

Ihren Mann fand Ricarda wie meistens am einzigen Ort im Schloss, den er schätzte – in der Bibliothek.

»Sag mal«, begann sie, »wollen wir den Frühling an der französischen Riviera in einem Haus am Mittelmeer verbringen?«

Siegfried legte sein Buch beiseite, die Erinnerungen eines seiner Kameraden an die Zeit in Deutsch-Ostafrika, das gerade erschienen war. Die Zeitungen besprachen es euphorisch. Was nach Ricardas Überzeugung damit zusammenhing, dass die deutsche Gegenwart kläglich und die vermeintlich glorreiche Vergangenheit zu Kaisers Zeiten schon wieder so weit entfernt war, dass sie zur Verklärung taugte.

»Und was machen wir da?«, fragte Siegfried.

»Uns einen Platz an der Sonne suchen.« Sie zwinkerte ihm zu.

Die Formulierung hatte rund dreißig Jahre zuvor für die Sehnsucht der Deutschen gestanden, in Afrika eine eigene Kolonie zu besitzen. Es war ihnen gelungen, und der Kilimandscharo war zum *höchsten Berg Deutschlands* geworden. Ricarda und Siegfried hatten diesen Traum geteilt. Ob es ein guter Traum gewesen war oder ein schlechter, weil er das Leben Tausender unterworfener Afrikaner gekostet hatte, war eine andere Frage. Eine, die sich zu der Zeit, als das jung verheiratete Ehepaar voller Fernweh aufgebrochen war, nicht gestellt hatte.

»Die Wärme wird deinen entzündeten Kniegelenken guttun«, schwärmte Ricarda ihm vor. »Du könntest Wassertreten im Meer machen, nach Kneipp. Mit mir an einer Strandpromenade unter Palmen spazieren gehen, das Gesicht in die Sonne halten, ein Glas französischen Wein trinken.«

Während sie all das aufzählte, wurde ihr selbst erst klar, wie verlockend Florentines Einladung war.

Siegfried musterte seine Frau, und sie kannte ihn gut genug, um zu erkennen, dass sie durchschaut war. Und dann sprach er es aus: »Rica, woher weht der Wind? Weshalb willst du ausgerechnet an die Riviera? Da passen wir beide nicht hin. Millionäre machen dort Ferien. Nicht Leute wie wir.«

Keine Frage, dass er recht hatte. Was war nur in sie gefahren? Florentine auf den Leim zu gehen, obwohl sie deren Spiel durchschaute!

Und dann sagte sie das genaue Gegenteil von dem, wovon sie überzeugt war.

# ALLES HAT SEINEN PREIS

— ◆ —

*März 1931*

Auf Antonia wirkte die Patientin, die ihr gegenübersaß, wie eine der vielen jungen Frauen, von denen vor allem Fremde meinten, sie wären typisch für die Weltstadt Berlin. Obwohl sie vor allem rings um den Kurfürstendamm ins Auge fielen. Exquisit zurechtgemacht, teuer gekleidet, anscheinend viel Geld im Hintergrund und ein Gesichtsausdruck, der Distanz schuf bei Menschen, die das nicht einschätzen konnten. Das war schließlich auch die Absicht. Sie wollten besonders sein.

Was zwar nichts war, was Antonia beeindrucken konnte. Doch ihr nach reichlich *Chanel N°5* duftendes Gegenüber konnte zu jenen Damen gehören, die über ihre Mundpropaganda neue Patientinnen anlocken konnten. Oder ihren Ruf vernichten, wenn es ihnen beliebte. Es war eine Gratwanderung, als relativ junge Frau in einem Bereich der Medizin tätig zu sein, in dem die Kollegen deutlich älter waren und über weitreichende Beziehungen verfügten.

Leider hatte Sprechstundenhilfe Josefine nicht vermerkt, weshalb Ilse Markert Antonia aufsuchte. Was im Vergleich zu früheren Zeiten nicht ungewöhnlich war. Immer mehr Damen legten auf Diskretion wert, wenn sie am Empfangstresen, wo andere mithören konnten, Angaben über sich machten.

»Sie wurden mir empfohlen«, begann die Besucherin. »Obwohl Sie keinen Doktortitel haben.«

»Danke.« Antonia lächelte abwartend und liebenswürdig. »Was führt Sie zu mir?«

»Ich glaube, Sie sind etwas älter als ich. Nicht wahr?«, fragte die Patientin. Um genau sieben Jahre, wie Antonia der noch spärlich bestückten Akte der Patientin entnahm. Das Alter einer Patientin zu überprüfen, war standardmäßig ihr erster Schritt. Aber ihr Geburtsdatum ging keine Patientin etwas an. Von wegen: *Du wirkst so jugendlich*, wie Celia gemeint hatte, auf die dasselbe zutraf.

Heute trat Antonia im Stil einer *Garçonne* auf mit weißem Hemd, Krawatte, schwarzem Anzug und strengem Haarknoten. Den aktuellen Aufzug emanzipierter Damen, über den sich der Karikaturist einer Zeitung lustig gemacht hatte: »Treffen sich zwei Damen, die eine trägt ein Pflaster auf der Wange. Fragt die andere, was ist geschehen? Sagt die mit dem Pflaster: Stell dir vor, ich bin beim Friseur, da fängt der Dummkopf doch an, mich zu rasieren.«

»Wir wollten über Sie sprechen«, korrigierte Antonia denn auch zuvorkommend lächelnd.

»Für mich ist es wichtig, mich an eine Ärztin wenden zu können, die versteht, um was es mir geht, Frau Thomasius.«

»Ich werde mir größte Mühe geben, Sie zu verstehen. Das ist meine Arbeit, Frau Markert, und die übe ich sehr gern aus.«

In ihre Akte hatte Josefine nur eingetragen, dass die Patientin verheiratet, nicht, ob sie berufstätig war.

»Aber Sie sind nicht verheiratet, Frau Thomasius.«

Antonia fiel es nun nicht mehr schwer, sich den Zusammenhang zusammenzureimen: »Sie möchten mit mir über Fragen der Ehehygiene sprechen?«

»Ja.«

Das war keine Antwort, sondern ein befreites Aufatmen. Denn so weltgewandt die Patientin auch auftrat, was im Ehebett geschah, war ein Tabu, auch unter Eheleuten.

Antonias Liebesleben war vom ersten Mann an ein Erforschen gewesen, geprägt von ihrer eigenen Neugier. Von derselben Natürlichkeit waren auch die innigen Momente mit Guntram. Bis sie – und das lag nicht lange zurück – mit ihm darüber ein ausführliches Gespräch geführt hatte. Was ihm nicht ganz leicht gefallen war: »Wenn wir uns lieben, sagst du mir, was dir gefällt, Toni. Meine Frau, sie … Also, es war ganz anders mit ihr, ganz und gar anders.«

Dass Guntrams sprödes Eheleben völlig normal gewesen war, erfuhr Antonia täglich durch ihre Patientinnen.

So auch jetzt.

»Wie lange sind Sie verheiratet?«, fragte sie.

»Noch nicht einmal ein Jahr.«

Allgemein fragte man: Sie vollziehen die Ehe regelmäßig? Unter anderem diese Formulierung trug nach Antonias Meinung zum Unwohlsein der Frauen bei.

Stattdessen fragte sie rundheraus: »Sie fühlen sich wohl, wenn sie sich körperlich lieben?«

»Frau Doktor!«, rief die Patientin entsprechend entsetzt. Und erschuf im selben Moment die Respekt zollende Distanz von *Frau Thomasius* zu *Frau Doktor*.

»Darum sollte es uns Frauen beim Beischlaf gehen«, fuhr Antonia unbeirrt fort. »Wir sollten uns wohlfühlen, wenn wir einen Mann in den Armen halten.«

»Oh Gott nein, das kann ich nicht!«

»Weshalb?«

»Frau Doktor, Sie sind sehr direkt!«

»Selbstverständlich. Wie sonst soll ich herausfinden, wie ich Ihnen helfen kann, Frau Markert?«

»Ernst hält mich für frigide.«

Die Fassade ihrer Patientin zerfloss in Tränen. Antonia reichte ihr ein Taschentuch und wartete ab, bis sie sich beruhigt hatte. Währenddessen schrieb sie etwas auf einen Zettel.

»Frigide heißt kalt, nicht wahr? Hat Ihr Mann sich schon einmal bemüht, Ihr Blut in Wallung zu bringen? Oder beschwert er sich nur darüber, dass es nicht so ist?«

»Frau Doktor!«, rief die Patientin erneut empört. Aber nachdem sie die ihr von der gängigen Moral auferlegte innere Schwelle überschritten hatte, sagte sie: »Nein, so ist Ernst nicht. Wenn seine … also Potenz …, wenn die da ist, dann will er eben machen, was er tun möchte.«

»Gewiss befürchtet er, dass seine Potenz sonst nicht mehr aufrecht bleibt. Wir Frauen bevorzugen ein ganz anderes Vorgehen, aber das wissen die meisten Männer nicht. Ihrer vermutlich auch nicht, Frau Markert. Wenn Sie sich vom Vorwurf der Frigidität befreien wollen, dann sollten Sie Ihrem Mann das beibringen. Er muss einsehen, dass das Problem nicht bei Ihnen allein liegt, sondern bei ihm. Es ist nur Liebe, wenn es beiden Freude bereitet. Und keine Pflicht, Sport oder gar Arbeit. Dann werden Sie und Ihr Mann eine wundervolle Ehe führen.«

»Sie wollen mich nicht untersuchen, ob bei mir alles seine Richtigkeit hat?«, fragte die verunsicherte Patientin.

»Aber ja, dazu kommen wir gleich.« Sie lächelte verschmitzt. »Für alles, was in Ihrem Kopf vor sich geht, bin ich jedoch nicht zuständig. Denn wenn zwei sich lieben, ist der Kopf auch irgendwie beteiligt. Da können Sie sehr viel selbst bewerkstelligen, nicht wahr?«

Nun reichte sie ihr den Zettel.

»Das hier ist ein Lektüretipp. Lesen Sie Theodoor Hendrik van de Velde, *Die vollkommene Ehe*. Er ist zwar ein

Mann, aber manche Männer sind durchaus bereit, uns Frauen zu verstehen.«

Obwohl es das Buch bereits seit vier Jahren und in mehreren Auflagen gab, galt es nach wie vor als Geheimtipp. Über das Liebesleben wurde trotz der zurückliegenden *wilden Zwanzigerjahre* nach wie vor allenfalls getuschelt, aber nicht geredet.

Bevor Frau Markert nach einer sorgfältigen Untersuchung, bei der sie sich als gesund erwies, das Sprechzimmer verließ, reichte sie Antonia die Hand.

»Jetzt weiß ich, weshalb Sie so einen guten Ruf haben, Frau Doktor.«

»Bleiben Sie getrost bei Frau Thomasius«, erwiderte sie. »Und danke für das Kompliment. Empfehlen Sie mich gern weiter. Die Praxis ist neu und sehr teuer«, sagte sie schmunzelnd.

Das Telefon auf Antonias Schreibtisch läutete. Es war ihre Kusine Frieda.

Die unterkühlt wirkende Wohnung, die sich amerikanisch mondän *Penthouse* nannte, wirkte auf Antonia noch ungemütlicher als bei ihrem letzten Besuch bei Familie Landsmann. Nun standen Koffer herum, darunter Behältnisse, die nicht nur so groß wie ein Schrank waren, sondern auch in zwei senkrechte Hälften aufgeklappt werden konnten. So etwas hatte Antonia zuletzt in der Luxusklasse jenes Schiffs gesehen, mit dem sie einst nach Afrika gereist war.

Der kleine Felix tapste dazwischen herum. Einen Teddybären an die Wange gedrückt, wirkte der Eineinhalbjährige sehr verloren. Allerdings war es für Antonia auch ein gutes Gefühl, ihn so zu erleben. Wie deprimierend seine Zukunftsaussichten kurz nach der Geburt gewesen waren! Stunden, bestenfalls Tage, hatten die Ärztinnen ihm gegeben. Dass er unermüdlich herumlaufen konnte, hatte er vor allem seiner Mutter zu verdanken.

Den schrecklichen Zustand bei seiner Geburt allerdings ebenfalls.

Daran wollte Antonia nicht mehr denken. Sie war in die Wohnung auf dem Dach des *Kaufhauses Jonaß* gekommen, weil Frieda sie mit ihrem Anruf daran erinnert hatte, dass die Abreise der kleinen Familie Landsmann bevorstand.

Frieda machte einen gelassenen Eindruck. Die rotgoldenen Locken umflossen ihre zarten Schultern, die ein weißes Kleid umschmeichelte, unter dem die Rundung des Bäuchleins verborgen war.

Antonia hatte die wilde Frieda erlebt, die sich auf Festen nicht zurückgehalten hatte, ihre Lebenslust zu genießen. Womit ihre Kusine als typische Vertreterin des exzessiven letzten Jahrzehnts galt. Unweigerlich musste Antonia an die hübsche Patientin Markert denken, die zwar den äußeren Schein dieser wilden Jahre in die Gegenwart hinübergerettet hatte, jedoch nicht zu wissen schien, was es bedeutete, ungestüme Leidenschaft zu erleben. Oder gar von einem Mann einzufordern.

»Danke, dass du da bist!« Frieda drückte ihre Kusine an sich.

»Dir kann ich leider nicht danken dafür, dass du fortgehst«, erwiderte Antonia mit einem Kloß im Hals und bremste sich selbst sogleich ein: »Tut mir leid. Ich will dir kein schlechtes Gewissen machen. Es ist wundervoll, dass du und Jonathan an der Riviera leben werdet. Ich bin sicher, du wirst dich dort wohlfühlen.«

Frieda grinste. »Du warst nie bei Tante Florentine, dabei würde es dir gefallen. Sonne, Meeresrauschen, Schwimmen und auf einer Liege am Swimmingpool einen Martini trinken.« Über ihre eigenen Worte erschrocken, riss sie die Augen auf. »Keine Sorge, Toni! Werde ich nicht machen. Der kleine Felix erinnert mich jede Sekunde meines Lebens an die Verantwortung, die ich als werdende Mutter habe.«

»Er hat sich gut rausgemacht. Du trainierst weiterhin fleißig mit ihm?«

»Selbstverständlich! Er soll doch ein großer starker Mann werden.«

»Du kommst aber noch mal in die Praxis, bevor ihr abreist. Guntram sollte Felix gründlich untersuchen.«

»Und du mich.« Frieda seufzte. »Du wirst mir fehlen. Nicht nur als meine Ärztin. Hat deine Mutter dir gesagt, dass …« Frieda stockte.

»Was?«

»Ich fürchte, sie hat es nicht. Na, jetzt ist es schon fast ausgesprochen, obwohl sie es dir selbst sagen wollte: Tante Rica und Onkel Siegfried werden auch an die Riviera kommen.«

»Wie bitte? Meine Eltern reisen nach Südfrankreich?« Antonia fehlten vor Überraschung kurzzeitig die Worte. »Nein, Mutter hat kein Wort gesagt.«

Sie musste jedoch einräumen, dass sie die Eltern selten sah, seitdem sie fast ständig mit Guntram zusammen war, in der Praxis und privat. Wobei sie zwischen ihren beiden Wohnungen wechselten, was den Alltag spannender machte. Die Zeit verging wie im Fluge.

»Das wird den beiden guttun. Vor allem Vaters Rheuma«, sagte Antonia, sobald sie die Neuigkeit eingeordnet hatte.

Der kleine Felix stellte sich vor seine Mutter und reckte ihr die Arme entgegen. Frieda setzte ihn sich auf die Hüfte, er spielte mit ihren Locken.

»Wann bist du wieder in Freystetten?«, fragte Frieda scheinbar zusammenhanglos.

»Ich weiß es nicht.« Es zog Antonia tatsächlich nicht dorthin.

Die letzten Auseinandersetzungen mit Graf Friedemann waren extrem unerfreulich gewesen: Als es um Cousin Franz und den Überfall auf Henny gegangen war, hatte Friedemann sich trotz eindeutiger Beweise, die zum großen Teil sogar von Frieda gekommen waren, vor seinen Sohn gestellt.

»Ich ... ähm ... wollte dich um etwas bitten, Toni.« Frieda küsste ihren kleinen Sohn auf die Wange. »Wegen Felix. Na ja, nicht nur. Auch meinetwegen. Ich möchte Felicitas sehen, weißt du.« Plötzlich füllten sich ihre Augen mit Tränen. »Toni, ich habe den größten Fehler meines Lebens gemacht.«

Antonia ahnte, was ihre Kusine nun sagen würde, und es berührte sie so sehr, dass auch sie den Tränen nah war.

»Niemals hätte ich Franz dazu bringen dürfen, dass er Felicitas und Felix adoptiert. Ich hätte riskieren sollen, dass die Zwillinge unehelich geboren werden. Es war so entsetzlich falsch, dass ausgerechnet der Mensch, den ich auf dieser Welt am meisten verachte, offiziell als ihr Vater gilt.«

Der eiserne Junggeselle Franz hatte zu diesem Zweck sogar geheiratet, auch wenn diese Scheinehe bereits nach kurzer Zeit wieder geschieden worden war.

»Ich hätte darauf vertrauen sollen, irgendwann den richtigen Mann zu treffen, der mich liebt und meine Zwillinge dazu«, sagte Frieda.

»Dieser Mensch ist dir mit Jonathan begegnet. Wie solltest du wissen, dass es so kommt, Frieda? Machst du dir nicht unnötige Vorwürfe?«

Frieda hatte vermeiden wollen, dass ihre Kinder jenem Hass ausgesetzt wurden, der für gewöhnlich unehelichen Kindern entgegengebracht wurde. Egal, welchem Stand sie angehörten. Nur die Ehe war dazu da, Kinder zu zeugen, nicht die Leidenschaft eines Augenblicks. Doch so hatte Frieda gelebt, bis ihr Jonathan begegnet war.

»Ich war mutlos, Toni. Ich habe mich der Moral gebeugt. Einer Moral, die ich aus tiefstem Herzen verachte.«

»Mag sein, aber die Zwillinge hätten später nicht sagen können: Mir doch egal, was andere Leute über mich denken.«

Antonia sprach auch deshalb voller Engagement, weil der Vorschlag, Friedas Bruder die Vormundschaft über die Kinder anzuvertrauen, von Ricarda und Henny stammte. Ein Hintergedanke war, mit diesem Trick Freystetten Erben zu verschaffen, die Franz wegen seiner sexuellen Orientierung nicht zeugen wollte.

»Du warst in Afrika, Toni«, erinnerte Frieda sie. »Wenn du mir beigestanden hättest, wäre es anders gekommen.«

Tief in ihrem Herzen hatte Antonia nie etwas von diesem Arrangement gehalten. Ehrlich räumte sie ein: »Ich weiß nicht, wozu ich dir geraten hätte. Hinterher schlauer zu sein, das ist keine Kunst.«

Sie war immer der Meinung gewesen, dass der Blick nach vorn der klügere war.

»Wie stellst du dir ein Wiedersehen mit Felicitas vor, Frieda?«, fragte sie. »Ich kann sie nicht einfach mitnehmen und dir bringen. Und wenn deine Eltern oder Franz mitbekommen haben, dass ihr nach Frankreich …« Antonia hielt mitten im Satz inne. Sie ahnte, was ihre Kusine vorhatte. »Du willst doch nicht etwa Felicitas mit nach Frankreich nehmen? Nein, Frieda, wenn du das planst, da mache ich nicht mit. Ich würde mich strafbar machen.«

Frieda riss die Augen entsetzt auf. »Nein, um Gottes willen, Toni! Ich will sie nur wiedersehen.«

Antonia hatte Zweifel, ob Frieda die Wahrheit sagte.

»Fahr nach Freystetten. Franz ist nie da. Und wenn doch, so könntest du es zuvor herausfinden.«

»Ich will nicht vor meine Mutter treten und sagen: Bitte, darf ich mein Kind sehen? Nein, das kann ich nicht. Toni, hilf mir. Ich weiß nicht, wann ich wieder in Berlin sein werde. Ein letzter Abschied, nur für einen Tag, bitte.«

Antonia gab sich geschlagen, denn sie verstand ihre Kusine nur zu gut. Es war erniedrigend, um ein Wiedersehen mit der eigenen Tochter betteln zu müssen.

»Ich hole sie ab, bringe sie dir, und du gibst sie mir am nächsten Tag zurück. Versprichst du das?«

Frieda schloss sie erneut in die Arme. Nein, ihre Kusine würde kein falsches Spiel spielen, davon war sie überzeugt. Dafür war ihr die Beziehung zu ihr zu wichtig.

Schon lange hatte Antonia ihren Vater nicht mehr so aufgekratzt erlebt.

»Stell dir vor, Toni, ich lasse mir sogar neue Schuhe machen. Gleich kommt der Schuster und nimmt Maß. Ich kann doch mit meinen ollen Äppelkähnen nicht über die Strandpromenade latschen.«

Siegfried meinte es ganz ernst. Unrecht hatte er wohl nicht. Seine Stiefel, zwar stets sorgfältig geputzt – wie sich das für einen Soldaten geziemte –, hatten etliche Jahre unter den Sohlen.

Antonia lehnte den Kopf an seine Schulter, während sie auf der Küchenbank neben Großmutter Karlas Ofen saßen. Ein Ort wie aus der Welt gefallen, nichts Böses schien hierher zu finden.

»Großmutter hat dich mit Blutegeln gequält. Hat es geholfen?«

»Ach, sie hat eine Menge Dinge angestellt, nicht nur mit

den Egeln. Ich kann nur sagen, Toni: Deine Großmutter ist eine wahre Heilerin.«

Die Großmutter blickte aus der Stube herüber zu den beiden. »Auf seine alten Tage entwickelt sich dein Vater noch zum Charmeur!«

»Sogar Florentine war begeistert, Mutter. Du hast verhindert, dass sie eine Lungenentzündung bekam.« Siegfried beugte sich nah an Antonias Ohr, als er flüsterte: »So schlimm war's wohl auch wieder nicht, meint deine Mutter.«

»Du freust dich also auf Südfrankreich?«, fragte Antonia.

»Du kennst mich: Eigentlich will ich nur noch meine Ruhe. Aber deine Mutter hat recht. Noch mal raus ist auch schön. Sonne tanken. Und da waren wir nie. Für Mutter und mich musste es immer die Ferne sein. Na, damals war das auch nicht so einfach mit den Franzmännern. Ist es ja auch heute nicht so ganz. Pressen unser Land aus mit ihren Reparationsforderungen wegen des Kriegs.«

»Deutschland ist über Frankreich hergefallen«, korrigierte Antonia sanft.

Ihr Vater war vom alten Schlag: Karriere hatte er zu Kaisers Zeiten gemacht. Auch wenn er überzeugter Sozialdemokrat war, so hatte er seine Arbeit für das Deutsche Heer nie infrage gestellt, dem er seine Ausbildung zum Arzt verdankte.

»Jaja, Toni, ich weiß. Das mit Frankreich war falsch. Ich hoffe nur, sie lassen es uns nicht spüren, wenn wir bei Ihnen Ferien machen.«

»Florentine würde euch nicht einladen, wenn sie Bedenken hätte.«

Siegfried seufzte. »Na, weißt du: Die Dame parliert nicht nur Französisch. Sie hat auch viel Geld. Zu Menschen mit Penunze ist jeder nett. Insofern ist sie keine zuverlässige

Hinweisgeberin. Ist auch einerlei, Toni: Wir fahren. Mutter hat ihre Vorbehalte der Dame gegenüber überwunden. Und wir haben gemeinsam Schlimmeres überlebt als ein paar möglicherweise übellaunige Franzmänner.«

»Vielleicht findest du die Franzfrauen ganz nett, Väterchen«, neckte sie ihn.

»Du solltest mitkommen, Toni. Frieda wird auch dort sein. Aber das weißt du gewiss schon.«

»Ich soll ihr die kleine Felicitas bringen. Das ist einer der Gründe, weshalb ich hier bin. Sie will Lebewohl sagen.«

Durch ihren Vater ging ein Ruck. »Toni, was die Blaublüter machen, ist ausgemachter Mist! Die sollen Frieda ihr Kind zurückgeben, verdammt noch mal! Sie ist doch nun verheiratet. Ist ein netter, ein wirklich ganz liebenswerter Mann, den sie geheiratet hat. Gut, es heißt, Felicitas wäre nicht von Jonathan, weil Frieda kurz nacheinander noch mit einem anderen Mann poussiert hat. Was jedoch zählt, ist, dass beides Friedas Kinder sind. Es ist unmenschlich, sie voneinander getrennt aufwachsen zu lassen. Du redest gewiss später mit Rosel. Du kannst mit den Leuten. Also pack deine Tante bei ihrer Mütterlichkeit. Sie ist eine gute Frau, Toni. Im Kern jedenfalls. Sie hat nur den falschen Sohn. Dafür kann sie nichts. Und widersprich jetzt bitte nicht.«

Er lächelte schelmisch und hatte sich damit einen Kuss seiner Tochter verdient.

Es klopfte an der Tür. Der Schuster kam herein, ein rundlicher Mann in seinen späten Fünfzigern, den augenscheinlich nichts aus der Ruhe bringen konnte.

»Tach, Herr Doktor«, sagte er und nickte Antonia zu. »Das Frollein Tochter auch mal wieder zu Besuch. Soll ick später noch mal kommen? Wär aber nich so jut, weil ick schon im Schloss war.«

Der Schuster stellte seinen offenen Weidenkorb, der mit Schuhen gefüllt war, ungeschickt auf einem Schemel ab, sodass der Inhalt auf Großmutter Karlas Dielenboden polterte. Dabei fielen Antonia zwei Paar blutige Männerstiefel auf.

»Meine Güte«, sagte sie impulsiv. »Wem gehören die denn?«

»Sind dem jungen Grafen seine«, erwiderte der Schuster. »Ick soll versuchen, ob ick das Blut rauskrieg. Passen tun sie ja. Sind noch janz neu.«

»Weshalb sind sie dann so blutig?«, fragte Antonia.

»Verehrtet Frollein Thomasius, ick bin Schuster. Ick mach nur meine Arbeit.«

Antonia schickte einen fragenden Blick zu ihrem Vater, aber der erfahrene einstige Armeearzt hob nur ratlos die Schultern.

Schon der erste Blick in das vom hellen Licht der Mittagssonne durchflutete Kinderzimmer im Schloss sagte Antonia, dass dies keine leichte Aufgabe würde: Felicitas, ein goldgelocktes Kind in einem weißen Kleidchen, lachte hell, rannte zwischen Ricarda und Rosel hin und her, wobei es einen Ball in den kleinen Händen hielt. Antonias Mutter und ihre Tante saßen auf Stühlen, breiteten die Arme aus, und jede forderte das Mädchen auf, ihr den Ball zu bringen.

Nein, dachte Antonia, diese beiden geben das engelsgleiche kleine Wesen nie und nimmer freiwillig her. Der Unterschied zwischen den Zwillingen war enorm. Während Felix einen verträumten, fast schon in sich gekehrten Eindruck machte und sich zu schonen schien, als wüsste er instinktiv um seine Herzschwäche, war Felicitas das offensichtliche Gegenteil. Die Leichtigkeit, die ihre Mutter manchmal ausstrahlte, schien auch in ihr zu wohnen.

Sobald Antonia bemerkt wurde, warf Ricarda ihrer Tochter den Ball zu. Nun rannte Felicitas zu ihr, blieb vor ihr stehen und blickte zu ihr auf.

»Ball!«, rief sie, womit Antonia ins Spiel integriert war.

»Schade, dass du dich so selten bei uns blicken lässt«, bemerkte Tante Rosel und musterte sie. »Gut siehst du aus, Toni. Glücklich. Findest du nicht auch, Rica?«

»Dein neues Leben tut dir offensichtlich gut, Toni«, bestätigte Ricarda.

»Die Arbeit in der Praxis macht Freude. Ihr wisst ja, dass ich Vorbehalte hatte, weil ich befürchtete, mich zu langweilen. Das Gegenteil ist der Fall.«

»Und es scheint gut zu gehen, dass Guntram und du sich den ganzen Tag sehen, Toni? Der Alltag frisst die Verliebtheit nicht auf?«

Antonia wusste, weshalb ihre Mutter die Frage so formuliert hatte. Zwar hatten ihre Eltern nur in China im selben Krankenhaus gearbeitet, aber da sie sich die Kompetenzen untereinander aufgeteilt hatten, war das ihrer Ehe nicht gut bekommen. Zum Glück nur kurzzeitig.

»Guntram ist in seinem Teil der Praxis, ich in meinem. Er behandelt die Kinder, ich die Mütter. Wir treffen uns eigentlich nur in den Räumen, die wir gemeinsam nutzen – Labor, Empfang, Röntgen«, berichtete Antonia.

»Habt ihr denn nicht vor, ein Kind zu haben?«, fragte Rosel.

Antonia hatte von ihr eher erwartet, dass sie zunächst nach dem Hochzeitstermin fragen würde.

»Mal sehen, was geschieht«, wich sie aus.

Es war der Moment, in dem Felicitas genug von ihrem Spiel hatte. Zu Antonias Überraschung wählte sie sie aus, um sich an jemanden anzukuscheln.

»Felix hat sich übrigens sehr gut herausgemacht«, stellte

Antonia wie beiläufig fest. »Frieda hat viel mit ihm gearbeitet. Ihr würdet staunen.«

Über Rosels Gesicht legte sich ein unsichtbarer Schleier, während Ricarda die Nachricht freudig aufgriff: »Ich war immer überzeugt gewesen, dass Frieda um ihren Jungen kämpfen würde. Sie ist niemand, die aufgibt.«

»Ich soll euch von ihr grüßen«, leitete Antonia ihr eigentliches Ansinnen ein. »Sie würde gern Felicitas noch einmal sehen, bevor sie nach Frankreich reist.«

»Soll sie halt kommen. Felicitas ist hier.« Rosel klang schroff.

»Sie würde ungern auf Franz treffen, wie du dir vorstellen kannst, Tante Rosel.«

»Franz hat, soweit ich weiß, noch nie einen Fuß in Großmutter Karlas Haus gesetzt«, sagte Ricarda. »Ich rufe Frieda an und bitte sie her. Was soll das ganze Herumgedruckse? Sie will ihr Kind sehen, und Großmutter freut sich obendrein, wenn sie ihre Enkelin und ihren Urenkel in die Arme schließen kann.«

Es war ein Vorschlag, der so ganz zu ihrer Mutter passte, fand Antonia: Sie suchte ein Ergebnis und sorgte gleichzeitig dafür, dass dies in harmonischem Rahmen erreicht wurde. Als ihre Tochter nahm sie sich vor, dieses Vorgehen bei der nächsten schwierigen Situation nachzuahmen, anstatt es wie üblich mit der Methode Kopf-durch-die-Wand zu versuchen.

Nach kurzem Klopfen trat eine freundlich lächelnde junge Frau ein, einen wenige Monate alten Säugling im Arm.

Antonia erinnerte sich gern an Emma, denn sie war ohne Zögern eingesprungen, als Friedas Zwillinge eine Amme gebraucht hatten. Und das war sie offenbar trotz ihres eigenen Kindes noch immer, denn Felicitas lief ihr freudig entgegen.

»Schön, dass du wieder mal da bist, Toni«, wurde sie von Emma Becker unkompliziert begrüßt. »Das Mittagessen ist fertig. Darf ich Felicitas mitnehmen?«

Im Grunde hätte Antonia die drei gern begleitet, aber dies war der Augenblick für ein paar Erkundigungen.

»Wer kümmert sich eigentlich den ganzen Tag um Felicitas?«, fragte sie, nachdem Emma mit den Kindern gegangen war.

»Das hast du doch gesehen: Emma macht das sehr gut«, erwiderte Rosel ein wenig unwirsch.

Ihre eigenen Kinder hatte sie vom Personal betreuen lassen, wie es in einem Haushalt ihres Standes üblich war.

»Ja, gewiss. Und du spielst mit ihr, Tante?«

Rosel lächelte. »Nein, Toni, das macht alles Emma. Dass deine Mutter und ich uns gerade mit ihr beschäftigen, ist mehr eine Art Zufall. Aber ein schöner, nicht wahr, Rica?«

Antonia sah ihrer Mutter an, dass sie längst begriffen hatte, worauf Antonia hinaus wollte.

»Felicitas kommt in ein Alter, in dem sie mit Gleichaltrigen zusammen sein sollte«, sagte Ricarda denn auch.

Jetzt begann auch Rosel zu verstehen, in welche Richtung sich das Gespräch entwickelte. Nicht nur ihre Haltung änderte sich, auch ihre Sprache und Mimik verrieten, wie schnell die Gräfin sich in eine Kämpferin verwandeln konnte: »Raus mit der Sprache! Was wird das hier?«

»Ein kleines Kind braucht eine normale Familie, Tante. Das weißt du. Vater und Mutter. Geschwister.«

»Du hast dich mit Frieda abgesprochen! Dachte ich es mir doch! Nein, Antonia, da mache ich nicht mit. Felicitas bleibt in unserer Obhut. Franz ist ihr gesetzlicher eingetragener Vater. Dabei bleibt es. Punkt.«

»Niemand hat die Absicht, daran etwas zu ändern, Tante.«

Für Schloss Freystetten gab es sonst keine Erben. Dies war der wahre Grund für die gesamte Charade.

»Es geht nur darum, dass deine Enkelin bei ihrer Mutter ist«, sagte Antonia freundlich. »Sie ist ein kleines Kind, das mütterliche Liebe braucht, die Wärme, die eben nur die eigene Mutter geben kann.«

Rosel schüttelte energisch den Kopf. »Nein, Antonia. Wir haben eine Regelung, was Felicitas betrifft, und die wird eingehalten. Felicitas hat es gut bei uns.«

Antonia wollte nicht widersprechen. Rosel hing an dem kleinen Kind. Sie selbst hatte mitangesehen, wie sie mit ihrer Enkelin vertraut auf einer Wiese gesessen und ihr ein Lied vorgesungen hatte.

»Dass Frieda sich von ihrem Kind in Mutters Haus verabschieden darf, das erlaubst du aber schon, Rosel«, stellte Ricarda in dem keinen Widerspruch duldenden Ton einer großen Schwester fest.

»Ich kann gar nichts entscheiden«, wand sich Rosel. »Ich werde Friedemann fragen, was er dazu sagt.«

Tante Rosel ins Herz zu schließen, war Antonia schon immer schwergefallen. Und noch schwerer fiel es ihr gerade, sich zusammenzureißen, denn am liebsten hätte sie mit ihr geschimpft. Wie konnte eine mehrfache Mutter ohne Mitgefühl sein? Noch dazu der eigenen Tochter gegenüber.

Oder gerade deshalb?

Zur ganzen Wahrheit gehörte, dass die Tante ein einsamer Mensch war. Als Abgeordneter des Reichstags weilte Onkel Friedemann oft während der Woche in Berlin. Ging es der Großmutter Rosel somit weniger um die Enkelin als vielmehr um sich selbst?

So hatte Antonia ihre Kusine wohl kaum erlebt, so scheu, so abwartend, so verletzlich, so sehr von dem Wunsch beseelt, in diesem Moment alles richtig zu machen. Und dabei gegen die vielen Fehler anzukämpfen, die sie in der Vergangenheit gemacht hatte. Sie fühlte derart heftig mit Frieda, dass sie kaum klar denken konnte.

Gleichzeitig sah sie Rosels versteinerte Miene.

Großmutter Karla hatte ihre Enkelin und deren Mann in ihre gemütlich kleine *gute Stube* gebeten, die sich direkt an die Küche anschloss, durch die das Häuschen betreten wurde.

Die Tante hatte dafür gesorgt, dass Felicitas puppenhaft hübsch herausgeputzt war. Ihr rotgoldenes, bereits schulterlanges feengleiches Haar war so lockig wie das ihrer Mutter, was zur Folge hatte, dass es Antonia beinahe körperlich schmerzte, dass jemand die beiden nicht zusammenleben lassen wollte – sie waren schon rein äußerlich eins. Dabei hielt Rosel das Kind auf dem Schoß, beide Hände vor dessen schmalen Körper ineinander verschränkt. Die Kleine konnte sich kaum bewegen.

Frieda drückte Felix an sich, als erhoffte sie sich von ihrem Kind Schutz, als sie leise »Guten Morgen« sagte. Dabei sah sie unverwandt zu ihrer Tochter.

»Danke, dass wir kommen dürfen.«

»Aber Kind, wir sind deine Familie!«, rief Großmutter Karla. »Wir freuen uns, wenn du hier bist.«

»Natürlich tut ihr das.«

In Friedas Stimme schwangen die bitteren Enttäuschungen der Vergangenheit mit.

»Schön, Sie so gesund zu sehen, Großmutter«, übernahm nun Jonathan.

Er war so groß, dass er seinen Kopf einziehen musste, um nicht an die Decke zu stoßen.

»Ich mag Ihr Haus. Es strahlt die Seelenwärme seiner Bewohnerin aus.« Jonathan ließ kurz den Blick schweifen. »Diese vielen Kräuter, der Duft, herrlich. Komtess Florentine hat mir von Ihrer Heilkunst berichtet, Frau Petersen. Ich soll Sie herzlich grüßen. Es geht ihr hervorragend.«

»Da sind wir ja schon beim Thema.« Rosels Stimme klang unangenehm. »Südfrankreich. Ich …«

Jonathan unterbrach sie charmant lächelnd. »Sie haben recht, gnädige Frau. Wir werden dort alle eine große Familie sein. Ihre Schwester und Dr. Thomasius werden sich uns anschließen. Wir freuen uns alle sehr über diese einmalige Gelegenheit. Und darum möchte unsere Gastgeberin, die Komtess, Ihnen einen Vorschlag machen, gnädige Frau.«

»Ich will Ihren Vorschlag nicht hören, Herr Landsmann«, unterbrach Rosel ihn, während Felicitas auf ihrem Schoß erste Anzeichen von Unbehagen zeigte. »Ich kann mir schon denken, wie Ihr sogenannter Vorschlag lautet. Als Jude sind Sie geschickt darin, Menschen zu bezirzen, damit sie das Gegenteil von dem tun, was sie eigentlich tun wollen. Bei mir sind Sie damit an die Falsche geraten, Herr Landsmann.«

Ricarda, die neben ihrer Mutter auf dem alten rotbraunen Sofa saß, sprang Jonathan bei: »Du hättest Herrn Landsmann ausreden lassen sollen, Rosel. Florentine schlägt vor, dass du uns an die Riviera begleitest. Ich finde diese Idee auch sehr schön. Wir haben niemals zusammen Ferien gemacht.«

»Ach, Rica! In Wahrheit geht es weder um uns noch um die Riviera.«

»Niemand erwartet, dass du sofort jauchzend zustimmst«, sagte Ricarda. »Wir alle wissen, dass Flora und du nicht die dicksten Freundinnen seid.« Sie lächelte verhalten. »Das gilt auch für Flora und mich. Wir müssen nicht jeden Abend mit ihr *Mensch ärgere Dich nicht* spielen. Magst du dir das nicht wenigstens durch den Kopf gehen lassen?«

»Nein, Rica. Nehmt ihr alle wirklich an, ich wüsste nicht, weshalb ihr mich so freundlich umgarnt? Ihr wolltet mir Felicitas wegnehmen!«, rief Rosel mit leicht schrill klingender Stimme.

Felicitas begann zu weinen, und Rosel konnte nicht umhin, die Kleine aus der Umklammerung auf ihrem Schoß freizugeben.

Frieda setzte gleichzeitig Felix auf dem Boden ab. Erst jetzt nahmen die Zwillinge die Anwesenheit des jeweils anderen wahr. Das Gespräch der Erwachsenen verstummte. Mit einem Mal war es so still, dass nur noch das erregte Atmen der beiden sich feindlich gegenüberstehenden Mütter Rosel und Frieda zu hören war.

Der Augenblick erschien Antonia unwirklich, weil plötzlich alles klar zu sein schien: Zwei kleine Menschen hatten sich wiedergefunden, die neun Monate lang im Leib ihrer Mutter herangereift, kurz nacheinander ins Licht der Welt hinausgestoßen worden und seitdem mehr oder weniger durchgängig voneinander getrennt gewesen waren.

Felix hielt seinen Teddybären im Arm, drückte ihn auf dieselbe Weise an sich wie in dem kühlen Penthouse. Felicitas hatte nichts mitgebracht, das sie beschützen oder von dem sie beschützt werden konnte. Das Unglaubliche geschah: Felix, der so viel zarter war als seine wenige Stunden ältere und gesündere Schwester, streckte die Hand aus, mit der er den Teddybären hielt. Es sah aus, als wollte er ihr ein Geschenk machen. Eine Vermutung, die Antonia zugleich für unsinnig hielt, denn Kleinkinder dieses Alters waren nicht so weit, Geschenke machen zu können. Vielleicht konnte er den Schmerz seiner Schwester spüren, ihre

Einsamkeit, ihren Wunsch, dazuzugehören, oder gar die Spannungen zwischen den Erwachsenen.

Frieda ging neben ihren Zwillingen in die Hocke. »Felicitas, das ist dein Brüderchen.«

Das Mädchen blickte seine Mutter groß an, die ihm die Hand reichte.

Der magische Moment zerplatzte wie eine Seifenblase, als Felix sich in die Arme seiner Mutter warf und das Gesicht in den Falten ihres weiten Kleides verbarg, den Teddy an sich gedrückt.

Frieda gab Jonathan ein vermutlich verabredetes Zeichen. Wie von Zauberhand schwebte ein identisch aussehender Teddybär auf Felicitas zu. Antonia hätte zu gern gewusst, welche Gedanken gerade in ihrem Kopf waren.

»Der Teddy gehört Felicitas«, sagte Frieda.

Es war unüberhörbar, wie sie um ihre Fassung rang. Seit Monaten war sie ihrem Kind nicht mehr so nah gewesen.

Zunächst zögerlich, dann jedoch entschlossen zog das Mädchen das Spielzeug an sich heran.

»Das reicht jetzt!« Rosel sprang auf. »Felicitas hat genügend Spielzeug. Nehmen Sie Ihr amerikanisches Dingsda wieder mit, Herr Landsmann.«

Damit entriss sie der verdutzten Felicitas das Spielzeug, das sie gerade kennenlernen wollte.

»Mutter!«, rief Frieda entsetzt. »Was tust du?«

»Ich schaffe Ordnung, Frieda. Aber das verstehst du ja nicht. Du schaffst immer nur Unordnung.«

»Moment, gnädige Frau.« Jonathans Lächeln wirkte immer noch verbindlich. »Es ist nur ein Spielzeug. Und Sie lieben Ihre Enkelin. Bitte, gnädige Frau, tragen Sie Ihre Verärgerung nicht in das Herz des kleinen Mädchens. Felicitas kann nichts dafür.«

»Ach, seien Sie doch still!«

Antonia, die bislang nur zugesehen hatte, beschloss, ihre Zurückhaltung aufzugeben. Sie setzte sich neben Felicitas auf den Fußboden. Die Kleine nahm das Angebot an, bei ihr Zuflucht zu finden.

»Deine Großmutter hat einen Teddybären, sieh nur. Das ist deiner, Felicitas«, sagte Antonia.

Rosel schnappte nach Luft wie ein Fisch an Land, als Felicitas die Hand nach dem Spielzeug ausstreckte. Sie beugte sich jedoch herunter und gab es ihrer Enkelin.

»Oh Gott!« Rosel stieß die beiden Silben fast tonlos hervor. Ihre Augen füllten sich mit Tränen. »Nein. Nein, nein, nein.«

Rosel stand auf und stürzte aus dem Raum.

Erst als Henny die Speisekarte studierte, erkannte sie, an welchem Ort sie sich tatsächlich aufhielt. *Tortilla, Guacamole, Salsa.* Nichts von diesen Speisen hatte sie bislang gekannt oder gar probiert, obwohl sie sich doch seit vielen Wochen für die Anliegen der Mexikaner einsetzte.

Sie war Vicki Baums Bitte gefolgt, sich hier zu treffen, in diesem Restaurant, das sich *El Coyote Café* nannte, wo die roten Sofas aus abgestepptem glänzendem Leder hufeisenförmig kleine Tische umarmten. Und wo es etwas gab, das auch in Hollywood nicht so einfach zu bekommen war, wenn man in diesen Zeiten der Prohibition nicht die richtigen Leute kannte. Hier nannte man es *mexican tea*, was Henny dennoch nicht dazu verführen konnte, die Whisky-Hausmarke zu probieren, die unter dieser Bezeichnung verkauft wurde. Das Restaurant war gut besucht, am Nebentisch amüsierte sich eine Gruppe junger Amerikanerinnen. Sie waren modisch gekleidet und redeten laut.

Seit seiner kürzlichen Eröffnung war das *El Coyote* Stadtgespräch. Weil es – nicht nur wegen seines speziellen

*Tees* – angeblich so ganz anders war als die üblichen Restaurants in dieser Stadt, die europäische Großstadtmenschen für provinziell hielten. Vielleicht abgesehen vom *Beverly Hills Hotel*, das Henny fünfzehn Jahre zuvor kurz nach seiner Eröffnung kennengelernt hatte. Inzwischen galt das Hotel als *landmark*, als Wahrzeichen. Ein leicht zu erreichendes Prädikat in einer Stadt, in der die weißen Siedler nur das wenige für historisch hielten, was sie selbst erschaffen hatten.

Das *Coyote* lag sowohl nahe von Hennys Arbeitsplatz, dem *Cedars of Lebanon*, als auch dem Filmstudio. Vicki Baum war seit ein paar Tagen wieder in der Stadt und das Wiedersehen überfällig, hatten sich die in Deutschland berühmte Schriftstellerin und Henny doch im Vorjahr angefreundet. Zusammengebracht hatte sie Victor, der seinem weiblichen Namenspendant die Filmrechte an deren Bestseller *Menschen im Hotel* abgekauft hatte. Mittlerweile hatte er sie an seinen gegenwärtigen Boss verkaufen müssen. Mister Mayer heuerte nach wie vor die größten Hollywoodstars für die Rollen an. Die Autorin hatte er ebenfalls unter Vertrag, was Victor hatte durchsetzen können.

Gerade kam Vicki zur Tür herein, eine kleine Frau mit blondiertem Haar. Sie hatte jenes Glitzern in den hellen Augen, das verriet, dass diese unauffällige Person eine Kämpfernatur war, die antrat, um zu siegen. Es war bezeichnend, dass das erste Treffen der beiden stattgefunden hatte am Rande eines Boxkampfs des Weltmeisters Max Schmeling im Berliner Sportpalast, das zweite in einem Kellerstudio nahe dem Kurfürstendamm, in dem Vicki selbst den Faustkampf trainiert hatte. Stets schien sie unter Hochspannung zu stehen, so auch jetzt.

»Passiert dir das auch ständig?«, begann sie nach der

herzlichen Begrüßung. »Wenn die Leute hier in L. A. erfahren, dass ich Deutsche bin, wollen Sie mir Sauerkraut anbieten!« Sie schüttelte lächelnd den Kopf. »Ich hasse Sauerkraut.«

Sie war gebürtige Wienerin, lebte aber schon lange in Berlin.

»Gerade würde Sauerkraut mir gegen mein Fernweh helfen«, gestand Henny. »Mit der mexikanischen Küche hingegen kenne ich mich überhaupt nicht aus. Warst du schon mal hier?«

»Nein, deshalb wollte ich es ausprobieren.«

Die Kellnerin kam, ein neckisch zurechtgemachtes Mädchen in einem kurzen Kleidchen.

»Einen Tee, Miss«, bat die Schriftstellerin. »Und eine Tortilla mit allem, was Sie für richtig halten.«

*»Mexican Tea, Madam?«*

»Einen großen.«

Vicki wandte sich wieder Henny zu und ließ sie erst einmal von sich erzählen, bevor sie von ihrem Alltag berichtete. Der gestaltete sich offenbar nicht so, wie Henny es sich vorstellte, wenn man eine schreibende Berühmtheit war.

»Das Studio hat sogenannte Autorenhäuser, Holzbuden, in aller Eile zusammengezimmert«, sprudelte Vicki los. »Es zieht, aber ich habe erfolgreich um einen Gasofen gekämpft, von dem ich Kopfschmerzen bekomme. Dafür sind die Kollegen nett. Im Grunde ist es schöner, als es mein Büro im Ullstein-Verlag in Berlin war. Das war nur eine Art Zelle, aber ich brauche auch nicht viel. Eine Schreibmaschine und gegenüber eine weiße Wand, auf der sich meine Geschichte abspielt wie ein Film.« Sie seufzte. »Das Arbeiten in Hollywood ist anders, Henny. Mister Mayer hat den Ehrgeiz, nur die größten Stars in dem Film zu haben. Henny, die zählen die Worte, die sie zu sagen haben! Wenn jemand weniger als der andere hat, steht kurz darauf vor Victors Schreibtisch ein Anwalt, um sich zu beschweren. Dann kommt er zu mir und bittet mich, den Dialog umzuschreiben.« Der spezielle *tea* wurde gebracht, Vicki nahm einen Schluck. »Hier lerne ich endlich, wie kreative Arbeit wirklich geht.« Sie verdrehte die Augen. »Ich scherze. Aber meine Güte: Ich bekomme einen Batzen Geld. Schmerzensgeld.«

»Victor macht das alles mit?«

»Das macht er sogar sehr gut. Wie ein Dompteur im Zirkus mit den Löwen. Er bleibt die ganze Zeit so freundlich, wie wir ihn kennen, und gibt dabei keinen Zentimeter nach.« Sie wog nachdenklich den Kopf. »Es ist nicht gesund für ihn, so zu arbeiten. Der Druck, unter dem er steht, ist sehr groß. Pass auf ihn auf, Henny.«

Zu Hause ließ er sich das nicht anmerken. Aber Henny beschloss, mit ihm wieder mehr über seine Arbeit zu sprechen.

»Warum lässt du das mit dir machen, Vicki? Du bist berühmt. Du müsstest nicht in einer zugigen Bude sitzen.«

»Ich kann nicht anders, Henny. Ich bin eine Schriftstellerin zweiter Güte. Ich liefere meine Arbeit ab, wie sie bestellt wird. So bin ich nun mal und so hat für mich auch alles angefangen. Habe ich dir das mal erzählt? Mein erster Mann – damals in Wien – war Schriftsteller. Er bekam einen Auftrag und konnte kein Wort schreiben, weil er blockiert war. Aber wir brauchten Geld. In der Nacht, bevor er abgeben musste, habe ich mich also hingesetzt und seine Novelle geschrieben. Alle waren begeistert. So ging das eine Weile. Im Grunde ist es noch heute so, zwanzig Jahre später. Darum kann ich Victor nicht böse sein, wenn er sagt: Vicki, Joan Crawford beschwert sich, dass Greta Garbo mehr Text hat. Nimm etwas von Gretas Part weg. Das fügst du später wieder ein, wenn Joan abgedreht ist, ja?«

»Wirst du sie alle zufriedenstellen, Vicki?«

»Oh ja. Das Drehbuch wird wunderbar. Dennoch verlasse ich Los Angeles.«

Um die Reaktion ihres Gegenübers abzuwarten, machte sie eine Kunstpause. Ganz wie es sich für eine Frau geziemte, die Filmdialoge schrieb.

Und Henny sagte wohl erwartungsgemäß: »Du bist einer der wenigen Menschen, die von Los Angeles schwärmen. Die Luft sei so gut, das Licht so seidig, die Menschen so nett. Warum willst du wieder weg?«

»Um wiederzukommen, Henny. Ich muss nach wie vor meine Söhne und meinen Mann von Amerika überzeugen. Sie hängen an Deutschland.« Sie hob leicht resigniert die Schultern. »Die Jungs wurden schon als Juden beschimpft. Sie nehmen das nicht ernst. Sie sagen, sie hätten doch so viele Freunde.«

»Und was sagst du?«

Die Schriftstellerin blickte sie aus ihren immer etwas traurigen Augen an. »Die Deutschen mögen meine Bücher. Wahrscheinlich wissen sie nicht einmal, dass ich Jüdin bin.« Sie seufzte. »Ja, ich weiß, Henny, das ist kein Argument, wenn meine Söhne beschimpft werden.« Sie seufzte erneut. »Mein Englisch ist so schlecht. Aber hier sprechen viele schreckliches Englisch. Ernst Lubitsch zum Beispiel, ganz schlimmer Fall! Du weißt schon, der Regisseur, der für seine Komödien geliebt wird. Im Autorenhaus habe ich ihn neulich wiedergetroffen. In Berlin hatten wir ein paarmal miteinander zu tun. Die Amerikaner, die im Studio mit ihm arbeiten, verstehen ihn wegen seines Berliner Akzents kaum; es macht ihn wahnsinnig. Aber das Publikum versteht Lubitschs Filme.«

Vicki Baum hob ihr Glas und prostete Henny zu.
»Die Welt ist seltsam, nicht wahr?«

Das Sonnenlicht fiel an diesem späten Nachmittag über die Terrasse ins Wohnzimmer und war bläulich gefärbt vom Widerschein des Pools. Durch Hennys Zuhause in Pacific Palisades schwebten Geigenklänge, brachen ab und begannen von vorn. Dieses Mal nur kurz, dann war wieder Stille. Vicky hatte Geigenunterricht.

Henny hielt einen Moment inne, atmete durch, sah winzige Staubpartikel im Licht tanzen. Welch ein friedlicher Ort, dachte sie. Ein kleines Paradies war ihr und Victor in den Schoß gefallen.

Unter den tagsüber zugestellten Briefen befand sich auch einer ihrer Eltern. Mutter Ricarda schrieb, dass sie demnächst bei Florentine an der Riviera Ferien machen würden. Sie klang voller Vorfreude. Einen kleinen Stich gab Henny die Neuigkeit dennoch. Insgeheim hatte sie immer noch darauf gehofft, dass ihre Eltern die Reise zu ihr und ihrer Familie nach Kalifornien wagen würden. Sie nahm sich vor, ihre Enttäuschung für sich zu behalten. Die Eltern waren dafür wohl zu gebrechlich. Allerdings wunderte sich Henny über die plötzliche Nähe von Ricarda und Florentine. Ihre Schwiegermutter erschien ihr stets wie eine Spinne, die Netze spannte.

Auch dieses Haus gehörte Victors Mutter. Sie hatte es ihnen überlassen, weil ihr eigener Traum geplatzt war. An der Seite ihres Sohnes hatte sie Filme produzieren wollen, doch das Verhältnis zwischen den beiden war zu angespannt gewesen. Und als Filmmogul Louis B. Mayer Victor das Angebot gemacht hatte, als einer seiner Produzenten zu arbeiten, hatte er zugegriffen. Damit war Florentine, die bereits in eine Produktion Geld investiert hatte, ausgebootet, aber sie hatte sich als gute Verliererin erwiesen.

Ihren kleinen Sohn Leo fand Henny bei Kindermädchen Sue, das sie ein paar Wochen zuvor eingestellt hatte. Sie war erst zwanzig und durfte im Souterrain des am Hang gelegenen Hauses ein eigenes Zimmer bewohnen. Leo mochte sie, und gerade war Sue damit beschäftigt, dem Jungen zu zeigen, wie Bauklötze aufgestellt wurden; er warf sie jedoch ständig um und freute sich, wenn alles umfiel.

Mit Hennys Heimkehr begann in der Regel der Feierabend des Kindermädchens, schließlich wollte Henny möglichst viel Zeit für ihre Kinder haben.

»*Madam*«, sagte Sue, bevor sie sich zurückzog, »ich bin noch nicht lange bei Ihnen, und ich hab Leo gern. Aber ich muss kündigen. Es tut mir sehr leid.«

Die Begründung, die sie Henny erzählte, war wohl typisch für die Menschen in dieser Stadt.

Henny blieb nur zu sagen: »Wenn Sie nach Los Angeles gekommen sind, um Schauspielerin zu werden, und nun Ihre Chance erhalten, kann ich Ihnen nur viel Glück wünschen!«

Für Leo war es jedoch alles andere als Glück, wenn ein Kindermädchen davonlief, an das er sich gerade gewöhnte. Ohne Betreuung war die doppelte Berufstätigkeit des Ehepaars Vandenberg obendrein nicht möglich. Schließlich hatte Vicki Baum nicht umsonst erwähnt, wie beschäftigt Victor im Filmstudio war. Vorbei waren die unbeschwerten Zeiten mit Kostümproben auf der Terrasse am Pool. Aus dem süßen Leben war schwer verdientes Geldverdienen geworden. Andererseits war die Stadt voller junger Frauen; früher oder später würde sich Ersatz finden. Während Henny mit Leo zu Vicky ging, um deren Geigenübungen mitzuverfolgen, spürte sie wieder einmal, wie viel Anstrengung es kostete, ihr paradiesisch anmutendes Leben aufrechtzuerhalten.

Bislang hatte Vicky dem Instrument wenig abgewinnen können und erlernte es nur, um später bessere Chancen zu haben, um am Konservatorium angenommen zu werden. In Deutschland? In den USA? Henny vermied es, solche Frage gedanklich auch nur zu streifen. Die Zukunft war voller Fragezeichen. Aber es bliebe ja noch viel Zeit, bis Vicky flügge wäre.

Der neue Lehrer war ein fast siebzig Jahre alter Ukrainer mit vollen grauen Haaren und buschigen Augenbrauen – die Engelsgeduld in Person. Geld verdiente Sergej hauptsächlich durch das Mitwirken bei Filmmusiken. Sein Englisch war auch nach vier Jahren im Land bruchstückhaft, aber Vicky überhörte höflich jeden seiner vielen Ausdrucksfehler. So naseweis sie sonst auch sein konnte, das Zusammentreffen mit Menschen aus verschiedenen Kulturen hatte sie gelehrt, dass es nicht auf die Sprache ankam, um jemanden wertzuschätzen.

Da viele der Osteuropaflüchtlinge in Los Angeles über Verwandtschaft verfügten, berichtete Henny ihm von ihrer plötzlich aktuell gewordenen Suche nach einem Kindermädchen.

»Ich werde meine Tochter fragen, ob sie jemanden kennt«, sagte Sergej.

Während sie das Abendessen zubereitete, dachte Henny an das Treffen im *El Coyote* und fragte sich, ob sie nicht, statt eine von Sergejs Verwandten, eine der Mexikanerinnen aus der Siedlung in der Wüste einstellen sollte; die Wasser- und Essenslieferungen gingen nach wie vor weiter.

Als sie später ihrem Mann diesen Vorschlag machte, setzte Victor zu sanftem Widerspruch an: »Ich mag dein

Mitgefühl, Henny. Aber bist du sicher, dass die Leute wissen, was ein Kühlschrank ist? Oder ein Küchenherd?«

»Darum geht es ja, Victor. Beide Seiten sollen einen Vorteil haben: Leo bekommt eine liebevolle Person, die ihn betreut. Und eine junge Frau entkommt ihrer Perspektivlosigkeit.«

Von Vicki Baum auf Victors Arbeitsbelastung aufmerksam gemacht, fiel Henny an diesem Abend auf, wie müde und abgespannt er aussah. Er goss sich eine Coca-Cola ein, was seit Wochen sein Lieblingsgetränk war, und ging ins Bad. Kurz darauf kam er zurück, sein Haar war nass, er trug einen eleganten Hausmantel aus chinesischer Seide. Und er hatte diesen Blick in den Augen, wenn ihm der Sinn nach körperlicher Liebe stand. Prompt zog er Henny an sich, küsste sie zärtlich und zunehmend leidenschaftlich.

Eigentlich war sie zu müde für das, was Victor vorhatte.

»Gib mir einen Moment«, sagte sie. »Ich brauche eine Dusche.«

Victor erwartete Henny bereits im Bett, als sie zurück ins Schlafzimmer kam. Er ließ ihr wenig Raum für ihre eigenen Gefühle, war drängender als gewöhnlich. Er lag auf ihr, und allmählich fanden sie zu dem Rhythmus, bei dem es ihnen beiden guttat, den anderen zu spüren. Da bäumte sich Victor auf, sein Gesicht verzog sich zu einer schmerzverzerrten Grimasse, dann warf er sich zur Seite.

Für Bruchteile von Sekunden missverstand Henny, was gerade geschah. Dann begriff sie. Das weiße Pulver auf dem Nachttisch hatte sie zuvor nicht einmal richtig wahrgenommen.

In letzter Zeit war er zu seiner früheren Angewohnheit zurückzukehren, gelegentlich Kokain zu konsumieren. Es war allgegenwärtig bei Besprechungen, Feiern, Partys.

Nicht nur als Ärztin hatte sie ihn früher schon gebeten, es zu unterlassen. Es schädigte nicht nur sein Herz, es veränderte auch schleichend den Charakter.

Als sie nun das Ohr auf seine Brust legte und den Puls fühlte, spürte sie den kalten Schweiß auf Victors Haut. Selbst wenn sie keine Ärztin gewesen wäre, wäre ihr spätestens jetzt klar gewesen, dass Victor gerade einen Herzanfall hatte.

Es gab keine Medizin, die in diesem Augenblick zu verordnen gewesen wäre. Weder in ihrem Haus noch in irgendeinem Krankenhaus der Welt. Sie war hilflos, ausgeliefert an eine albtraumhafte Situation.

Die Angst in seinen Augen wurde zu ihrer Angst. Die Angst um den Menschen, den sie liebte, den Vater ihrer Kinder.

Sie durfte sich keine Panik erlauben, musste stark sein, die Lage in den Griff bekommen.

»Ganz ruhig, mein Liebster. Atme langsam, tief. Der Schmerz wird aufhören. Es geht dir gleich besser. Ich bin bei dir. Dein Herz ist stark, du bist jung.«

Worte, nichts als Worte, wo sie so gern geholfen hätte.

Nun nahm sie das weiße Pulver schärfer in den Blick. Victor hatte sich eine Linie gezogen, von der noch ein paar Millimeter übrig waren. War es die erste dieses Tages? Sie dachte an die Coca-Cola, die das Aufputschmittel Koffein enthielt. Verstärkte das eine das andere? Die Vermutung lag nahe, aber mehr als diese hatte sie auch nicht.

Kürzlich hatte sie in der medizinischen Literatur Neues zur Behandlung gelesen. Es hieß, bei einem *heart attack*, wie man es hier nannte, also einem Angriff auf das Herz, würde mit Gaben von synthetischem Adrenalin experimentiert. Eine Studie, die noch nicht abgeschlossen war. Machte das in diesem Fall Sinn, wenn es doch offensichtlich erschien, dass sein Herz gerade überlastet worden war durch die Droge und den Liebesakt?

Sollte sie ihn gar ins *Cedars* fahren, jetzt sofort? Vicky war alt genug, um während ihrer Abwesenheit auf Leo aufzupassen. Das schon, aber was brächte es?

Ruhe, die alte Anweisung aller Ärzte. Ruhen sollten Menschen nach einer Attacke. Bettruhe, nicht bewegen, Schonkost, vierzehn Tage lang.

All das raste Henny durch den Kopf in dieser Minute, in der sie nicht einmal sicher sein konnte, ob ihr Mann überleben würde. Im Dezember erst war er achtunddreißig geworden, ein Mann in der Blüte seiner Jahre!

Sie hielt ihn im Arm, versuchte, ihre eigene Atmung zu kontrollieren, um ihn damit zu beruhigen. Es war das Beste, was sie tun konnte. Nein: das Einzige.

Die Stationen ihres gemeinsamen Lebens zogen an ihr vorbei als Bildschnipsel. Das erste Kennenlernen in Berlin. Er, der Amerikaner, der gebrochen Deutsch sprach und ihr sofort gefiel. Liebe auf den ersten Blick. Was hatte sie sich gewehrt gegen dieses Gefühl! Unabhängig wollte sie sein, eine künftige Ärztin, die sich doch nicht von so etwas Abwegigem wie Liebe ihren Weg diktieren lassen wollte. Obendrein war er jünger als sie, ein unfertiger Bursche. Aber so hübsch, so charmant, ein Pianist obendrein! Nicht nur ein Feingeist, sondern ein Freigeist, der in kaum zu überbrückendem Gegensatz stand zu ihrer durch und durch preußischen Akademikerfamilie, die stets so ernst und voller Pflichtgefühl war. Ein Tausendsassa, ein Lebenskünstler! Wie reizvoll!

Obendrein fanden sie heraus, dass sie gemeinsame Wurzeln hatten – in Freystetten. Er, der Enkel des Grafen. Sie, die Enkelin der Köchin. Sie hatten sich gekannt, sogar beschützt hatte sie ihn einmal, als Grafensohn Franz den kleineren Victor verdreschen wollte. Die Lebenslust seiner Mutter hatte die Kinder getrennt. Florentine hatte ihn an der Ostküste der USA aufwachsen lassen bei ihrem Kurzzeit-Ehemann Jeremy Vandenberg, der den achtjährigen Victor adoptiert hatte.

Ihre eigene Mutter war gegen die Verbindung mit Victor gewesen, aber Henny hatte sich durchgesetzt. Die Ehe scheiterte zwar, aber sie bekamen eine zweite Chance und nutzten sie. Um Leo als Krönung ihres Glücks zu bekommen.

Nein, Victor durfte nicht sterben! Er war ihr Leben.

»Was geschieht mit mir?«, fragte er.

Sie streichelte sein Gesicht. Es war feucht, und Henny dachte zunächst, dass er weinen würde, bis sie erkannte, dass es ihre eigenen Tränen waren, die sein Gesicht benetzten.

»Sterbe ich? Es tut so weh.«

»Nein, Liebster, du stirbst nicht. Ich verbiete es dir.« Sie versuchte, über ihren dummen Witz zu lachen.

Victor lachte nicht mit. »Meine Brust schmerzt, Henny, und mein Kopf.«

»Ich hole Aspirin.«

Sie riss die Türen des Medizinschranks auf, und während sie es tat, fiel ihr ein, dass Aspirin das Blut verdünnt; das war bekannt. Wie viel davon? Und war es richtig? Wissenschaftlich belegt war die Wirkung von Aspirin nicht.

Sie war Ärztin und wusste nicht, wie sie ihrem Mann das Leben retten konnte! Weil niemand es wusste. An keiner Erkrankung starben so viele Menschen wie am *heart attack,* und das Wissen um den Umgang damit existierte so gut wie gar nicht!

»Nimm das Aspirin, Victor. Bitte nimm es.« Sie flößte es ihm mit einem Teelöffel ein.

Der Kampf um das Leben des geliebten Menschen – manchmal glich er einem Glücksspiel. Das dachte Henny in diesem verzweifelten Moment.

Den Urlaub bei Florentine verbringen? Ausgerechnet bei ihr, über die sie sich so oft geärgert hatte? Ganz verflogen waren Ricardas Zweifel an ihrer Entscheidung, gemeinsam mit Siegfried Ferien in Florentines Villa an der Mittelmeerküste zu machen, noch nicht. Allerdings brauchte Siegfried dringend ein wärmeres Klima und außerdem waren sie beide schon seit Jahren nicht mehr verreist. Der zur Jahreswende ausgesprochene Wunsch, Hennys und ihre Familie in Kalifornien zu besuchen, erschien ihr zunehmend unrealistisch. Aber vielleicht, wenn der Urlaub in Südfrankreich nicht zu anstrengend war, wäre es ja möglich, erneut über Kalifornien nachzudenken …

So einfach wie das südfranzösische Cannes war Los Angeles allerdings nicht zu erreichen! Etwas mehr als eine Tagesreise lag vor dem Ehepaar Thomasius. Der *Riviera-Express* sollte sie gewissermaßen von Tür zu Tür bringen! Sie würden ihn direkt am Anhalter Bahnhof besteigen, sich im Schlafwagenabteil entspannen und ausgeruht aussteigen können.

Als Ricarda auf die Luisenstraße trat, erkannte sie, dass die Hindernisse früher auftreten konnten. Nämlich direkt hier, wo es selten ruhig gewesen war.

An dem Haus, in dem sie wohnte, hatte Ricarda schon viele Demonstrationen vorbeiziehen sehen. Vor allem am Ende des Weltkriegs war die schmale Straße im Herzen der Stadt voller aufgebrachter Menschen gewesen, die eine Revolution gefordert hatten. Seitdem das Kaiserreich 1918 abgewirtschaftet hatte, wechselten ständig die Regierungen. Ricarda, die Politik nie gemocht hatte, fand es zunehmend kompliziert, sie zu verstehen.

Jetzt steuerte Antonia mit zwei Koffern voraus, ihre Eltern hinter sich, direkt auf einen Menschenauflauf am Bahnhof Friedrichstraße zu. Und Ricarda dachte, dass ihre Jüngste jemand war, der keine Furcht zu kennen schien. Das brachte einem das Leben in der Millionenstadt wohl auch früh bei: Zeig nie, was du fühlst.

Die Leute schrien durcheinander, und es schien so, als wäre ein Teil der Menge anderer Ansicht als der andere. Was nichts Ungewöhnliches war, weil ständig Demonstranten auf Gegendemonstranten prallten, was oft zur Keilerei führte.

Ricarda, einen weiteren Koffer in der einen Hand, eine Tasche über dem Arm, hatte zwar genügend Zeit für den Weg zum Anhalter Bahnhof eingeplant. Einen zu dieser Morgenstunde unüblichen Menschenauflauf hatte sie allerdings nicht erahnen können.

»Lasst uns ein Taxi nehmen«, schlug Siegfried vor.

Sich auf einen Stock gestützt durch eine Menschenmenge zu bewegen, war unangenehm. Eine Taxifahrt war auch Antonias Rat gewesen, aber ihre Sparsamkeit hatte Ricarda wieder einmal im Weg gestanden.

Jetzt waren die Rufe deutlich zu hören. »Charlie!«, schrien die einen. »Verschwinde!«, schallte es aus den gegnerischen Kehlen. »Saujude, fahr nach Hause!«, wurde gebrüllt. »Lasst den Mann in Ruhe! Det is ’n Künstler, wie’s keenen zwoten jibt!«, ereiferte sich ein Herr.

»Um was geht es hier?«, fragte ihn Antonia und teilte ihren Eltern mit, was sie erfahren hatte: »Charlie Chaplin ist gerade eingetroffen. Ist das nicht unglaublich?«

»Herr Chaplin lernt unsere Stadt leider von ihrer unerfreulichen Seite kennen«, sagte Siegfried.

»Was will er denn hier?«, wollte Ricarda wissen.

»Sein neuer Film, *Lichter der Großstadt.* So heeßt er. Den stellt er vor. Soll jut sein«, berichtete der freundliche Passant.

»Dann wird es wohl keine Klopperei geben«, lautete Antonias Schlussfolgerung.

Der kleinen Familie gelang es, sich unversehrt an dem Pulk vorbeizuschlängeln, und der Bus zum Anhalter Bahnhof wartete sogar noch. Da schob sich an der Haltestelle neben sie ein freundlich lächelnder Herr von Anfang vierzig in Mantel und Hut, der einen Spazierstock benutzte, wie es feine Herren taten.

*»Excuse me, madam, is this the bus to Alexanderplatz?«*, fragte er.

Antonia antwortete mit einem Wortschwall und bekam einen Handkuss zum Dank.

»So ein netter Herr«, sagte Siegfried. »Kannte er dich, Toni?«

Antonia lächelte verschmitzt. »Ich habe ihm den Weg erklärt und ihn dann gebeten, wenn er wieder in Los Angeles ist, möge er doch meine Schwester grüßen.«

»War das etwa …?«, setzte Siegfried an.

Auch Ricarda verstand nun, wem sie gerade begegnet waren: »Mensch, Toni! Das war … Charlie Chaplin hat dir gerade einen Handkuss gegeben!«

»Ich werde sie nie wieder waschen!«, scherzte Antonia.

Offenbar war es dem berühmten Mann gelungen, sich dem Gedränge an der Friedrichstraße auf jene Weise zu entziehen, wie er es so oft in seiner Paraderolle als *Tramp* getan hatte; er hatte sich gewissermaßen unsichtbar gemacht.

Am Anhalter Bahnhof wartete der berühmte *Riviera-Express* bereits. Die holzgetäfelten Abteile wirkten so gemütlich, dass nun auch Ricardas Zweifel an ihrem Vorhaben endgültig verflogen. Endlich stellte sich ein, was sie am Reisen immer so schön gefunden hatte – die Vorfreude auf etwas Neues.

»Das wird ein schöner Urlaub«, sagte sie zu Siegfried und Antonia, die geholfen hatte, die Koffer ins Abteil zu tragen.

»Genießt ihn. Lasst es euch gut gehen«, bat Antonia ihre Eltern.

»Toni, ich weiß, du bist nicht gern in Freystetten. Aber vergiss Großmutter nicht. Bitte kümmere dich um sie«, sagte Ricarda, als sie ihre Tochter zum Abschied umarmte: »Und sieh mal nach Tante Rosel. Ich bin in Sorge um sie.«

Sie sah ihrer Tochter an, wie ungern sie dies tun würde.

An diesem Tag dachte Antonia noch ein weiteres Mal an ihre Schwester, als am Nachmittag ihr gegenüber im Sprechzimmer eine Patientin Platz nahm, deren Stil leicht exaltiert war. Grellrote Lippen, schneeweiße Haut, pechschwarzer Bubikopf mit Pony bis fast in die Augen, dazu eine schwarze Brille mit runden Gläsern, die gesamte Kleidung ebenfalls schwarz, aber ein Halstuch in demselben Grellrot wie der Mund. Der Name sagte Antonia nichts, er schien zu dieser außergewöhnlichen Erscheinung auch nicht zu passen, weil er so alltäglich war.

»Schön, dass Sie zu mir gefunden haben, Frau Kaufmann«, sagte Antonia. »Was kann ich für Sie tun?«

Laut der von Josefine angelegten Akte war Doris Kaufmann ein Jahr jünger als sie selbst. Sie wirkte auf sie vielleicht nicht älter, aber auf eine unklare Weise abgeklärter.

»Ich soll Sie von Doktor Vandenberg grüßen«, begann Doris Kaufmann und ließ ihre unerwartete Gesprächseröffnung wirken.

Antonia kämpfte mit einer momentanen Sprachlosigkeit und fragte sodann: »Nanu, Sie kennen meine Schwester? Wie kommt das?«

»Sie war meine Ärztin in Los Angeles und sagte, wenn ich wieder in Berlin bin, sollte ich Sie aufsuchen. Was ich hiermit tue.«

Antonias Schlussfolgerung, es mit einer Schauspielerin zu tun zu haben, war naheliegend. Obwohl die Distanz zwischen Berlin und Los Angeles mehrere Tagesreisen betrug, pendelten die Filmschaffenden häufig zwischen den beiden für ihre Industrie wichtigsten Städten.

»Ich habe meine Schwester schon lange nicht mehr gesehen. Wie geht es ihr?«

Doris Kaufmann lehnte sich in dem behaglichen Stuhl zurück, in dem die Besucherinnen entspannt über ihr Befinden berichten konnten.

»Als ich Doktor Vandenberg das letzte Mal traf, ging es ihr fabelhaft. Sie hatte eine neue Arbeit an einem der besten Krankenhäuser der Stadt angenommen. Ich kannte es als Patientin und riet ihr, sich dort zu bewerben, was sie auch tat. Ja, manchmal bringe ich Menschen Glück.«

Ihr aufgesetztes Lächeln durchbrach die sorgfältig aufgebaute Fassade einer souveränen Frau, und Antonia spürte große Verletzlichkeit. Eine Schauspielerin, die zwar um ihre Wirkung wusste, aber sie nicht in jedem privaten Augenblick vollends zu kontrollieren vermochte.

Aus ihrem Bauchgefühl heraus fragte Antonia: »Sie leben nicht mehr in Los Angeles? Hat Sie die Sehnsucht nach der Heimat hergebracht?«

»Nein, Frau Doktor, Berlin ist nicht meine Heimat, nur die Stadt, die mir am meisten bedeutet. Und Sie vermuten richtig: Ich habe Los Angeles den Rücken gekehrt. Übrigens auf Anraten Ihrer Schwester. Sie meinte, die Stadt täte mir nicht gut, was ich mir bis zu diesem Zeitpunkt nicht eingestanden hatte.« Sie seufzte leicht. »Wissen Sie, es gibt Menschen, die sind wie geschaffen für Hollywood. Ihr Schwager Victor Vandenberg ist so jemand. Er wollte mir eine bedeutende Rolle geben; ich hatte sein Wort. Victor sprüht vor Ideen, ist enorm fleißig, durchaus eitel, aber nicht zu sehr, jemand, der führen kann und sich gleichzeitig einordnen in das dortige System, das von wenigen Patriarchen beherrscht wird. Ich traf Doktor Vandenberg und ihn auf einer Party voller berühmter Filmfritzen. Und der Wichtigste von ihnen, ein Mister Mayer, ging auf Victor zu, der dort mit seiner ganzen Familie war, und bat ihn, ihn zu begleiten. Wenige Tage später gab es in den Studios nur noch ein Thema: Victor hatte die Rechte an dem Film, für den er nach Hollywood gekommen war, an Mister Mayer verkauft. Es war der Film, für den Victor mich engagieren wollte. Seitdem ist er in Hollywood ein wichtiger Mann. Alles hat seinen Preis; man muss nur bereit sein, ihn zu bezahlen.«

»Das tut mir leid für Sie, Frau Kaufmann. Ich weiß, wie sehr Victor an dem Stoff zu *Grand Hotel* hing. Hier in Berlin sprach er manchmal von nichts anderem.«

Er hat sich seinen großen Traum abkaufen lassen, dachte Antonia, und Traurigkeit überkam sie.

Durch die ihr fremde Frau erfuhr sie gerade etwas, das sie lieber nicht gewusst hätte. Hennys extrem seltene Briefe – zwei in den sieben Monaten seit ihrer Abreise – erzählten von Vicky und Leo, der Sonne, dem Meer, dem Leben in Kalifornien, das so viel unbeschwerter als jenes in Berlin war.

»Wer in Hollywood nicht mit den Wölfen heult, ist am Ende«, lautete die bittere Bilanz der Besucherin. »Es gibt dort für unsereins nur den Film. In Berlin haben wir unzählige Theater, Musicals, Kabaretts, *Tingel-Tangel*-Shows, eine alte Tradition. Hier werde ich kleine Brötchen backen, aber verhungern werde ich nicht.« Sie lachte. »Entschuldigen Sie! Ich bin redselig.«

»Das ist in Ordnung. Von alldem hatte ich keine Ahnung, Frau Kaufmann.«

»Fräulein. Nach wie vor: Fräulein.« Sie lächelte. »Was der Grund ist, weshalb ich Sie aufsuche: Ich beabsichtige zu heiraten. Einen wundervollen Mann, fast zwei Jahrzehnte älter als ich.«

Antonia ahnte, was kommen würde.

Doch Frau Kaufmann sagte: »Ich war in Los Angeles sehr krank. Frau Doktor Vandenberg hatte ein Geschwür am Zwölffingerdarm als Ursache vermutet. Ich ließ es röntgen und es stimmte. Eine Operation lehnte ich ab. Könnten Sie bitte herausfinden, wie es um mich steht?«

»Befürchten Sie eine Verschlechterung?«

So ganz verstand sie noch nicht den Zusammenhang zwischen der Absicht zu heiraten und der Sorge um ihre Gesundheit.

»Er soll keine todkranke Frau heiraten, die ihn braucht, um ihre Arztrechnungen zu bezahlen.«

Liebte Frau Kaufmann den Mann? Oder war sie einfach eine grundehrliche Person?

Die Frage stand Antonia nicht zu, und so sagte sie: »Ich teile mir diese Praxis mit meiner Kollegin, Frau Doktor Fahrland. Ihr Fachgebiet sind die inneren Organe, meines die Gynäkologie. Diese Aufgabenteilung ist nicht häufig anzutreffen, aber unsere Patientinnen haben damit sehr gute Erfahrungen gemacht.«

»Celia Fahrland. Ich las den Namen schon draußen auf dem Praxisschild.« Die Besucherin lächelte. »Interessant, wie sich wieder alles fügt. Als ich als ganz junges Mädchen nach Berlin kam, wohnte ich am Savignyplatz in einer Pension, die ihrer Mutter gehörte. Eine verrückte Zeit war das!«

Jahre später hatte Antonias eigene Mutter auf derselben Etage eine kleine gynäkologische Praxis betrieben – aber das war eine andere Geschichte.

Sie begleitete die Patientin zu ihrer Freundin und Celia bat sie herein.

»Doris! Meine Güte! Das ist Jahre her! Wie geht es Ihnen?«, rief Celia überrascht und reichte der Frau, die die Praxis als Fremde betreten hatte, offensichtlich hocherfreut die Hand.

»Oh, Frau Doktor!« Doris Kaufmann rief Antonia noch einmal zurück. »Ich habe noch etwas für Sie.« Damit gab sie ihr einen schmalen Umschlag. Sie warf auch Celia einen Blick zu. »Es ist für Sie beide.« Und zwinkerte: »Ist nichts Großes.«

Das Rascheln der feinen Damenkleider, das angespannte Hüsteln, die allmählich verstummenden Gespräche, wenn die Saalbeleuchtung langsam erlosch. Antonia liebte die ganz besondere Atmosphäre, die kurz vor einer Theateraufführung herrschte. Die vielen Hundert Zuschauer und Zuschauerinnen im Deutschen Theater erwarteten voller Vorfreude das Glanzlicht des zweiten Theaterhalbjahres. Es hieß, die Komödie *Der Hauptmann von Köpenick* sei eine amüsante Abrechnung mit dem preußischen Obrigkeitsstaat. Bei der Uraufführung einige Wochen zuvor, Anfang März, hatten jene Kritiker von dem Stück geschwärmt, die für die liberalen und linken Blätter schrieben, jene, die für die Rechten und Nationalkonservativen arbeiteten, verdammten es in Grund und Boden. Antonia zog für sich daraus den Schluss, dass es unbedingt sehenswert war. Und das Beste daran war: Sie war eingeladen und saß bei diesem Spektakel in der zweiten Reihe, direkt vor der Bühne. Denn die Karten hatten sich in jenem Umschlag befunden, den die Patientin Doris Kaufmann ihr geschenkt hatte. Ihr und Celia, die nun neben ihr saß.

Endlich mal wieder etwas gemeinsam unternehmen! Die Freundinnen grinsten sich an.

Aber was hatte Fräulein Kaufmann, die so sehr auf dieser Anrede bestand, gemeint, als sie geraunt hatte, es sei *nichts Großes*? Dies hier war *groß*!

Während sich die Geschichte des Zuchthäuslers Wilhelm Vogt entwickelte, der keine Arbeit fand, weil er keinen Pass besaß und umgekehrt, vergaß Antonia diese Frage. Erst als der verzweifelte Mann bei seiner Schwester um Hilfe nachsuchte, verstand Antonia. Denn diese Rolle spielte Doris Kaufmann. In der Tat: ein winziger Part. Aber im Erfolgsstück der Saison. Das musste man erst mal schaffen, wenn man gerade aus Amerika angekommen war, vermutete Antonia.

»Vor rund zehn Jahren wollte Doris ein *Glanz* werden, etwas ganz Großes. Heutzutage nennt man das amerikanisch einen Star«, erklärte Celia nach der Vorstellung.

Sie beide saßen in einer der vielen gemütlichen holzgetäfelten Weinstuben, die sich zwischen Tiergarten und *In den Zelten*, der Ausgehstraße entlang der Spree, aneinanderreihten.

»Doris schwebte immer ein paar Meter über der Wirklichkeit. Ich konnte nichts mit ihr anfangen, aber gemocht habe ich sie dennoch. Mit einem Teil meines Herzens, der Träumerinnen gern hat.« Celia lachte.

»Du bist doch selbst eine Träumerin«, widersprach Antonia. »Mit dem Unterschied, dass du deine Träume Wirklichkeit werden lässt.«

»Ach, das hat Doris auch.« Celia wurde nachdenklich. »Irgendetwas kam ihr in die Quere. Es tat mir weh, sie heute in dieser winzigen Rolle zu sehen. Sie könnte mehr, viel mehr, wenn es ihr möglich wäre.«

Celia machte eine lange Pause, in der Antonia zu fürchten begann, dass sie das Folgende lieber nicht hören wollte. Obwohl sie Doris kaum kannte.

»Du musst nicht darüber reden, Lia. Sie ist deine, nicht meine Patientin.«

»Ja, ich weiß, Toni. Wir Ärzte erleben so viel Leid und Schmerz. Durch unsere Arbeit, vor allem dieses Gerät, das deine Schwester uns hingestellt hat, den Röntgen-Apparat …« Sie holte tief Luft, bevor sie den Satz fortführte. »Als ich mir die Aufnahmen von Doris angesehen habe, dachte ich es wieder: Die Technik ermöglicht es uns Ärzten, in die Zukunft unserer Patientinnen zu sehen. Wie die Glaskugel bei den Wahrsagerinnen. Das ist notwendig. Ich weiß. Wir müssen dem Tod mehr als nur einen Schritt voraus sein. Aber: Wir können ihm nicht das Handwerk legen.«

»Ihn an der Ausführung seines Handwerks hindern, das können wir durchaus«, warf Antonia ein. »Zumindest eine Weile. Der Tod kennt keine Zeit, wir schon. Das ist unser Vorteil als Ärztinnen.« Sie nahm die Hand der Freundin. »Wie schlimm steht es?«

Celia schüttelte wortlos den Kopf.

»Doris Kaufmann wird sterben?«

»Das müssen wir alle, Toni. Nicht wahr? Die Frage ist nur: Wann?«

»Was hast du ihr gesagt?«

»Nichts, Toni. Als sie ging, waren die Aufnahmen nicht entwickelt. Unser Röntgen-Assistent hat sie mir erst heute Morgen vorgelegt.«

»Willst du mir sagen, was mit ihr ist?«

»Es ist nicht der Zwölffingerdarm, wie deine Schwester meinte, Toni. Auf dem Röntgenbild sieht man einen großen Schatten, der dort nicht hingehört. Und viele kleine Schatten drumherum. Wir können operieren. Gewiss. Ich fürchte nur, es ist zu spät. Wenn die Onkologie eines jetzt schon sicher weiß, dann, dass es um junge Menschen bei einer solchen Diagnose schlecht steht.«

Sie will heiraten und dem Mann, der sie liebt, nicht zur Last fallen. Daran dachte Antonia und fürchtete, dass die edlen Absichten der Schauspielerin wohl kaum mit dem zu vereinbaren waren, was sie sich wünschte.

»Sie ist nicht einmal dreißig, Lia. Was wirst du ihr sagen?«

»Was würdest du mir raten?«

»Ich? Lia, ich kenne sie kaum.«

»Ich wollte nie so sein wie die Kollegen an der Charité. Denen wuchs und wächst immer noch eine Panzerhaut um deren Seelen. Sie meinen, nur mit diesem Panzer das tägliche Leid ertragen zu können. Sie sind empfindungslos für ihre Patienten und Patientinnen. Und zwar genau dann, wenn diese Menschen, die auf ihre Hilfe angewiesen sind, sie brauchen«, sagte Celia.

»Also belüge Fräulein Kaufmann nicht. Sag ihr ehrlich, was mit ihr los ist.« Antonia machte eine nachdenkliche Pause. »Dein Schweigen nützt ihr nichts. Wenn sie weiß, dass ihre Zeit auf Erden zu Ende geht, vielleicht nutzt sie diese Zeit. Wofür auch immer. An der Charité haben sie uns beigebracht, dass der Arzt für den Patienten denken und entscheiden muss. Denn er ist der Gott in Weiß. Das ist falsch, da stimme ich dir zu, Lia. Wenn sich allerdings die Gelegenheit bietet, es richtig zu machen, sollten wir es auch richtig machen.«

Celia Fahrland sah ihre Freundin versonnen an. »Toni, ich kann das nicht. Ich kenne Doris zu lange.«

Über den wahren Grund, weshalb den angehenden Ärzten an der Charité beigebracht wurde, ihre Patienten wie unmündige Kinder zu behandeln, hatte die Ärztin Antonia sich oft Gedanken gemacht. Sie war jedoch selten genötigt gewesen, selbst eine Wahrheit zu verkünden, die so unumstößliche Folgen hatte. Das Schicksal des extravaganten Fräulein Kaufmann erinnerte sie an diesem Vormittag daran.

Die beiden jungen Ärztinnen hatten sich mit ihrer nahezu gleichaltrigen Patientin in Celias großem Sprechzimmer an einen runden Tisch gesetzt. Um den anstehenden Ernst der Situation abzumildern, plauderten sie über das Theaterstück, aus dem nun auch ein Film werden sollte.

Die Stimmung verlor ihre von allen drei Beteiligten nur gespielte Leichtigkeit, als die Schauspielerin sagte: »Man will nicht, dass ich die Rolle auch vor der Kamera übernehme.« Noch einmal riss Doris sich zusammen, lachte: »Kein Grund, Trübsal zu blasen. Irgendetwas ergibt sich immer.« Sie wurde ernst: »Heraus mit der Sprache! Das wäre doch nicht etwa mein letzter Film gewesen?«

Die Frage ging eindeutig an jene ihrer beiden Ärztinnen, die dafür zuständig war.

Dies war der Moment, in dem sich zeigte, weshalb die Menschen von *Göttern in Weiß* sprachen. Denn Celia war in diesem Augenblick keine *Göttin*, sondern eine Frau aus Fleisch und Blut, die ebenso sterblich war wie ihre Patientin. Und die nicht fähig war, es vor ihrer Patientin zu verbergen.

»Tut mir leid, dass ich Ihnen Kummer bereite, Frau Doktor«, sagte Doris Kaufmann. »Steht es so schlimm um mich?«

Antonia sprang der Freundin verabredungsgemäß bei: »Wir können eine Operation veranlassen, Fräulein Kaufmann. Wir haben bereits mit den Kollegen von der Chirurgie gesprochen. Sie bekommen morgen einen Termin.«

Wenn sie die Lösung des Problems in den Vordergrund stellte, sollte das eigentliche Problem zweitrangig wirken. So hoffte Antonia, die schlimme Nachricht abzumildern.

Bei Doris jedoch verfing dieses Vorgehen nicht: »Ich habe doch nicht etwa Krebs?«

»Leider doch, Doris«, sagte Celia, die sich fast wieder im Griff hatte. »Wie Frau Thomasius gerade sagte: Eine sofortige Operation ist unumgänglich.«

»Sonst geschieht was?«

»Auf den Röntgenbildern ist mehr als ein Herd zu sehen. Was bedeutet, dass der Krebs sich von seiner ursprünglichen Stelle aus bereits ausgebreitet hat.«

»Und das soll alles rausgeschnippelt werden?« Doris lachte laut und gekünstelt. »Celia, das ist nicht Ihr Ernst.«

»Sie sollten die Möglichkeit, dass Ihnen zu helfen ist, nicht ausschließen, Fräulein Kaufmann«, sagte Antonia. »Wir Ärzte studieren jahrelang, um genau das herauszufinden.«

Die Schauspielerin schwieg lange. »Morgen?«, fragte sie und reckte das Kinn. »Da habe ich Vorstellung. Richten Sie den Herren Chirurgen bitte aus, dass sie ihre Messer an einem anderen Tag in meinem edlen Leib versenken müssen.« Sie stand auf, drückte das Kreuz durch. »Ich habe gar nicht gefragt, ob Sie noch Ihre Pension besitzen, Frau Doktor. War schön damals, trotz allem. Fanden Sie nicht?«

Sie wartete die Antwort nicht ab, deutete mit den Fingerspitzen ein Abschiedswinken an und hinterließ eine Wolke *Chanel N°5*.

Celia sah Doris hinterher. Sie atmete schwer. »Toni, ich habe versagt.«

»Was hättest du denn anders machen können, Lia?«

Beide fragten sich dasselbe: Wie würde Doris mit ihrem nahenden Tod umgehen? Eine Frau, von der Antonia den Eindruck hatte, dass sie schon etliche schwierige Situationen überstanden hatte.

Antonias Eltern waren mittlerweile seit zwei Wochen in Südfrankreich, und eine Ansichtskarte war eingetroffen, die ein Luxushotel und Palmen an der *Promenade des Anglais* in Nizza zeigte: *Sind gut angekommen! Es ist schön hier und die Sonne scheint. Wir gehen viel spazieren und erholen uns.* Was nicht gerade überschwänglich klang, von Antonia allerdings auch nicht anders erwartet worden war. Ihre Mutter war nie eine große Briefeschreiberin gewesen.

Ricardas Sorge um die betagte Karla erwies sich als überflüssig. Großmutter war vollauf damit beschäftigt, ihren großen Garten zu gestalten.

»Wenn du schon mal da bist, Toni: Würdest du mir helfen, den Kompost auf dem Gemüsebeet auszubringen?«

Die Schubkarre war voller Humus.

»Du hättest das doch ansonsten nicht etwa selbst gemacht?«

»So schwer ist das nicht«, erwiderte die Seniorin.

»Der Krug geht so lange zum Brunnen, bis er bricht, Großmutter!«, warnte Antonia.

»Bevor der Krug bricht, ist der Brunnen leer!« Karla grinste schelmisch.

Seite an Seite bearbeiteten die beiden Frauen den fruchtbaren Boden, was Antonia nach langer Zeit erstmals wieder genoss. Die erfolgreiche Behandlung des Rheumas ihres Vaters durch die alte Frau beeindruckte sie. Geduldig ließ sie sich erklären, welche Kräuter sich in der Nachbarschaft von anderen vertrugen und welche sich gegenseitig die Kraft raubten.

»Irgendwann wirst du das Landleben wieder zu schätzen wissen, Toni.« Womit sie darauf anspielte, dass ihre Enkelin in ihrer Jugend oft in Freystetten mitgeholfen hatte. »Spätestens, wenn du Kinder hast«, ergänzte die Seniorin.

Das leidige Thema! »Großmutter, bitte nicht drängeln. Ich habe gerade erst den richtigen Mann gefunden.«

»Der Herrgott hat mich mit vier Urenkeln gesegnet. In deinem Fall ist das aber etwas anderes.« Sie bedachte Antonia mit einem liebevollen Blick. »Du weißt, wie ich das meine.«

»Lass dich mal ganz fest drücken!« Sie schloss ihre wesentlich kleinere Großmutter in die Arme.

Ja, sie hatte in deren Herzen einen besonderen Platz, obwohl Frieda die jüngste ihrer Enkelinnen war. Aber die Kusine war immer rebellisch gewesen, während Antonia zwar ein freches Mundwerk, aber sich selten gegen die Familie durchgesetzt hatte.

Großmutter hatte sie dazu veranlasst, das Kinderkriegen unter einem anderen Aspekt zu betrachten: Wenn sie noch mehrere Jahre damit wartete, würde Karla Petersen es nicht mehr erleben. Dasselbe galt für ihre Hochzeit mit Guntram, ergänzte sie in Gedanken.

Guntrams Streit um seinen Sohn Enno, den er mit seiner Nochehefrau Svenja austrug, war noch immer nicht beigelegt. Antonia vermied es, sich danach zu erkundigen, weil sie dem Mann, den sie liebte, nicht das Gefühl geben wollte, ihn unter Druck zu setzen. Und es eilte ja auch nicht. Eigentlich.

»Warst du schon bei deiner Tante?«, erkundige sich die

Großmutter. »Besuch sie, bitte. Es geht ihr nicht gut, wie du dir vorstellen kannst.«

»Sie nimmt es sich sehr zu Herzen, dass Felicitas mit ihrer Mutter und ihrem Brüderchen fortgefahren ist?«

»Seitdem ist Rosel eine andere, Toni. Ich bin zu alt, um es zu verstehen. Weshalb erkennt sie nicht, was für ihre Enkelin das Beste ist? Sprich mit ihr. Jemand muss ihr helfen, und du weißt, wie man die Herzen der Menschen erreicht.«

Nachdem Rosel vor einigen Wochen mit einem mehrfachen »Nein« auf den Lippen hinausgestürzt war, hatte Antonia sich vor allem für Frieda und ihre wieder vereinte kleine Familie gefreut. Für den Schmerz der Großmutter Rosel war kein Platz gewesen. Das Wohlergehen des Kindes Felicitas hatte für sie nach wie vor Vorrang. Großmutters Bitte war lieb gemeint, stellte Antonia aber vor eine kaum lösbare Aufgabe.

Tante Rosel saß im Nähzimmer an einem Tisch, auf dem allerlei Textilien angehäuft waren. Bettwäsche und Tischdecken vor allem, wie Antonia mit einem Blick erkannte. Es erinnerte sie daran, dass sie selbst solchen Tätigkeiten am liebsten aus dem Weg ging. Gerade war die Tante damit beschäftigt, den Saum einer hübschen, mit aufgestickten Blumen verzierten Tischdecke neu einzufassen.

»Guten Tag, Tante Rosel«, sagte Antonia. »Du bist ja sehr fleißig.«

In diesem ersten Moment hatte sie vor allem den Eindruck, es mit einem Menschen zu tun zu haben, der in der Lage war, sich zu beschäftigen.

»Alles kaputt«, sagte Rosel, ohne aufzublicken. »Alles kaputt. Man wird nie fertig, weil alles kaputt ist.«

Antonia setzte sich auf einen Stuhl neben ihr, nahm eine

der Decken zur Hand. Offenbar hatte sie ein Exemplar erwischt, dessen Kanten intakt waren, zumindest nach ihrem eigenen Verständnis.

»Großmutter sagt, du kommst kaum noch aus diesem Zimmer heraus.«

»Ich muss alles reparieren.«

Sie stach sich in den Finger, ein Tropfen Blut trat aus, aber Rosel schien es nicht zu bemerken.

»Tante, du blutest.«

Sie reagierte nicht. Das Blut benetzte den Stoff, aber die Tante ignorierte es.

»Willst du mal eine Pause machen?«, fragte Antonia. »Ich gebe dir ein Pflaster.«

Sie spürte selbst, dass sie mit ihr sprach, als wäre die Tante ein uneinsichtiges Kind. Was sie natürlich nicht war, aber es schien offensichtlich, dass sich ihr geistiger Zustand in einer fraglichen Verfassung befand. Doch mit der Psyche kannte Antonia sich zu wenig aus. Es machte ihr vor allem Angst, die Tante so zu erleben.

Wie oft hatte sie sich über Rosel geärgert, vor allem die Engstirnigkeit, mit der sie ihren Sohn Franz verteidigt hatte. Zuletzt schien sie jedoch die Fähigkeit erlangt zu haben, ihn für seine Ansichten zu kritisieren. Und jetzt diese erschreckende Verwandlung!

Sanft legte Antonia ihre Hand auf die emsig arbeitenden Hände ihrer Tante, um sie daran zu hindern weiterzumachen.

»Draußen ist es so schön. Lass uns gemeinsam ein paar Schritte im Park machen, Tante.«

Rosel wandte den Kopf und sah sie an, als würde sie erst jetzt erkennen, dass es ihre Nichte war, die sie besuchte.

»Antonia, ich habe keine Zeit. Du siehst doch, dass ich zu arbeiten habe.« Ihre Stimme klang seltsam emotionslos.

»Du kannst später weitermachen, Tante. Wir trinken erstmal eine Tasse Tee.«

»Nein, das geht nicht. Ich muss das alles reparieren, Antonia. Siehst du nicht, dass alles kaputt ist?«

Antonia wollte widersprechen, aber ihr Gefühl sagte ihr, dass das falsch war. Sie war gewiss nicht die Erste, die vergeblich versuchte, zu Gräfin von Freystetten durchzudringen.

»Deine Finger brauchen einen Moment Ruhe, Tante«, sagte sie. »Sieh mal, du machst blutig, was du reparierst.«

Rosel hielt inne, betrachte den beschmutzten Stoff. »Das muss ich auswaschen.«

»Ich helfe dir dabei. Lass es uns gemeinsam machen.«

»Das mache ich allein, Antonia. Das ist meine Aufgabe.«

Sie hatte keine Wahl, als die Tante bei ihrem Gang die breiten Steintreppen hinab ins Erdgeschoss zu begleiten. Immerhin war es gelungen, Rosel aus ihrem Verlies herauszuholen.

Auf dem Weg dorthin begegnete ihnen eines der Dienstmädchen.

»Verzeihen Sie, Durchlaucht. Ich war gerade auf dem Weg zu Ihnen. Ich soll ausrichten, dass Durchlaucht, ähm, der gnädige Herr, ähm, Graf Franz Sie erwartet, um mit ihm zu Mittag zu essen.«

»Du siehst doch, dass ich Wichtigeres zu tun habe«, erwiderte Rosel unwirsch.

Antonia fing den ratlosen Blick des Mädchens auf.

Sie war sehr jung, höchstens sechzehn, war wohl gerade erst im Schloss in Stellung gegangen, wie die Suche nach der korrekten Anrede für Rosel vermuten ließ.

Antonia war ihr nie zuvor begegnet und stellte sich als Rosels Nichte vor. »Danke. Die gnädige Frau kommt in ein paar Minuten.«

»Sehr wohl, Durchlaucht«, sagte das vor ihr knicksende Mädchen.

Antonia ersparte ihr die Peinlichkeit, sie zu korrigieren.

Schlimmer war, dass einzutreten drohte, was Antonia hatte vermeiden wollen – eine Begegnung mit ihrem Cousin. Was sollte sie tun? Rosel ihrem Schicksal überlassen? Was ihr gutes Recht war, schließlich war nun deren Sohn im Haus.

Oder sich der Situation stellen?

Das letzte Gespräch mit Franz war unerfreulich verlaufen. Antonia hatte ihm vorgeworfen, die Verantwortung für den Überfall auf Henny zu tragen. Was er trotz gegenteiliger Beweislage zurückgewiesen hatte. Die Schläger hatten unter seinem Befehl gestanden, wie zwei von ihnen ausgesagt hatten. Inzwischen waren beide Belastungszeugen unter Umständen im Gefängnis gestorben, für die sich weder Polizei noch Staatsanwaltschaft interessierten. Dass die dort maßgeblichen Beamten Mitglieder der NSDAP waren oder deren Ideen unterstützten, war allgemein bekannt.

Seit der Konfrontation mit Antonia im letzten Herbst war Franz ein wichtiger Mann geworden. Die NSDAP, der er angehörte, war die größte Oppositionspartei im Reichstag. In den Zeitungen wurde sein Name erwähnt, wenn es um die Zukunft des seit dem Kriegsende Reichswehr genannten Militärs ging.

Es umfasste hunderttausend Berufssoldaten. Franz von Freystetten war der lauteste Fürsprecher einer Umgestaltung hin zu einer Wehrpflicht; das wurde vor allem vom Kriegssieger Frankreich strikt abgelehnt. Antonia las dazu allerdings nur die Überschriften in den Tageszeitungen. Die hohe Arbeitslosigkeit spielte demnach dem Argument der NSDAP in die Karten, aber Antonia gestand sich ein, dass sie sich schlichtweg nicht mit dem Gedankengut ihres unsympathischen Cousins befassen wollte. Guntram widersprach ihr: Politik sei nicht die Privatangelegenheit von Leuten wie Franz. Insgeheim gab sie ihm recht, was ihr nicht dabei half, ihren Widerwillen zu überwinden.

Auch um jetzt Zeit zu gewinnen, die sie nutzen wollte, um ihre Gedanken zu sortieren, begleitete Antonia erst mal ihre Tante zur Waschküche im Sockelgeschoss des Schlosses. Die dort arbeitenden Frauen schienen keineswegs verwundert, dass ihre Herrschaft sich anschickte, ihre Tischwäsche zu reinigen. Antonia sah in dem einen oder anderen Gesicht ein leicht amüsiertes Grinsen, das sofort verschwand, sobald sie hinsah.

»Das Wasser ist zu kalt für deine Hände, Tante«, sagte sie. »Franz erwartet dich zum Essen. Wenn deine Finger klamm sind, ist das unangenehm.«

Rosel spürte entweder ebenfalls die Kälte des Wassers, das direkt aus dem Brunnen in den Tiefen unter dem Schloss stammte. Oder die Erwähnung von Franz' Namen ließ sie nun doch einlenken. Plötzlich wurde ihr zuvor leicht umflorter Blick klar. Nun erfasste sie die beiden Wäscherinnen.

»Meine Nichte ist eine Ärztin. Alle Frauen in meiner Familie sind Ärztinnen. Wussten Sie das?«

Die Wäscherinnen nickten, aber es sah nicht so aus, als hätten sie es gewusst. Eher schien es so zu sein, dass es ungebührlich war, der Herrschaft zu widersprechen. Auch wenn die gerade nicht so ganz bei Trost war.

Antonia hingegen wertete Rosels Bemerkung für sich selbst positiv. In den Worten der Tante schwang Stolz auf sie mit. Sie hatte nicht gewusst, dass Rosel so über sie dachte.

Die Suppenterrine stand bereits auf dem gedeckten Mittagstisch. Aber Franz von Freystetten las bei Antonias und Rosels Eintreten die Zeitung *Völkischer Beobachter*. Neben ihm stand ein Champagnerkühler, darin eine geöffnete Flasche mit Serviette am Hals, sein Glas war halb voll. Er lächelte in sich hinein, griff nach dem Kelch und leerte ihn in einem Zug. Erst danach bemerkte er Mutter und Kusine. Er faltete das Blatt, in dem seine Partei gegen die politischen Gegner hetzte, sorgsam zusammen und legte es neben sich auf den Tisch. Er erhob sich ein wenig umständlich, wie Antonia bemerkte.

»Mutter, es tut gut, dich zu sehen!«

»Seit wann bist du hier, Franz?«

»Ich musste arbeiten und wollte dich nicht stören.«

Rosel sah ihren Sohn ernst an, und Antonia meinte, sie wäre schlagartig wieder klar im Kopf.

Aber sie sagte: »Ich habe auch gearbeitet, Franz. Alles ist kaputt, weißt du?«

»Kaputt, Mutter?« Erst jetzt sah er seine Kusine fragend an und realisierte offenbar gleichzeitig, dass er sie noch nicht begrüßt hatte. »Antonia. Guten Tag. Ähm.«

Es war eindeutig: Er hatte zuvor ebenso wenig gewusst, dass sie sich im Schloss aufhielt, wie andersherum.

»Tag, Franz. Vermutlich ist es das Beste, wenn wir jetzt nicht die Suppe kalt werden lassen. Was meinst du?«

Er schien kurz irritiert zu sein, dass sie nicht an der Stelle ansetzte, wo sie zuletzt aufgehört hatten – bei ihrem Streit. Er strich sich mit der Hand über seinen kahl rasierten Kopf, als müsste er sich sammeln.

»Guten Appetit«, sagte er.

Das Essen verlief schweigend. Antonia war derart damit beschäftigt, ihre zwischen Mitleid mit Rosel und Verärgerung über Franz schwankenden Gefühle zu kontrollieren, dass sie schon nicht mehr wusste, was sie gegessen hatte, als der Hauptgang abgeräumt wurde.

Franz hatte kaum gegessen, genau wie Rosel.

»Radomir, ist Torte da?«, fragte Franz den Diener, der in Frack und steifer Hemdbrust servierte.

»Gewiss, Durchlaucht. Schwarzwälder Kirsch. Sehr zu empfehlen, Durchlaucht.«

»Dann lassen Sie uns nicht länger darauf warten!«

Die Champagnerflasche war inzwischen leer, Radomir öffnete eine weitere.

Franz machte keinen angetrunkenen Eindruck. Antonia meinte jedoch, dass seine Gesichtsfarbe früher bleicher und nicht so stark gerötet gewesen war. Möglicherweise stimmte mit seinem Blutdruck etwas nicht. Da er auch früher leicht aufbrausend sein konnte, nahm sie sich vor, nichts Unbedachtes zu sagen. Was vor allem in seiner Gegenwart nicht ihre Stärke war, wie sie nur zu gut wusste. Ohne ihn zur Rede gestellt zu haben, mochte sie das Schloss nicht verlassen. Der angeschlagenen Rosel wollte sie ein derart unangenehmes Gespräch allerdings ersparen.

Radomir brachte eine Torte, schnitt sie an und verteilte die Stücke.

»Felicitas«, sagte Rosel unvermittelt. »Felicitas mag Sahne.« Sie blickte sich um, hob ratlos die Schultern. »Sie ist nicht da.«

Franz betrachtete nachdenklich seine Mutter, dann fuhr er Antonia an: »Wie konntet ihr das Mutter antun? Die Enkelin wegnehmen! Das ist ein Verbrechen!«

»Nein«, erwiderte sie schlicht. »Das ist es nicht.«

»Du bist dreist, Antonia. Setzt dich an meinen Tisch, isst mit uns und in Wahrheit verhöhnst du uns.«

»Also erstens ist das nicht *dein* Tisch, Cousin. Der gehört deinen Eltern, die ihn von ihren Vorfahren geerbt haben. Zweitens gebe ich dir keinen Anlass, dich von mir verhöhnt zu fühlen.«

Sie erschrak über sich selbst. Hatte sie sich nicht vorgenommen, jedes ihrer Worte auf die Goldwaage zu legen, um den zu cholerischen Ausbrüchen neigenden Cousin nicht zu provozieren?

»Tut mir leid«, versuchte sie, ihre Worte einzufangen.

»Du musst dich nicht entschuldigen. Du hast recht. Dieses Haus hat eine alte Tradition, die dich in Wahrheit nicht kümmert. Du und deine Mutter, ihr verfolgt eure eigenen Interessen. Das habt ihr schon immer.«

»Verzeih, wenn ich dich korrigiere. Meine Mutter hat deiner Tante das Leben gerettet und dabei ihre Schwester verloren. Ich verstehe nicht, inwiefern meine Familie *schon immer* ihre eigenen Interessen verfolgt haben sollte.«

»Das ist Schnee von gestern.« Franz schob sich ein Stück Torte in den Mund und trank Champagner.

»Nein. Nein, nein, nein«, sagte Rosel mit schwacher Stimme. »Das stimmt. Rica hat Florentine gerettet. Ich weiß es. Ja, das weiß ich. Jetzt muss ich gehen. Ich habe zu tun. Es ist alles kaputt. Ich muss es heil machen.«

Antonia zögerte, ob sie ihre Tante begleiten sollte. Aber da bot Radomir seiner Herrin bereits den Arm, und sie ließ sich führen.

»Da siehst du, was du mit ihr gemacht hast«, sagte Franz. »Du hast das Herz einer Großmutter gebrochen, ihr den Lebensinhalt genommen.«

»Mach dich nicht lächerlich, Franz. Deine Mutter hat kaum Zeit mit Felicitas verbracht. Meistens war die Kleine bei der Amme. Jetzt ist sie bei ihrer leiblichen Mutter und ihrem Bruder. Sie hat eine Familie.«

»*Wir* sind ihre Familie.«

»Bist du dir in dem Punkt ganz sicher?«

In einem Ausbruch von Wut schleuderte Franz sein gerade geleertes Glas zu Boden. »Es gibt Gesetze, Antonia!«

»Das ist mir bekannt«, entgegnete sie kühl.

»Der gesetzliche Vater von Felicitas von Freystetten heißt Franz von Freystetten. Und dagegen kannst du gar nichts unternehmen. Es war deine Sippe, die mithalf einzufädeln, was ihr nun nicht mehr wahrhaben wollt: den Betrug, den Schwindel, die Manipulation am Lauf der Dinge. Ja, nenn es so. Ist mir einerlei! Aber deshalb hat Freystetten eine Erbin. Du warst damals in Afrika, das sei dir zugutegehalten. Die Tatsachen bestehen seitdem. Das heißt: Felicitas kehrt zu meiner Mutter zurück. Sie ist die Aufgabe, die sie braucht. Der Inhalt ihres Lebens.«

Antonia ließ das unwidersprochen, denn in Rosel war offensichtlich etwas zerbrochen. Nicht nur jetzt, sondern schon früher.

Sie erinnerte sich, dass Frieda oft davon gesprochen hatte, wie sehr ihre Mutter um ihre beiden Söhne getrauert hatte, Piloten, die im Krieg gefallen waren. Jagdflieger, wie man sie genannt hatte, die andere Flugzeuge abschossen – bis sie das gleiche Los ereilte.

Das junge Mädchen Frieda hatte unter dem Tod ihrer deutlich älteren Brüder gelitten. Auch weil ihre Mutter nichts hatte wissen wollen von ihrer unbewältigten Trauer um die beiden. So war in ihr das Gefühl gewachsen, nicht geliebt zu werden und somit auch nichts wert zu sein. Erst mit dem Auftauchen von Jonathan hatte sich das geändert, dachte Antonia in diesem Moment, als Franz von Rosels *Aufgabe* sprach.

Und sie fragte sich: War Rosels Trauer um die jung gestorbenen Söhne erwacht? Weil sie sich gegen ihren Willen erneut von einem Menschen trennen musste, an dem ihr Herz hing?

Es fiel Antonia nicht leicht, das so zu sehen, denn es änderte nichts an den Vorbehalten gegenüber der Tante. Doch gehörte es nicht zu einem fairen Umgang miteinander, den Schmerz des anderen zu respektieren?

Es war kompliziert, zu kompliziert für ein Gespräch mit Franz. Der bevorzugte einfache Lösungen.

Zumindest juristisch gesehen war er im Recht. Frieda und Jonathan würden das Mädchen zurückbringen müssen. So schrecklich es auch war: Felicitas gehörte dem gesetzlichen Vormund Franz, als wäre sie sein Eigentum. Frieda hatte somit tatsächlich den größten Fehler ihres Lebens begangen. Dennoch hoffte Antonia für Felicitas, bei ihrer Mutter leben zu dürfen, und dasselbe für Frieda, die sich ebenso nach innerer Heilung sehnte.

Als sie am Nachmittag das Schloss verlassen wollte, stand im Eingang der Weidenkorb des Schusters. Wieder lagen darin ein Paar Stiefel. Sie waren aus einem hellen, anschmiegsam aussehenden Leder und sahen teuer aus. Und sie waren blutig.

Was hatte Franz getan? Zum wiederholten Mal getan? Welches geheime Leben führte ihr Cousin eigentlich?

# GUTE BESSERUNG

— ♦ —

*Mai 1931*

Am Morgen nach Victors Herzanfall schreckte Henny mit dem Gefühl im Bett hoch, aus einem Albtraum zu erwachen. Geschlafen hatte sie kaum, hatte seine Hand gehalten, auf sein Herz gehorcht, seinen Puls gemessen. Gleichzeitig Ehefrau und Ärztin sein – die Liebe stand der Vernunft im Weg!

In der Schlafzimmertür wartete Vicky, die sich schon fertig angekleidet hatte, um in ihre neue *High School* gebracht zu werden. Von ihrem Vater, der erschöpft in seinem Bett lag, zum Glück ruhig atmend.

»*Mom?*«, fragte Vicky. »Warum steht ihr nicht auf?«

So kannte sie ihre Eltern schließlich nicht, die wohl nichts anderes im Kopf hatten als zu arbeiten.

Henny stahl sich fort von Victor, mit einem Finger an den Lippen, Vicky um Ruhe bittend. Sie führte ihre Tochter nach draußen. »Dad ist heute Nacht krank geworden. Er muss sich in der nächsten Zeit schonen.«

»Gestern Abend war er doch noch gesund. Ich hatte noch nicht geschlafen und gehört, wie er nach Hause kam. Ihr beiden habt gelacht.« Vicky blickte ihre Mutter verständnislos an.

»Manchmal kommt es vor, dass jemand schlagartig erkrankt, Schatz.«

»Ist es schlimm, was er hat?« In ihrer Stimme schwang

die wieder erwachte Angst mit, die sie im Vorjahr um ihre Mutter gehabt hatte.

Henny gab sich Mühe, die Bedrohung herunterzuspielen: »Dad wird sich erholen. Das ist wie bei einer Grippe. Da muss man eisern im Bett liegen bleiben.«

»Einen Kuss darf ich ihm aber geben?«

»Er ist nicht ansteckend.«

Ihre Tochter schlich auf Zehenspitzen zu ihrem Vater, beugte sich vorsichtig über ihn.

»Oh, Vicky, tut mir leid«, murmelte Victor. »Ich kann dich heute nicht in die Schule bringen.«

Da ihre bisherige *Hollywood School for Girls* nahe dem Studio lag, hatte sich das so eingespielt. Der Weg zur *High School* im Viertel Van Nuys war jedoch ebenfalls mit keinem Bus erreichbar.

»Ich fahre dich«, sagte Henny, die längst in ihre Kleider geschlüpft war.

»Wie krank bist du, Dad?«

»Alles halb so wild.«

Henny sah die wegwerfende Bewegung seiner Hand und dachte an die Angst, die ein paar Stunden zuvor in seinen Augen gestanden hatte: Todesangst. Dennoch, es war richtig, Vicky keinen Schrecken einzujagen. Falsch wäre jedoch, wenn er das Erlebnis auf die leichte Schulter nahm. Sie kannte ihren Mann! Er überschätzte seine Kräfte.

Bevor sie das Haus verließ, streckte sie rasch den Kopf ins Zimmer des Kindermädchens. »Sue, ich bringe Vicky zur Schule, kümmern Sie sich bitte um Leo.«

»Ja, *madam*. Wenn Sie wiederkommen, geben Sie mir bitte mein Gehalt. Ich höre schon heute auf.«

»Das geht nicht, Sue! Wir haben keinen Ersatz für Sie. Das wissen Sie!«

Ihr eigener Dienst begann an diesem Morgen zum Glück erst am Mittag.

»Sorry, *madam.*«

»Sorry? Was heißt das?«

»Ich habe am Mittag ein Casting.«

Das war der Moment, in dem Henny der Gedanke kam, dass das schöne Leben, das sie sich aufgebaut hatten, ein Kartenhaus sein konnte. Nicht nur, dass niemand auf Leo aufpasste. Nun war da auch noch Victor, um den sie sich kümmern musste. Auf keinen Fall durfte er aufstehen und weitermachen wie zuvor! Hinzu kam, dass Victor und sie sich in der kurzen Zeit, die sie in Hollywood lebten, noch kein Netz aus Freunden aufgebaut hatten, das helfen könnte.

Und ihre Familie war weit entfernt. Ein Gedanke, der ihr Herz obendrein schwer werden ließ.

Henny atmete tief durch und sagte etwas, das eigentlich nicht ihr Stil war: »Sue, wenn Sie mich von einer Stunde zur anderen sitzen lassen, sorge ich dafür, dass Sie in dieser Stadt keine Rolle bekommen.«

Ein Bluff, denn das konnte sie nicht bewirken.

»*Mom*, du hast Sue erpresst«, stellte Vicky fest, sobald sie nebeneinander in Hennys Ford saßen.

»Ja«, erwiderte sie trocken. »Ich musste Sue daran erinnern, dass sie nicht nur an sich denken darf.«

In Gedanken war sie bereits bei der Frage, wie sie sich für Victors Genesung einsetzen und gleichzeitig im *Cedars* arbeiten konnte. Würde er so vernünftig sein, sich zu schonen? Sie befürchtete, die Antwort nur zu gut zu kennen.

Das Treffen mit Vicky Baum im *Coyote Café* hatte Henny darauf eingestimmt, wie es in Victors Berufsleben aussah. Sie hatte ihm wenig später davon erzählt.

»Ich habe ständig das Gefühl, zwischen den Stühlen zu sitzen. Allen soll ich es recht machen. Das ist unmöglich«, hatte Victor geantwortet. »Und ich jongliere mit wahnsinnig viel Geld, Henny!«

Er trug die Verantwortung für das Großprojekt *Mata Hari*, das gerade gedreht wurde, und bereitete gleichzeitig den anschließenden Dreh von *Grand Hotel* vor, das er nach Hollywood mitgebracht hatte. Hunderte von Menschen arbeiteten für die beiden Filme.

»Mister Mayer will die größten, teuersten und mit den berühmtesten Stars besetzten Filme produzieren«, hatte Victor erzählt. »Er liefert sich ein Wettrennen mit mehreren Konkurrenten. Ich bin sein Werkzeug, seine Ohren, seine Augen, sein Gehirn.«

Was er kurz vor seinem Zusammenbruch gesagt hatte, klang im Nachhinein wie ein böses Omen.

Kurzerhand entschloss sich Henny, nachdem sie Vicky abgesetzt hatte, zum *Cedars* zu fahren und Doktor Rozenberg ihre Lage darzulegen.

Der Krankenhausleiter zeigte sich verständnisvoll. »Die Familie geht immer vor. Jetzt muss Ihr Mann erst mal gesund werden. Bleiben Sie ein paar Tage zu Hause. Sagen Sie ihm gute Besserung.«

Henny bedankte sich, aber die Worte ihres Chefs hallten nach: Was nützten *ein paar Tage*?

Als sie nach Hause kam, saß Victor im Hausmantel am Küchentisch, eine Tasse Kaffee, Drehpläne und Notizblöcke vor sich. Fast so, als wäre nichts gewesen.

»Sue ist gerade fort«, sagte er aufblickend. »Sie sagte, du hättest mit mir ausgemacht, dass ich ihr Gehalt auszahle. Also habe ich das getan.«

»Das Gegenteil ist wahr!«, rief Henny empört.

»Ich hatte mich auch gewundert.«

*Gewundert*. Victor liebte seine Kinder. Aber seine väterliche Liebe war so etwas wie ein frisches Taschentuch für die Laufenase, wenn es draußen kalt war. Für den Mantel und ein Paar Handschuhe musste die Mutter sorgen.

Und da dachte Henny erneut an das Kartenhaus ihres gegenwärtigen Lebens. Würde es ihr gelingen, gleichzeitig Leo und Victor im Auge zu behalten und ein Kindermädchen zu finden? In *ein paar Tagen*?

Im Moment war Victor wichtiger! »Solltest du nicht im Bett bleiben, Schatz?«

»Das Studio rief an. Ich musste rangehen. Sie fragten, wo ich sei.«

»Was hast du geantwortet?«

»Dass ich zum Arzt muss. Und wo ich schon mal auf den Beinen war ...«

Er sah Hennys empörten Blick, schwieg lieber und ließ sich von ihr zum Bett begleiten.

»Du musst das ernst nehmen, Victor. Mit einem Herzanfall ist nicht zu spaßen.«

»Kann das noch einmal vorkommen?«, fragte er.

»Ich weiß es nicht«, antwortete sie ehrlich. »Bislang hat niemand geklärt, welche Faktoren dazu führen. Es ist nicht wie bei Krebs, wo ich den Herd eindeutig lokalisieren und hoffentlich ausmerzen kann. Was im Herzen passiert, kann man nur im Nachhinein erkennen. Wenn es zu spät ist. Bei Obduktionen ...«

Sie brach ab. So konnte sie nicht mit ihrem Mann reden, der vermutlich dem Tod von der Schippe gesprungen war! So konnte sie auch selbst nicht denken – er war ihr Leben.

»Sag's mir, Henny«, drängte Victor. »Ich will es wissen.«

»Oft verstopft ein Blutgerinnsel die Gefäße, also das, was man gewöhnlich die Adern nennt.«

Sie sah den Nachttisch neben seinem Bett und erinnerte sich daran, wie sein Blick das Kokain gesucht hatte. Es war längst im Müll gelandet. Ob davon noch mehr im Haus war, wusste sie nicht. Es war nicht ihr Stil, danach zu suchen.

»Es spielt in deinem Fall im Grunde keine Rolle, Victor, ob ein Blutgerinnsel die Ursache ist. Wenn du Aufputschmittel nimmst, muss dein Herz schwer arbeiten. Das ist der Zweck des Kokains: Es stachelt dich zu mehr Leistung an. Dazu die körperliche Anstrengung …«

Er unterbrach sie mit seinem Lausbubengrinsen. »Dich zu lieben ist keine Anstrengung.«

Sie ließ nicht locker: »Wir brauchen dafür kein Kokain, nicht wahr?«

»Nein«, erwiderte er mit zurückgekehrter Ernsthaftigkeit.

»Mach Schluss damit«, sagte sie. »Das hast du schon mal geschafft. Aber dieses Mal für immer.«

Sie beide führten ein ungewöhnliches Leben an einem der schönsten Orte der Welt. Dennoch hatten sie gerade hier die Endlichkeit gespürt. Und das in so jungen Jahren, wo sie meinten, das Leben läge vor ihnen. Wer dachte denn da ans Sterben!

Und dann stellte er die Frage, auf die sie wohl unbewusst gewartet hatte: »Glaubst du wirklich, ich muss zwei Wochen lang das Bett hüten?«

»Ja.«

»Aber du hast gesagt, du weißt selbst nicht, ob ich wieder einen Herzanfall bekomme. Sieh mal, ich bin achtunddreißig. Wenn ich auf das Kokain verzichte, dann wird alles okay sein. Vertrau mir. Ich habe es verstanden, Henny.«

Er meinte, seinen kleinen Handel mit dem Tod durch den zarten Kuss besiegeln zu können, den er seiner Frau gab.

Die *señoras* in der Wüste empfingen Henny mittlerweile stets mit Freundlichkeit. Auch heute brachte die Besucherin Essen und Süßigkeiten mit. Und zum ersten Mal ihren kleinen Sohn Leo. Sie war sich nicht sicher, ob es eine gute Idee war, ausgerechnet hier nach einem Kindermädchen zu suchen. Eine andere Idee hatte sie allerdings nicht.

Da sie ohne Maria gekommen war, die für sie bislang übersetzt hatte, versuchte sie, ihr Anliegen radebrechend vorzubringen. Zu Hause hätte sie schließlich auch keine Übersetzerin. Entweder es funktionierte – oder nicht.

Die Frauen schienen durchaus zu verstehen, um was es ging. Heftiges Diskutieren begann. Da bemerkte Henny Lucia. Das Mädchen, mit deren Unfall alles angefangen hatte, war fast immer unsichtbar geblieben, wenn Henny den Bewohnerinnen der Wüstensiedlung einen Besuch abgestattet hatte. Das letzte Treffen in Dr. Somerfelds Praxis hatte sie vermutlich zu sehr verstört.

Nun kam sie näher, ohne jede Scheu, und ging direkt auf Leo zu. Wortlos streckte Lucia die Hand nach Leo aus. Der Einjährige sah sie groß an, und Henny rechnete damit, dass er erschrocken zu weinen beginnen würde. Stattdessen schenkte er dem ihm fremden Mädchen ein offenes Lächeln. Lucia ihrerseits blieb ernst und hielt nur ihre Hand über seinen Kopf. So verharrte sie sekundenlang, dann wandte sie sich ebenso schweigend wieder ab und ging fort.

Aus der Gruppe der *señoras* löste sich eine mütterlich wirkende Frau, die selbst ein Kleinkind auf der Hüfte mit sich trug. *»I am Rosalia«*, sagte sie. *»Go with Henny.«*

Henny war so verblüfft, dass sie nur »*gracias*« erwiderte. Der Rest würde sich zu Hause ergeben, nahm sie an.

Mit den Worten »*This is Jimmy*« stellte Rosalia ihren kleinen Sohn vor, der etwa in Leos Alter, aber schmächtiger war. Rosalias Alter zu schätzen, fiel Henny schwer. Sie mochte Mitte zwanzig sein, hatte ein offenes, aber ernstes Gesicht.

Henny bat Rosalia und deren Kind auf die Rücksitzbank, vertraute ihr erstmals Leo an, verstaute einen Stoffsack mit Rosalias Habseligkeiten. Das neue Kindermädchen legte die Arme schützend um die beiden Jungen, und Henny fuhr los. Sie dachte, was sie selten dachte: Wie gut, dass sie als Kind in Afrika hatte leben müssen. So viel war ihr dort als unheimlich erschienen, dabei hatte sie es nur nicht verstanden.

Sie redete sich ein, dass es sich mit Lucia ebenso verhielt: Für normal hielt man nur, was man bereits kannte. Vielleicht war Rosalias unkompliziertes Angebot eben auch nur das für die Mexikanerin – normal. Daran, dass es geschah, weil Henny den *señoras* half, dachte sie nicht einmal.

Vicky rümpfte kurz die Nase, als sie sich neben Henny auf den Beifahrerplatz in dem kleinen Ford setzte. Hinten saß Rosalia mit den beiden Kindern. Gemeinsam wollten nun alle von Vickys Schule nach Hause fahren.

Bevor sie etwas sagen konnte, meinte Henny: »Das ist Rosalia. Sie ist unser neues Kindermädchen. Sue ist einfach so verduftet.«

»Verduftet ist ein treffendes Wort, *Mom.*« Vicky grinste frech. »Darf ich dem neuen Kindermädchen die Vorzüge einer Dusche zeigen?«

»Ich vertraue ganz auf dein Feingefühl.«

Vicky zeigte ihrer Mutter ein Grinsegesicht und fragte dann: »Wie geht es Dad? Ich werde ihm etwas Beruhigendes vorspielen. Das wird ihm guttun.«

Als Henny in die Auffahrt ihres Hauses fuhr, ahnte sie bereits, dass Victor ihre Warnung in den Wind geschlagen hatte. Sein schickes Cabriolet, das seine Mutter angeschafft und ihm bei ihrer Abreise aus Los Angeles hinterlassen hatte, stand nicht in der Garage.

Seinen Namen rufend, rannte Vicky durch die Räume, kam zurück und vermeldete: »Er ist nirgendwo.«

»Dann geht es ihm wohl besser«, sagte Henny so gelassen wie möglich.

»Dad hat eine seltsame Krankheit. Sie ist ganz schnell wieder fort«, fasste Vicky die Lage zusammen.

Mutter und Tochter führten Rosalia durch das Haus, damit sie sich auskannte, wobei Vicky ihr alles erklärte. Bei dieser Gelegenheit erfuhr Henny, dass ihr Kind mittlerweile mehr als nur ein paar Brocken Spanisch beherrschte; viele an ihrer neuen *High School* im Stadtteil Van Nuys, wo mehr *Hispanics* wohnten, sprachen es.

Rosalia sah sich alles in Ruhe an, ihren Sohn auf dem Arm. Sie fragte etwas auf Spanisch.

»Ob sie im Haus arbeiten darf? Betten machen und so etwas«, übersetzte Vicky.

Das bisherige Kindermädchen war nicht auf eine solche Idee gekommen. Henny aber auch nicht, gestand sie sich ein, denn sie besorgte die Hausarbeit bislang selbst.

»Gern. Sag ihr bitte, dass ich ihr dann den doppelten Lohn zahle. Aber Leo darf sie nicht vernachlässigen.«

»*Mom!* Sieh sie dir an«, rügte Vicky. »Sie wird Leo niemals vernachlässigen!«

»Du hast recht, Vicky. Sag es ihr mit den Worten, die du für richtig hältst.«

Da das Haus auf leicht abschüssigem Gelände lag, hatte es ein halbes Gartengeschoss. Dort bekam Rosalia ein Zimmer für sich und ihren Sohn Jimmy.

Victor kehrte erst heim, als es draußen längst dunkel war. Henny war in der Stimmung, ihm Vorhaltungen zu machen, ihr ganzes Wissen über Herzerkrankungen auszubreiten, auch wenn es nicht so viel war, dass sie damit zufrieden sein konnte. Aber was sollte es bringen? Nur, als er sich eine Coca-Cola aus dem Eisschrank holen wollte, nahm sie ihm die Flasche aus der Hand und stellte sie zurück. Er ließ es geschehen.

»Ich fühle mich zu jung, um Witwe zu werden«, sagte sie. »Und unsere Kinder brauchen ihren Vater. Ich finde, dass du dir das mal durch den Kopf gehen lassen solltest, Victor.« Scheinbar übergangslos erinnerte sie ihn daran, was an diesem Tag sonst noch geschehen war: »Übrigens haben wir wieder ein Kindermädchen. Zumindest fürs Erste. Ich muss abwarten, ob Rosalia sich bei uns wohlfühlt.«

Victor hörte kaum hin. Sein Gesicht wirkte grau und abgespannt. Erschöpft sank er in einen Sessel.

»Du bist verärgert«, stellte er fest.

»Ja, das bin ich. Sieh dich an, Victor. Du bist dabei, dich kaputt zu machen.« Sie setzte sich neben ihn, nahm seine Hand. »Also, weshalb handelst du wider besseres Wissen?«

»Regie und Oberbeleuchter haben sich über die Frage zerstritten, wie Miss Garbo auszuleuchten ist. Der Regisseur wollte hinschmeißen. Wie du weißt, ist es der Zweite, der sich an dem Stoff ausprobiert. Ich konnte nicht zu Hause im Bett liegen bleiben, Henny. Die gesamte Produktion stand auf dem Spiel. Es ging nicht.«

»Und jetzt vertragen sie sich wieder?«

»Ich habe den Oberbeleuchter gefeuert.« Er seufzte. »Obwohl er im Recht war. Regisseure sind wichtiger.«

»Wie wichtig sind Produzenten?«

Er grinste matt. »Das kann jeder.«

»Wenn es so wäre, hättest du im Bett bleiben können«, widersprach sie. »Victor, du machst einen sehr angeschlagenen Eindruck. Dein Puls ist unregelmäßig. Hast du Schmerzen?«

»Ist nicht so schlimm. Nur so ein Druck hier.« Er deutete auf seine Brust. »Das vergeht.«

»Leg dich bitte sofort hin.«

»Einen Anruf noch. Ich habe Mister Mayer nicht erreicht, um ihm zu sagen, dass ich alles geregelt habe. Er wartet darauf.«

Victor erhob sich von der Couch, um zu dem Telefonapparat zu gehen, der im Nebenraum stand. Er machte ein paar seltsame Schritte, die aussahen, als wollte er tanzen. Er griff nach dem nächstbesten Stuhl, und noch bevor Henny bei ihm war, um ihn zu stützen, riss er ihn um und sank zu Boden. Ohne ein einziges Wort zu sagen, nur mit einem lauten Aufstöhnen, stürzte er auf die Fliesen, auf die jeden Morgen die Strahlen der aufgehenden Sonne fielen. So oft hatte Henny gedacht, dass ihnen mit diesem Haus ein Stück vom Paradies gegönnt worden sei.

Der Lärm hatte Vicky geweckt. Sie rannte zu ihrem Vater, warf sich neben ihn auf den Boden, während Henny bereits damit begann, sein Herz zu massieren.

»Dad! Oh mein Gott! Was machst du!«, schrie Vicky wie von Sinnen.

Kurz darauf kam das neue Hausmädchen hinzu, kniete nieder und sprach ohne Pause auf Spanisch. Henny hatte nicht die Kraft, sich zu fragen, was sie da gerade tat.

Zwei Zusammenbrüche innerhalb von vierundzwanzig Stunden! Henny konnte kaum mehr klar denken. Jetzt, zwei Stunden später, schlug Victors Herz zwar wieder regelmäßig. Aber wie lange würde es diesmal gutgehen? Bei welcher Belastung würde es erneut aussetzen? Die Antwort konnte nur sein, dass er sich überhaupt nicht mehr belasten durfte. Weder körperlich noch mental noch psychisch. Und sie hatte nicht die leiseste Idee, wie sie ihn dazu bringen konnte. Denn die guten Worte hatten schon beim ersten Mal nichts bewirkt.

»Wie geht es dir? Hast du starke Schmerzen?«, fragte sie.

»Nicht so schlimm«, presste er tapfer durch die Zähne.

Aber sie sah den kalten Angstschweiß, seinen Blick voller Panik. Die viel zu späte Erkenntnis, falsch gehandelt zu haben, die Gefahr, in der er schwebte, unterschätzt zu haben.

Gemeinsam mit der durch Vickys Aufschrei alarmierten Rosalia hatte Henny es geschafft, ihren Mann ins Bett zu legen. Dann hatte sie ihm eine Morphiumspritze verabreicht, um das aus dem Takt geratene Herz zu beruhigen.

Die in Tränen aufgelöste Vicky lief hin und her, brachte ihm Wasser, Kissen, half, seine Schuhe auszuziehen, seine Beine hochzulegen. Das war für Henny das Schlimmste an der Situation: Vicky erlebte die Angst um das Leben ihres Vaters ungefiltert mit. Ihre im Großen und Ganzen behütete Tochter wurde mit einem Ruck von der Kindheit in die Welt der Erwachsenen katapultiert.

Sobald sich Victors Zustand stabilisiert hatte, nahm sie ihre Tochter in die Arme und versuchte, so ruhig wie möglich mit ihr zu sprechen: »Dad wird sich schonen. Du wirst es sehen, Schatz, er passt künftig auf sich auf. Und dann wird alles gut.«

»Was hat Dad? Wieso passiert so etwas immerzu?«, fragte Vicky.

Weil dein Vater ungesund lebt, sich zu viel zumutet, meinen Rat, sich zu schonen, nicht angenommen hat. Das wäre wohl die zutreffende Antwort gewesen.

Vicky interpretierte das Zögern ihrer Mutter falsch: »Du verheimlichst etwas vor mir! Ich bin kein kleines Kind, *Mom*. Nimm mich ernst. Sag es mir: Stirbt Daddy? Sag es mir! Ich muss es wissen. Wie steht es um ihn?«

»Das ist schwer zu sagen, Vicky. Die Medizin ist nicht so weit, dass sie um die Vorgänge im Herzen Bescheid wüsste.«

»Du lügst! Du willst die Wahrheit vor mir verbergen.«

»Nein, Schatz, das *ist* die Wahrheit. Ich habe dir neulich erzählt von dem neuen Apparat, mit dem die Aktivität des Gehirns gemessen werden kann. So etwas …«

»Ja, genau! Das gibt es auch für das Herz.«

»Eben nicht, das will ich gerade sagen. Die Medizin steckt noch in den Kinderschuhen, was die inneren Organe betrifft. Es tut mir leid, Vicky. Das Einzige, was wir wissen, ist: Der Patient braucht unbedingte Ruhe. Du hast gesagt: Das ist aber eine seltsame Krankheit, die Dad hat. Sein Fehler ist, dass er selbst das auch falsch eingeschätzt hat. Wir Menschen sind Wunderwerke der Natur, wir funktionieren wie von selbst. Darum begehen wir den Irrtum, dass wir die Wunder, die in uns verborgen sind, nicht wertschätzen. Wir halten sie für selbstverständlich.«

Vicky hatte ihre Mutter mit großen, angstgeweiteten Augen angesehen. Nun lehnte sie den Kopf an ihre Schulter und ließ ihren Tränen freien Lauf.

»Ich liebe dich, *Mom*. Ich wollte dich nicht schimpfen. Verzeih.«

»Das weiß ich doch, Vicky. Gerade weil wir uns liebhaben, gehen die Gefühle mit uns durch.«

Henny ließ ihre Tochter einen Kräutertee für den Vater zubereiten, damit sie sich nützlich machen konnte, dann schickte sie sie ins Bett.

Auch Victor brauchte nur Ruhe. Sie legte sich neben ihn ins Bett, fand jedoch keinen Schlaf. Bei jedem Geräusch erschrak sie, befürchtete einen neuen Anfall.

Als die ersten Sonnenstrahlen ins Zimmer fielen, fuhr

sie hoch, weil sie eingenickt war. Victors Gesicht war leichenblass, seine Hände und Füße kalt, aber sein Puls war gleichmäßig. Sobald er erwachte, half sie ihm, sich aufzusetzen.

»Henny, werde ich sterben?«, fragte er.

Sie fand, es war an der Zeit, keine beschönigenden Worte mehr für seinen Zustand zu finden. Angst durfte sie ihm auch nicht machen, das wusste sie aus ihrer langjährigen Erfahrung, denn Angst nahm Patienten die Zuversicht. Sie entschied sich für eine Mischung aus dem spärlichen Wissen, das sie hatte, und einer Notlüge.

»Du bist zu jung, um zu sterben, mein Liebster. Erneut darf das nicht geschehen.«

»Sonst?«

»Ich bin Ärztin, keine Wahrsagerin. Du bist ab sofort krankgeschrieben für die nächsten vier Wochen.« Sie küsste ihn zärtlich. »Das war gerade meine Krankschreibung.«

»Das geht nicht, Henny. Ich kann keine vier Wochen ausfallen. Undenkbar.«

»Das ist nicht nur denkbar, es ist machbar. Darüber können wir nicht verhandeln, Victor. Ich selbst werde im Studio anrufen und Bescheid sagen.«

Er setzte sich abrupt auf. »Mayer! Ich wollte Mister Mayer anrufen! Gestern Nacht schon.«

Er schlug die Decke zurück, um aufzustehen. Sie hinderte ihn daran.

»Hinlegen, Victor. Sofort.«

Ihr Mann zuckte zurück. So hatte sie nie mit ihm gesprochen.

Offenbar begriff er endlich: »Steht es so schlimm um mich?«

»Das wollen wir beide nicht herausfinden. Oder?«

»Nein.« Victor legte seinen Kopf vorsichtig auf das Kissen und streckte sich aus. Bedächtig und schwer atmete er aus. »Ruf bitte Mister Mayer an, Henny. Tust du das für mich?«

»Ja, das mache ich«, sagte sie.

»Oh, mein Gott«, stöhnte er.

Sie wusste nicht, wie er das meinte. Sie kannte Louis B. Mayer, Hollywoods mächtigsten Mann, nicht, hatte ihn nur einmal gesehen bei einer Party und dann nie wieder. Aber bei diesem Auftritt hatte er etwas gesagt, das so ähnlich auch ihr eigener Boss gesagt hatte: »Sie sind ein Familienmensch, Victor. Das gefällt mir.«

Er würde Verständnis haben. Davon war sie überzeugt. Niemand setzt einen Mann nach zwei Herzanfällen großen Belastungen aus. Niemand. Vor allem kein Familienmensch. Das Studio war doch wie eine Familie. Hier bei ihnen zu Hause waren sie gewesen, die Stars, die Masken- und Kostümbildner, die Autoren …

Sie wählte jene Nummer des Studios, unter der für gewöhnlich Victors Assistent zu erreichen war. Es war noch nicht einmal sieben Uhr morgens, doch der junge Mann war sofort am Apparat.

»Hier ist Doktor Henny Vandenberg. Mein Mann ist sehr krank. Er wird nicht ins Studio kommen.«

»Aber wir brauchen ihn«, war seine erste Reaktion.

Dafür hatte sie Verständnis. Erst kam die Arbeit, dann die Familie. So war es nun mal.

»Oh, ich sehe gerade, dass Mister Mayer mit seinem Auto vorfährt«, sagte der Assistent nun. »Ich denke, es ist das Beste, Sie sprechen selbst mit ihm. Bleiben Sie bitte in der Leitung.«

Henny atmete durch, aber sie gestand sich ein, dass sich ihr Puls beschleunigte. Ihre Gedanken stoben durcheinander: Der Chef ihres Mannes. Die Macht Hollywoods. Der

Familienmensch. Verständnis. Pflicht. Millionenbeträge. Zwei große Filmprojekte. Riesige Träume.

Und ein krankes Herz, das dabei nicht mitmachen konnte.

»Mayer.« Plötzlich die feste Männerstimme. »Victor, wo zum Teufel stecken Sie! Ich habe gestern Nacht auf Ihren Anruf gewartet.«

Offenbar hatte der Assistent nicht den Mut gefunden zu sagen, was tatsächlich los war.

»Hallo, Mister Mayer. Hier ist Doktor Vandenberg. Ich bin Victors Ehefrau. Victor ist verhindert.«

»Verhindert?« Eine kurze Pause entstand. »Ich verstehe nicht. Hatte Victor einen Unfall?«

Sie hatte es geahnt! Über seinen ersten Herzanfall hatte Victor im Studio kein Wort verloren!

»So etwas Ähnliches, Mister Mayer. Victor hatte zwei schwere Herzattacken nacheinander. Er darf das Bett nicht verlassen.«

»Oh, das tut mir leid zu hören.« Wieder eine Pause. »Wie lange? Ich meine: Wann wird er wieder arbeiten?«

»Mindestens ...«

Sie zögerte. Jetzt keinen Fehler machen! Vielleicht beherrschte Angst ihren Verstand und nicht klares Denken. Welche Angst? Die, dass sie Victor schaden könnte? Schaden anrichten bei seinem Boss? Ihm selbst gegenüber, wenn sie nicht streng genug Vorsicht walten ließe?

»Doktor Vandenberg? Wann kommt Victor zurück?«

Sie spuckte die Worte aus, als müsste sie sonst daran ersticken: »In vier Wochen, Mister Mayer. Frühestens.«

»Vier Wochen!« Die Stimme am anderen Ende der Leitung überschlug sich. »Ich soll einen Monat lang alles anhalten? Wissen Sie, was mich das kostet? Hunderttausende von Dollars! Ich habe Victor zwei meiner Babys anvertraut. Er kann nicht krank machen. Verstehen Sie, was ich Ihnen sage?«

»Sie sprechen laut genug, Mister Mayer. Wenn Victor sich in seinem jetzigen Zustand weiterhin dem Stress seiner Arbeit aussetzt, wird er sterben.«

»Okay. Verstehe. Sagen Sie Victor gute Besserung. Er ist gefeuert. Es geht nicht anders. Das versteht er. Bye.«

Das Gespräch war beendet, und Henny hatte das Gefühl, unter einen rasenden Zug geraten zu sein. Sie begann zu zittern. Was hatte sie angestellt! Victor um seinen Job gebracht!

Was hieß: *Job?*

Seit vielen Jahren lebte er dafür, seinen Film zu realisieren, die Verfilmung von Vicki Baums *Menschen im Hotel*, der Roman, der in den USA den Titel *Grand Hotel* trug. Wie in eine große Seifenblase hatte sie soeben da hineingestochen. Und *Mata Hari*, für den die Dreharbeiten in genau dieser Minute wieder aufgenommen wurden.

Fort, alles zu Ende.

Henny schlich in das Schlafzimmer, in dem ihr Mann im Bett lag. Sie bewegte sich so vorsichtig, als müsste sie auf Zehenspitzen gehen, um ihn nicht zu wecken. Nicht aufzuwecken aus jenem Traum, den er schon so lange träumte. Würde es ihm gelingen, ihn dennoch zu retten? Zählte das wirklich noch? War es nicht wesentlich wichtiger, ihn vor sich selbst zu schützen?

»Hast du Mister Mayer erreicht?«, fragte Victor.

»Ja.«

»Was hat er gesagt?«

Sie sah ihm an, dass er das Geschäft, in dem er tätig war, gut genug kannte, um die Antwort zu erahnen. Aber vielleicht nicht in dieser unbarmherzigen Härte.

Auch während dieser Nacht fand Henny keinen Schlaf, schreckte hoch, lauschte auf den Atem ihres Mannes. Victor war unruhig, redete laut im Traum, obwohl sie ihm erneut zur Beruhigung etwas Morphium gespritzt hatte. Am Morgen waren beider Betten nass geschwitzt. Victor bat darum, ebenfalls aufstehen zu dürfen, um sich zumindest in einen Sessel zu setzen. Wie gewohnt machte sich Henny daran, ihr Bett abzuziehen, um die Wäsche zu wechseln. Dass dies nun Rosalias Arbeit war, hatte sie schon wieder vergessen.

Als sie ihr mit Federn gefülltes dickes Kopfkissen hochhob, wehte ein kleines Blatt Papier zu Boden, nicht größer als Leos Händchen, stark zerknittert. Im ersten Impuls hielt Henny es für etwas, das in den Abfall gehörte. Victor nahm gelegentlich Unterlagen mit ins Bett, es mochte ein Zettel sein, der abgerissen war. Dennoch hob Henny es auf. Darauf befand sich eine Zeichnung aus Tusche, die kaum zu erkennen war. Es waren gebogene Linien, eine Art Kreis, der verschlungen war mit zwei ovalen Kreisen. Was sollte das sein? Hatte Vicky etwas gemalt? Aber das war nicht ihr Stil.

Achtlos legte sie das Blättchen auf ihren Nachttisch und zog weiter Victors Bett ab. Unter seinem Kopfkissen fand sie zwei winzige Stöcke, miteinander verbunden durch die schmale längliche, noch grüne Blattrippe einer Fächerpalme, von denen etliche den Garten verzierten. Es brauchte nicht viel Fantasie, um darin ein Kreuz zu erkennen.

Irritiert legte Henny es zu dem Papierstück. Etwa auf Brusthöhe des Lakens lagen grauweiße Bruchstücke, die wie Brotkrümel aussahen. Hatte er im Bett gegessen? Mit einer einzigen raschen Geste wischte Henny alles von der Matratze auf den Fußboden. Sie hatte keine Zeit, weiter darüber nachzudenken, Vicky musste in die Schule gefahren werden, Victor kauerte ermattet im Sessel. Und die Betten mussten neu bezogen werden!

Erst jetzt fiel ihr ein, dass Rosalia ihre Hilfe dazu angeboten hatte. Als sie ihr kurz darauf in der Küche begegnete, wollte sie sie darum bitten. Aber wie drückte man das auf Spanisch aus?

Nur eines war gerade wirklich wichtig: »*Victor estar quieto, mas quieto. Dormir. Si?*« Sagt man das, wenn man zum Ausdruck bringen will, dass der Ehemann sich sehr ruhig verhalten soll, am besten schlafen? Henny hatte keine Ahnung. Es war gerade alles zu viel, viel zu viel, das sie im Blick behalten musste.

Rosalia nickte und gab eine ernsthafte Erwiderung, aus der Henny schloss, dass sie verstanden worden war.

An der französischen Riviera erwachte Ricarda an diesem Morgen mit dem angenehmen Gefühl großer innerer Ruhe. Die Wellen des Mittelmeers schlugen unterhalb des Schlafzimmers mit unermüdlicher Kraft gegen die Felsen, auf denen die Villa stand, als wäre sie aus dem Jahrmillionen alten Gestein förmlich herausgewachsen. Die Doppelflügel der beiden Fenster mit ihren Rundbögen waren geöffnet, ein leichter Wind spielte mit den Vorhängen, durch die das sanfte rotgoldene Licht der Morgensonne fiel.

Da Ricarda nun schon seit ein paar Wochen hier war und sich ihr Leben lang nach dem Lauf der Sonne gerichtet hatte, brauchte sie nicht den Wecker neben dem Bett, um zu wissen: Es war noch nicht einmal sechs Uhr am Morgen. Seit ihrer frühesten Jugend hatte die Pflicht sie zumeist vor Sonnenaufgang aus dem Bett getrieben. Aber hier konnte sie sich recken, den Augenblick genießen. Das Bett neben ihr jedoch war leer; auch Siegfried war sein Leben lang ein

Frühaufsteher gewesen. Im Gegensatz zu ihr tat er sich schwer, den Müßiggang zu genießen.

Auf der Suche nach ihrem Mann trat sie auf die Terrasse vor ihrem Zimmer. Seitlich vom Haus führten einige Stufen, aus dem hellen Fels herausgeschlagen, hinab zum Meer. Auf einer der letzten saß Siegfried und rauchte Pfeife. Er schien ganz bei sich zu sein, vertieft in den Blick über das grün und blau schimmernde Meer. Kleine Schaumkronen blitzten auf den Wellen.

Aus dem weitläufigen Garten der Villa war das Zirpen der Zikaden zu hören, deren Gesang Ricarda mochte. Die Gärtner hatten die Anlagen so gestaltet, dass Palmen an den genau richtigen Stellen platziert waren. Sie verdeckten den nahen kleinen Jachthafen, in dem einige Segelboote lagen. Wandte Ricarda den Blick hinter das Haus, so sah sie die steil aufragenden, schroffen, mehrere Hundert Meter hohen Felsen der Seealpen. Sie waren so nah, dass das Rufen der Seeadler, die dort ihre Horste hatten, zu hören war. Wilde Natur und der Luxus der Reichen – welch eine Kombination, hatte Ricarda gedacht, als sie Florentines Haus zum ersten Mal gesehen hatte.

Es befand sich am Rand der kleinen Ortschaft Beaulieu-sur-Mer. *Der schöne Ort am Meer*, so die Übersetzung, lag eingezwängt zwischen dem Mittelmeer und den Bergen. Deren oberste Kante sah für Ricarda wie die Zinnen einer Trutzburg aus, die den Winter vor dem mediterranen Frühling an der französischen Riviera beschützte. Am Tag erreichte das Thermometer bis zu zwanzig Grad.

Ricarda wechselte das Nachthemd gegen einen Badeanzug, warf sich einen Hausmantel über und ging hinunter zu ihrem Mann. Sie lächelte in sich hinein. Er, der überzeugte Sozialist, hatte Gefallen am Leben der Kapitalisten gefunden. Auf seine Weise: Auch jetzt lagen neben ihm Schreibblock und Bleistift.

Die Memoiren seiner einstigen Kameraden hatten ihn auf die Idee gebracht, über die eigenen Erlebnisse während der deutschen Kolonialzeit in Afrika zu schreiben. Einige Sätze hatte er an diesem Morgen wohl schon notiert, bevor er sich der Schönheit des Augenblicks ergeben hatte.

Sie massierte kurz seine Schultern. »Wie lange hast du gestern Abend gearbeitet?«, fragte sie.

»Nicht mehr lange. Das Kaminfeuer hat mich hypnotisiert. Ich muss eingeschlafen sein. Jonathan hat mich aufgeweckt und wir haben noch ein wenig geredet.«

Frieda, ihr Mann und die Zwillinge hatten sich kurz nach dem Ehepaar Thomasius in Florentines großer Villa einquartiert.

»Geht es auf Jonathans Baustelle voran?«

»Er scheint zufrieden zu sein. Aber es gibt wohl erste Stimmen, die sich über das Haus aus Beton ereifern, das er errichtet. Das sei keine Villa. Man schätzt es wohl nicht, wenn hier jemand mit der Zeit geht.«

Jonathan hatte auch Ricarda die Zeichnungen des Bauvorhabens gezeigt. Sie fand ebenfalls, dass der schnörkellose Stil der sogenannten Neuen Sachlichkeit nicht zum verspielten Stil der Riviera passte, hatte ihre Meinung jedoch für sich behalten.

Für Siegfried war das morgendliche Bad im Meer nicht das Richtige. Das Ehepaar befürchtete, es könnte sein gerade ruhendes Rheuma erneut befeuern. Aber sobald Ricarda den wenige Schritte entfernten Strand erreicht hatte, legte sie ihren Hausmantel ab. Die aufspritzenden Wellen benetzten ihre Haut. Ihr war kalt. Das morgendliche Bad im Meer war jedes Mal aufs Neue eine Herausforderung.

Sobald sie die ersten Schwimmzüge gemacht und sich

allmählich vom Ufer entfernt hatte, wo der Wellengang weitaus sanfter war, begann für sie der Hochgenuss. Mit kräftigen Armbewegungen kraulte sie hinaus, hielt kurz inne, horchte in sich hinein und tat weitere Züge, um sich auf den Rücken zu legen und die Aussicht zu genießen.

Nun entfaltete sich das überwältigende Panorama dieses Küstenabschnitts in seiner ganzen Pracht vor ihren Augen. Die von grünen Palmen umstandenen weißen oder cremefarbenen Villen mit ihren roten Dächern, dahinter die schroff aufragenden Felsen und vorn der Wellengang des Meers – ein Dreiklang der Harmonie. Ein Ort, an dem Sorgen nichts zu suchen zu haben schienen. Vielleicht deshalb hieß er *Plage Petite Afrique*, der Strand von Klein-Afrika, weil man der Wirklichkeit Europas entrückt war.

Sobald Ricarda aus dem Wasser stieg, legte Siegfried ein großes Badetuch um sie und frottierte sie mit einer die Durchblutung fördernden Massage. Die Sonne stand nun so hoch, dass ihre Kraft sich sommerlich anfühlte.

Zum Luxus, den die Gastgeberin auch ihren Gästen gönnte, gehörte das französische Frühstück mit Croissants und Kaffee, das das Hausmädchen Corinne servierte.

Gerade als Ricarda im Bad neben ihrem Zimmer in das heiße Wasser der Wanne stieg, hörte sie lautes Autohupen. Ihr erster Gedanke war, dass es für Florentine typisch war, das stille Idyll am Meer mit Lärm zu stören. Denn Friedas Zwillinge schliefen um diese frühe Morgenstunde noch. Kurz darauf waren mehrere Stimmen zu hören. Man sprach durcheinander, lachte ausgelassen.

Siegfried, der sich vor dem Badezimmerspiegel rasierte, sagte: »Sie hat wohl wieder die Nacht zum Tag gemacht. Und nun bringt sie ihre neuen Freunde mit.«

Gleich nach Ricardas und Siegfrieds Ankunft war das

schon einmal geschehen. Da hatte Siegfried mit respektlosem Berliner Zungenschlag festgestellt: »Je oller, je doller.«

»Für Flora konnte es nie wild genug zugehen.«

»Irgendwie hat sie recht, Rica«, sagte Siegfried nachdenklich. »Das Leben ist kurz und hart. Und wir beide haben es immer zu ernst genommen. Im Grunde könnte man Menschen wie Flora beneiden, die ihre Existenz als Spaß und nicht als Aufgabe empfinden, große Dinge vollbringen zu müssen. Sind wir nicht auch deshalb hier, um einmal von der Süße des Lebens zu kosten, die wir uns immer versagt haben?«

Ricarda rutschte tiefer in das warme Badewasser. Widersprechen wollte sie ihm nicht, fragte jedoch halb scherzend: »Spricht aus dir die Altersweisheit?«

Er grinste sein Spiegelbild an, wissend, dass sie es sah. »Ich war schon immer weise«, scherzte er.

Aus der über ihnen liegenden Etage war nun das Weinen eines Kindes zu hören, zu dem sich kurz darauf ein zweites gesellte: Friedas Zwillinge waren durch den Lärm erwacht.

»Jonathan wollte heute sehr früh zur Baustelle«, sagte Siegfried. »Ich habe ihm versprochen, Frieda mit den Zwillingen zu helfen.«

Frieda machte jeden Morgen mit Felix Gymnastik. Währenddessen musste Felicitas beschäftigt werden.

Ricarda blickte ihm schmunzelnd nach, als er aufbrach. Es fühlte sich gut an, ihren Mann so zu erleben. Als den in sich ruhenden Familienmenschen, der er früher fast nie hatte sein können. Oder wollen.

Die Terrasse über dem Meer war voller Menschen. Mit Champagnergläsern in den Händen standen sie zum Anfassen nahe vor Ricardas inzwischen geschlossenen Schlafzimmerfenstern, während sie sich gerade ankleidete. Offenbar gehörte die Party zu einer in den Morgen hinein verlängerten Nacht. Siegfried mochte durchaus recht haben, dass das Alter die letzte Gelegenheit bot, die Süße des Lebens zu genießen. Aber musste das ausgerechnet vor Ricardas Zimmer geschehen? Einladung hin, Einladung her.

Sie begegnete der großzügigen Gastgeberin im Salon, als die von jungen Leuten umgeben war, von denen kaum jemand älter als Mitte zwanzig war. Sie selbst hatte sich bei einem bildhübschen Mann mit schwarzer Lockenpracht eingehakt, mit dem sie scherzte. Genau der Typ, den sie schon vor vierzig Jahren favorisiert hatte, wie Ricarda nur zu gut wusste. Ihr wahres Alter war ihr nicht anzusehen, zu übersehen war jedoch nicht, dass sie mindestens im Alter der Eltern ihrer Gäste war. Obwohl sie gewiss die Nacht durchgemacht hatte, wirkte Florentine munter, das Makeup frisch, die rotgoldenen Locken bauschig. Die Frage, wie sie das machte, drängte sich Ricarda geradezu auf.

Das französisch sprechende Ehepaar, beide Mitte fünfzig, das Florentines Haus instand hielt, hatte ein Büfett mit Leckereien herbeigezaubert. Sogar Kaviar lag in einer Silberschale bereit, doch Ricarda genoss das frische Baguette, von dem reichlich vorhanden war.

»Sei nicht so bescheiden, Rica. Nimm Kaviar.« Florentine musterte sie mit einem amüsierten Lächeln.

»Ein solches Brot findest du nirgendwo in Berlin. Das ist eine Delikatesse. Ich genieße es gern pur.«

»Du bist immer so überzeugt von deiner eigenen Aufrichtigkeit.« Florentine lächelte hintergründig.

»Ich mache mir nichts aus Kaviar. Der schmeckt nur salzig. Sehe ich bei Austern ebenso. Keine Ahnung, warum so ein Aufhebens darum gemacht wird.«

Florentines Blick nahm Ricarda von Kopf bis Fuß Maß. »So spricht die Tochter einer Brandenburger Schlossköchin. Einer zweifellos guten Köchin. Die jedoch nie eine Auster oder Kaviar gegessen hat.«

»Die kocht man auch nicht, wenn ich mich nicht irre.«

Sie beide waren drauf und dran, die alten Zwistigkeiten aufzuwärmen, bemerkte Ricarda, und beschloss, einen anderen Ton anzuschlagen. Denn ihre Gastgeberin war offensichtlich voller Emotionen, von denen sie wohl nicht wusste, wie sie in den Griff zu bekommen waren.

»Du hattest eine interessante Nacht, wie es aussieht. Wo warst du?«, fragte sie.

»In Monte Carlo im Casino.«

Das berüchtigte Mekka des Glücksspiels war mit dem Auto nur fünfzehn Minuten entfernt.

»Ich hatte um die hunderttausend Francs gewonnen, alles verloren, zurückgewonnen und die Hälfte verloren«, erzählte Florentine mit den glühenden Augen der leidenschaftlichen Spielerin. »Herrlich! Es war wundervoll. So muss das Leben sein. Habe ich dir von Henny in Los Angeles erzählt?« Florentine war nicht zu stoppen. »Dort gibt es eine Achterbahn am Meer. Ich bin mit Vicky darin gefahren, während Henny mit dem Baby ...«

»Leo«, warf Ricarda ein.

»... während sie mit Leo von unten zusah. Henny war nur miesepetrig, hatte keine Vorstellung davon, dass es lustig ist, langsam bergauf und rasend schnell bergab zu sausen. Dieses Kribbeln im Bauch!«

»Mit einem Baby im Arm kribbelt nichts im Bauch, Flora.«

Florentine seufzte schwer. »Ja, ich weiß. Ich war nie gern Mutter. Ich habe es gehasst. Diese Verantwortung, all der ganze Kram, der bleischwer auf den Schultern lastet.«

Sie machte eine Geste in Richtung der jungen Gäste, die mittlerweile das Büfett fast leer gegessen hatten.

»Sieh sie dir an, Rica: Wie unbeschwert die Jugend ist. Und nun die Kleine da am Fenster, die hektisch raucht. Ist sie nicht entzückend? Gerade achtzehn und schwanger. Sie will das Kind nicht.«

Ricarda fürchtete, Florentines Monolog könnte eine ihr unangenehme Wendung nehmen. Da sah die Gastgeberin sie auch schon mit einem plötzlich hellwachen Blick an.

»*Mon dieu!* Was bin ich dumm! *Du* bist doch Ärztin!«

»Das weiß ich, Flora. Vergiss deinen Gedanken bitte dennoch, ja?«

»Du hattest damals auch abtreiben wollen. Aber du hast es nicht getan. Warum nicht? Du warst gerade mit dem Studium fertig. Nichts konntest du weniger gebrauchen als ein Kind.«

Die Unbekümmertheit, mit der Florentine den Übergang von der hübschen, hektisch rauchenden Achtzehnjährigen zu den schwärzesten Stunden in Ricardas Leben fand, wühlte Ricarda auf. Das war doch kein Thema für einen beiläufigen Plausch! Vermutlich war Florentine schon immer so gewesen, dachte sie. Für sie gab es keine Grenzen, nirgendwo. Weder privat noch gesellschaftlich.

»Weißt du, was du dem Mädchen dort sagen solltest, Flora? Sag ihr, es gibt nie den richtigen Zeitpunkt, um ein Kind zu bekommen. Kinder nehmen uns Frauen ein Stück Freiheit. Das wird immer so sein.«

Florentine lächelte spöttisch. »Ist das dein Ernst? Hast du *das* deinen Patientinnen gesagt? Hast du eine davon je wiedergesehen?«

»Nicht alle«, gab Ricarda zu. »Ich kann nicht zu Abtreibungen raten, Flora. Hätte ich es getan, gäbe es Henny nicht und ohne Henny keine Vicky, keinen Leo.«

»Du verlangst zu viel von einer Achtzehnjährigen! Wie kann sie wissen, ob sie jemals Großmutter wird! Du bist selbstgerecht.«

Es war ein Vorwurf, das räumte Ricarda ungern ein, der durchaus treffend war.

»Wie kann ich meine eigenen Erfahrungen als Frau außer Acht lassen, wenn ich Patientinnen berate?«, fragte sie. »Was ich erlebt habe, kann einer anderen Frau Mut machen, nach Lösungen zu suchen, die sie möglicherweise zuvor nicht in Betracht gezogen hat. So hat deine Tante Jette mir beigestanden, als ich nicht weiterwusste. Sie hat versprochen, mir den Rücken freizuhalten, wenn ich Henny zur Welt bringe. Und das tat sie, Flora. Obwohl wir uns in den Jahren davor zerstritten hatten. Und so habe ich es nun für Frieda getan.«

Während sie gesprochen hatte, war das Mädchen durch eine der Türen auf die Terrasse hinausgegangen. Sie stand nun an der von kurzen Säulen getragenen Balustrade oberhalb des Meers und blickte hinaus.

»Kennst du ihren Namen, ihre Geschichte?«, fragte Ricarda.

»Corinne stammt irgendwo aus der Provence, ein Dorf, soweit ich weiß.« Florentine schüttelte plötzlich vehement den Kopf. »Du bist die Menschenversteherin, meine Gute. Rede du mit dem Mädchen. Ich kann so etwas nicht.«

Sie drückte flüchtig ihre Hand und tauchte ein ins Getümmel.

Ricarda setzte ihr nach und hielt sie zurück. »Nein«, sagte sie, »Corinne ist deine Aufgabe. Du redest jetzt mit ihr.«

Florentine verdrehte die Augen. »Du bist anstrengend, Rica.«

»Und du hast immer versucht, solchen Anstrengungen zu entkommen.«

Die jungen Gäste hatten mitbekommen, dass die beiden ältesten Damen im Raum eine Meinungsverschiedenheit austrugen. Da dies auf Deutsch geschah, tauschten sie amüsierte oder verwunderte Blicke. Ricarda konnte nur vermuten, dass kaum jemand über Florentines deutsche Wurzeln Bescheid wusste; sie sprach nach Belieben gleichermaßen fließend Englisch oder Französisch. Auf derart unangenehme Weise Aufsehen zu erregen, lag offenbar nicht in ihrem Interesse, und so lenkte sie ein.

»Na gut, Rica, du hast gewonnen. Ich rede mit ihr. Wer weiß, wozu es gut ist?«

Ricarda fand, dass es nur helfen konnte, wenn Florentine an jener Seite ihres Selbst arbeitete, die sie ihr bisheriges Leben lang sträflich vernachlässigt hatte – ihr Mitgefühl.

Schon auf dem Flur im ersten Stock von Florentines malerischer Villa war Kinderjauchzen zu hören, eine heitere Unbeschwertheit, die Ricardas Herz höherschlagen ließ. Um nicht zu stören, öffnete sie leise die Tür und stahl sich in den Raum.

Dort spielte sich das Leben gerade auf dem Boden ab. Frieda kniete und brachte Felix dazu, sich mit den Beinen an ihr abzustützen, um sich aufzustellen. Dabei lachte sie, als freute sie sich über jeden seiner kleinen Klimmzüge, als wäre es der erste. Siegfried hatte sich auf alle viere niedergelassen, auf seinem Rücken thronte Felix' Zwillingsschwesterchen, das er geduldig durch den Raum trug.

Zwei Erwachsene, die sich mit jeder Faser den Kindern widmeten. Eine Ungezwungenheit, die Ricarda an ihrem Mann nicht kannte, der immer Soldat gewesen war. Es mochte wohl keinen besseren Jungbrunnen für ihn geben als dies, dachte sie. Schließlich gab er auf. Ricarda sah ihm an, dass das Krabbeln für das Rheuma in seinen Knien nicht das Richtige war. Er hob nun Felicitas hoch und drehte sich langsam mit ihr im Kreis, beide lachten.

»Wo du gerade da bist, Tante Rica …«, meldete sich Frieda zu Wort, »… könntest du Felix abhorchen?«

Sie nahm ein Stethoskop, das griffbereit lag, und reichte es Ricarda. Die wunderte sich nicht wenig, wie sehr Spiel und Ernst ineinander übergingen.

»Das habe ich immer dabei«, erklärte Frieda. »Felix darf sich nicht überanstrengen.« Sie machte einen besorgten Eindruck. »Ich kontrolliere das sehr genau.«

Ricarda hatte sich von ihrer Tochter über die Hintergründe der Erkrankung des Kindes informieren lassen. Dessen Herzschwäche war zwar von Antonias Praxis- und Lebenspartner Guntram Harrich diagnostiziert worden, aber war es deshalb angemessen, dass Mutter Frieda den Kleinen ständig abhorchte? Auch wenn es ihr gewiss gelang, das als Spiel auszugeben?

In der Tat schien es dem Kind zu gefallen, als sich Ricarda als Ärztin betätigte. Gleichzeitig hatte sie dabei ein waches Auge auf Frieda, deren Mienenspiel eine ganze Palette von Ängsten ausdrückte. Und sie dachte, dass weniger das Kind Anlass zur Sorge bot als die junge Mutter.

»Es geht ihm prächtig, Frieda«, sagte Ricarda, als die kurze Untersuchung beendet war.

Später, als die Zwillinge fröhlich herumtollten, legte sie den Arm um ihre Nichte. »Ich bin froh, wie alles gekommen ist. Nun hast du beide Kinder bei dir. Du hast ein Ziel erreicht: Felix geht es gut, Felicitas ist bei euch.« Sie strich über eine Falte, die sich in dem jungen Gesicht steil zwischen den Augenbrauen aufrichtete. »Ich weiß, dass du immer in Sorge um Felix bist. Das musst du nicht. Er ist auf einem guten Weg.«

»Danke, Tante Rica, dass du das sagst. Du meinst es gut

mit uns. So einfach ist es jedoch nicht, das weiß ich. Sein Herz ist nach wie vor schwach. Wenn er einfach so tot umfällt, das würde ich nicht überleben.«

Ihre Augen füllten sich mit Tränen.

»Wie kommst du auf solch einen Unsinn?«, fragte Ricarda und schloss sie nun fest in die Arme. »Felix wird nicht tot umfallen. Er wird ein großer Junge, ein starker Mann. Das geschieht ganz von allein, wie es immer geschieht, wenn Kinder heranwachsen. Felix wird keine Ausnahme darstellen.«

Frieda schüttelte vehement den Kopf. »Du willst mich in Sicherheit wiegen. Das ist lieb von dir. Aber sie haben es gesagt, alle drei!«

Sie schnäuzte sich in dem vergeblichen Versuch, ihre Gefühle in den Griff zu bekommen.

»Wer hat was gesagt?«

»Toni und ihre Kollegen, Dr. Harrich und Dr. Fahrland: Man kann Felix nicht heilen, das geht nur bei Krankheiten. Felix muss mit seinem Herzen so leben, wie es ist. Das haben sie alle drei gesagt!«, wiederholte die aufgewühlte Frieda.

»Nein, Frieda, das verstehst du nicht so, wie es wohl gemeint war. Felix ist nicht im Wortsinne krank, das haben sie gesagt. Sein Herz ist schwach von Geburt an. Aber du tust gerade alles, damit es stark wird.«

»Ich bekomme ein weiteres Kind, Tante Rica. Ich werde nicht mehr so viel Zeit haben für Felix. Und Felicitas ist auch wieder bei uns. Wie soll ich das alles schaffen?«

Wie hatte Friedas zweite Tante Florentine, die sich sehr von Ricarda unterschied, vor Kurzem gesagt? *Diese Verantwortung, all der ganze Kram, der bleischwer auf den Schultern lastet.* Darin lag gewiss viel Wahrheit! Frieda erfuhr offenbar gerade, wie unumkehrbar das Bekenntnis zum

Muttersein war. Und sie dachte kurz an das Gespräch über den Schwangerschaftsabbruch, das sie auch mit Frieda geführt hatte, als sie mit den Zwillingen schwanger gewesen war: Wie schön es ist, Kinder zu haben. Natürlich hatte sie beim Mutmachen nie erwähnt, wie schwer es werden konnte, den Alltag zu meistern. Darin hatte Florentine uneingeschränkt recht.

»In dir schlummern ungeahnte Kräfte, Frieda«, sagte Ricarda. »Ich war dabei, als du die Kinder zur Welt gebracht hast. Da habe ich gesehen, wozu du fähig bist. Du hältst große Anstrengungen aus. Darf ich dir einen Rat geben?«

»Oje! Was kommt jetzt?«

Ricarda lachte. »Nimm es halb so wild, Frieda. Kinder werden von ganz allein groß.«

»Felix ist so schwach!«

»Jetzt hat er seine Schwester. Sie werden spielen, gemeinsam die Welt entdecken. Wenn er mal kurz eine Pause braucht, wird sie es intuitiv spüren. Sie ist seine Begleiterin, an seiner Seite. Es ist eine wundervolle Fügung, wie es gekommen ist.«

Frieda sah zu ihren Kindern, die sich an Siegfried geschmiegt hatten. Mit seiner tiefen Stimme sang er ihnen ein afrikanisches Lied vor. Ricarda hatte es ihn sehr lange nicht singen hören. Die Arbeit an seinen Lebenserinnerungen weckte offenbar lang Vergessenes.

»Siegfried muss ein wundervoller Vater gewesen sein«, schwärmte Frieda.

»Er war ein abwesender Vater«, korrigierte Ricarda. »Wie die meisten Männer. Die Arbeit ist ihnen wichtiger. Und wie die meisten alten Männer bereut er es nun.«

»Ja, so ist es!« Schlagartig wallten Friedas gerade noch ruhende Gefühle erneut auf. »Jonathan braucht mich auch.

So wie die Kinder mich brauchen. Oh Gott, oh Gott, wie soll das nur gut gehen?«

»Jonathan ist ein erwachsener Mann«, sagte Ricarda. »Du musst ihn nicht beschützen. Das kann er doch ganz gut selbst, oder?«

»Nein, Tante Rica, das kann er nicht. Deshalb haben wir Berlin verlassen: weil er Angst hat. Um die Kinder, um mich, um sich. Wie kann man in Berlin leben, wenn ständig die Angst da ist? Dass man von irgendjemandem, den man nicht kennt, geohrfeigt wird. Beschimpft, weil man einen Namen hat, der jemandem nicht gefällt. Landsmann ist jetzt auch mein Name!«

Das platzte so überraschend aus Frieda hervor, dass Ricarda im ersten Moment vollständig überfordert war. Entsprach das dem, was Jonathan Landsmann schon erlebt hatte? Und was sollte sie antworten? Dass alles nicht so schlimm wäre oder gar werden würde? Die Gemüter sich beruhigen würden?

Sie wusste es nicht. Sie hatte nur eine Antwort, die ihr einfiel: »Hier seid ihr in Sicherheit, Frieda.«

»Hier ja. Aber wer weiß, wie lange. Jonathan sagt, dass der Hass gegen Juden jahrtausendealt ist. Er schläft wie ein Drache in einer Höhle, plötzlich wacht er auf, und niemand weiß, warum, so sagt es Jon.«

»Euch wird niemand ein Haar krümmen«, beschwichtigte Ricarda sie. Obwohl sie wusste, dass sie für ein solches Versprechen nicht einstehen konnte.

»Bei Tante Flora, in diesem Haus, in der Sonne, ist es wundervoll. Aber unser süßes Leben ist nur geborgt. Es gehört uns nicht.« Frieda sah sie offen an. »Was ich dir jetzt sage, bitte ich dich, für dich zu behalten. Du musst es nicht beschwören, weil ich dir immer vertraut habe. Du hast mich nie enttäuscht.«

Ricarda ahnte, was Frieda sagen würde. Natürlich würde es um Felicitas gehen, die neben ihrem Brüderchen auf Siegfrieds Schoß liegend eingeschlafen war.

Aber Frieda begann anders: »Wenn Jon mit dem Haus fertig ist, das er gerade in Cap Ferrat errichtet, werden wir Frankreich verlassen.«

»Ja?«, fragte Ricarda gespannt.

»Wir werden in den USA leben.«

»Warum müsst ihr alle fortgehen!« Die Worte entschlüpften Ricarda unbedacht. »Henny ist auch schon dort!«

»Ja, ich weiß«, sagte Frieda. »Aber Jon wird in New York arbeiten. In dem Architekturbüro, das gerade das Empire State Building errichtet.«

Die Zeitungen berichteten ausführlich über das höchste Gebäude der Welt, dessen Eröffnung bevorstand. Weitere viele Hundert Meter hohe Wolkenkratzer wären dort im Bau, hieß es. Damit verglichen verblasste zusehends der Ruhm der noch vor wenigen Jahren umschwärmten Metropole Berlin.

»Ich habe Jon gesagt, dass ich in Deutschland bleiben will. Das ist meine Heimat«, fuhr Frieda fort. »Ja, ich hatte meine Schwierigkeiten mit Freystetten. Dennoch ist es mein Zuhause. Du wirst dort sein, und natürlich Toni und meine Freunde. Ich muss alles aufgeben, Tante Rica. Du findest bestimmt, dass ich nicht richtig im Kopf bin, nicht wahr? Ich bin immer davongelaufen. Und jetzt, wo ich tatsächlich fort muss, will ich es nicht mehr.«

Sie lächelte, obwohl ihr Tränen in den Augen standen.

Ricarda war ebenfalls zum Weinen zumute. Ihr tat es auch leid um ihre Schwester Rosel, der großer Schmerz zugefügt werden würde. Dennoch war richtig, was geschehen würde. Die Liebe zu ihren Zwillingen ließ Frieda keine Wahl. Und die Liebe zu ihrem Mann ebenfalls nicht.

»Das klingt nicht gut«, sagte Siegfried, nachdem ihm Ricarda von Friedas und Jonathans Absichten erzählt hatte. »Sie befürchtet ohnehin schon, überfordert zu sein. Und dann soll sie in einer Großstadt leben, in der sie keine Menschenseele kennt! Woher soll sie so schnell Unterstützung bekommen? Ich fürchte, Jon mutet seiner Frau zu viel zu. Sollten wir nicht mit ihm darüber sprechen, Rica?«

Arm in Arm flanierte das Ehepaar Thomasius während des Gesprächs über Ricardas Nichte in Nizza die *Promenade des Anglais* entlang. Unzählige Paare taten es ihnen an diesem vorsommerlichen Nachmittag gleich. Aus den Cafés wehte der Klang der Pianos und Geigen herüber, darunter legte sich das Rauschen der Wellen, die sanft auf den Kiesstrand liefen. Weil die Promenade auf einem erhöhten Straßensockel verlief, war es nicht mehr als eine immerwährende Geräuschkulisse, während das Leben auf dem Boulevard so städtisch elegant war wie vermutlich auch auf den *Champs Élysées* in Paris.

»Gewiss, Frieda ist schnell überfordert«, antwortete Ricarda auf die Sorge ihres Mannes. »Das war schon früher so. Bei ihr schlägt Euphorie rasch in Traurigkeit um. Jonathan wird lernen müssen, damit umzugehen. Ich denke, das schafft er. Er liebt sie über alles.«

Sie spürte, dass ihr Mann eine kleine Pause benötigte. Im Schatten einer Palme ließen sie beide sich auf einer der vielen Bänke nieder und sahen den Spaziergängern zu. Es erinnerte Ricarda an ein Schaulaufen, bei dem die Damen die neueste Pariser Mode trugen. Die in Deutschland grassierende Arbeitslosigkeit hatte Frankreich zwar mit Verzögerung erreicht, aber auch hier waren nun die *années folles* vorbei, *die verrückten Jahre*, wie die *Goldenen Zwanziger* auf Französisch genannt wurden. Geblieben war die Freizügigkeit der Damenkleidung mit frechen Dekolletés und luftigen Stoffen, aber die Säume der weit schwingenden Kleider reichten nun wieder bis zum Knöchel, und die Hüte hatten oft Wagenradgröße, was Ricarda an ihre Jugend in der Kaiserzeit erinnerte.

»Mit Liebe allein übersteht keine Ehe die Herausforderungen des Alltags«, sagte Siegfried, und sein Blick folgte einer jungen Mutter, die den Kinderwagen schob, während ihr Gatte den luftig gekleideten jungen Damen nachsah.

»Weißt du noch, damals, als wir beide mit der kleinen Henny nach Deutsch-Ostafrika ausgewandert sind? Wir hatten nichts, nur uns und unsere Zuversicht«, erinnerte Ricarda ihren Mann.

»Du hattest das Krankenhaus, ich die Kameraden. So allein waren wir nun wirklich nicht!«

»Genau das meine ich, Siegfried. Wir haben uns Unterstützung gesucht und manche dieser Menschen wurden Freunde. Genauso wird es bei Frieda und Jonathan sein, wenn sie in New York wohnen. Vielleicht sollte Frieda Henny schreiben, die kennt sich doch gewiss noch dort aus.« Mit leichter Schwermut dachte sie an ihre Tochter und deren Familie.

Untergehakt schlenderten die beiden in den Ort hinein. Seitdem sie in Südfrankreich waren, hatten sie nie das Gefühl gehabt, als Deutsche nicht willkommen zu sein, wie Siegfried es befürchtet hatte. Denn die Riviera war ohnehin voller Fremder und Erholungssuchender.

Gerade kündigten Plakate einen Auftritt von Frankreichs berühmtestem Schauspieler und Chansonnier an. Maurice Chevalier, der auch in Hollywood ein großer Star war, gab eines seiner seltenen Konzerte im *Eldorado de Nice*, dem pompösen Vergnügungstempel. Es war längst ausverkauft, aber Karten für den Film *Le petit café* bekamen sie noch, in dem Chevalier die Hauptrolle spielte.

»Wir werden kein Wort verstehen«, protestierte Siegfried.

»Lassen wir uns vom Lebensgefühl des Films inspirieren! Das wird uns beiden guttun«, schlug seine Frau vor.

Es war eine nette Komödie über einen Kellner, den auch plötzlicher Reichtum nicht davon abhielt, sein altes Leben fortzuführen. Entsprechend fröhlich kehrten die beiden am Abend in Florentines Villa zurück.

Die Gastgeberin eilte Ricarda mit strahlendem Lächeln entgegen. »Ich habe eine Ehe gestiftet!«, jubilierte sie.

»Gratuliere!«

»Du hattest so recht, Rica! Die kleine Corinne brauchte meine Hilfe. Sie hat sich bloß nicht getraut, ihrem Liebsten zu sagen, dass sie sein Kind erwartet. Ich bin zu ihm gegangen und habe es ihm gesagt. Er ist vor ihr auf die Knie gegangen und bat sie, seine Frau zu werden.«

Da Florentine zu Übertreibungen neigte, vermutete Ricarda, dass sich alles nicht ganz genau so abgespielt hatte: »Das ist ja wie im Märchen!«

»Ich bin eine gute Fee, wenn man mich nur machen lässt!« Florentine lächelte süß. »Übrigens rief vorhin mein lieber Bruder an, der gute Graf Friedemann. Denk dir nur, er ist in großer Sorge um dein Schwesterchen, die durchlauchte Gräfin Rosel.« Sie senkte die Stimme, als wollte sie ein Geheimnis mitteilen. »Frieda wird ihr Töchterchen wohl nicht freiwillig zurückgeben, vermute ich. Wie hältst du das aus, Rica? Mitzuhelfen, dass der eigenen Schwester das Enkelchen vorenthalten wird? Du, die es allen recht machen möchte.«

»Flora, du bist nicht nur eine gute Fee. Du kannst auch so liebenswürdig wie ein Henker sein«, erwiderte Ricarda.

»Oh ja, liebe Rica! Mein Herz hat viele Kammern. Genau wie mein Haus.« Florentine zwinkerte ihr zu. »Schlaft gut, ihr beiden. Wenn ihr mich sucht – ich werde heute Nacht im Casino Hunderttausende gewinnen!«

Sie lachte glockenhell, und noch lange, nachdem sie gegangen war, schwebte der Geruch ihres schweren Parfüms im Haus. Es war eindeutig Rose.

»Manchmal«, sagte Siegfried nachdenklich, »frage ich mich schon, was sie eigentlich von uns beiden hält.«

»Wissen wir das nicht recht genau?« Ricarda lächelte ihm zu.

»Und wie lange willst du bleiben?«, fragte er zurück.

»Wir sind nicht ihretwegen hier.«

»Sondern wegen Frieda und der Kinder.«

Ricarda gab ihm einen Kuss auf die Wange. »Wir sind auch unseretwegen hier. Magst du es nicht auch so sehen?«

Siegfried stimmte schweigend zu, aber sie spürte, dass der preußische Soldat, mit dem sie verheiratet war, sich insgeheim wieder zurück nach Berlin sehnte. Er war kein Mann, der die Süße des Lebens zu schätzen wusste. Das Leben bedeutete für ihn letzten Endes Pflichterfüllung.

Die Fenster in Antonias Sprechzimmer standen offen, von der Behrenstraße drang zwar der Lärm der Autos, Lastwagen und Busse herein, die Rufe der Jungen, die Lieferungen austrugen, und gelegentlich helles Kinderlachen – Antonia liebte die Melodie ihrer Stadt. Gleichzeitig wehte die warme Frühlingsluft dieses Maitages herein, unter die sich der Geruch nach verbranntem Benzin mischte. Es bedeutete ihr so viel, weil es sie spüren ließ, wie ihre Heimatstadt vibrierte. Dennoch ließ sie sich nicht ablenken von ihrer Arbeit.

Es ging auf Mittag zu. Die Unterlagen zu zwei weiteren Patientinnen warteten auf ihrem Schreibtisch. Als Doris Kaufmann eintrat, erkannte Antonia die Schauspielerin kaum wieder. Ihr Make-up und ihre wie immer schwarze

Kleidung waren tadellos, aber die Frau, die etwas jünger als sie selbst war, bewegte sich, als wäre sie um Jahrzehnte gealtert.

Obwohl sie das tatsächlich nur bei alten Damen tat, stand Antonia auf, ging um ihren Schreibtisch herum und begrüßte Doris dort mit Handschlag. Natürlich hatte sie die letzte Begegnung mit ihr nicht vergessen. Und auch, dass Celia ihre Ärztin war. Um eine Behandlung würde es also eher nicht gehen. Sie führte Doris zu dem runden Tisch am Fenster, auf dem Sprechstundenhilfe Josefine stets einen Strauß frischer Blumen abstellte. Im warmen Sonnenlicht ließen die roten und gelben Tulpen bereits ein wenig die Köpfe hängen.

»Ich halte Sie nicht lange auf, Frau Doktor«, begann Doris.

»Das tun Sie nicht! Ich bin froh, Sie zu sehen.«

»Es könnte sogar sein, dass Sie die Wahrheit sagen.« Die Schauspielerin versuchte ein Lächeln, das ihr nicht vollends gelang. »Ihr Ärzte habt ja keine Angst vor dem Tod. Sonst könntet ihr eure Arbeit wohl nicht ausüben.«

»Angst nicht, Respekt schon. Wie geht es Ihnen?«

»Ich bin nun auch so weit, keine Angst mehr zu haben. Ich verabschiede mich gerade vom Leben.«

»Wie machen Sie das?«, fragte Antonia.

Sie spürte, dass ihre Besucherin ein Anliegen hatte.

Doris Kaufmann lächelte auf eigentümliche Weise. »Sehr gute Frage, Frau Doktor. Normalerweise sagen die Leute: ›Das tut mir so leid für Sie.‹ Sie jedoch lassen sich von meiner Theatralik nicht beeindrucken. Sie bleiben neugierig. Kompliment.«

»Danke.« Antonia lächelte. »Wir sind fast gleichaltrig, wussten Sie das? Ich bewundere die Gelassenheit, mit der Sie Ihr Los annehmen.«

»An manchen Tagen heule ich so oft, dass ich ständig neues Make-up auflegen muss.«

»Was wurde aus dem Mann, den Sie heiraten wollten?«

»Ich habe Schluss gemacht. Er begann mich zu bedauern. Was soll ich mit einem Kerl, der mich schon zu meinen Lebzeiten beweint?« Sie zwang sich zu einem weiteren Lächeln. »Ich möchte in Würde von dieser Bühne abtreten. Aber meine Schmerzen machen mir das fast unmöglich. Es geht nur noch mit Drogen.«

»Was brauchen Sie? Morphium?«

»Sie kommen gleich auf den Punkt. Ja, ich brauche Morphium, Frau Doktor.«

»Ich muss mich dazu mit Doktor Fahrland abstimmen.«

»Bedaure, aber Frau Doktor Fahrland gehört nicht zu den Menschen, von denen ich mich persönlich verabschieden möchte.«

»Darf ich fragen, warum? Sie ist Ihre Ärztin.«

Die Schauspielerin atmete plötzlich so schwer, als bekäme sie kaum mehr Luft.

»Weil sie mich, wie kaum sonst jemand, daran erinnert, dass mein Leben gescheitert ist.«

Es drängte Antonia dazu nachzufragen. Sie unterließ es. In ihrer beider Alter hatte man für gewöhnlich Träume, vielleicht hatte man sich sogar noch Illusionen aus der zu Ende gegangenen Jugend bewahrt. Der nahende Tod zog unter alles einen endgültigen Strich. Die Bilanz war vollständig, neue Posten kamen nicht mehr hinzu, die das Soll auf dem Konto in ein Haben verwandelten.

»Machen Sie es sich nicht zu schwer, wenn Sie von Scheitern sprechen, Frau Kaufmann? Die Krankheit verhindert Ihren weiteren Lebensweg. Das ist kein Scheitern.«

»Ich war ehrgeizig. Ehrgeizig und dumm. Ungebildet. Ich habe alles gemacht, um mich nach oben zu strampeln.

Als wäre ich eine kleine Kaulquappe in einem Teich, die unbedingt ein Frosch werden will. So habe ich über mich selbst gedacht und wie eine Kaulquappe immer fleißig mit dem Arsch gewackelt. Ich habe mich weggeworfen. Und das habe ich für Karriere gehalten.« Sie trug Puder auf. »So, das war meine kleine Lebensbeichte.« Sie sah Antonia über ihren Taschenspiegel hinweg an. »Im Theater hat man vor nichts so viel Angst wie vor Feuer. Denn es gibt so viele Dinge, die sich selbst entzünden können. Deshalb gibt es überall Schilder. *Notausgang* steht da drauf. Helfen Sie mir dabei, meinen Notausgang zu finden? Ein Schlaf, Frau Doktor, ein sehr, sehr langer, tiefer Schlaf. Schenken Sie mir den?«

Guntram hatte sich mit dem Kochen Mühe gegeben, obwohl es ein ganz normaler Tag in der Woche war. In der Küche lag der Duft von gebratener Leber, dazu hatte er *Apfel und Kartoffel* gemacht – das klassische Berliner Gericht. Als sie sich zum Essen an den Tisch setzten und er ihr servierte, sah Antonia die Sorge in seinem Gesicht, als Koch versagt zu haben.

Antonia war in Gedanken noch in der Praxis. Sie schnitt ein Stück Fleisch ab; es war etwas zäh.

»Danke fürs Kochen. Schmeckt lecker«, lobte sie dennoch.

Er sah sie an. »Du wirkst bedrückt. War etwas Unangenehmes?«

»Eine Patientin wollte Morphium, um zu sterben. Ich …« Sie unterbrach sich selbst. »Was hätte ich tun sollen?«

»Der Eid des Hippokrates sagt dazu ganz klar Nein. Warum kam sie damit überhaupt zu dir?«

»Sie ist Celias Patientin, kennt sie aber aus der gemeinsamen Vergangenheit. Ich glaube, sie wollte sie schonen.«

»Weshalb? Lia hat gewiss viele solcher Fälle.« Guntram runzelte nachdenklich die Stirn. »Spielt auch keine Rolle. Du stehst vor der Frage: Helfen oder nicht? Wie alt ist sie?«

»Etwa so alt wie ich.«

»Verständlich, dass dich das mitnimmt.«

Guntram hatte längst aufgehört zu essen. Ihr tat es leid, ein derart schweres Thema berührt zu haben.

»Wenn es Celias Patientin ist, muss Celia diese Frage klären, Toni«, sagte Guntram entschieden. »Vergangenheit hin, Vergangenheit her.«

Obwohl sie bereits für sich entschieden hatte, dass solch schwere Gespräche künftig nicht mehr am Esstisch stattfinden sollten, konnte sie ihre ursprüngliche Frage nicht zurückhalten. Guntram war der Mann, mit dem sie den Rest ihres Lebens teilen wollte, sie musste die Antwort kennen.

»Was würdest du tun? Ihr helfen?«

Guntram nickte bedächtig. »Nach reichlicher Abwägung und nachdem ich ein paar Nächte darüber geschlafen habe und ...«, er lächelte sie an, »... ich mich darüber mit Kolleginnen beraten habe, ja, dann würde ich ihr wohl helfen. Diskret. So etwas muss niemand merken.«

Antonia lächelte ihm liebevoll zu. »Ich liebe dich.«

Er sah sie verwundert an. »Deshalb? Weil ich das gesagt habe?«

»Auch deshalb. Du erlaubst dir Mitgefühl mit Patienten. Das ist wunderbar. Ich finde, die Kolleginnen und Kollegen, die das nicht können, sind nicht mehr menschlich. Sie lassen nicht zu, was uns Menschen auszeichnet: Einfühlungsvermögen und Verständnis.«

»Davon hast du auch sehr viel.« Er blickte auf die Leber, von der sie beide kaum gegessen hatten. »Ich hab's falsch gemacht, nicht wahr? Das darfst du mir getrost sagen, Toni. Dann mache ich es das nächste Mal besser.«

»Ich habe mich so gefreut, dass du dich an so etwas wie Leber herangewagt hast. Ich wollte dich nicht kränken.« Und dann verriet sie ihm Großmutter Karlas Rezept mit der Buttermilch, in die die Leber über Nacht eingelegt und vor dem Braten in Mehl gewendet wurde.

»Ich wollte dir auch noch etwas erzählen«, sagte Guntram.

Er faltete die Serviette zusammen und legte sie neben den Teller. Es sah aus, als hätte er mit etwas abgeschlossen. Und es war wohl nicht die misslungene Leber.

»Ich gebe Enno frei«, sagte er.

»Wie meinst du das?«

»Mein Sohn soll leben, wo er ohnehin ist – bei seinen Großeltern. Ich beende das Gezanke um das Kind. Das ist das Beste für alle.«

»Aber nicht für dich.«

»Ich habe dir mal gesagt, dass ich Svenja geheiratet habe, damit Enno ehelich geboren wird. Daran habe ich mich erinnert und meine Entscheidung nun treffen können. Es ging mir immer nur um Ennos Wohl. Folglich ist die Konsequenz, ihn freizugeben.«

»Wie sachlich du das sagst.«

»Enno ist bei Menschen, die ihn lieben. Reiße ich ihn da heraus, bringt ihm das nichts. Anders gefragt: Wenn ich mich an meine Gefühle klammere – was hat der Junge davon?«, gab Guntram zu bedenken. »Ich will nach vorn blicken. Die Scheidung wird nun schnell gehen. Und wir können heiraten.«

»Oh, ist das etwa ein Antrag?« Sie grinste frech.

»Das ist nur so dahingesagt, Toni.« Er schmunzelte.

»Gewissermaßen als kleine Vorwarnung, dass da noch etwas Größeres kommt?«

»Zunächst muss ich lernen, wie echte Berliner Leber zubereitet wird. Ehrensache. Ich kann dich doch nicht verhungern lassen«, scherzte er.

»Wie einfühlsam du bist!« Sie stand auf und legte die Arme um seinen Hals. »Darf ich dir ein ganz kleines Geheimnis anvertrauen?«

Erstaunt fuhr er herum. »Du bist doch nicht etwa …!«

Sie fiel ihm ins Wort. »Nein, bin ich nicht.« Sie küsste ihn. »Es hat mit der Leber zu tun.«

»Sag bloß, du machst dir nichts aus Berliner Leber.«

»Wenn *du* sie machst, werde ich sie immer essen.« Sie zwinkerte ihm zu. »Leider hängt der Geruch hinterher hartnäckig in der Kleidung.«

Er stand auf, küsste sie und begann ihre weiße Bluse aufzuknöpfen, während er lächelnd sagte: »Das muss in die Wäsche, dringend.«

»Bin ganz deiner Meinung!«, sagte sie atemlos und streifte sein Sakko ab.

Der Rest ihrer Kleidung verteilte sich bereits auf dem Weg ins Schlafzimmer im Flur, als ausgerechnet in diesem Moment das Telefon läutete, das dort an der Wand befestigt war. Mit einem Seufzen hob Antonia ab und meldete sich.

»Ich verbinde mit dem Abgeordneten Franz von Freystetten«, sagte eine weibliche Stimme am anderen Ende der Leitung.

Antonia glaubte nicht richtig zu hören! Nicht nur, dass ihr Cousin sie noch nie aus dem Reichstag angerufen hatte; er hatte es überhaupt nie zuvor getan. Schon allein deshalb, weil sie ihn verdächtigte, den Angriff auf Henny beauftragt zu haben, waren sie zerstritten. Er würde sich doch nicht etwa melden, damit sie wegen der kleinen Felicitas einschritte? Das konnte er vergessen!

»Antonia, hier ist Franz«, meldete er sich.

»Das Fräulein hat dich bereits angekündigt«, gab sie kühl zurück.

»Ich muss mit dir sprechen.«

»Das ist für gewöhnlich der Grund, weshalb man anruft.«

Sie spürte, wie sie immer ärgerlicher wurde, während Guntram in Unterwäsche und mit einem amüsierten Lächeln im Rahmen der Schlafzimmertür lehnte. Es erinnerte sie daran, dass sie nur Unterwäsche trug. Sie streckte ihm die Zunge entgegen.

»Das geht nicht am Telefon«, sagte Franz.

»Was?«, fragte sie unkonzentriert zurück.

»Ich will mit dir über ein medizinisches Problem reden.«

Schlagartig war sie bei der Sache. »Tatsächlich? Bist du nicht Offizier? Von Vater weiß ich, dass ihr ein eigenes Militärkrankenhaus habt.«

»Mach es mir nicht so schwer, Antonia. Ich muss dich sehen.«

»Unsere letzten Treffen waren für mich sehr unangenehm, Franz. Du hast dich abscheulich verhalten.«

Guntram spürte offensichtlich, dass es zu keinen Zärtlichkeiten mehr kommen würde. Er sammelte die herumliegende Kleidung ein, aber einen leichten Kuss auf die nackte Schulter gab er ihr gleichwohl. Und plötzlich wich die Anspannung, die das Telefonat in ihr aufgebaut hatte.

»Über das, was war, möchte ich nicht sprechen, Antonia. Du bist stets anderer Meinung als ich und vertrittst sie vehement. Das verdient Respekt und darum vertraue ich dir. Ich bitte dich um Hilfe.«

Vollends logisch klang das zwar nicht, aber es war ein ganz neuer Tonfall! Und in diesem Augenblick sah sie die blutigen Stiefel im Weidenkorb des Freystettener Schusters plastisch vor sich.

»Na gut«, lenkte sie ein.

Selbst wenn er ihr mit seiner Schmeichelei Entgegenkommen abringen wollte, so musste er mit seiner Bitte dennoch über den eigenen Schatten springen.

»Komm hierher, in meine Praxis.« Sie machte eine winzige Pause, um zu sagen, was ausgesprochen werden musste: »Bilde dir bitte nicht ein, dass der Angriff auf Henny deshalb vergessen wäre.«

Franz betrat die Praxis noch am selben Abend. Es war niemand mehr da außer Antonia. Das war ihr nur recht, wollte sie doch ihrer jüdischen Sprechstundenhilfe Josefine eine Begegnung mit dem Reichstagsabgeordneten der NSDAP Franz von Freystetten ersparen. Um den späten Termin gebeten hatte allerdings Franz selbst. Er hatte behauptet, früher keine Zeit zu haben.

Ihr Cousin trat anders auf als sonst. Zwar immer noch mit dem Selbstbewusstsein eines Grafen, der es sowohl als Soldat als auch in seiner neuen politischen Funktion weit gebracht hatte. Ihr Gefühl signalisierte Antonia aber auch, dass sich darunter ein Mensch verbarg, der dieses äußere Erscheinungsbild mühsam aufrechterhielt. Vielleicht irrte sie sich auch, weil sich Franz in ungewohnter Umgebung bewegte. Dies war das Reich seiner Kusine, in seinem Verständnis wohl so etwas wie ihr Hoheitsgebiet. Auch sie selbst spürte eine leichte Unsicherheit. Ein wenig erschien ihr der groß gewachsene Mann wie ein Eindringling in ihre Welt.

Ob es am Ende doch keine gute Idee war, ihn hierher einzuladen?

»Guten Abend«, sagte sie und reichte ihm die Hand.

Er nahm den Hut ab, wie es sich für einen Herrn gehört, der eine Dame begrüßt. Und mit einem Schlag bekam das

Bild, das sie von ihm hatte, einen Riss: Seine Glatze war wie immer rasiert, aber darauf zeichneten sich verschorfte und frische Wunden ab. Franz bemerkte ihren Blick und setzte den Hut wieder auf. Größere Bedeutung maß Antonia dem Vorgang nicht zu; vielleicht hatte der Adjutant, der für die morgendliche Rasur zuständig war, Sorgfalt vermissen lassen. Dann blickte sie aus einem Impuls heraus, dem sie nicht widerstehen konnte, auf seine Stiefel. Sie waren blitzblank poliert und schwarz.

Einem Mann, der ihre Schwester hatte verprügeln lassen, traute sie alles zu. Was möglicherweise übertrieben war. Das Blut an den Freystettener Stiefeln konnte schließlich auch von der Jagd stammen.

»Verfolgt jemand unser Gespräch?«, fragte Franz, sobald er in ihrem Sprechzimmer an dem runden Tisch mit den Tulpen Platz genommen hatte.

»Wer sollte es verfolgen? Wie meinst du die Frage?«

»Nichts. Verzeih.« Er räusperte sich, als wäre er verlegen.

»Das würde ich schon gern wissen, Franz.«

»Nun, ähm, wir gehören verschiedenen politischen Lagern an, denke ich. Ein Mann in meiner Position muss Obacht walten lassen.«

»Du batest um meine Hilfe als Ärztin und sagtest, dass du mir vertraust. Wenn beides nicht mehr zutrifft, solltest du besser gehen.«

»Verzeih, Antonia. Ich stehe unter Anspannung.«

»Das tue ich auch, Franz. Wir müssen bei Henny anfangen. Ich kann nicht zur Tagesordnung übergehen, bevor das geklärt ist.«

»Was möchtest du von mir hören?«

»Die Wahrheit. Henny kam abends aus der Boutique deiner damaligen Frau Grit. Ein paar Kerle hielten sie aller Wahrscheinlichkeit nach für Grit, schlugen auf sie ein und sagten, das geschähe in deinem Auftrag. Deine Schwester Frieda machte die Burschen ausfindig. Und dann starben sie unter mysteriösen Umständen in der Untersuchungshaft. Franz, das steht zwischen uns.«

Franz' Blick flackerte. »Ja«, sagte er.

»Was heißt ›ja‹?«

»Ich ...« Er sah sich suchend um. »Ich würde gern ein Glas Wein trinken.«

»Tut mir leid, ich habe nur medizinischen Alkohol.«

»Deine Wohnung ist eine Etage weiter oben. Können wir das Gespräch dort fortsetzen?«

Im Grunde war es Hennys Wohnung, die sie benutzte, solange ihre Schwester in Los Angeles war. An diesem Abend war Guntram dort. Sie hatte ihn gebeten zu bleiben, um die Unterhaltung mit Cousin Franz später mit ihm aufzuarbeiten.

»Mir ist es lieber, wir reden hier. Ich hole anschließend von oben einen Wein«, sagte sie, weil sie ahnte, dass Guntrams Anwesenheit das erhoffte Geständnis verhindern würde. »Zuvor möchte ich, dass du mir sagst, wie es zu dem Überfall auf Henny kam.«

»Du musst mir glauben, dass ich das nicht wollte.«

»Warum muss ich das?«

»Ich achte Henny ebenso wie dich. Niemals hätte ich ihr etwas antun wollen.«

»Aber du hättest deiner damaligen Frau Grit etwas antun wollen, wie du das nennst. Das ist ein Verbrechen, Franz.«

»Ich war in einer Notlage. Ich musste mich wehren.«

»Deine Art, dich zu wehren, besteht darin, Schläger auszuschicken, um eine wehrlose Frau bewusstlos zu prügeln?«

»Grit hat mich erpresst. Du kanntest sie nicht. Du warst damals in Afrika.«

»Das wird mir bei jeder Gelegenheit vorgehalten, Franz. Ich bin doch nicht die einzige moralische Instanz in dieser Familie, an die du dich hättest wenden können!« Sie unterdrückte ein empörtes Aufstöhnen. »Wenn man erpresst wird, geht man zur Polizei. Stattdessen hast du Selbstjustiz angewandt!«

»Es hätte einen Skandal gegeben, der das Haus Freystetten beschädigt hätte.«

»Heißt das, Onkel Friedemann war eingeweiht?«

»Natürlich nicht, Antonia.«

»Aber als er es erfuhr, hat er dein Vorgehen gedeckt.«

»Er ist mein Vater.«

Und in jenem Teil meiner Jugend, als meine Eltern in China als Ärzte arbeiteten, war dein Vater mein wichtigster Beistand, dachte sie. Ist Vaterliebe so, dass sie verzeiht, was für andere unverzeihlich ist?

Antonia war überzeugt, dass ihr eigener Vater nicht so reagiert hätte. Und das musste gesagt werden: »Sowohl du als auch dein Vater, ihr habt euch gegen meine Familie gestellt. Ihr habt den Bruch einer alten Verbundenheit in Kauf genommen.«

»Es geht mir nicht gut, Antonia.«

Er nahm den Hut endgültig vom Kopf, fuhr sich mit der Hand über die Glatze, eine Angewohnheit, die sie von ihm kannte. Nun bemerkte sie die dünne Schweißschicht, die sich dort und auf dem Gesicht bildete. War er krank? Gar ernsthaft erkrankt? Wahrscheinlich, sonst wäre er nicht zu ihr gekommen, obwohl er ihre Standpauke erwartet haben musste, dachte sie.

»Mit dem, was du in der Vergangenheit angestellt hast, hat dein augenblicklicher Zustand nichts zu tun, Franz. Dazu erwarte ich von dir, dass du meine Mutter und Henny um Verzeihung bittest, sobald du sie triffst. Wirst du das tun?«

Sie wusste nicht, was sie tun würde, wenn er das ablehnte. Ihn vor die Tür setzen? Sie sah ihm an, wie es in ihm arbeitete. Ging sie gerade zu weit? Ihren Cousin, der sie in ihrer Eigenschaft als Ärztin aufsuchte, derart unter Druck zu setzen? Aber hatte er sich nicht deshalb an sie gewandt, weil sie seine Kusine war? Gab ihr das nicht das Recht, beides miteinander zu verknüpfen?

»Es stimmt, Antonia: Ich hätte Tante Ricarda ins Vertrauen ziehen sollen, als noch Zeit war.« Er klang gehetzt. »Die Dinge wären vermutlich nicht derart eskaliert. Das war ein Fehler, den ich bereue. Henny hätte nie etwas zustoßen dürfen.«

Würde er sein Vorgehen auch bereuen, wenn es ihm nicht *schlecht* ginge? Es hatte keinen Sinn, dieser Frage nachzugehen, fand sie.

»Und was ist mit Grit? Meine Mutter traf sie zufällig wieder.« Dass dies in München bei einem Einkaufsbummel gewesen war, unterschlug sie und nannte den Grund dazu: »Grit lebt in Angst vor deinen Schlägern. Wirst du sie in Ruhe lassen?«

»Schnee von gestern«, schnarrte er ungeduldig. »Können wir jetzt bitte über mich sprechen?« Seine Füße wippten auf den Ballen. »Wenn du den Wein holst, Antonia, bringst du mir bitte auch etwas Schokolade mit?«

Sie ließ Franz ungern allein in ihrer Praxis zurück und eilte nach oben.

Hennys Schwiegermutter Florentine hatte die Wohnung ebenfalls eine Zeit lang genutzt. Aus dieser Phase stammte ein dunkler Abstellraum voller Regale mit Weinflaschen. Einige waren wertvoll, wie Antonia wusste. Da sie kaum je davon trank, ergriff sie wahllos die erstbeste und ging kurz zu Guntram ins Wohnzimmer, um ihm Bescheid zu sagen.

Verwundert blickte er auf. »Ist Franz schon weg? Trinken wir Wein?«

»Den will Franz, und Schokolade. Er macht einen nervösen Eindruck.«

»Dazu hat er Grund genug, nicht wahr?«, scherzte Guntram.

Auf dem Tisch vor sich hatte er ein neu erschienenes Fachbuch über Stoffwechselerkrankungen und einen Schreibblock, auf dem er sich dazu Notizen machte. Als sie es sah, kam Antonia der Gedanke, was mit Franz los sein könnte.

Antonia reichte ihrem Cousin den Korkenzieher und die Flasche, doch Franz nahm zunächst die Süßigkeit, um schnell nacheinander ein paar Stücke zu essen. Routiniert öffnete er die Flasche, sah nicht einmal auf das Etikett. Das fiel Antonia erst jetzt ins Auge; der Wein war zehn Jahre alt. Vermutlich trank Franz gerade etwas Kostbares. Er spülte die Schokolade damit achtlos hinunter.

»Hast du Hunger? Hattest du etwas zum Mittagessen?«, fragte sie und hatte dabei ihre medizinische These im Hinterkopf.

»Ich komme von einem Parteitreffen. Widerlich: Bier, Würste und Brötchen.«

»Es gibt gewiss Parteien, bei denen die Speisen besser sind«, erwiderte sie spitz.

»Aber nur das Programm der NSDAP wird Deutschland retten«, sagte er, und sie spürte, wie er zu seiner gewohnten Selbstsicherheit zurückfand.

»Deutschland retten, indem Juden belästigt werden? Deine Schwester und ihr Mann fühlen sich deshalb in Deutschland nicht sicher«, hielt sie ihm vor, obwohl sie weder von Politik viel verstand, noch er zu einem vernünftigen Gespräch darüber bereit sein würde. So stehen lassen wollte sie seinen Satz dennoch nicht.

»Wer sich in der Heimat nicht wohlfühlt, soll gehen«, sagte Franz. »Juden wie Friedas Mann haben das erkannt. Wir halten niemanden fest.«

*Wir*. Als hätte er die Möglichkeit dazu. Antonia wurde zunehmend unwohl.

Erst jetzt bemerkte sie ihr Versäumnis: Als Ärztin hätte sie zuvor seinen Blutdruck und seinen Puls messen müssen und ihm den erbetenen Wein sowie die Schokolade erst anschließend geben dürfen. Ihre Voreingenommenheit Franz gegenüber machte es schwerer, dem Verdacht, den sie hatte, nachzugehen.

»Siehst du manchmal schlecht?«, fragte sie wie aus dem Nichts heraus.

»Ähm, ja«, sagte er überrascht. »Wie kommst du darauf?«

»Ich rede jetzt als Ärztin mit dir«, sagte sie knapp. »Wann siehst du schlecht?«

»Neulich, auf dem Schießstand. Alles war unscharf. Oder mit Vater auf der Jagd.«

»Hattest du zuvor über längere Zeit nichts oder sehr wenig gegessen?«

»Seltsame Fragen stellst du, Antonia!«

»Wir haben viel über Privates gesprochen und über Politik. Das war der falsche Einstieg, wenn du wegen meines ärztlichen Rats gekommen bist«, sagte sie.

»Verstehe.« Er dachte offenbar nach. »Es passiert öfters, dass ich plötzlich schlechter sehe. Auch gerade eben war es so, jetzt ist es besser. Ich überlege schon, ob ich eine Brille tragen sollte.«

»Was ist mit deinen Stiefeln? In Freystetten sah ich, dass sie blutig waren.«

»Was bist du aufmerksam!« Franz lächelte eigentümlich. »Oder neugierig?«

»Würdest du mir bitte deine Füße zeigen?«, hakte sie nach.

»Auf was willst du hinaus, Kusine?«

»Ich habe eine Vermutung und die möchte ich überprüfen. Dazu musst du mitmachen.«

»Welche Vermutung?«

»Das sage ich dir erst, wenn ich die dazu notwendigen Kriterien überprüft habe«, erwiderte sie kühl.

»Meine Schuhe waren zu eng. Ich hatte mir nicht die Mühe gemacht, sie weiten zu lassen.«

»Gut. Ich habe verstanden, dass du zwar meinen Rat möchtest, aber nicht meine Hilfe. Das passt nicht zusammen. Also stehlen wir uns nicht länger gegenseitig die Zeit.« Sie stand auf und reichte ihm die Hand. »Wiedersehen.«

Franz war so verblüfft, dass er zwar ebenfalls aufstand, sich dann aber erneut setzte.

»Deine knallharte Kompromisslosigkeit gefällt mir. Respekt.«

»Hör mit dem Quatsch auf«, knurrte sie. »Zieh die Stiefel aus.«

Er befolgte ihren Befehl, ließ jedoch die Strümpfe an. Sie waren aus durchscheinender schwarzer Seide, aber das dunkle Blut darunter erkannte sie auch so.

Dennoch bestand sie darauf: »Ich muss deine bloßen Füße sehen.«

»Ich trage Strumpfhalter.«

»Den Anblick werde ich verkraften.«

Sie rückte einen weiteren Stuhl heran, forderte ihn auf, die Füße darauf zu legen, trug eine Stehleuchte herbei und besah sich seine Füße. Sie waren auch jetzt blutig, die Haut eingerissen, einige Stellen schneeweiß bis grau, weil sie schon länger nicht mehr durchblutet wurden.

»Hast du Schmerzen?«, fragte sie.

»Nein. Was ist mit meinen Füßen, Antonia?«

»Teilweise haben sich bereits Nekrosen gebildet.«

»Was bedeutet das?«

»Du verspürst keinen oder kaum Schmerz und merkst nicht, wie Gewebe abstirbt.«

»Warum spüre ich das nicht, Antonia?«

»Vielleicht wolltest du es anfangs nicht, weil du Soldat bist. Du gewöhntest dich daran. Das kenne ich von meinem Vater, der ist auch so.«

»Aus welchem Grund stirbt Gewebe ab?«

»Das gehört zu den Symptomen, die sich bei Zuckerkrankheit entwickeln können. In deinem Fall ist das aller Wahrscheinlichkeit nach geschehen.«

»Du willst mir gerade zu verstehen geben, dass ich zuckerkrank bin, Antonia?«

»Das ist meine Vermutung, die ich überprüfen muss, indem ich dir Blut abnehme und es im Labor untersuche.«

»Und wenn deine Vermutung stimmt? Was dann?«

»Dein Körper stellt vermutlich nicht ausreichend Insulin her. Aber die Medizin ist seit Kurzem so weit, dass sie dir helfen kann. Über Spritzen wird künstliches Insulin von außen zugeführt und somit ausgeglichen. Eine deutsche Firma produziert es seit Neuestem; zufälligerweise habe ich mich gerade damit beschäftigt.«

»Als Fachärztin für Frauenheilkunde?«, fragte Franz misstrauisch.

»Es wird vermutet, dass manch eine Frühgeburt mit dem Insulinmangel der Mutter zu tun haben könnte. Was längst nicht bewiesen ist. Umso mehr ist es für meine Arbeit ein Faktor, den ich beachte.«

»Was hat das für mich für Konsequenzen?«, fragte Franz.

»Sollte meine Vermutung zutreffen, müsstest du das Insulin nach einem exakt einzuhaltenden Plan gespritzt bekommen, den ich für dich ausarbeite«, sagte Antonia.

»Das kannst du?«

Tatsächlich hatte sie es erst für eine einzige Patientin gemacht. Franz' Misstrauen warf für sie jedoch vor allem die Frage auf, ob sie nicht dabei war, sich zu vergaloppieren. Warum sollte ausgerechnet sie ihrem Cousin helfen? Und sie mochte Franz nicht. Dieses Eingeständnis vor sich selbst ließ sie einknicken.

»Du hast recht«, sagte sie. »Du solltest jemanden aufsuchen, der sich damit auskennt. Die Kollegen im Militärkrankenhaus können dir besser helfen als ich.«

Franz trank sein Glas leer und zog die Strümpfe wieder an. Er stellte sich ausgesprochen ungeschickt an.

»Hast du schon mal eine Ohnmacht gehabt?«, fragte sie.

»Manchmal wird mir schwummrig. Das ist der Hunger. Die blöden Würste. Ich verabscheue sie.«

»Iss lieber mal hin und wieder eine davon. Und hol dir Hilfe, Franz. Dringend«, sagte sie. »Das ist eine ernst zu nehmende Erkrankung.«

»Einen deutschen Soldaten haut so schnell nichts um, Kusine«, sagte Franz zum Abschied.

Die Begegnung hatte Antonia aufgewühlt. Da Franz' Geständnis vor allem Henny betraf, machte sie sich unverzüglich daran, ihr in einem Brief davon zu erzählen. Es wäre gewiss besser gewesen, wenn ihr gemeinsamer Cousin sich bei Henny direkt entschuldigt hätte. Doch so konnte Antonia ihr zumindest die Begegnung schildern.

Anschließend nahm Antonia die angebrochene Weinflasche mit nach oben in die Wohnung, aber weder ihr noch Guntram stand der Sinn danach, davon zu trinken.

»Wird Franz deine Warnung beherzigen?«, fragte Guntram.

»Um das vorherzusagen, kenne ich ihn denn doch nicht gut genug«, sagte Antonia.

»Als Offizier hat er das Recht dazu, sich im Militärkrankenhaus behandeln zu lassen«, meinte Guntram.

Ob er es täte, ließe sich vermutlich durch ihren Vater herausfinden, aber Antonia war sich nicht sicher, ob es ihr wichtig war. Was ging sie das Wohlergehen von Franz schon an? Sie hatte getan, was sie tun konnte. Er würde nun für sich selbst sorgen können.

# VON KOPF BIS FUSS …

— ♦ —

*Juni 1931*

Rund um den Tempelhofer Flughafen herrschte Volksfeststimmung. Ganze Familien mit vielen kleinen Kindern waren unterwegs. Die Herren trugen trotz der sommerlichen Wärme Hut und Anzug, die Damen führten ihre schönsten leichten Kleider aus, manches gute Stück wohl zum ersten Mal an diesem Sonntag. Antonia hatte sich für eines der letzten Überbleibsel im Kleiderschrank aus jener Zeit entschieden, als sie noch mädchenhafte Kleider mit bunten Blumen getragen hatte. Sie spürte, wie die Ernsthaftigkeit ihres Berufslebens auch auf die Garderobe abfärbte.

Es gab etwas zu feiern, was in diesen Tagen in Deutschland selten geworden war – den Stolz auf die eigenen Leistungen. Das traf auf den sogenannten *Deutschlandflug* auf jeden Fall zu! An diesem Tag fand er bereits zum zwanzigsten Mal statt. Elly Beinhorn und Celia Fahrland waren die einzigen Damen, die mit ihren Flugzeugen zu der zweitägigen, zweitausend Kilometer langen Rundreise zu zwei Dutzend deutschen Städten antraten. Das Wetter war ideal – leichter Wind, blauer Himmel, Sonnenschein. Kaiserwetter, wie man immer noch sagte, obwohl *Willem Zwo*, wie der letzte deutsche Monarch im Volksmund genannt wurde, sein Leben seit 1918 im holländischen Exil genoss.

Für Antonia und Guntram war dieser Ausflug etwas Neues: Sie wurden von Josefine und deren Kindern begleitet; Heidi war bereits fünfzehn, Sammy acht Jahre alt. Und sie hatten Celias Tochter Ida dabei, die gerade sieben geworden war, ein blond gelocktes, stilles Mädchen, das für Josefines Nachwuchs so etwas wie eine Schwester war.

»Wann fliegt Mutter?«, erkundigte sich Ida bei Antonia, sobald die kleine Gruppe die U-Bahn verließ.

Die Berliner waren stolz darauf, dass es die erste Untergrundbahn der Welt war, die eine Stadt mit einem Flughafen verband. Auch wenn man nur davon träumen konnte, mit einer der stattlichen Maschinen abzuheben. Aber das Motto hieß sowieso: *Kommen Se kieken, damit Se staunen können.*

Auf dem Weg zum Flugfeld konnte Antonia den Verlockungen der fliegenden Händler nicht widerstehen und kaufte für alle Rosinenschnecken.

Wenn sie es ernsthaft gewollt hätte, hätte sie jetzt Celia bei den Vorbereitungen und dem Flug selbst beigestanden. Aus vollkommen irrationalen Gründen heraus hatte sie zwei Tage zuvor abgelehnt: ein schlechter Traum, an dessen Details sie sich beim Aufwachen nicht mehr erinnert hatte. Obendrein war am selben Tag der Brief von Henny aus Los Angeles gekommen, der sich mit ihrem eigenen überschnitten hatte.

Henny schrieb, dass Victor zwei Herzattacken nur knapp überlebt hatte. Was Antonia zutiefst schockiert hatte. Da sie bei dem Absturz über der Wüste ebenfalls den Hauch der Endlichkeit gespürt hatte, konnte sie dieses Mal dem möglichen Vergnügen nicht unbeschwert entgegensehen. Und so hatte sie darauf verzichtet, mitfliegen zu wollen.

Die ausgelassene Feierstimmung machte das vergessen, als sie alle die Terrasse des Flughafengebäudes betraten. An runden Tischen und Stühlen aus geflochtener Weide genossen die Besucher und Besucherinnen Kaffee und Kuchen oder belegte Brötchen, als wäre man im Gartencafé. Die Maschinen selbst standen einen Steinwurf entfernt, umringt von Schaulustigen und Männern in Kniebundhosen, Lederjacken und mit auf den Kopf zurückgeschobenen Fliegerbrillen. Einige ausgesprochen entspannt wirkende Schupos, die wohl selbst noch nie einem Fluggerät so nah gekommen waren, hatten sich unter die Leute gemischt; die ihnen zugedachte Aufgabe hatten sie wohl vergessen.

Vom Hangar her wurde ein Sportflugzeug herangeschoben, um das sich in Windeseile die Menschen scharten. Fotoreporter schubsten die Gaffer und die eigenen Kollegen beiseite, um das Bild des Tages zu machen – den *Engel der Lüfte* zu knipsen. War Elly Beinhorn bei ihrem Start zum Afrikaflug im Januar noch belächelt worden, weil niemand geglaubt hatte, dass sie dieses ehrgeizige Ziel erreichen konnte, war sie nun – ein halbes Jahr später – eine Berühmtheit. Nicht nur, dass sie dabei einen Absturz mitten im afrikanischen Busch überlebt hatte! Es war ihr gelungen, die Reise mit einem anderen Flugzeug fortzusetzen und schließlich triumphal in Berlin zu landen.

Nun wurde auch Celias eigene Maschine herangerollt, ebenfalls eine *Klemm L 26*, allerdings eine ältere Version als jene von Elly, die bereits einen Prototyp benutzen durfte mit einem stärkeren Motor.

»Natürlich wird sie gewinnen«, hatte Celia kürzlich Antonia anvertraut. »Darum geht es doch – um Werbung für ihre Weltumrundung!« Mit einem Schmunzeln hatte sie hinzugefügt: »Und ums Preisgeld.« Das belief sich auf stolze fünfzigtausend Mark.

Celias Blondschopf leuchtete weithin sichtbar im Sonnenschein, als Antonia, Josefine und Guntram sich mit den Kindern einen Weg durch die Menge zu ihr bahnten. Die

Freundin und Kollegin machte einen erschöpften, aber glücklichen Eindruck.

»Wie fühlst du dich?«, fragte Antonia.

»Prima!«, jubelte Celia. »Als ich mit der Fliegerei angefangen habe, hat man mich für verrückt erklärt. Und nun seht euch das hier an! Alle wollen das erleben.«

Neugierig machte Josefines Sohn Sammy sich daran, in das offene Cockpit zu klettern. Celia erklärte ihm die Funktionen und hob dann ihre eigene Tochter Ida auf den Pilotensitz. Keiner der Sprösslinge hatte bislang Celias Flugzeug zu Gesicht bekommen.

»Willst du auch mal mitfliegen?«, fragte Antonia die zarte Ida, als sie sie aus der Pilotenkanzel hob.

Ida schüttelte ihren Kopf so heftig, dass die blonden Locken umhersausten. »Wenn Mutter fliegt, ist sie nicht bei mir. Ich mag nicht, dass sie das macht!«

Was auch der Grund war, dass Celia sich gelegentlich darüber beklagte, zu wenige Flugstunden anzusammeln. An einem Tag wie diesem durfte sie endlich ihre Abenteuerlust ausleben.

In diesem Augenblick hielt Josefine in letzter Minute einen von der Technik begeisterten Mann davon ab, sich vorn am Motor zu schaffen zu machen.

»Vielleicht sollte man die Leute fernhalten«, gab Josefine zu bedenken. »Nicht dass sie was kaputt machen.«

»So schnell geht nichts kaputt, Fini. Wir Flieger brauchen die Begeisterung der Massen. Fliegen ist die Zukunft.« Grinsend vertraute sie den Freundinnen ein Geheimnis an: »Meine Aktien der *Luft Hansa* haben ihren Wert verzehnfacht.«

Der Stolz der *Luft Hansa* befand sich ganz in der Nähe vor der Abflughalle. Die *Junkers* mit vier Propellermotoren wirkte neben den Sportmaschinen wie ein Riese und konnte bereits die erstaunliche Anzahl von über dreißig Passagieren sogar bis ins ferne Madrid befördern. Die Hauptaufgabe der großen Maschinen war allerdings der Transport Tausender Säcke Luftpost.

Schließlich stieg Celia gemeinsam mit einem Navigator ins Cockpit, der ihr dabei helfen sollte, die Zielflughäfen schnellstmöglich zu erreichen; was sonst Antonias Aufgabe gewesen wäre.

»Pass auf dich auf, Mama!«, rief Ida.

Antonia nahm sie bei der Hand. So gut konnte sie mit dem Mädchen mitfühlen, das um seine Mutter bangte. Luft hat keine Balken, lautete ein geläufiges Sprichwort. Dass es stimmte, wusste Antonia nur zu gut.

»Ein Teufelsweib, Ihre Freundin«, sagte ein Herr von Mitte dreißig. Was ein Kompliment sein sollte.

Ernst Udet galt als Kriegsheld, weil er als Jagdflieger weit über sechzig Flugzeuge abgeschossen hatte. Jetzt, in Friedenszeiten, verdiente er sein Geld mit Filmen, die vom Fliegen handelten.

So war auch seine anschließende Bemerkung gemeint: »Ich werde mich mit meiner Kamera den beiden Damen an die Fersen heften!«

Vom Tisch auf der Flughafenterrasse aus verfolgte die Runde gemeinsam den Start der Flugzeuge, die in kleinen nach Flugzeugart gestaffelten Gruppen aufstiegen.

»Darf ich auf deinen Schoß, Tante Antonia?«, fragte Celias Tochter.

Für Ida war Antonia so etwas wie ein Familienmitglied.

Nacheinander stiegen die Maschinen auf. Schließlich waren die beiden *Klemms* von Elly und Celia mit zwei weiteren Maschinen dran. Eine davon war jene mit Udet und dessen Kameramann. Die Vierte entfaltete kurz nach dem Abheben ein Schriftbanner, das für eine Schnapssorte Reklame machte. Es sah ganz danach aus, als würde sie von Udets Maschine aus gefilmt werden, um die auffällige Werbung später in den Kinos zu zeigen.

Währenddessen zogen die Flugzeuge eine weite Schleife über den Flughafen. Tausende von Zuschauern jubelten dem Spektakel zu. Ein weiteres Mal setzten die vier Maschinen zu einer Runde an und kamen den Menschenmassen so nah, dass die Pilotinnen hinter den Steuerknüppeln zu erkennen waren. Die Zuschauerinnen und Zuschauer johlten, pfiffen und klatschten Beifall.

*Wir Flieger brauchen die Begeisterung der Massen*, hörte Antonia ihre Freundin sagen und stimmte ihr zu: Es war eine gelungene Darbietung.

Als die vier kleinen Flugzeuge sich in Richtung Süden wandten, fort vom Flughafengebäude, um nun ihren Deutschlandflug anzutreten, bemerkte Antonia, dass sich das Werbebanner am Heck der direkt vor Celia fliegenden Maschine löste. Im ersten Moment hielt sie es noch für einen Teil der Inszenierung, doch dann sah sie, dass es sich in dem an der Front angebrachten Propeller verfing. Schwarzer Rauch folgte Celias Flugzeug als langer Schweif.

»Mutter!«, schrie Ida und barg ihr Gesicht in Antonias Kleid.

Der Entsetzensruf des Kindes machte wohl allen die Gefahr bewusst, in der sich Celia befand. Niemanden hielt es auf den Stühlen, einige rannten sogar auf das Flugfeld hinaus.

Celias Maschine scherte aus der Formation aus, sank rapide und hielt nun auf die Landebahn zu, die etwa einen Kilometer vom Flughafengebäude entfernt endete.

Für Antonia war es die Wiederholung jenes Traums, von dem sie gemeint hatte, ihn vergessen zu haben. Aber das hatte sie nicht, begriff sie schlagartig. Sie hätte in diesem Augenblick hinter ihrer Freundin im Cockpit gesessen, wenn es am selben Tag nicht den Traum und Hennys Brief gegeben hätte. Aber das waren nur Bruchteile von Sekunden, in denen ihr das bewusst wurde. Ihre große Sorge galt auch Ida, die sie vor einem schrecklichen Anblick beschützen musste.

»Deine Mama ist eine ganz wunderbare Fliegerin. Sie schafft das. Sie wird sicher landen. Es wird ihr nichts passieren«, sagte sie und flehte, dass es so kommen mochte.

Eine Maschine nach der anderen drehte nun ebenfalls ab, um ebenso wie Celia zu landen. Es war ein Zeichen ihrer Freundschaft, dass auch Elly ihren Flug abbrach. Doch hinzusehen, um zu verfolgen, was weiterhin geschah, dazu reichte Antonias Kraft nicht und sie wollte es auch nicht. Der Erdboden war nah, tröstete sie sich, und die Bilder der Erinnerung an ihren eigenen Absturz in Afrika überfluteten sie. Damals wäre auch alles gut gegangen. Fast wäre alles gut gegangen.

Die Schupos versuchten, das Chaos mit ihren Trillerpfeifen aufzuhalten, Sirenen der Flughafenfeuerwehr gellten, und aus den beiden großen Lautsprechern, die zuvor fröhliche Schlager gespielt hatten, dröhnten Durchsagen: »Gehen Sie nicht aufs Flugfeld! Bleiben Sie zurück!«

»Toni, ich versuche, mit einem der Krankenwagen zu Lia zu gelangen«, sagte Guntram und rannte los.

Antonia war allein, als sie an diesem Nachmittag auf dem Weg zur Charité war. Ihr Kopf war voller schwerer Gedanken.

Auf dem Campus des berühmten Krankenhauses war ihr Celia erstmals begegnet. Sie musste nicht lange nachdenken, wann das gewesen war. Denn kurz zuvor hatte Celia ihre Tochter Ida zur Welt gebracht und es geschafft, sich aus einer unglücklichen Ehe zu befreien. Seitdem hatte die Freundin stets sowohl um ihre Eigenständigkeit als auch um ihre Mutterrolle gekämpft. Nebenbei hatte sie mit der Abfindung, die ihr durch die Scheidung zuteilgeworden war, ein kleines Vermögen aufgebaut. Sie hätte nicht als Ärztin arbeiten müssen, sie tat es aus Leidenschaft für den Beruf.

Den wahren Grund für Celias Begeisterung für das Fliegen kannten nur enge Freunde: Von Anbeginn an war es weniger um Celias Abenteuerlust gegangen als darum, ihrem geschiedenen Mann zu beweisen, dass sie es besser konnte als er.

Ob auch er die Schlagzeilen dieses Tages gelesen hatte? *Dramatischer Unfall bei Deutschlandflug! Berliner Pilotin dem Tode nah!*

»Ich denke, wir sollten fort von hier«, hatte Josefine sofort nach dem Unglück zu Antonia gesagt. »Wir machen es für die Kinder nur schlimmer, wenn wir bleiben. Wir können nichts tun.«

Gemeinsam mit Josefine und deren Kindern Sammy und Heidi war Antonia mit der zarten Ida zur U-Bahn geeilt. Sie hatte versucht, sie zu beruhigen: »Es sind viele Leute da, die deiner Mama helfen. Alles wird gut! Wir werden es ganz bald erfahren. Onkel Guntram kümmert sich um deine Mutter. Er ruft an, wenn wir bei dir zu Hause sind.« Und das alles in einer Stimmlage, die zu den Worten passte. Sie hatte den Gedanken nicht zulassen dürfen: Was wäre, wenn Celia keinen Schutzengel gehabt hatte?

Stunden später erst hatte Guntram tatsächlich angerufen: »Wir sind in der Charité. Lia lebt, Toni. Sie lächelt. Aber komm bitte ohne Ida.«

Sie fand ihn in der chirurgischen Station, auf der die drei

Freunde während ihrer Studienzeiten gearbeitet hatten, wo er sie auf einer Bank im Gang erwartete.

»Fraktur des Unterarms. Splitterbruch«, berichtete Guntram, dessen heller Sommerzug dunkle Rußflecken aufwies. »Atemnot wegen des eingeatmeten Rauchs.«

»Wie schlimm ist es?«

»Lia wird eine Kur brauchen, damit sich die Lunge erholt.«

»Ja, natürlich.«

»Sie ist sehr tapfer.«

Die Freundin lag in einem schmucklosen Einzelzimmer, trug einen schweren Gipsverband am Arm und bemühte sich um ein Lächeln, während sie mit schwerem Husten kämpfte. Die Schwestern hatten wohl versucht, die Rußspuren in ihrem Gesicht zu entfernen, was jedoch nicht vollends gelungen war. Der Raum roch nach Rauch. Nach überstandenem Unglück.

Celias erste Frage, kaum, dass Antonia sie begrüßt hatte, galt ihrer Tochter: »Wie geht es Ida? Hat sie sich sehr erschrocken?«

»Sie ist bei Fini und den Kindern. Sie sind alle rührend besorgt um sie. Es geht ihr gut.«

Die zweite Aussage war eine Notlüge. Ida war noch immer von gelegentlichem Schluchzen geschüttelt worden, als Antonia sie bei Fini und den Kindern in der Wohnung am Bayerischen Platz zurückgelassen hatte. Antonia wollte sich zunächst vergewissern, ob die Freundin Besuch empfangen konnte.

»Hat Ida etwa alles mitangesehen?«, fragte die Freundin.

»Die Flugzeuge waren weit entfernt«, versuchte Antonia, sie zu beruhigen.

Die Kleine hatte schon zuvor so viel Angst um ihre Mutter gehabt. Celia hatte das gewusst und sich darüber hinweggesetzt.

»Das war mein letzter Flug, Toni«, sagte Celia, ohne eine Miene zu verziehen. »Ich werde nie wieder fliegen.«

In der ersten Zeit nach ihrem eigenen schweren Unfall war es Antonia ebenso ergangen. In der Folge hatte sie die Angst überwunden; die Freundin in großer Gefahr zu sehen, hatte die schlimme Erinnerung jedoch zurückgebracht.

»Wie ich dich einschätze, wirst du wieder fliegen. Du bist niemand, der sich unterkriegen lässt.« Antonia wollte der Freundin Mut machen.

»Nein, Toni, ich meine das ernst. Ich tue das Ida nicht noch einmal an. Es war egoistisch von mir. Was hat mich geritten, nur an mich zu denken? Herrje, ich habe eine Verantwortung. Auch dir gegenüber, Guntram, den Patienten! Was war ich dumm! Ich hätte sterben können.« Sie sprach ruhig aus, was ihr offenbar in den letzten Stunden durch den Kopf gegangen war.

»Ja, das mag sein, Lia«, erwiderte Antonia. »Aber bedenke bitte: Du wärst nicht gestorben wegen des Egoismus, den du dir vorwirfst. Du hast nichts falsch gemacht. Das Werbebanner hätte sich nicht lösen dürfen. Oder besser: Es hätte gar nicht da sein sollen. Bitte, Lia, mach dich nicht verrückt. Die Fliegerei ist ein Teil von dir.«

»Den ich amputiere, Toni.« Sie lächelte müde. »Mir wird etwas anderes einfallen, das ich machen kann.« Sie dachte kurz nach. »Segeln. Was meinst du: Wollen wir segeln lernen? Ein Boot auf dem Wannsee, das ist gewiss schön. Frische Luft und Freiheit.«

»Du bist ein verrücktes Huhn!« Antonia umarmte die Freundin, roch den scharfen Geruch nach verbranntem Benzin, in den sie gehüllt war, und hustete. »Ja, ich werde mit dir Segeln gehen, Lia.«

Erst in diesem Moment konnte sie sich den Gefühlen hingeben, die sie seit dem Unglück unterdrückt hatte, und ließ ihren Tränen endlich freien Lauf.

Immer wieder klopfte es an der Tür, große Sträuße wurden von Boten hereingetragen. Schon bald überdeckte der Duft der Blumen jenen, der vom Unglück her im Zimmer gelegen hatte. Die beiliegenden Grußkarten stammten vom Ärztebund bis hin zum Hersteller ihres Flugzeugs.

»Ich rufe Fini an, um ihr zu sagen, dass die Kinder dich jetzt besuchen dürfen«, sagte Antonia.

Bevor sie zum Telefonieren ging, fiel ihr gerade noch rechtzeitig ein, ihrer Freundin dabei zu helfen, die Rußspuren in ihrem Gesicht zu entfernen und Make-up aufzulegen. Die Kinder sollten sich schließlich nicht erschrecken, wenn sie sie sahen.

Sie öffnete die Tür, um hinauszueilen, als sie fast mit einem groß gewachsenen Mann zusammenprallte.

»Finde ich hier Frau Fahrland?«, fragte er mit sonorer Stimme.

Antonia musterte ihn rasch. Er war etwa Mitte dreißig, elegant gekleidet und sah fantastisch aus mit seinem dunklen, akkurat gestutzten Vollbart. Über Celias Liebesleben wusste sie so gut wie nichts. Gelegentlich hatte die Freundin gescherzt, dass sie es in der Liebe halte wie bei einem Restaurantbesuch: Um gut zu speisen, müsse sie nicht gleich den Koch heiraten.

»Fremde lässt Frau Fahrland gerade nicht vor«, sagte Antonia.

Erstaunlicherweise waren die Rosen, die er mitbrachte, nicht rot, sondern sonnengelb.

Der Mann lächelte zurückhaltend. »Ich bin ihr nicht fremd.«

Als Henny an diesem späten Nachmittag die Tür zum Schlafzimmer öffnete, bot sich ihr derselbe Anblick wie jeden Tag: Der Deckenventilator verrührte träge die stickige Luft, die gläserne Schiebetür zur Terrasse war geschlossen, der dunkle Vorhang sperrte den Blick in den Garten aus. Victor lag auf seiner Seite des Bettes, die Decke nachlässig über sich gebreitet. Es war ein Anblick, der Henny das Herz brach. Der quirlige Tausendsassa von vor wenigen Wochen war begraben von Schwermut. Seine zwei Zusammenbrüche und die anschließende unbarmherzige Kündigung durch Studioboss Mayer hatten ihn jeder Energie beraubt.

Henny zog die Vorhänge zurück, schob die Terrassentür auf, setzte sich an sein Bett, strich durch sein dichtes Haar, massierte seine Schulter.

»Vicky möchte an den Strand, und sie sagt, Rosalia sei noch nie dort gewesen. Kannst du dir das vorstellen? Lebt hier und war nie am Meer. Ich will den Kindern und ihr eine Freude machen. Es wäre schön, wenn du mitkämst.«

An diesem Junitag lag drückende Wärme über Los Angeles, seit Wochen war kein Tropfen Regen gefallen. Die Dürre machte nicht nur der Vegetation zu schaffen, sondern auch den Menschen.

Nach ihrem Dienst im Krankenhaus hatte Henny wie üblich Vicky aus der Schule abgeholt. Da hatte ihre Tochter gesagt: »*Mom*, darf ich einmal kurz ins Meer springen? Ich war schon so lange nicht mehr dort!« Fast hätte Henny die gewohnte Antwort gegeben, dass sie nach Hause mussten. Aber ihr war schlagartig klar geworden, dass es so nicht weitergehen konnte. Victors Niedergeschlagenheit belastete die Stimmung der gesamten Familie.

»Ich fühle mich nicht wohl. Fahrt ohne mich«, erwiderte Victor nun fast schon erwartungsgemäß.

»Das werden wir nicht, Victor. Ich möchte, dass du uns begleitest.«

»Bitte nicht, Henny.«

»Bitte doch, Victor.« Sie fasste ihn sanft an der Schulter und nötigte ihn dazu, sich ihr zuzuwenden. »Dein Herz ist kräftig genug. Es stellt keine Belastung mehr dar, wenn du aufstehst.«

»Und wenn doch? Ich habe Angst. Versteh das doch bitte.«

»Es ist normal, dass du Angst hast. Aber du darfst dich dieser Angst nicht ausliefern.«

»Ich kann meinem Körper nicht mehr vertrauen. Was soll ich dagegen tun?«

»Ich habe ebenso Angst um dich, Liebling. Du hast mir einen Riesenschrecken eingejagt. Ich sehe nur eine Möglichkeit: Du und wir müssen uns der Angst stellen. Kleine Schritte, aus denen große werden. Es ist möglich. Und sei mal ehrlich: Welche Wahl haben wir? Aufgeben? Nein, Liebling, das hat nie zu uns gepasst.«

Aus dem Haus war nun das Klavierspiel zu hören, mit dem Vicky für eine Atmosphäre der Heiterkeit in dem großen Haus sorgte.

»Hörst du unsere Tochter, Victor? Sie vermisst den Vater, der ihr das Klavierspiel beigebracht hat. Sie ruft dich damit zu sich. Du sollst dich zu ihr setzen, sagen, an welcher Stelle sie sich verbessern kann.«

Langsam hob Victor den Blick, sah Henny an. »Meinst du? Hast du nicht gerade gesagt, sie wollte ans Meer?«

»Solange das nicht geht, spielt sie und hofft, dich auf diese Weise zu erreichen.«

Victor schwieg lange, starrte an die Decke, setzte sich schließlich schwerfällig auf.

»Ja, ihr habt recht. Wir sollten ans Meer. Meine Güte!

Wir sind in Kalifornien! Das sollten wir ausnutzen, so lange, wie es möglich ist.«

Henny wunderte sich über seine Wortwahl. Was wollte er ihr damit sagen? Hatte er in den langen stillen Stunden seiner Einsamkeit etwa beschlossen, seinen amerikanischen Traum zu begraben? Jetzt war nicht der Moment, um nachzuhaken, aber er würde kommen.

Wie sehr Henny diese kostbaren Momente vermisst hatte! Die langen sommerlichen Abende, wenn das warme Licht der über dem Pazifischen Ozean versinkenden Sonne den Sand golden färbte, während das Meer ein fast mystisch anmutendes Blau annahm.

Mit seinen kleinen nackten Füßen flitzte Leo über den Strand von Santa Monica, die Arme ausgebreitet, lachend, als wollte er die Welt umarmen. Rosalia, die inzwischen von allen *nanny* genannt wurde, was die übliche Bezeichnung für ein Kindermädchen war, folgte ihm. Da sie nie zuvor am Meer gewesen war, war sie aufgeregt darauf bedacht, dass Leo den Wellen nicht zu nah kam, die den kleinen Wicht umgeworfen hätten. Vicky jedoch genoss genau das: Sie stürzte sich ins Wasser, tauchte prustend wieder auf. Endlich durfte sie wieder Kind sein, unbeschwert von der Sorge um den kranken Vater.

Ihre Eltern setzten sich in den Sand. Henny legte den Arm um ihren Mann, massierte ein wenig seine Schultern und spürte dabei ein Band um seinen Hals. Eine Schnur, fein gezwirbelt aus einem braunen, ihr unbekannten Material, das aussah, als wäre es aus der Rinde einer der Palmen gefertigt. Eine Kette.

»Die kenne ich gar nicht, woher kommt sie?«, fragte sie.

»Von Rosalia. Ein Geschenk. Sie hat es mir umgebunden. Es sei *un protección*.« Victor lächelte müde. »Ein Schutz.«

Er öffnete das Hemd, um den Anhänger zu zeigen, der unter seiner Halsgrube hing.

Henny zuckte zurück. »Wie kannst du so etwas tragen?«

»Das ist doch nur ein kleiner Schildkrötenpanzer, Henny. Ich finde ihn faszinierend. So etwas habe ich nie zuvor gesehen.« Er hob gelangweilt die Schultern. »Wenn es dich gruselt, mache ich ihn ab.«

Er versuchte, die Kette zu lösen, was ihm nicht sogleich gelang.

»Lass sie dran«, sagte Henny nachdenklich. »Vielleicht nützt sie ja wirklich.«

Aber da hatte Victor es bereits geschafft, sich von der Kette zu befreien; er warf sie auf den Strand.

Der eigentümliche Schmuck gehörte offenbar zu einer Reihe von Dingen, die Rosalia mitgebracht, oder Maßnahmen, die sie ergriffen hatte. Und zwar von dem Tag an, seitdem sie im Haus lebte, also seit Victors zweitem Zusammenbruch. Es war derselbe Tag, an dem Lucia die Hände über Leo ausgebreitet hatte.

*Un protección.*

Der Zettel im Bett, den Henny entfernt hatte, war einen Tag später wieder dort gewesen, wieder unter ihrem Kopfkissen. Einmal hatte ein grüner Käfer in Victors Bett gelegen. Und Henny wusste nicht, was sie sonst noch gar nicht wahrgenommen hatte. Es war durchaus ein wenig unheimlich, jenseits jeder Logik. Wie damals in ihrer Kindheit in Afrika, vor der sie davongelaufen war.

Bevor Henny für sich selbst eine Antwort auf die Frage finden konnte, ob sie Rosalia zur Rede stellen oder sich einfach freuen sollte, dass sie ihrer Familie vermutlich beistehen wollte, winkte Vicky ihren Vater zu sich.

»Daddy, komm!«

»Es wird dir guttun«, ermutigte Henny ihren Mann.

»Ich weiß nicht«, wehrte er ab.

»Gefällt es dir wenigstens, hier zu sein?«

Aus Victors Brust stieg ein derart schweres Seufzen auf, als versuchte er, die Last loszuwerden, die ihn niederdrückte.

»Das Land der unbegrenzten Möglichkeiten«, sagte er so nachdenklich leise, dass Henny Mühe hatte, seine Stimme vor dem Rauschen des Meeres zu verstehen.

»Was meinst du damit: *Land der unbegrenzten Möglichkeiten*?«

»Es ist ein Versprechen, mit dem die Einwanderer nach Amerika gelockt werden. Aber wird es gehalten?«, fragte er.

»Eigentlich schon«, antwortete Henny. »Dir lag Hollywood zu Füßen, kaum, dass du angekommen warst. Ich fand ziemlich schnell eine Arbeit, die inzwischen auch meinen Fähigkeiten entspricht. Vicky hat einen hervorragenden Geigenlehrer und die neue *High School* ist okay. Und wir haben Rosalia gefunden.«

Oder sie uns, setzte sie in Gedanken hinzu.

Sie wusste, dass sie gerade über dünnes Eis lief. Nicht nur, dass sie im Begriff war, einen Melancholiker auf sein Selbstmitleid hinzuweisen. Mit Rosalia war eine weitere Ebene der Irrationalität ins Haus eingezogen, die Henny beunruhigte und die sie zugleich zu verdrängen suchte. Während Victor das alles nur hinnahm, weil er zu sehr mit sich selbst beschäftigt war.

»Man hat mich rausgeschmissen, Henny. Ich war krank und schutzlos. Mir wurde mein Filmprojekt gestohlen, an dem ich seit Jahren gearbeitet habe. Wer da von unbegrenzten Möglichkeiten spricht, verhöhnt mich.«

»Ich gebe dir recht, Victor: Was Mister Mayer getan hat, war hinterhältig. Aber jetzt verrate mir mal eines: Wie konnte es überhaupt so weit kommen? Deiner Ansicht nach.«

Victor sah sie verblüfft an. »Was? Wie meinst du das? Das ist doch offensichtlich gewesen. Ich hatte zwei große Projekte, bei denen ich alles richtig gemacht habe. Die Crews liebten mich.«

»Du hast gearbeitet, als gäbe es kein Morgen, sondern nur den Moment. Das hast du mit Drogen befeuert. Das konnte nicht gut gehen. Das gehört zur Wahrheit dazu.«

»Ich habe demnach selbst schuld an allem?«

»Hollywood ist ein Haifischbecken und du warst angreifbar. Mister Mayer ist der Hai höchstpersönlich. Das wusstest du. Schwamm drüber. Nach der Schuld zu fragen, hilft weder dir noch unserer Familie, Victor. Lass uns überlegen, wie es weitergehen kann. Was würde dir Freude machen?«

Victor blickte seinen Kindern nach. »Gut, dass wir hier sind«, sagte er schließlich. »Am Strand ist es schön. Das machen wir wieder öfter.« Er sah Henny offen an. »Ich könnte Vicky von der Schule abholen. Wie früher. Dann wärst du nicht so eingeschränkt mit deinen Zeiten im Krankenhaus.«

»Das würde mir in der Tat helfen.« Sie versuchte, in seiner seit einigen Wochen seltsam undurchdringlich erscheinenden Miene zu lesen. »Wie hast du das vorhin gemeint: Wir sollten ausnutzen, in Kalifornien zu sein, solange es noch ginge?«

»Manchmal stelle ich mir vor, wie es wäre, wieder in Berlin zu leben.«

»Und wie ist das dann für dich?«

»Dort wird niemand gefeuert, weil er krank ist. Das ist eine Tatsache.« Er blickte hinaus auf den Sonnenuntergang. »Aber Berlin ist laut und zugebaut und alle Leute sind in Eile.«

»Die Stadt hat durchaus schöne Seiten«, wandte Henny ein. »Jetzt ist Sommer.«

Und dort sind die Menschen, die ich vermisse, setzte sie in Gedanken hinzu. Es war ein Argument, das nur für sie zählte; ihr Mann machte sich nichts aus den Verwandten. Dass die Freystettener seine nächsten Angehörigen waren, hatte er schon lange verdrängt. Über Antonias Brief, in dem es um Franz und sein Geständnis ging, hatten sie kaum gesprochen. Sie hatten gerade andere Sorgen, und das alles lag so weit zurück, als wäre es in einer anderen Welt geschehen.

So schüttelte Victor denn jetzt auch den Kopf. »Vergiss es, Henny. Wir bleiben hier.«

»Einverstanden. Wir lassen uns nicht unterkriegen. Wir doch nicht!«

Sie versprühte Optimismus, obwohl sie kurz nach seiner ursprünglichen Bemerkung durchaus dem Gefühl nachgegeben hatte, das nach wie vor in ihr lauerte – Heimweh.

Vicky rannte auf ihre Eltern zu, die sich gerade aneinanderkuschelten. »Daddy, komm schon. Das Wasser ist erfrischend kalt! Das wird deine trüben Gedanken fortwaschen!«

»Wenn du möchtest!« Victor stand auf, nahm die Hand seiner Tochter und lief mit ihr los. Nicht so schnell wie früher, aber dieses Früher schien auch eine Ewigkeit her zu sein.

Der kleine Panzer lag unbeachtet im Sand. Henny hob ihn auf und steckte ihn in eine Tasche, die in den Falten ihres Rocks verborgen war. Sie glaubte nicht an *la protección*, das war alles Humbug und Aberglaube. Einerseits.

Aber vielleicht steckte ja mehr dahinter. Man konnte nie wissen.

Gegenüber ihrem Chef hatte Henny kein Geheimnis aus Victors Erkrankung machen können. Dr. Rozenberg hatte sie ohne Umstände eine Woche freigestellt und auch danach Verständnis gezeigt, wenn sie nur so lange auf Station blieb, wie unbedingt notwendig. Obwohl Victor seit seinem Rauswurf nichts mehr verdiente, hatte Henny ihre Arbeitstage auf die Familie ausgerichtet. Gelegentlich hatte sich Dr. Rozenberg nach Victors Wohlbefinden erkundigt, aber es hatte nie so gewirkt, als erwarte er von Henny einen größeren Einsatz an ihrem Arbeitsplatz als jenen, den sie leisten konnte. Da sie jedoch selbst einmal Inhaberin einer kostspieligen Praxis gewesen war, plagte sie das schlechte Gewissen, ob sie auch genügend tat für ihr Gehalt.

»Wie geht es Ihrem Mann?«, fragte Dr. Rozenberg auch an diesem sonnigen Tag Anfang Juli, als sie ihm zufällig auf dem Gang begegnete. Es schien keine der üblichen Floskeln zu sein, wie man sie in Amerika gebrauchte, ohne eine konkrete Antwort zu erwarten.

»Schon viel besser. Er genießt es wieder, dass wir hier in Los Angeles sein dürfen. Wir waren am Strand, Victor war sogar kurz im Meer, obwohl es ziemlich frisch war«, erzählte sie unkompliziert.

»Es freut mich, das zu hören. Die Umstellung, in einem anderen Land zu leben, fällt nicht leicht«, sagte er offenbar aus eigener Erfahrung.

Überraschend sprach er ein anderes Thema an: »Doktor Vandenberg, Sie sollen es als Erste erfahren: Das Krankenhaus wird erweitert; eine onkologische Station kommt hinzu.«

»Tatsächlich?«

Hennys Herz tat einen Sprung. Mit dieser Neuigkeit hatte sie nicht gerechnet.

»Ich weiß, das kommt für Sie plötzlich. Sie haben dafür gesorgt, dass unsere gynäkologische Station einen hervorragenden Ruf genießt.« Er lächelte, als müsste er um Verständnis bitten für das, was er im Begriff war vorzuschlagen. »Natürlich war mein erster Gedanke, als ich von den Plänen der Eigentümer unseres Hauses hörte, dass ich Sie für die Leitung empfehlen muss. Das tue ich selbstverständlich nur, wenn Sie es möchten.«

Henny konnte ihrem Vorgesetzten schlecht um den Hals fallen, um ihm zu danken. Ihre große Freude verbergen mochte sie dennoch nicht: »Der Onkologie gehört meine wahre Begeisterung. Ich danke Ihnen, dass Sie das nicht vergessen haben. Obwohl Sie dann jemand anderen für die Leitung der Gynäkologie finden müssen.«

Eine wichtige, Geld bringende Abteilung. Wohingegen der Aufbau einer neuen Station zunächst Unsummen verschlang. Für jede Kollegin und jeden Kollegen war es dagegen eine Herausforderung, von der man träumte. Neues erschaffen, Strukturen erdenken, ein Team zusammenstellen!

»Machen Sie sich keine Sorgen um die Gynäkologie. Ich bin dazu da, um das Problem zu lösen. Sie werden sich nur ein paar Kandidaten für Ihre Nachfolge ansehen müssen, die ich vorschlage. Wichtiger ist mir, dass die Onkologie von einer Person geleitet wird, die mein volles Vertrauen genießt.« Er wog lächelnd den Kopf. »Wenn Neues entsteht, sollte man versuchen, an der Spitze der Entwicklung zu sein. Nicht wahr?«

*Das Land der unbegrenzten Möglichkeiten*, wie Victor Amerika am Strand genannt hatte, daran musste Henny nun denken. Vermutlich stammte diese Bezeichnung nicht von Leuten, die Einwanderer angelockt hatten, wie Victor gemeint hatte. Sondern von jemandem wie Rozenberg, der die Möglichkeiten dort nutzte, wo der Zufall ihn hingeführt hatte.

»Sagen Sie mir, wenn es so weit ist, Herr Kollege. Ich bin bereit!«

»So habe ich Sie eingeschätzt!«

Rozenberg lächelte auf die Weise, die einen Mann wie ihn auszeichnete. Einfühlsam und dennoch in der Sache beharrlich.

Jetzt setzte er hinzu: »Was machen Sie am *Independence Day*?«

Ein langes Wochenende und Henny musste nicht arbeiten.

»Möchten Sie eventuell mit der Familie in unserer Gemeinde feiern?«, schlug Dr. Rozenberg vor. »Es wird lustig, wir veranstalten eine Gartenparty. Die Kinder lieben es. Spiele, Musik, nette Leute.« Er machte eine kaum merkliche Pause, der er eine Bemerkung folgen ließ, die ihm wichtig zu sein schien: »Auch aus dem Filmgeschäft.«

Das war eindeutig auf Victor gemünzt.

Die Tage der Bedrückung schienen hinter ihr zu liegen, es ging wieder bergauf, dachte Henny, als sie kurz darauf ihre Station betrat. Nur ein Kaiserschnitt war für den Nachmittag angesetzt, alles andere waren Spontangeburten. Als Hebamme war Maria eingeteilt.

»Rosalia arbeitet nach wie vor bei Ihnen«, sagte Maria, während sie sich, nebeneinander am Waschbecken stehend, die Hände wuschen. »Das ist sehr schön. Sie haben ein Herz für diese Leute, Frau Doktor.«

»Danke, Maria. Aber Rosalia hat auch ein Herz für meine Familie. Es ist ein Austausch. Den ich manchmal nicht so ganz verstehe.« Sie erklärte, was sie meinte – Victors Halskette zum Beispiel. »Was ist das: *una protección*?«, fragte sie.

Die junge Hebamme trocknete sich die Hände ab, während sie ganz offensichtlich nach einer passenden Antwort suchte.

»Nehmen Sie diesen Schutz an, Frau Doktor«, sagte Maria anstelle einer komplizierten Erklärung.

Henny hatte Marias Worte im Ohr, als sie am Unabhängigkeitstag mit ihrer Familie im Auto unterwegs war zum Fest der jüdischen Gemeinde in der Breed Street. Victor brauchte mehr als nur einen Job – er brauchte eine Aufgabe. So, wie sie seine Branche bislang erlebt hatte, konnte man einen Job nur über Bekannte bekommen. Familie, Schutz, irgendwie gehörte alles zusammen, wenn sie es recht betrachtete.

Eine Sicherheit, die für Victor nicht selbstverständlich war. Florentine, die eigene Mutter, hatte ihm nie das Gefühl gegeben, von ihr beschützt zu werden. Vor langer Zeit, als Victor und Henny sich kennengelernt hatten, hatte er einmal zu ihr gesagt, das Leben gleiche einem Spiel, bei dem es viel zu gewinnen gebe. Vom Verlieren hatte er nichts gesagt. Aber der Spieler ist einsam, verfolgt nur das eigene Ziel – zu gewinnen. Konnte es gelingen, Victor an den Gedanken heranzuführen, zu einer Gemeinschaft zu gehören? Würde er dann aufhören, sich selbst bis zum Umfallen auszubeuten?

Es würde sich zeigen, ob Rozenbergs Gemeinde ein möglicher neuer Anfang sein konnte.

Das Ziel des Ausflugs war ein Gebäude aus hellem Ziegelstein mitten in Los Angeles, das seine Fassade der Straße wie ein trotziges Gesicht entgegenreckte. Ein Fenster in Form eines Davidsterns schmückte die Mitte der Front. Es schien nicht in seine gleichförmige Nachbarschaft aus schlichten Holzhäusern zu passen. Teure Autos fuhren vor, aber es kamen auch zahlreiche Menschen zu Fuß.

»Ich sehe einige Leute aus meiner Branche«, bemerkte Victor. »Ist Mister Mayer hier? Arrangierst du etwa eine Versöhnung?«

»Sollten wir ihm begegnen, werde ich mit meiner Meinung nicht hinter dem Berg halten«, sagte Henny. »Komm schon, lass uns nachsehen, wohin wir hier geraten sind«, sagte Henny. »Ist doch nur ein Nachmittag.«

Victor hatte natürlich recht, wusste er selbst doch am allerbesten um die engen Verflechtungen innerhalb seiner Branche. Nun wurde er von seinen einstigen Kollegen wie ein Heimkehrer begrüßt. Henny sah ihm an, wie gut es ihm tat, in diesem schnelllebigen Geschäft nicht vergessen worden zu sein.

Henny wurde ihrerseits von Dr. Rozenberg unterschiedlichen Gästen vorgestellt, unter denen auch das Ehepaar Somerfeld-Ziskind war.

Esther erklärte Henny den Ort, an dem sie sich befanden: »Eine *Shul* hat unter anderem tatsächlich die Aufgabe, Gemeindemitglieder in den alten Bräuchen zu unterweisen. Da wir alle unseres Glaubens wegen entweder aus der Heimat in Osteuropa vertrieben wurden oder in zweiter Generation hier leben, gehen wir in Los Angeles mit dieser Erfahrung anders um: Wir möchten wahrgenommen werden als Bestandteil der Stadt.«

Dazu gehörte, dass an mehreren Stellen im Garten Boxen aufgestellt waren, die zum Spenden für einen guten Zweck aufriefen. Unter den Palmen waren Zelte und Essenstände aufgebaut. Zahlreiche Clowns bespaßten die vielen Kinder jedes Alters, während sich die Erwachsenen koscheres Essen schmecken ließen.

»Was wurde aus Ihrer mexikanischen Patientin Lucia?«, fragte Esther Somerfeld. »Es tat mir so leid, dass sie sich damals so erschrocken hat. Ein Naturkind wie sie ist von der modernen Technik restlos überfordert.«

»Ja, das hätte ich berücksichtigen müssen«, räumte Henny ein.

»Wir Ärzte denken manchmal wohl zu sehr an den Erfolg, den wir mit unseren fortschrittlichen Geräten erreichen können oder wollen«, stellte die junge Kollegin selbstkritisch fest. »Wir stecken in einer Falle: Wie sonst sollten wir Neues entdecken, wenn nicht mit neuen Methoden, die auf Außenstehende einschüchternd wirken?«

»Es ist noch nicht lange her, da traf ich Lucia«, berichtete Henny. »Sie ist mir gegenüber noch immer scheu. Aber sie hat mir ein Kindermädchen für Leo vermittelt.«

Den Kleinen ängstigte die Gegenwart der vielen Menschen; Henny nahm ihn auf den Arm. Kaum war er oben, wollte er schon wieder herunter. An der Hand seiner Mutter gab es ja so viel für ihn zu entdecken.

»Eines wollte ich Ihnen noch sagen, Frau Vandenberg«, sagte Esther Somerfeld. »Es kann sein, dass die Fallsucht von Lucia von selbst verschwindet. Ich las neulich eine Studie dazu: Mit Beginn der Pubertät würden Mädchen sie loswerden.«

»Gut zu wissen!« Henny atmete auf.

Ein *Naturkind* hatte die Kollegin Lucia genannt. Henny dachte an die seltsamen Dinge, die Rosalia im Haus versteckte. Natur als Schutz. Ob das Sinn machte?

Sie konnte nicht weiter darüber sinnieren. Denn ihre Tochter Vicky hatte offenbar ein herumstehendes Klavier entdeckt, begann darauf zu spielen und schaffte es im Handumdrehen, dass sich ein Bassist und ein Klarinettist zu ihr gesellten. Es entstand ein improvisiertes kleines Jazzkonzert mit der jungen Pianistin im Zentrum. Leo, musikbegeistert wie seine Schwester, hüpfte fröhlich vor den Musikern herum.

»Lass uns tanzen«, forderte Victor Henny auf, und das animierte auch andere Paare mitzumachen.

Ihm ging es nicht nur ums Tanzen, wie Henny ahnte, hatte sie ihn kurz zuvor doch inmitten einiger Herren gesehen. Männer in ihren späten Vierzigern bis frühen Fünfzigern, viel zu teuer gekleidet für eine einfache Gartenparty. In ihre Gesichter eingemeißelt waren jene scharfen Falten lange Jahre ausgeübter Macht und die Sorge, bei einem falsch platzierten Film Millionen verbrannt zu haben. Victor hatte also zu jener Gesellschaft wieder Kontakt, die er wegen seines Zusammenbruchs hinter sich gelassen hatte. Sie war gespannt, was er zu erzählen hatte, während er sich darum bemühte, ein heiteres Gesicht aufzusetzen.

»Der Herr mit dem leichten Silberblick und der Glatze, der uns beobachtet, das ist Sam Goldwyn«, sagte Victor. »Ein Erzfeind von Mister Mayer, seitdem der ihn vor ein paar Jahren aus seiner eigenen Firma geschmissen hat. Die heißt zwar immer noch *Metro-Goldwyn-Mayer*, aber es steckt nur noch Sams Name darin. Natürlich kennt er meine Geschichte und vor allem die von *Grand Hotel.*«

»Mayers Feind will dich also einstellen«, folgerte Henny mit genüsslichem Schmunzeln.

»Mal sehen, was daraus wird.« Victor machte Henny auf einen Herrn mit vollem schwarzen Haar aufmerksam, der sich mit Sam Goldwyn unterhielt. »Den kennst du. Erinnerst du dich?«

»Das ist Eddie Cantor. Den haben wir mit Lucia und den Mexikanern im Kino gesehen«, sagte Henny brav und konnte sich eine leise Spitze nicht verkneifen: »In diesem – pardon – leicht dümmlichen Film *Whoopee.*«

»Der erfolgreichste des letzten Jahres«, korrigierte Victor milde tadelnd, denn gerade zählte offenbar nur das Geld. »Sam will, dass ich mit Eddie arbeite. Und mit Gloria Swanson, die gerade ein Karrieretief hat. Sam hat große Pläne mit ihr.«

Der weibliche Superstar der vergangenen Jahre hatte seine letzten Filme selbst produziert, und überall war zu lesen, dass sie gefloppt waren; Swanson war fast pleite.

Seinen alten Boss hatte Victor stets *Mister* Mayer genannt, mit Herrn Goldwyn war er schon beim freundschaftlichen *Sam*, registrierte Henny sehr genau.

»Mit Eddie Cantor zu arbeiten, würde mich schon sehr reizen«, sagte Victor. »Wieder mal einen Film mit Musik machen, eine Revue, so wie früher, weißt du noch? Die guten Zeiten!«

Er meinte jene während des Krieges, an dem Victor nicht hatte teilnehmen müssen. Er war von einem von Floras Ehemännern, einem Amerikaner, adoptiert worden. Da viele Künstler zum Militär verpflichtet worden waren, hatten sich dem blutjungen Amerikaner Victor an den Berliner Bühnen ungeahnte Möglichkeiten geboten.

In diesem Moment machte Vicky eine Pause und erntete großen Beifall für ihr Spiel. Auch der kleine Leo klatschte stürmisch mit.

Victor ging zu den Musikern. »Ladies und Gentlemen, darf ich vorstellen: Vicky Vandenberg, meine Tochter. Vicky, lass uns noch etwas gemeinsam spielen.«

Vierhändig legten die beiden gemeinsam los. Und plötzlich war er zurück, der Victor von früher, der sich von einer Minute zur anderen in den Unterhaltungskünstler verwandeln konnte, in den Henny sich einmal verliebt hatte. Und er war genau am richtigen Ort, das sah sie in den Gesichtern von Sam Goldwyn und Eddie Cantor nur zu deutlich. Sie brauchten einen wie Victor.

Und Victor neigte dazu, stets mehr zu geben, als er hatte. Wenn er künftig mit zwei der größten Kinostars *arbeitete* – was auch immer sich daraus ergeben würde –, würde er nicht erneut weit über seine Grenzen hinausgehen?

Es war zu spät für diese Frage, stellte Henny fest, als sich ihr Chef zu ihr gesellte und sofort auf den Punkt kam.

»Ich habe Eddie Cantor und Sam Goldwyn von Ihrem

Engagement für die Mexikaner erzählt«, berichtete Fedor Rozenberg. »Die beiden haben ein gutes Herz für Menschen, die ihre Heimat verloren haben. Eddie hat einen wunderbaren Vorschlag gemacht: Was halten Sie davon, wenn die Gemeinde die Spenden, die wir heute eingesammelt haben, Ihrem Projekt zur Verfügung stellen, Henny?«

Es war das erste Mal, dass er sie beim Vornamen nannte. *Die Familie …*

Henny war überwältigt. Sie wusste, dass sie ab sofort nicht mehr Nein würde sagen können. Zu was auch immer diese freundlichen Menschen ihren Mann verpflichten würden.

Friedas schmale Hände strichen fahrig über ihren runden Bauch, sie atmete schwer, Schweißperlen standen auf ihrem Gesicht. Ricarda reichte ihrer Nichte ein Glas gekühltes Zitronenwasser und dachte, dass Mitte Juli ein schlechter Zeitpunkt für das Ende ihrer Schwangerschaft war und dies zudem nicht der richtige Ort.

An der französischen Riviera war es weit über dreißig Grad warm, die Hitze machte Frieda stark zu schaffen. Selbst hier im Schatten auf der Terrasse, ein paar Meter über dem Mittelmeer, ging kaum ein Lüftchen. Träge schwappten die Wellen an Land in einem Rhythmus, der auf Ricarda beruhigend wirkte. Nicht so auf Frieda.

»Ich liebe Jon«, sagte sie nach langem Schweigen. »Aber ich werde ihn verlassen.«

Schon seit Tagen zermarterte sich die werdende Mutter den Kopf über die Zukunft. Das kannte ihre Tante hinlänglich und sie konnte es nachvollziehen. Als demnächst dreifache Mutter musste Frieda wissen, was auf ihre Kinder zukam. Ihr Mann Jonathan, der Häuser bis in den Himmel bauen wollte, schien die Bodenständigkeit, nach der sich seine Frau sehnte, nicht zu verstehen. Auch jetzt war er wieder unterwegs, um den Bau in Cap Ferrat zu überwachen.

»Du verlässt deinen Mann nicht, Frieda. So hast du es früher gemacht, wenn ein Mann nicht tat, was du wolltest. Das ist vorbei. Die Ehe ist nie ein Ideal, sie ist ein Kompromiss, bei dem beide Seiten Federn lassen müssen.«

»Jon lässt keine Federn, Tante. Er macht, was er will.«

»Man könnte auch sagen, dass er an eurer Zukunft baut. Er muss Geld verdienen, um seine Familie zu ernähren.«

»Bist du auf seiner Seite oder meiner?«, fragte Frieda unwirsch.

»Ich halte es für klüger, auf keiner Seite zu stehen«, erwiderte Ricarda. »Denn eure Kinder brauchen euch beide.« Sanft legte sie ihre Hand auf Friedas, die voller innerer Unruhe über den Schwangerschaftsbauch irrte. »Weißt du, was ich glaube?«, fragte sie.

»Das weiß ich bereits: Du hältst mich für eine verwöhnte Prinzessin, die immer eine Erbse unter der Matratze findet.«

Beide lachten.

Hinter Friedas salopp formulierter Selbsterkenntnis stand der Umstand, dass sie sehr behütet aufgewachsen war. Selbst in den schwersten Kriegsjahren, in denen Frieda herangewachsen war, bekam sie davon in Schloss Freystetten nichts mit. Als Berlin hungerte und fror, wurde man dort noch reichlich satt.

»Ich glaube etwas anderes«, nahm Ricarda ihren Gedanken wieder auf. »Du hast die ganz normale Panik, die manche Schwangere erfasst. Was wird sein? Wird das Kind gesund zur Welt kommen? Dazu kommen weitere ungeklärte Fragen: Wie vertragen sich Felicitas und Felix mit dem neuen Kind? Kann ich Felicitas überhaupt behalten?

Muss ich wirklich nach New York umziehen?« Ricarda schenkte ihrer Nichte ein verständnisvolles Lächeln. »Nein, du bist nicht mehr die Prinzessin auf der Erbse. Und auch nicht die sprunghafte Frieda von früher. Ich verstehe vollkommen, dass du aufgeregt bist. Wie solltest du die Ruhe bewahren können?«

»Ja, genau!«

»Du hast keine Lösungen für diese Herausforderungen. Woher auch? Sie spielen in der Zukunft und du bist keine Hellseherin. Also tust du das Nächstliegende: Du nimmst dir deinen Ehemann vor und zweifelst an deiner Liebe zu ihm. Oder umgekehrt. Das lenkt dich ab von den anderen Problemen.« Sie lächelte. »Alles ganz normal. Und die Männer, was machen die? Das Gleiche. Nur mit ihren Mitteln: Sie arbeiten wie verrückt, um sich nicht vorstellen zu müssen, was sein wird, wenn das Kind da ist.«

Frieda reagierte auf Ricardas kleine Ansprache, wie sie zuletzt immer reagiert hatte, wenn es ernst wurde – sie weinte. Und ärgerte sich gleichzeitig über ihre Schwäche, was Ricarda daran erkannte, dass sie schroff zurechtgewiesen wurde.

»Das weiß ich doch alles, Tante Rica! Trotzdem möchte ich zurück nach Berlin. In ein richtiges Krankenhaus. Zu meiner Familie. Meinen Freunden.«

»Morgen verkehrt der *Riviera-Express*. Wir schicken jetzt sofort jemanden zum Bahnhof, der die Billetts ersteht«, erwiderte Ricarda ungerührt.

»Im Ernst?«

»Wenn du das willst, veranlasse ich das. Erster Klasse, wie sich das gehört. Und in Berlin fahren wir direkt in die Charité«, erwiderte Ricarda, ohne eine Miene zu verziehen.

»Wolltest du mich nicht entbinden?«

»In Berlin kann ich das nicht.«

Frieda starrte sie einen Moment lang fassungslos an. Dann begriff sie, was Ricarda gerade mit ihr anstellte: »Du nimmst mich beim Wort, um meine Entschlossenheit zu prüfen!«

»So ist es, Frieda.«

»Ich entbinde hier. Mit dir«, stellte ihre Nichte klar und wischte sich die immer wieder fließenden Tränen aus dem Gesicht.

»Und dann sehen wir weiter«, sagte Ricarda.

Als die Ärztin, als die sie schließlich auch hier war, tastete sie Friedas Bauch ab. Der darin verborgene kleine Mensch kämpfte spürbar mit den Gefühlssignalen, die er von seiner Mutter empfing.

Auf jedem von Siegfrieds Oberschenkeln saß einer der unterschiedlichen Zwillinge, die blonde Felicitas und ihr zartes, dunkel gelocktes Brüderchen Felix. So jung, wie sie waren, konnten sie kaum verstehen, was sie gerade erlebten. Ihre Mutter lag im Bett, hatte jenes erlöst wirkende Lächeln im Gesicht, wie es Frauen wohl nur zeigen, wenn sie die größte Anstrengung ihres Lebens überstanden haben. Frieda hob das Neugeborene an, damit die beiden es besser sehen konnten.

»Das ist Joanna, ihr Süßen, euer Schwesterchen. Seht sie euch genau an. So groß wart ihr auch mal.« Frieda lachte vergnügt.

Ihre Tochter trug keinen der üblichen Vornamen aus der Sippe der Freystettener, die alle mit F begannen. Stattdessen hatte sich das Ehepaar Landsmann für die angelsächsische Variante von Johanna entschieden. Ricarda vermutete, dass dies Jonathans Wunsch war; er ging wohl davon aus, dass Joanna in den USA aufwachsen würde.

Im Gegensatz zur Geburt der Zwillinge war diese wie

aus dem Lehrbuch gewesen, vollkommen ohne Probleme. Für leichte Assistenzaufgaben hatte Ricarda lediglich Siegfrieds Hilfe in Anspruch genommen.

»Danke«, sagte Frieda zu den beiden, »ihr seid mir zu meinen zweiten Eltern geworden.«

Als das Ehepaar Thomasius später durch den Ort zu jenem Café am Meer schlenderte, wo sie ihren Nachmittagstee tranken, sagte Siegfried: »So gern ich Friedas Kinder auch habe, Rica, so ist es doch an der Zeit, nach Berlin zurückzukehren. Wir kennen hier nun wirklich jeden Stein.«

»Ich mag Frieda nicht mit den Kindern allein lassen, Siegfried.«

»Du wirst sie auch nicht nach New York begleiten können, Rica. Es ist Friedas Leben. Das müssen sie und Jon selbst organisieren.« Er lächelte verschmitzt. »Vielleicht kann Flora auch hin und wieder Tante spielen. Statt immer nur Roulette.«

»Black Jack«, verbesserte Ricarda schmunzelnd. »Willst du nicht auch einmal nach Monte Carlo und dir das ansehen?«

»Nein«, erwiderte Siegfried entschieden.

Als seine Frau hatte sie keine andere Reaktion von ihrem sozialistisch gesinnten Gatten erwartet.

Bei ihrer Rückkehr parkte eine Limousine mit deutschem Kennzeichen vor Florentines Haus, was nicht ungewöhnlich war; es kam oft Besuch. Doch schon beim Betreten der Eingangshalle hörte Ricarda die Stimme von Friedas Vater. Der Weg mit dem Auto über die Alpen dauerte zwar lang und war beschwerlich. Aber eigentlich wunderte Ricarda sich noch mehr darüber, dass Friedemann und Rosel nicht früher auf die Idee gekommen waren, sich ihre Enkelin zurückzuholen. Und sie wusste, dass sie als

Friedas Tante und Rosels Schwester zwischen den Stühlen saß und deshalb nichts richtig machen konnte.

Da sagte Siegfried bereits: »Egal, was deine Schwester sich in den Kopf gesetzt hat, ich bin nach wie vor dagegen, dass die Zwillinge getrennt werden.«

Auf der Treppe ins obere Stockwerk begegnete den beiden Florentine, die bereits ein tief ausgeschnittenes Abendkleid trug. Was angesichts der nahenden warmen Sommernacht verständlich war, bei ihr allerdings einen weiteren Hintergrund hatte, wie sie Ricarda bei anderer Gelegenheit kichernd und in Champagnerlaune gestanden hatte: »Die Herren lassen sich dadurch ganz wunderbar vom Kartenspiel ablenken.« Da Florentine nur ein Jahr älter als sie war, fand Ricarda das im Grunde recht ermutigend.

Aber jetzt war Florentine nicht zum Scherzen aufgelegt: »Taucht hier einfach auf, mein Herr Bruder. Dreist. In Freystetten brauche ich eine Einladung, bevor ich kommen darf.«

»Ich dachte schon, du hättest ihn hergebeten wegen Joannas Geburt.«

»Unsinn, Rica. Friedemann kommt als Rosels Emissär. Ihm geht es um Felicitas. Er will sie zurückholen.«

»Rosel ist demnach nicht mitgekommen?«

»Dann hätte ich die Durchlauchtigste ja wohl gesehen.«

Obwohl Florentine von Ricardas Schwester sprach, machte sie aus ihrer Abneigung kein Geheimnis.

»Wie stellt Friedemann sich das vor?«, fragte Siegfried. »Felicitas kennt ihn kaum. Sie wird sich nicht einfach mitnehmen lassen.«

»Macht das unter euch aus. Mich geht das nichts an.«

Mit diesen Worten rauschte sie davon.

In Friedas Zimmer standen sich die beiden einstigen Offiziere Siegfried und Friedemann mit vor der Brust verschränkten Armen gegenüber, Feindseligkeit im Blick. Obwohl es einmal eine Zeit gegeben hatte, in der sie einander gemocht hatten. Bis zu einem gewissen Punkt, der bei Siegfried rasch erreicht war – die Privilegien, die sich der Adel herausnahm. Offenbar hatte Friedemann Siegfrieds wunde Stelle kurz zuvor bereits berührt.

»Du hast diesen Handel gewollt, Friedemann«, sagte Siegfried seiner angespannten Stimmung zum Trotz sehr ruhig. »Obwohl du um dessen moralischen Fragwürdigkeit wusstest. Und das nur, damit dein Schloss nicht ohne Erbin dasteht. Falls es dir entgangen sein sollte: Die feudalen Privilegien wurden abgeschafft.«

»Das ist eine unlautere Zuspitzung, Siegfried. Meine Tochter wollte es so. Geradezu bekniet hat sie die Familie, dass Franz ihre ansonsten unehelich geborenen Kinder adoptiert.«

»Es war der schlimmste Fehler meines Lebens«, sagte Frieda, ihr Neugeborenes im Arm. »Können Mutter und du nicht die Großherzigkeit besitzen, mir zu vergeben? Ich will doch nur mein Kind.«

»Franz ist als Felicitas' Vater eingetragen, Frieda. Mithin bestimmt er über den Aufenthaltsort des Mädchens. Und ich bin hier, um seinen Willen auszuführen.«

Ricarda sah ihrem Mann an, dass ihm in diesem Moment eine neue Taktik in den Sinn kam.

»Du hast das schriftlich von Franz, nehme ich an«, sagte er.

»Was?«

»Dass Franz dich beauftragt hat, Felicitas mitzunehmen. Dass du also in seinem Namen handelst«, sagte Siegfried.

»Natürlich nicht. Franz ist mein Sohn. Weshalb sollte

ich …« Er brach ab. »Das schlägt dem Fass den Boden aus!«, rief er. »Siegfried, das sind die Winkelzüge eines Provinzadvokaten, mit denen du mich ausmanövrierst.«

»Was hast du gegen Provinzadvokaten?«, fragte Siegfried. »Du kommst doch vom Land.«

Friedemann entschloss sich zu einem anderen Vorgehen. Er wandte sich an seine Schwägerin: »Denk an Rosel, Ricarda. Sie braucht Felicitas. Das Kind bedeutet ihr alles.«

»Ja, das verstehe ich, mein lieber Schwager. Richte ihr liebe Grüße aus. Warum hat Rosel dich eigentlich nicht begleitet? Ich hätte mich gefreut, sie hier zu treffen. Das Meer ist gleich vor der Tür. Wir hätten schwimmen gehen können.«

»Es geht ihr nicht gut, Ricarda. Das weißt du.«

»Nein.« Ricarda stutzte. »Ich habe seit vielen Wochen keinen Kontakt mit ihr.«

»Hat Antonia dir keine Nachricht zukommen lassen?«

»Wir sind im Urlaub. Das respektiert Toni so, wie Siegfried und ich sie von schlechten Nachrichten verschonten, als sie in Afrika war. Was ist mit Rosel?«

Ihre Schwester hatte auf sie schon im Frühjahr einen zerbrechlichen Eindruck gemacht, erinnerte sie sich. Dennoch waren sie und Siegfried verreist. Ricarda hatte darauf gebaut, dass Friedemann sich um seine Frau kümmern würde.

Friedemann beendete seinen Bericht von Rosels schwerer Niedergeschlagenheit mit einem so leidenschaftlichen Appell, wie Ricarda es von ihm kaum kannte.

»Herrje noch mal! Ricarda, Siegfried! Habt ein Einsehen.«

In diesem Moment musste etwas klar ausgesprochen werden, fand sie: »Es tut mir leid, dass Rosel das so mitnimmt. Aber glaubst du wirklich, das kleine Mädchen kann ihre Stimmung aufhellen? Ist das nicht zu viel verlangt?«

Sie holte tief Luft, bevor sie ihre Meinung mit Vorgängen aus ihrer eigenen Vergangenheit begründete.

»Mir wurde mein Sohn Georg durch dessen Onkel weggenommen, als er ein kleines Kind war. Wie bei dir ging es um die Erbfolge in einer Familie. Ich habe jahrelang darunter gelitten, als Mutter kein Recht an dem Menschen zu haben, den ich neun Monate lang unter meinem Herzen getragen, auf die Welt gebracht und großgezogen habe. Und mein Sohn hat noch viel länger gebraucht, um sich davon zu erholen. Du gehst ebenso vor wie mein damaliger Schwager. Ihr verfolgt nur die eigenen Interessen. Nein, Friedemann, ich werde stets auf der Seite von Felicitas und Frieda stehen.«

»Aber Rosel ist deine Schwester!«, rief Friedemann fast verzweifelt.

»Wir sind bald zurück in Berlin. Ich werde Rosel besuchen und es ihr erklären. Immer wieder. Bis sie einsieht, dass eine Tochter ein Anrecht auf ihre Mutter hat. Und nicht eine Großmutter auf die Enkelin, egal, wie sehr diese sie lieb hat.«

Friedemann blickte ratlos von einem zum anderen, hob verzweifelt die Schultern und setzte sich zu Frieda ans Bett.

»Du wirst wohl derselben Meinung sein«, sagte er.

»Was für eine Frage, Vater.«

»Wahrscheinlich habt ihr drei sogar recht.« Friedemann machte eine nachdenkliche Pause. »Aber ihr versteht, warum ich hier bin?«

»Du liebst deine Frau.«

»Wenn man jemanden liebt, steht man gelegentlich auf der falschen Seite: Man verteidigt etwas wider besseres Wissen nur deshalb, weil man diesen Menschen nicht enttäuschen möchte«, sagte Ricarda.

Spät am Abend, als Friedemann längst unverrichteter

Dinge fortgefahren war, saß das Ehepaar Thomasius auf der Terrasse über dem Meer. Der Himmel war sternenklar, die sanft heranrollenden Wellen trugen das Glitzern des Mondlichts auf ihren Spitzen, aus den Gärten war der an- und abschwellende Gesang der Zikaden zu hören.

»Würdest du mich auch verteidigen, wenn ich im Unrecht wäre?«, fragte Siegfried.

»Zuvor würde ich versuchen, dich auf deinen Irrtum aufmerksam zu machen«, sagte Ricarda. »Aber letzten Endes … ja, das würde ich.«

»Aber es wäre nicht logisch.«

»Liebe ist nicht logisch«, sagte sie. »Liebe nimmt sich die Freiheit, auf die Logik zu pfeifen. Und was tätest du?«

»Wie soll ich dagegen ankommen?« Siegfried lachte. »Nach deiner Argumentation von der Unlogik der Liebe hat Friedemann alles richtig gemacht.«

»Ja, das hat er«, pflichtete Ricarda ihm bei. »Und bedenke: Er ist dafür tagelang unterwegs gewesen.«

Versonnen blickten sie beide in die Schwärze der Nacht.

»Weiß Friedemann, dass seine Tochter mit Felicitas in die USA auswandern will?«, fragte Siegfried.

»Ich glaube nicht.« Plötzlich verstand sie, worüber er grübelte. »Frieda kann Felicitas gar nicht mitnehmen. Nicht wahr?«

»Sie hat die dazu notwendigen Papiere nicht«, bekräftigte Siegfried. »Friedemann ist ein seltsamer Mensch«, sagte er. »Er hat seine Tochter nicht einmal gefragt, wie ihr Neugeborenes heißt. Nachdem er so weit gefahren war, um sie zu sehen.« Er seufzte. »Weißt du, Rica, ich mache mir manchmal Vorwürfe, dass ich so wenig Zeit für meine Kinder gehabt habe. Und ich finde Entschuldigungen dafür: Unsere Lebensumstände waren nun mal so. Ich verstehe jedoch nicht, weshalb jemand sich nicht ändert, dessen Lebensumstände andere geworden sind. Ich sehe ihn neben dem Bett seiner Tochter sitzen, die gerade erst entbunden hat. Er fragt nicht, wie geht es dir? Er fragt nicht, wie heißt dein Kind?« Siegfried machte eine lange Pause. »Unterm Strich tut mir solch ein Mann leid, der nicht einmal für seine eigenen Kinder etwas empfindet.«

Ricarda widersprach nicht, obwohl sie der Meinung war, dass es ein wenig komplizierter war. Es war zu spät für eine Annäherung von Frieda und Friedemann. Sie hatten beide keinerlei Interesse mehr aneinander, weil sie alles dafür getan hatten, ihre Beziehung zu zerstören.

»Lass uns zurückfahren nach Berlin«, sagte Ricarda.

»Du änderst so plötzlich deine Meinung?«

»Ja. Es geht nur mit Rosel, nicht gegen sie. Sie muss Felicitas offiziell freigeben. Beziehungsweise: Sie muss auf Franz einwirken, damit er es tut.«

Das auf dem Tisch stehende Windlicht beleuchtete Siegfrieds skeptisches Gesicht.

»Das sagst du nach dieser Kontroverse, Rica? Wie soll das möglich sein?«

Ricarda hatte nicht die geringste Ahnung, was sie darauf antworten sollte.

Vier Monate waren vergangen seit Ilse Markerts letztem Besuch bei Antonia. Damals war der Winter gerade zu Ende gegangen, und die nach dem neuesten Chic gekleidete junge Frau hatte Eheprobleme gehabt, die sie mutlos hatten wirken lassen. An diesem Sommertag nahm eine gelöste Frau Markert gegenüber ihrer Frauenärztin Platz.

»Sie sind ein Genie, Frau Doktor! Ihre Ratschläge haben meine Ehe gerettet«, schwärmte die Patientin. »Sie haben damals etwas Kluges gesagt: Wenn zwei sich liebten, wäre in gewisser Weise auch der Kopf daran beteiligt. Sie hatten ja so sehr recht.«

Antonia hatte sich eine Notiz in der Akte gemacht. *Van de Velde*, stand dort als Hinweis auf das Buch *Die vollkommene Ehe*, zu dessen Lektüre sie Frau Markert geraten hatte.

»Das freut mich. Sie hatten damals auch einen Kinderwunsch. Hat sich auf diesem Gebiet etwas getan?«, fragte sie.

»Deshalb bin ich hier, Frau Doktor. Mein Ernst und ich, wir haben ganz wundervolle Dinge miteinander angestellt. Aber schwanger werde ich nicht. Nun ist Ernst enttäuscht.« Ilse Markert senkte die Stimme. »Es ist viel schöner mit meinem Mann, seitdem er sich mehr Zeit lässt. Aber schwanger werde ich dennoch nicht.«

»Wünschen Sie sich denn seit ihrer Eheschließung, schwanger zu werden?«, fragte Antonia.

»Anfangs vielleicht nicht so sehr. Ernst verdiente nicht viel, aber seit er Abteilungsleiter ist, bin ich zuversichtlich, dass uns seine Eltern nicht mehr unterstützen müssen. Das war mir ein wenig unangenehm.«

»Wie lange ist es denn her, dass Ihr Mann befördert wurde?«

»Am Tag, an dem ich hier bei Ihnen war, kam er nach Hause und erzählte es. Das war unser erster Glückstag.« Ilse Markert lächelte schelmisch. »Ich hatte schon ein wenig in dem neuen Buch gestöbert.«

»Sind Sie nicht ein wenig zu ungeduldig, Frau Markert? Unsere Körper sind keine Maschinen, die auf der Stelle tun, was wir von ihnen verlangen. Wenn nach vier Monaten keine Schwangerschaft eingetreten ist, bedeutet das nicht unbedingt etwas Schlechtes. Legen Sie sich mal auf den Stuhl, und ich sehe nach, ob irgendetwas nicht stimmt.«

Da sie wie erwartet nichts fand, bat sie die Patientin, in drei Monaten wiederzukommen, falls nach wie vor eine Schwangerschaft ausblieb. »Und dann bringen Sie Ihren Gatten mit.«

»Meinen Mann? Hierher?«

»Wenn Sie nicht schwanger werden, kann es auch an ihm liegen. Wir können dann gemeinsam mit ihm besprechen, ob er bereit ist, eine Insemination vorzunehmen.«

»Eine was?«

»Eine Samenübertragung«, erwiderte Antonia.

»Wie geht das denn?«, fragte die Patientin verwundert.

»Das erkläre ich Ihnen, wenn es so weit sein sollte, noch besteht absolut kein Grund zur Sorge.« Sie stutzte. »Kennen Sie sich eigentlich mit dem weiblichen Zyklus aus?«

Sie sah Frau Markert an, dass sie nicht wusste, was gemeint war. Und dann erklärte Antonia ihr, wann die fruchtbaren Tage einer Frau wären.

Als Antonia kurz darauf das Sprechzimmerfenster öffnete, sah sie die Patientin unten auf der Straße, wie sie einen jungen Mann überschwänglich mit Küssen begrüßte, der auf sie gewartet hatte. Ein süßes Paar, dachte sie, und war überzeugt, dass den beiden eine Insemination erspart bliebe.

Antonia führte ihr neues Abendkleid aus, Guntram den guten Smoking, als sie jenes Revuetheater nahe dem Bahnhof Zoologischer Garten betraten, das gerade in aller Munde war. Es war ihr einunddreißigster Geburtstag und Guntram hatte ihr einen festlichen Abend versprochen. Ihr Gefühl sagte ihr, dass er sich wohl eine kleine Überraschung ausgedacht haben mochte. Sie war ein wenig aufgeregt, was es sein mochte.

Antonia hatte das *Tingel-Tangel-Theater* schon lange

besuchen wollen. Der Name spielte an auf jene *femmes fatales*, die dem geneigten Herrn für etwas mehr Geld ein wenig Liebe gewährten. Eine solche hatte Marlene Dietrich im *Blauen Engel* gespielt, obwohl sie die Rolle bekanntermaßen nicht mochte. Der Besitzer des kleinen Varietés im Keller des eleganten *Theater des Westens* hieß Friedrich Hollaender und hatte das berühmte Lied *Ich bin von Kopf bis Fuß auf Liebe eingestellt* komponiert. Da Marlene Dietrich der »feschen Lola« ihre Berühmtheit verdankte und damit auch Friedrich Hollaender, war sie eigens zur Eröffnung von Hollywood nach Berlin gekommen.

Aber die verruchten Zwanziger, in denen Berlin auch mit anrüchigen Revuen voller nackter Tänzerinnen golden glitzerte, waren vorbei. Wie die kürzliche Milliardenpleite der zweitgrößten Bank Deutschlands bewies: Die Sparer waren ihrer Einlagen beraubt.

Der sich verfinsternden Stimmung zum Trotz versammelte Komponist und Revuenschreiber Hollaender abendlich einen bunten Reigen gut aufgelegter Sängerinnen und Sänger auf seiner Bühne, die für ihren frechen Berliner Witz bekannt waren. Als jetzt eine Schauspielerin mit flotter Musik den berühmten Schlager anstimmte, war zunächst alles wie erwartet. Wie die berühmte Marlene intonierte sie den Text, doch plötzlich veränderte sie ihn und sang stattdessen: »Guntram ist von Kopf bis Fuß auf Toni eingestellt, Toni ist Guntrams Welt und sonst gar nichts!«

Für einen Moment war Antonia irritiert, blickte zu Guntram, der sie mit einem breiten Lächeln ansah. Ihr wurde heiß und kalt, ahnte sie doch, dass der Moment der Wahrheit gekommen war, auf den sie nur mit einer einzigen Silbe reagieren durfte. Welche das war, daran gab es keinen Zweifel. So verliebt sah Guntram sie an! Was für eine wundervolle Überraschung er sich ausgedacht hatte!

Die Musik hielt inne, von der Seite traten ein Ober und zwei leicht bekleidete Mädchen heran, brachten Champagner im Kühler, Gläser, einen großen Strauß roter Rosen und die Kapelle spielte einen Tusch.

Guntram ging auf die Knie: »Antonia Thomasius, willst du meine Frau werden?«

Ihr schlug das Herz bis zum Hals. Sein erwartungsvolles Lächeln, die Hand, die er ihr bot.

»Ja«, sagte sie mit einem Kloß im Hals.

»Dit hat ja nu keener so richtig jehört«, tadelte der Ober, der in Wahrheit einer der Komödianten war. »Guntram hat 'n lauteres Ja verdient. Sind doch hier nich inne Kirche, wo jeflüstert wird. Was meinen Se, Herrschaften?«, fragte er ins Publikum. »Kann Toni dit lauter?«

Der ganze Saal rief: »Lauter!«

Antonia, vor Verlegenheit knallrot unter ihrem zarten Make-up, rief lachend: »Ja, Guntram, ich werde deine Frau!«

Die Zuschauer klatschten, trampelten und pfiffen vor Begeisterung.

Guntram holte den Verlobungsring hervor und steckte ihn mit vor Aufregung leicht zitternder Hand seiner Antonia auf den Finger.

»Küssen!«, rief der Saal.

Als sie sich vor aller Augen in den Armen lagen, fühlte Antonia sich ganz schwindelig vor Glück. Immer noch klatschten die Anwesenden Beifall, als aus zahlreichen von Guntram spendierten Champagnerflaschen die Korken knallten.

»Auf die Verlobten! Möge ihre Liebe ewig währen!«

So viel verrückten Übermut hatte Antonia ihrem Guntram nicht zugetraut, der sich sonst so bodenständig gab.

Als sie später mit ihm durch das nächtliche Berlin schlenderte, erinnerte sie sich an jene erste Nacht, die sie mit ihm verbracht hatte. Das war bald vier Jahre her! Eine Nacht voller Leidenschaft, die unschön geendet hatte und wegen der sie schließlich bis nach Afrika geflohen war, um zu vergessen.

»Wir sollten noch dieses Jahr heiraten«, sagte Antonia.

»Auf jeden Fall! Wozu länger warten!«, pflichtete Guntram ihr bei, schließlich war seine Scheidung nun durch.

Antonia dachte dabei auch an ihre Großmutter, der sie schnellstens einen Besuch abstatten musste. Ihre Einstellung zu der Frage, wie eine Frau glücklich werden konnte, war etwas überholt. Gleichzeitig wunderte sich Antonia, dass sie die Aussicht, noch in diesem Jahr eine verheiratete Frau zu sein, fröhlich stimmte.

»Hübscher Ring«, sagte sie und ließ das Gold im Licht der Straßenlaternen leuchten. »Passt wie angegossen.«

Guntram zog sie zärtlich an sich. »Ich wusste nicht, dass sie den Liedtext ändern. Aber es stimmt: Unsere Liebe soll für immer sein. Vom Kopf bis zum Fuß will ich dir gehören.«

Wo die Hochzeit stattfinden würde, daran gab es keinen Zweifel.

Seit ihrem Unfall auf dem Tempelhofer Flughafen hatte Celia Fahrland nicht mehr arbeiten können. Äußerlich hatte sie zwar, abgesehen von ein paar Schrammen und blauen Flecken, keine Verletzungen erlitten, weil ihr – trotz brennenden Motors – eine fehlerfreie Notlandung geglückt war. Oder weil sie einen Schutzengel gehabt hatte, wie die Berliner Zeitungen schrieben, die ausführlich berichtet hatten. Aber die Freundin litt wegen ihrer Rauchvergiftung an schwerer Luftnot. Schon die Treppe in den ersten Stock hinauf in die Praxis in der Behrenstraße hatte sie nur mit größten Mühen geschafft und war seitdem fortgeblieben. Die Ärzte in der Charité hatten ihr ohnehin geraten, sich einer Kur zu unterziehen, um die Lunge auszukurieren. Davos in der Schweiz hatten sie vorgeschlagen, aber Celia wollte ihre Tochter Ida, die gerade eingeschult worden war, weder aus dem gewohnten Umfeld reißen noch allein lassen.

An diesem Samstag Mitte Juli war Antonia unterwegs zu ihrer Freundin. Am Bahnhof Wannsee stieg sie aus der überfüllten Stadtbahn. Beladen mit allem, was man so brauchte, machten sich die Familien auf zum *Strandbad Wannsee*. Antonias Ziel jedoch war eine kleine Straße, wenige Schritte entfernt vom Bahnhof, in die sich keiner der lärmenden Berliner verirrte; sie alle zogen weiter zum Freibad.

Nur wenige Hundert Meter entfernt vom dortigen Trubel versteckte sich eine Idylle der Ruhe. *Am Sandwerder* war das Refugium der Millionäre, eine Kolonie von Villen, jede eingebettet in den eigenen Park, erschaffen zu Zeiten des jungen Kaiserreichs sechzig Jahre zuvor. Hier kurte Celia im Haus eines Berliner Arztes, der ein Lungensanatorium eingerichtet hatte. Seine Villa war der aus Ziegel- und Sandstein gemauerte Versuch, mit allerlei Türmchen, Giebelchen, Erkern und Loggien eine Mischung aus Schloss und Burg nachzuahmen. Sie lag traumhaft, gute zwanzig Meter höher als der See und die Havel, die sie überblickte.

Antonia genoss die sommerlich warme Luft. Es roch würzig und frisch nach alten Wäldern und Gewässern. Die Freundin saß an diesem Vormittag mit Ida in ihrer Loggia und spielte Halma. Die Siebenjährige war gerade am Zug und sprang mit ihrem Spielstein kreuz und quer über das ganze Brett.

Antonia klatschte Beifall. »Gut gemacht, Ida. Gar nicht einfach, das hinzubekommen.«

Ida blickte kurz auf. »Guten Tag, Toni. Müssen wir jetzt etwa gehen?«

»Du hast ja hervorragende Laune!« Antonia lachte.

»Ich will meinen Vater nicht treffen«, stellte das Mädchen fest.

»Wie wäre es, wenn du Toni erst mal zur Verlobung gratulieren würdest, Ida?« Celia zwinkerte ihrer Freundin zu und schloss sie in die Arme.

»Glückwunsch zur Verlobung«, knurrte Ida.

»Von mir auch«, schloss sich Celia grinsend an. »Ich wünsche euch beiden ein Glück, das ewig hält.« Den nächsten Satz flüsterte sie ihr ins Ohr, sodass es ihre Tochter nicht hören konnte: »Folge ja nicht meinem Beispiel!«

Das bestand aus zwei gescheiterten Ehen.

»Ich werde mir größte Mühe geben!« Antonia musterte die Freundin. »Was machen der Husten und die Atemnot?«

»Unkraut vergeht nicht«, antwortete die Freundin. »Mir fehlen die Stadt, die Praxis, unser Zuhause. Was soll's? Lass uns aufbrechen. Wir spielen nachher weiter, Ida. Dein Vater wartet auf uns. Du warst noch nie auf einem Boot. Das wird bestimmt schön.«

Am Tag von Celias Unfall hatte Antonia der Freundin das Versprechen gegeben, mit ihr zu segeln. Und Celia hatte sich für diesen Tag in den Kopf gesetzt, beides miteinander zu kombinieren: segeln gehen und Ida mit ihrem Vater bekannt zu machen. Die gemeinsame Unternehmung sollte das Kennenlernen erleichtern.

Die Schulanfängerin war die Einzige in ihrer Klasse, die nur mit ihrer Mutter aufwuchs.

»Da hat ihr doch tatsächlich eine Mitschülerin vorgehalten, sie hätte keinen Vater, wäre also ein Bankert! Und sie wusste nichts zu erwidern, weil sie ihn nur als Baby getroffen hat«, hatte Celia erzählt. »In Zukunft kann sie den anderen Mädchen von ihm berichten. Schließlich ist er jemand, auf den sie stolz sein kann.« Mit einem Seufzen hatte die Freundin hinzugefügt: »Es ist schrecklich, wenn du heutzutage als Frau allein für dein Kind sorgst. Die Leute halten dich allen Ernstes für eine Dirne!«

Sie waren wirklich vorbei, jene wilden Jahre in den Zwanzigern, als die Moral den Frauen einen größeren Spielraum gelassen hatte, dachte Antonia.

Erstmals getroffen hatte sie Celias Ex-Mann in der Charité am Tag von deren Unglück auf dem Tempelhofer Flughafen. Er war jener blendend aussehende Herr von Mitte dreißig mit dem Strauß gelber Rosen gewesen, in den sie an der Krankenzimmertür fast hineingerannt wäre.

Hinterher hatte sie die Freundin aufgezogen: »Dein Verehrer hat wohl keine roten Rosen mehr bekommen, Lia!«

»Verehrer! Von wegen.« Und Celia hatte den wahren Grund für den Besuch enthüllt: »Durch meinen Unfall hat sich Edgar daran erinnert, dass es mich einmal in seinem Leben gegeben hat. Oder vielmehr seine Tochter Ida. Weißt du, was Edgar gesagt hat, als ich ihm damals eröffnete, schwanger zu sein? ›Ich kann dem Kind Geld und Liebe geben, aber nicht meine Zeit.‹ Mit seiner Liebe war es auch nicht weit her!«

Die Ehe scheiterte kurz nach Idas Geburt. Zumindest das Geld war der Freundin geblieben. Denn mit Edgar Hinnes hatte Celia einen der Söhne des zur damaligen Zeit reichsten Mannes von Deutschland geheiratet und bei der Scheidung eine enorme Abfindung erhalten. Schließlich hatte Edgar sie schamlos betrogen. Zumindest hatte er den Anstand gehabt, die Schuld am Scheitern der Ehe auf sich zu nehmen.

»Ich weiß nicht, wie ich reagiere, wenn Edgar und ich mit Ida zu dritt sind«, hatte Celia bei Antonias letztem Besuch am Wannsee gesagt. »Er soll Ida nicht mit seinem Charme umgarnen. Davon hat er viel! Ich fürchte, ich werde mich in eine Furie verwandeln, die ihm schreckliche Vorwürfe macht. Wie stehe ich dann vor Ida da? Bitte, Toni, komm mit!«

Mit anderen Worten – Celia wollte vor sich selbst beschützt werden.

Edgar wohnte nicht weit entfernt von jenem Ort, an dem Celia kurte. Mit dem Wagen, den zu steuern sich die Genesende nicht nehmen ließ, waren es nur wenige Minuten von Sandwerder bis zur Insel Schwanenwerder. Sie war über eine Holzbrücke zu erreichen. Ein Schild verweigerte die Zufahrt, ein Verbot, an das sich Celia nicht hielt.

Wohnten im *Sandwerder* die Millionäre, schafften es auf den *Schwanenwerder* nur noch die Milliardäre der Metropole. In großen Parks lagen die Villen so versteckt, dass allenfalls die Portiers- und Fahrerhäuschen von der einzigen schmalen Straße aus zu sehen waren, die hufeisenförmig die Insel erschloss. Die Freundin war selbst zum ersten Mal hier; Edgar war mit seiner gegenwärtigen Frau hergezogen.

Vor einem schmiedeeisernen Portal stoppte Celia das Auto und drückte energisch auf die Hupe. Aus den Tiefen des Grundstücks eilte nach einer Weile ein Bediensteter herbei.

»Guten Tag. Die Herrschaften erwarten Sie.«

Celia blickte Antonia fragend an. »Herrschaften? Der wird doch nicht etwa …?« Sie ließ den Satz offen enden, aber Antonia sah, wie sich ihre Miene verdüsterte. »Ich hoffe, ich mache gerade keinen Fehler«, sagte Celia so leise, dass es nur Antonia hören konnte.

Die Villa mit sanft geschwungenem Walmdach und Türmchen zu beiden Seiten wirkte klassisch schön. Gleich dahinter schwappten träge die Havelwellen ans Ufer, an einem Bootssteg lag ein Segelboot. Von dort stürmte ein mittelgroßer Hund heran. Das lange cremefarbene Fell fiel ihm als Pony ins Gesicht. Sobald Celia ausstieg, sprang er bellend und Schwanz wedelnd auf sie zu.

»Emil! Mein Süßer! Kennst du mich noch? So lange ist das her. Und du hast mich nicht vergessen.«

Celia herzte das Tier ausgiebig, das es offensichtlich genoss, sich von ihr kraulen und streicheln zu lassen.

Ida stand sprachlos staunend daneben, und Antonia hätte zu gern gewusst, was in ihr vorging. Allenfalls ihr Gefühl konnte der Siebenjährigen verraten, dass ihre Mutter gerade eine hochemotionale Wiederbegegnung mit ihrer Vergangenheit durchmachte.

»Komm her, Schatz«, sagte Celia zu ihrer Tochter. »Du musst Emil kennenlernen. Emil tut dir nichts. Er ist der liebste Hund der Welt, ein Schafpudel.«

»Er sieht auch ein wenig aus wie ein Schaf«, sagte Ida, ein verzücktes Lächeln im Gesicht.

»Emil ist ein Hütehund«, erklärte Celia, die durch das Wiedersehen schlagartig vergessen zu haben schien, wo sie war und weshalb. »Genau richtig für eine …«

Sie brach ab. Denn nun kam jener Herr dazu, der Celia mit gelben Rosen besucht hatte. Der schlanke Mittdreißiger war vom Hemdkragen bis zu den Schuhen weiß gekleidet und leicht gebräunt, seine Zähne strahlten im dunklen, sorgsam gestutzten Vollbart. Sein Charme war umwerfend, das musste Antonia einräumen.

Der vermutlich zweite Grund, weshalb es Celia kurzzeitig die Sprache verschlagen hatte, begleitete den Hausherrn: eine deutlich jüngere Frau, zart, blond gelockt, hübsch, derselbe Typ wie Celia, aber von zurückhaltender Art. Sie trug ein Kind von höchstens acht Monaten auf dem Arm, während ein zweites neben ihr her ging, ihre Hand haltend. Ein Junge, nahezu im selben Alter wie Ida, blond wie die Mutter.

Das also hatte Celia mit *Fehler* gemeint: Ihr Ex-Mann nutzte die Gelegenheit, sein neues Familienglück vorzuführen.

Ob dies der richtige Weg war, wenn er seine ihm bis jetzt fast unbekannte Tochter Ida kennenlernen wollte? Antonia hatte große Zweifel. Aber sein Auftreten erklärte, weshalb die Rosen gelb gewesen waren.

Souverän stellte Edgar seine Familie vor: »Meine Frau Maja, meine Söhne Hugo und Edgar junior.« Um sich dann seinen Besucherinnen zuzuwenden: »Celia, du hast dich erholt? Frau Thomasius, schön, Sie zu treffen. Willkommen.« Im selben Tonfall sagte er: »Guten Tag, Frieda. Ich bin dein Vater. Wie geht es dir?«

»Ich heiße Ida«, verbesserte das Mädchen. »Frieda klingt langweilig.«

»Entschuldige, Ida. Das hat deine Mutter mir nicht gesagt.«

Mit dem feinen Gespür eines Kindes erfasste Ida die Spannungen zwischen den Erwachsenen: »Ich habe Mutter schon gesagt, dass ich keinen Vater brauche.«

»Du kennst mich doch gar nicht. Gibst du mir bitte eine Chance? Ich habe Zitroneneis. Möchtest du davon?«

Direkt neben dem Bootshaus war ein kleines Büfett mit Leckereien aufgebaut.

»Hat Mutter dir gesagt, dass das mein Lieblingseis ist?«

»Ja.«

»Weißt du, wie alt ich bin?«

Edgar zögerte kurz. »Du bist sechs.«

»Ich bin seit zwei Monaten sieben!«

»Verzeih. Das tut mir leid. Magst du Emil leiden?«, lenkte er sofort ab.

Sie schien sein Vorgehen, nicht direkt auf Fragen zu antworten, sofort zu kopieren: »Werden wir mit dem Boot segeln, das dort liegt?«

»Gefällt es dir?«

»Ich glaube, es ist zu klein.«

»Weshalb meinst du das, Ida?«

»Wir sind zu viele Menschen, die mitfahren sollen.«

Antonia schenkte ihrer Freundin einen Blick, der ihr zu verstehen geben sollte, dass sie mit ihrem Kind alles richtig gemacht hatte. Trotz ihres jungen Alters schien die kleine Halma-Meisterin der Situation gewachsen zu sein.

»Oh, es fahren nicht alle mit«, stellte Edgar klar. »Diese Segelpartie gehört nur uns.«

Antonia atmete auf.

Inzwischen hatte sich der Hund Celia zu Füßen gelegt, als wollte er zeigen, wie sehr er sein früheres Frauchen vermisste.

»Emil, es reicht, komm!«, befahl Maja.

Der Hund reagierte nicht.

Celia hatte Antonia erzählt, dass Edgar ihn schon gehabt hatte, als sie ihn das erste Mal getroffen hatte.

»Schon gut, Maja, wir nehmen ihn mit aufs Boot.«

»Viel Vergnügen«, erwiderte die Dame des Hauses schmallippig. Mit ihren Kindern trat sie den Rückzug an.

Antonia war nicht klar, wozu es gut gewesen sein sollte, dass Edgar seine jetzige Frau überhaupt auf Celia hatte treffen lassen.

»Ihre Gattin scheint nicht amüsiert zu sein über unseren Ausflug«, sagte sie vorsichtig.

»Die Gegenwart ist ein Resultat der Vergangenheit«, erwiderte Edgar schmunzelnd. »Ohne Vergangenheit gäbe es somit auch keine Gegenwart. Das ist mehr als meine Überzeugung; es ist so etwas wie Mathematik. Eins und eins ist zwei. Damit müssen wir alle leben, nicht wahr?« Er streckte die Hand nach Ida aus. »Komm ins Boot.«

Es war zu Antonias Erstaunen größer, als es vom Ufer aus gewirkt hatte. Das polierte Holz des Rumpfs glänzte dunkel in der Sonne, die Sitzgelegenheiten in der sogenannten Plicht unter dem Baum waren mit hellem Leder bespannt, von dort führte eine schmale Öffnung hinab in die Kajüte.

Mit wenigen Worten erklärte Edgar den beiden Frauen, wo sie mit anfassen konnten, um abzulegen. Emil beschlagnahmte den Bug für sich, mit offenem Maul und wehendem Fell genoss er die Fahrt. Ida gesellte sich zu ihm, und Antonia fragte sich, ob sie auf diese Weise die Nähe zu ihrem Vater meiden wollte, der am Ruder stand.

Sie segelten schon eine Weile die Havel entlang, als Edgar fragte: »Wie gefällt es dir, Celia?«

»Anders, als ich es mir vorgestellt habe.«

Instinktiv zog sie den Kopf ein, als der Baum, der das Großsegel hielt, dicht über ihr hinwegsauste. Obwohl das Schiff so konstruiert war, dass er sie nicht getroffen hätte.

»Ich weiß nicht, ob ich mich daran gewöhnen könnte. Was meinst du, Toni?«

Bevor Antonia antworten konnte, wehte Gischt in ihr Gesicht. Sie konnte sich ein offenes Auflachen nicht verkneifen.

»Man wird nass!«

»Ich könnte dir ein Angebot machen, Celia. Du könntest es kaufen«, sagte Edgar.

»Du willst das Boot verkaufen? Wegen Maja? Mag sie es nicht?«

»Ich meine das Haus. Ich verkaufe es dir zum Sonderpreis. So etwas kommt einmal in zehn, zwanzig Jahren auf den Markt. Das Boot bekommst du umsonst dazu.«

»Danke für das Angebot.« Celia lehnte lächelnd ab.

»Du bist eine Dame der Gesellschaft. Die Zeitungen schrieben anlässlich deines Unfalls große Artikel über dich. Du brauchst etwas Repräsentatives. Deiner Lunge bekäme das Leben hier ebenfalls sehr gut«, sagte Edgar.

»Meiner Lunge geht es besser. Danke der Nachfrage.« Celia lächelte spöttisch. »Ich liebe meine Wohnung mitten in Schöneberg. Sie ist genau richtig für Ida und mich. Dein Haus ist mir zu groß, zu weit draußen, zu elitär. Wie lange wohnst du hier? Vier Jahre, fünf? Weshalb willst du fort?«

»Gut geschätzt. Viereinhalb. Wir ziehen in die Schweiz. Ich habe dort bereits ein Haus gekauft.«

»Ich verstehe nicht, Edgar. Du lernst gerade deine Erstgeborene kennen und erzählst uns gleichzeitig, dass du auswanderst? Wo ist da die Logik, die dir so wichtig ist?«, fragte Celia.

»Ihr könnt uns in Zürich ebenso gut besuchen.«

»Schwanenwerder liegt ja schon weit draußen. Zürich ist vielleicht noch etwas weiter entfernt, meinst du nicht? Und weshalb überhaupt?«

»Deutschland stehen schlimme Zeiten bevor«, sagte Edgar. »Die Nationalsozialisten werden sehr bald die Macht übernehmen. Glaub mir, ich kenne viele Leute, die es darauf anlegen, dass es so kommt. Dann möchte ich nicht mehr in diesem Land leben.«

»Eine wunderbare Prognose!« Antonia spürte, wie ihr der Kragen platzte. »Sagten Sie nicht gerade, Gegenwart wäre ein Resultat der Vergangenheit? Gehörten Ihrem Vater nicht Tausende von Firmen, sodass er derart viel Einfluss hatte, dem Deutschen Reich eine Währungsreform zu verordnen, von der er selbst am meisten profitierte? Plötzlich waren seine Schulden so gut wie verschwunden!«

Zur Zeit der Wirtschaftskrise von 1923 hatte Antonia noch den Kommunisten nahegestanden, Männer wie Edgars Vater waren ihre Gegner gewesen. Gerade war das wieder sehr lebendig, und sie bedauerte ihre Emotionalität. Ihre jugendliche Leidenschaftlichkeit für Politik war einem subjektiven Gefühl für Gerechtigkeit entsprungen; leider war die Gegenwart komplizierter.

»Haben nicht auch Sie Zugang zu den entscheidenden Männern?«, setzte sie in versöhnlicherem Tonfall hinzu. »Können nicht auch Sie daran mitwirken, die Nationalsozialisten zu verhindern? Anstatt vor ihnen zu fliehen?«

»So einfach ist das nicht, Frau Thomasius. Meinen Einfluss schätzen Sie leider falsch ein. Die Zeiten, in denen ein Hinnes Macht hatte, starben vor sieben Jahren mit meinem Vater. Ich bin nicht wie er. Ich wollte es auch nie sein.«

»Da hat er recht«, kommentierte Celia trocken. »Das war ein Zug an dir, Edgar, den ich gern hatte.«

»Du hast mir nach Vaters plötzlichem Tod sehr geholfen, Lia.«

Es war der erste Mal, dass er den vertrauten Kosenamen benutzte.

»Ich wusste wirklich nicht weiter. Alles brach über mir zusammen«, fuhr Edgar fort und machte auf Antonia den Eindruck, als hätte er das Geschehene noch immer nicht verdaut. »Diese vielen Firmen, die Menschen, die Angst um ihre Arbeit hatten. Als Vater plötzlich mitten aus dem Leben gerissen wurde, hast du mit allen möglichen Leuten verhandelt und mir den Rücken gestärkt. Das werde ich dir nie vergessen.«

»Ein paar Monate lang standen wir im Auge eines Hurrikans«, sagte Celia mit belegter Stimme.

Die beiden sahen sich auf eine Weise an, dass Antonia sich unweigerlich die Frage aufdrängte, weshalb sie kein Paar geblieben waren.

»Ich dachte, wenn wir es überstehen, kann uns nichts auseinanderbringen.« Celia räusperte sich und kämpfte darum, ihre Gesichtszüge, die ihr zu entgleiten drohten, zu beherrschen. »Wir sollten jetzt besser zurück. Danke, dass wir das Segeln ausprobieren durften.«

Am Steg angekommen, sprang Edgar gelenkig an Land, vertäute das Boot und reichte Celia die Hand, um ihr beim Ausstieg zu helfen. Für Sekunden trafen sich die Blicke von Idas Eltern, und Antonia spürte deutlich, dass sie nach wie vor viel füreinander empfanden. Wahrscheinlich so viel, dass Celia es kaum ertrug, aber das war ihr wohl erst jetzt klar geworden.

Am Abend schmiegte Antonia sich auf dem Sofa an Guntram und erzählte ihm von dem eigentümlichen Ausflug.

Und er fragte: »Was ist Edgar Hinnes für ein Mann? Mochtest du ihn?«

Sie dachte eine Weile nach. Ganz zu Anfang, als sie Guntram kennengelernt hatte, war er wie fast alle seine männlichen Mitstudenten in Celia verknallt gewesen. Eine Chance bei ihr hatte er nie gehabt. Und erst jetzt verstand Antonia, weshalb bislang auch kein anderer Mann das Herz ihrer Freundin erobern konnte. Sie alle würden nur *Köche* bleiben, Affären. Ob es jemals einem Mann gelänge, an die Stelle von Edgar zu treten? Nicht, weil er über so viel Charme verfügte, sondern weil Celia und ihn etwas verband, das weit mehr zählte als Liebe – nämlich Schicksal. Gescheitert war die Ehe an Edgars Beziehung zu Maja, was Antonia noch weniger verstand, nachdem sie die hübsche, aber unscheinbare Frau kurz erlebt hatte.

Guntram war nicht der Mensch, mit dem sie das besprechen konnte. Er sollte sich auch nicht fühlen wie jemand, der es mit Edgar nicht aufnehmen konnte.

»Ja«, sagte sie nachdenklich. »Ich mochte Edgar. Aber er tut mir auch leid.«

»Wirklich?«

»Ich glaube, er ist ein Verlorener. Ein Mann, der gegen einen Schatten kämpft, den eigenen Vater. Im Grunde kann Celia froh sein, dass sie ihr Leben nicht mehr mit ihm teilt.«

»Wirst du ihr das sagen?«

»Das weiß sie.« Sie küsste ihn flüchtig als Versöhnungsangebot für ihre an diesem Tag erneut bestätigte Erkenntnis: »Manchmal ist es besser, wenn man auf sich gestellt ist. Man entdeckt die eigene Stärke.«

»Das hast du dir bewiesen, als du nach Afrika gefahren bist. Meinst du das damit?«

»Ja, so ist es.«

»Dennoch willst du, dass wir heiraten, Toni?«

»Muss eine Ehe so gestaltet sein, dass man die eigene Stärke aufgibt?«, fragte sie zurück.

»Nein, Toni. Ich möchte, dass wir uns ergänzen. Bislang hat das gut funktioniert, finde ich.«

»Finde ich auch.« Sie genoss seine Nähe.

»Was hat Ida von ihrem Vater gehalten? Hat sie später noch etwas über ihn gesagt?«, fragte Guntram schließlich.

»Nicht in meiner Gegenwart«, sagte Antonia. »Da sprach sie nur noch über den Hund.«

»Ich schätze, Celia wird sich sehr bald nach einem umsehen müssen«, folgerte Guntram.

Antonia war gespannt, ob es ein Schafspudel sein würde. Also ein Hund, der Mutter und Tochter stets an einen Ex-Mann und einen Vater erinnern würde, der unerreichbar bliebe.

# ROSALIAS SCHUTZZAUBER

— ♦ —

*August 1931*

Seitdem das Ehepaar Thomasius zurück war von seinem Aufenthalt an der französischen Riviera, waren schon wieder ein paar Wochen vergangen. An diesem warmen Tag Anfang August packte Ricarda in der Wohnung gerade etwas Kleidung für einen Ausflug nach Freystetten zusammen, als Siegfried heimkam. Er hatte seine ehrenamtliche Arbeit im Invalidenheim wieder aufgenommen, zu der er an diesem heißen Sommertag sehr früh aufgebrochen war. Sichtlich erschöpft hängte er seinen Hut auf den Garderobenhaken. Ricarda überlegte gerade, wie sie ihrem Mann beibringen konnte, dass es seiner Gesundheit zuträglicher wäre, wenn er sich auf das Schreiben seiner Lebenserinnerungen konzentrierte, anstatt bei großer Hitze in der Stadt herumzulaufen.

Da sagte Siegfried: »Du errätst nicht, wen ich getroffen habe! Deinen Neffen. Wusstest du, wie krank er ist?«

»Franz?«, fragte Ricarda verwundert. »Nein, wusste ich nicht.«

Sein Humpeln war ihr aufgefallen, erinnerte sie sich.

»Was ist mit ihm? Wo hast du ihn überhaupt getroffen?«

»Ich musste heute mit einem meiner Schützlinge ins Militärkrankenhaus; ihm wurden an der Front beide Unterschenkel amputiert. Horst ist ein lieber Kerl, hat niemanden mehr auf der Welt. Die Frau ist ihm schon lange davon, die Kinder wollen nichts mit ihm zu tun haben. Er säuft. Der Kummer, die Schmerzen. Wohin soll so einer mit sich«, begann Siegfried.

Das kannte Ricarda von ihm. Der Krieg war seit dreizehn Jahren vorbei, aber er kümmerte sich nach wie vor um die vergessenen Verwundeten. Indem er sie regelmäßig im Invalidenheim besuchte, behielt er ihre Gesundheit im Auge.

»Die Kriegschirurgie! Du weißt ja, wie sie das im Feldlazarett gemacht haben: Augen zu und ab damit. Was mit den Nerven war, darüber hat keiner nachdenken können. Oder mit den Gefäßen.« Er seufzte. »Entschuldige, Rica. Ich bin gerade voller Empörung. Dieser Horst ist ein tapferer Kerl. Zu tapfer. Er hat auf einem Beinstumpf infolge einer eigentlich leichten Verletzung eine Sepsis entwickelt, die er vernachlässigt hat. Deshalb bin ich mit ihm sofort zum Krankenhaus. Im Eingangsbereich humpelt ein stattlicher Kerl auf mich zu. Ich denke, nanu, den kennste doch …«

»Franz!«, rief Ricarda.

Ein ganzer Film spulte sich vor ihrem inneren Auge ab. Die Hoffnung des Hauses Freystetten. Die – aus Friedemanns Sicht – einzige.

»Was ist mit ihm?«

»Franz hat versucht, sich an mir vorbeizustehlen. Es war ihm sichtlich unangenehm, mir zu begegnen. Die dicksten Freunde waren wir ja wirklich nie. ›Die jährliche Untersuchung mal wieder fällig?‹, frage ich im Plauderton, obwohl offensichtlich ist, dass er nicht deshalb da ist. Er hat eindeutig Schmerzen. Und er antwortet: ›Ich komme zurecht, Siegfried.‹ Ich sage: ›Gute Besserung.‹ Da mustert er mich, fragt: ›Hat Antonia etwa aus dem Nähkästchen geplaudert?‹ Ich schüttele den Kopf, erwidere betont salopp:

›Nähen ist nicht ihre Stärke.‹« Siegfried sah seine Frau fragend an: »Hat Toni dir etwas erzählt?«

»Kein Wort. Vielleicht haben die beiden sich getroffen, als wir in Frankreich waren.«

Für Ricarda lag es nahe, dass Franz Antonia in ihrer Eigenschaft als Ärztin aufgesucht haben könnte. Wenn es so war, ging es ihm offensichtlich so schlecht, dass er schon bei jemandem um Hilfe bitten musste, mit dem er sich überhaupt nicht verstand. Toni hatte ihm doch nach dem Angriff auf Henny so schwere Vorhaltungen gemacht!

»Du siehst aus, als hättest du deine alten Verbindungen genutzt, um herauszufinden, was mit Franz los ist«, sagte Ricarda.

»War nicht so schwer zu erraten, was?« Siegfried schmunzelte und setzte hinzu: »Er hat eine sehr schwere Form von Zuckerkrankheit. Wollte sich aber nicht behandeln lassen.« Siegfried seufzte. »Ich musste mit meinem Schützling Horst in die Chirurgie. Der Oberarzt ist ein alter Kamerad. Ich rede mit ihm über Horst und erwähne zum Abschied, dass wir am Abend nach Freystetten fahren, Landluft genießen. Da sagt er, ich solle Franz von Freystetten ins Gewissen reden. Wenn er das nicht ernst nähme, ginge es mit ihm rapide bergab. Ich fragte ihn, was er meinte, und er war überrascht, dass ich nichts von Franz' Zuckerkrankheit wusste. Ich war schockiert. Ich mag deinen Neffen nicht, das habe ich nie verheimlicht. Aber das wünscht man nicht mal seinem ärgsten Feind!«

»Seine Erkrankung hat Franz offenbar nicht zugänglicher gemacht«, stellte Ricarda fest.

»Das ist der Punkt, um den es geht«, sagte Siegfried. »Soldaten nehmen den Gegner ernst, das ist ihr Beruf. Aber sie haben einen Gegner, den sie unterschätzen – sich selbst. Erkennen solche Männer, dass sie auf Hilfe angewiesen sind, stehen sie vor einem Dilemma: Sie brauchen diese Hilfe und können gleichzeitig nicht zulassen, dass sie ihnen gewährt wird. Ein Mann wie Franz wird freiwillig niemals Schwäche zeigen.«

»Das klingt schrecklich, Siegfried!«, sagte Ricarda.

Gleichwohl traf seine Analyse männlichen Verhaltens auch auf ihn selbst zu, dachte sie, verkniff sich die Bemerkung jedoch.

»Ich darf nicht zusehen, wie er zugrunde geht. Er ist mein Neffe. Trotz allem«, sagte sie.

Es sah danach aus, als liefen die Dinge in Freystetten aus dem Ruder. Seit ihrer Rückkehr hatte Ricarda mehrfach ihre Schwester Rosel besucht. Um ihre angeschlagene Psyche zu beruhigen, aber auch, um zu erreichen, dass Frieda Felicitas nach New York mitnehmen durfte. Aber Rosel hatte keine Einsicht gezeigt. Bliebe sie bei ihrer starren Haltung, würde Frieda sich die Angelegenheit aus dem Kopf schlagen müssen. Jonathan müsste allein reisen, das war gerade die wahrscheinlichste der beiden Alternativen. Die andere war, Felicitas in die Obhut ihrer Großmutter zurückzugeben. Welcher Weg auch gewählt wurde, die Familie Landsmann wäre getrennt.

Spätestens für September stand die Schiffspassage in die USA an, für die Frieda dringend Felicitas' Papiere benötigte. Ricarda hatte aufgegeben, darauf zu hoffen, dass Jonathan auf seinen Einstieg bei dem Architektenbüro verzichtete und somit alles bleiben konnte, wie es war. Somit drängte die Zeit, um Rosel umzustimmen.

Und nun die Sache mit Franz, Rosels Liebling. Wie sollte ihre Schwester noch eine Hiobsnachricht verkraften?

»Was sagt dein Kamerad, der Chirurg?«, fragte Ricarda ihren Mann. »Franz wird doch wohl noch eine Chance auf Heilung haben?«

»Durchaus«, antwortete Siegfried. »Er hat einen Ulcus am Fuß, der so böse ist, dass nur eine Möglichkeit besteht, um ein Übergreifen des Geschwürs auf den Unterschenkel zu verhindern.«

Er sprach es nicht aus, aber als Ärztin wusste Ricarda genau, was er meinte – eine Amputation.

»Um Himmels willen! Das ist nicht dein Ernst!«, rief sie und dachte an seine Vorhersage, dass Franz keine Hilfe zulassen würde. Hatte ihrem Neffen denn bislang niemand gesagt, welch schreckliches Schicksal ihm bevorstand, wenn er keine Einsicht zeigte?

Was für ein hübsches Paar die beiden sind, dachte Ricarda.

Im Zugabteil saßen Antonia und deren Verlobter Guntram gegenüber von Siegfried und ihr. Die jungen Leute hielten sich an den Händen, Schulter an Schulter, ein Bild der Harmonie. Beiden stand ins Gesicht geschrieben, dass sie auf der Reise durch ihrer beider Leben eine wichtige Etappe erreicht hatten. Sie hatten den Menschen gefunden, bei dem sie für immer bleiben wollten.

Draußen vor den Zugfenstern glitt die sommerliche Landschaft der Mark Brandenburg vorbei. Die Getreidefelder leuchteten golden, an den Feldrändern blühten Korn- und Mohnblumen. Hier draußen wirkte die Welt, als wäre sie überall in Ordnung.

Die beiden Paare hatten sich ursprünglich dazu verabredet, an diesem Wochenende die Hochzeit in Freystetten zu organisieren. Es sollte nichts Großes werden, nur im kleinen Rahmen in der Dorfkirche und anschließend eine gemütliche Feier in Großmutter Karlas Garten. Es waren allerdings die schlechten Nachrichten, die Siegfried mitbrachte, die das Gespräch bestimmten.

»Ich habe Franz nichts vorgemacht«, berichtete Antonia.

»Ich war ihm gegenüber eindeutig: Nur eine sofortige und gründliche Untersuchung schafft Klarheit. Er sollte ins Krankenhaus gehen, was er wohl auch getan hat. Ich jedoch wollte es mir nicht antun, ihn eingehender zu beraten oder gar zu behandeln. Das gebe ich ehrlich zu.«

»Das erwartet niemand«, pflichtete Siegfried ihr bei.

Ricarda war nicht so ganz seiner Meinung. »Ein kleiner Hinweis an die Familie, wie es um Franz' Gesundheit steht, Toni? Wäre das nicht angebracht gewesen?«

»Wenn ich dazu meine Meinung sagen darf«, warf Guntram ein. »Franz kam nicht als Cousin, sondern als Patient zu Toni. Was Toni mir einmal berichtete, zielt genau darauf ab: Eine bei einem Arztgespräch gewonnene Erkenntnis wird auch innerhalb der Familie nicht weitergegeben.«

»Aber du wusstest davon, Guntram?«, fragte Ricarda.

»Wir tauschen uns über unsere Fälle gelegentlich kollegial aus.« Guntram begleitete seine Worte mit einem Schmunzeln.

Ricarda mochte es, wie er zu Antonia hielt. So lange hatte sie nach einem passenden Partner gesucht. Und ihn in ihm gefunden. Das zu spüren, tat gut.

»Machen wir uns nichts vor«, sagte Siegfried. »Die Sache mit Franz kann sehr böse enden.«

Guntram stimmte zu. »Das sehe ich auch so: letal.«

Zwei Silben, um den Tod nicht beim Namen zu nennen. Aber hatten die beiden Männer recht? Konnte es tatsächlich so dramatisch enden, fragte sich Ricarda.

»Malt nicht gleich den Teufel an die Wand, ihr beiden«, entgegnete Antonia. »Franz ist ein eingebildeter, rücksichtsloser Karrierist. Dumm ist er jedoch nicht.«

»Aber auch keinen Argumenten zugänglich«, sagte Siegfried. »Wir dürfen die Sache nicht unter der Decke halten. Jemand muss Friedemann sagen, wie es um Franz steht.

Wir können uns nicht auf unsere Schweigepflicht als Ärzte zurückziehen, wenn es darum geht, jemanden am Leben zu halten. Wir vier haben die Pflicht, uns einzubringen.«

Niemand aus der kleinen Reisegesellschaft widersprach. In ihre eigenen Gedanken vertieft, schwiegen sie. Ricarda tat es nur leid, dass der so heitere Anlass dieser Fahrt ins Blaue von derart trüben Ereignissen überschattet wurde.

Am Bahnhof von Gusow, dem Freystetten am nächstgelegenen Haltepunkt der Ostbahn, erwartete Friedemann höchstselbst seine Verwandtschaft, obwohl er für gewöhnlich seinen Fahrer schickte. Ricarda sah ihrem Schwager die Sorgen an, die ihn quälten.

Schon gleich nach der Begrüßung, auf dem Weg zu seiner schweren Limousine, mochte der Graf nicht an sich halten: »Franz ist heute in der Früh angekommen. Bitte, Siegfried, du musst ihn dir ansehen. Der Junge ist krank! Er fiebert.«

Hatte Franz von der Begegnung im Militärkrankenhaus berichtet? Oder war es für Friedemann normal, dass nur ein Mann seinen Sohn in Augenschein nehmen durfte?

Die vier Ankommenden tauschten vielsagende Blicke untereinander.

»Was ist los? Ricarda, Siegfried, Antonia!«

Guntram, den neuen Mann an Antonias Seite, bezog er nicht mit ein, weil er ihn noch nicht hinreichend kannte.

»Was bedeuten diese Blicke?«

»Nicht hier, Friedemann«, sagte Ricarda betont ruhig.

Ein paar Wochenendausflügler waren unterwegs, schwere Rucksäcke auf dem Rücken, freuten sie sich auf eine Wanderung durch die in dieser Gegend leicht hügelige, sommerlich grüne Mark Brandenburg. Es war unwahrscheinlich, dass sie sich für das Gespräch interessierten.

Ricarda wollte auch nur Zeit gewinnen. Sie fühlte sich überfahren von der Situation.

Antonia meinte, ihren Augen nicht trauen zu können: Cousin Franz, im dunkelgrauen Anzug, saß in der Bibliothek des Schlosses und las wie beim letzten Mal seine offenkundig liebste Zeitung, den *Völkischen Beobachter*. Neben sich auf einem verzierten Tischchen im Rokokostil ein angegessenes Stück Kirschkuchen mit einem Rest Sahne, ein halb volles Glas Weißwein, eine Tasse Kaffee und eine angerauchte Zigarre. Die Füße, in schwarze Stiefel eingeschnürt, hatte er auf einen mit glänzender Seide überzogenen Schemel gelegt. Es sah sehr danach aus, als ließe er es sich gut gehen. Und wäre kein bisschen krank.

Nahe dem Fenster saß ein junger Mann auf einem Stuhl, das blonde Haar akkurat gescheitelt und mit Pomade gebändigt, die Miene ausdruckslos, den Körper in die Uniform der SA gekleidet, braunes Hemd, weite schwarze Hose, dunkelbraune Schaftstiefel. Er sprang im selben Augenblick auf, als die Verwandten seines Herrn eintraten.

Zu deren Begrüßung ließ Franz zwar die nationalsozialistische Zeitung sinken, erhob sich allerdings nicht aus seiner komfortablen Position.

»Warte im Wagen, Gasser«, befahl Franz dem SA-Mann, der eine Art militärischen Gruß in Richtung Franz andeutete und wortlos hinausging.

Antonia dachte, dass er dem Mann auch hätte befehlen können, vor der Tür Posten zu beziehen. Wie er es früher mit seinen Leuten gehandhabt hatte, die ihn wohl beschützen sollten. Vor wem auch immer. In diesem Fall wollte Franz möglicherweise verhindern, dass Familieninterna in unbefugte Ohren gelangten.

Denn ihm war offenbar klar, dass es ungemütlich zu werden versprach: »Die ganze Sippe auf einmal! Was gibt es denn so Wichtiges?«

Er blieb nach wie vor sitzen, obwohl er zu den fünf Anwesenden aufsehen musste.

»Deine Gesundheit liegt uns am Herzen, Franz«, sagte Friedemann.

»Ach, das Fräulein Ärztin hat also doch aus dem Nähkästchen geplaudert!«, sagte Franz, auf Antonia gemünzt.

Sie deutete auf die Speisen, die ihr Cousin zu sich nahm, als sie erwiderte: »Du benimmst dich wie jemand, der sich freut, wenn sein Haus brennt. Dann muss man nicht so frieren.«

Franz lachte kurz auf. »Immer zu Späßen aufgelegt! Was, Toni?«

»Das ist kein Spaß, Franz«, erwiderte sie. »Was du hier gerade machst, bestätigt die Sorge unserer Familie um dich. Es ist das Schlimmste, das du deinem Körper antun kannst. Wir müssen dich vor dir selbst schützen. Wenn du mir deshalb vorwirfst, ärztliche Geheimnisse verraten zu haben, so kann ich das mit meinem Berufsethos durchaus vereinbaren. Aber mit meinem Gewissen werde ich nicht vereinbaren können, wenn mir dein Vater vorwerfen sollte, geschwiegen zu haben. Obwohl ich alles habe kommen sehen.«

Franz blickte jedem angriffslustig in die Augen. »Was seht ihr schlauen Ärzte denn kommen?«

»Deinen Tod«, erwiderte Siegfried fast tonlos.

Wieder lachte Franz laut auf. Es klang nicht nur aufgesetzt und dumm, sondern diesmal sogar hilflos, wie Antonia fand.

»Siegfried! Wie kannst du so etwas sagen!«, protestierte Friedemann und baute sich hinter der hohen Lehne von Franz' Ohrensessel auf, als wollte er ihm symbolisch den Rücken stärken.

Ricarda übernahm die Rolle der Vermittlerin: »Siegfrieds Wortwahl klingt drastisch. So geht ein verantwortungsvoller Arzt jedoch vor, wenn der Patient keine Bereitschaft zur Einsicht zeigt: Er benennt den schlimmstmöglichen Ausgang einer Krankheit. Vor allem ist dies angebracht, wenn die einen freundlich klingenden Namen hat und deshalb unterschätzt wird.« Sie lächelte. »Zucker. Wer mag ihn nicht?«

»Niemand von euch ist mein Arzt. Was auch immer du, Tante Ricarda, oder die anderen sagen, hat keine Bedeutung!«

Franz sprang unbeherrscht auf und verzog sofort schmerzverzerrt das Gesicht. Als wäre er von einem unsichtbaren Feind verletzt, ließ er sich zurück in den Sessel fallen.

»Franz!«

Friedemann beugte sich über seinen Sohn, wurde jedoch von ihm zurückgewiesen. Der Graf suchte verzweifelt Rat in den Gesichtern der Besucher.

»Siegfried, das kann doch wohl nicht euer Ernst sein: Franz … vom Tode bedroht? Ihr wollt ihm einen Schrecken einjagen, nicht wahr?«

Antonias Vater legte den Verlauf der Krankheit nun – ohne jede Emotionalität – medizinisch korrekt dar und endete mit einem Appell: »Lass dich auf der Stelle behandeln, Franz. Nur so ist der Verfall deines Körpers aufzuhalten.«

Endlich stimmte Friedemann ihm zu: »Franz, heute noch fahre ich mit dir ins Militärkrankenhaus. Und wage es nicht, dich mir zu widersetzen!«

Da die Hauptperson des Interesses gar nicht reagierte, weder mit seinem aufgesetzten Lachen noch mit einer wie auch immer gearteten herrischen Geste, legte sich eine beunruhigende Stille über die Anwesenden.

Antonia kämpfte mit ihrer Verärgerung über Franz, der sich niemals loyal zu seiner Verwandtschaft verhalten hatte.

Weshalb taten sie alle es sich an, auf diesen Mann einzuwirken, als läge ihnen etwas an ihm?

Darauf gab es eine Antwort, die ein Franz von Freystetten jedoch wohl niemals verstehen würde: Wenn jemand Schwäche zeigte, so hatten jene die Pflicht, ihn zu stützen, die dazu die Kraft hatten. Dieses Prinzip nannte sich Menschlichkeit.

Nun baute sich Friedemann vor seinem schweigenden Sohn auf, seine wohl letzte Karte ausspielend, die väterliche Autorität.

»Franz, hast du gehört, was ich gesagt habe?«

Antonia hatte den Eindruck, dass er damit zu spät kam, denn Franz stand auf. Scheinbar ohne jeden Schmerz zu empfinden.

»Ich habe dich gehört, Vater«, sagte er. »Allerdings brauche ich sämtliche meiner Körperteile.«

So langsam, als hätte er rohe Eier unter den Sohlen seiner schwarzen glänzenden Stiefel, stakste er aus der Bibliothek hinaus. Denn es gelang ihm nur mit großer Anstrengung, seine Schmerzen zu verbergen und so sein Gesicht zu wahren als ein Mann, der sich von nichts unterkriegen lassen wollte.

»Was meint Franz damit: Er brauche alle Körperteile?«, fragte Friedemann fassungslos.

»Mein Kollege im Militärkrankenhaus hat ihm eröffnet, dass ein Geschwür an seinem Fuß eine Amputation ratsam erscheinen lässt«, sagte Siegfried.

»Das ist nicht wahr! Siegfried! Gut, dass ihr alle gekommen seid, um mir die Wahrheit zu sagen. Danke, mein Guter, danke. Ich habe ja nichts geahnt.«

Friedemann eilte hinaus.

Die Zurückbleibenden tauschten ratlose Blicke. Hatten sie nun etwas erreicht oder nicht?

Was für ein Gegensatz und welch eine Wohltat! In Antonias Rücken war das Schloss und vor ihr der Garten von Großmutter Karla. Im Schatten der Apfelbäume schnippelten Karla und Rosel die rotbackigen Früchte. Weitere lagen in Weidenkörben und warteten darauf, verarbeitet zu werden. Antonia und Ricarda gesellten sich zu den beiden, um mitzuhelfen.

»Schön, dass ihr da seid«, freute sich Karla.

Offensichtlich war die reiche Ernte noch nicht abgeschlossen. An einem der Bäume, die noch voller Äpfel hingen, lehnte eine Leiter.

Ricarda deutete darauf. »Mutter, kletterst du etwa noch immer hinauf?«

Karla lächelte. »Wer rastet, der rostet.«

Rosel war mit ihren Gedanken offenbar woanders. Missmut im Gesicht, sagte sie: »Kommt ihr etwa, um mir zu eröffnen, dass ich meine Enkelin nie wiedersehe?«

Antonia sah darin in gewisser Weise sogar einen Fortschritt in Rosels Verhalten: Bei ihrer letzten Begegnung hatte die Tante einen passiven, niedergeschlagenen Eindruck gemacht. Jetzt waren ihre Gedanken zumindest wieder bei dem Wunsch, Felicitas zurückzubekommen.

»Nun lass mal gut sein, Rosel«, brummte die Großmutter. »Der kleinen Felicitas geht es ganz gewiss hervorragend bei ihrer Mutter. Frieda liebt ihre Kinder, das weißt du.«

»Das sagst du immer, Mutter. Aber an mich denkt niemand«, beklagte sich Rosel.

»Bin ich niemand?«, fragte Karla.

Antonia folgerte daraus, dass sie wohl manches Gespräch mit ihrer Tochter geführt hatte, um ihr aus ihrer Traurigkeit herauszuhelfen.

Offenbar hielt es auch Ricarda für besser, von dem leidigen Thema Felicitas auf ein angenehmeres umzuschwenken: »Toni hat große Pläne. Erzähl doch mal!«

So fragte Antonia geradeheraus: »Dürfen Guntram und ich hier in deinem Garten unsere Hochzeit feiern?«

Karla ließ Messer und Apfel sinken. »Wirklich, willst du das? Toni! Dass ich das noch erleben darf! Komm her, mein Kind, lass dich drücken. Selbstverständlich dürft ihr hier feiern. Du erfüllst mir doch meinen größten Wunsch.«

Sie wandte sich an Guntram, der neben Toni saß und ebenfalls Fallobst schnippelte.

»Sie sind also der Glückspilz, der unsere Toni bekommt. Guntram, nicht wahr? Ich habe Sie nicht vergessen, auch wenn es nur kurz war, dass ich Sie sehen durfte. Ich freue mich sehr für Sie.«

»Danke, Frau Petersen. Wissen Sie, ich komme auch vom Land. Eine Hochzeit hier, das ist schön«, erwiderte Guntram.

»Ich gratuliere dir ebenfalls, Antonia«, sagte Rosel.

Weil sie sich auf ihre Großmutter konzentriert hatte, war Antonia entgangen, dass ihrer Tante Tränen über das Gesicht liefen. Reglos saß sie da, die Hände, die eben noch beschäftigt waren, tatenlos auf dem Tisch. Es tat Antonia weh, sie so zu sehen.

»Danke, Tante Rosel«, sagte sie.

»Du hältst mich für einen Unmenschen«, sagte Rosel leise. »Ich habe es nur gut gemeint mit der kleinen Felicitas. Das Schloss wird einmal ihr gehören. Ich wollte, dass sie wie eine künftige Gräfin aufwächst.«

»Niemand von uns hält dich für einen Unmenschen, Rosel«, sagte nun Ricarda. »Du brauchst eine Aufgabe. Das ist alles.«

»Darf ich einen Vorschlag machen?«, fragte Guntram.

»Hätten Sie Lust, uns bei den Vorbereitungen für unsere Hochzeit beizustehen?«

»Oh ja, so etwas kann ich sehr gut.« In Rosels Gesicht trat ein Leuchten. »Ich habe schon viele Feste im Schloss organisiert.«

»Das dachte ich mir, Durchlaucht. Es soll trotzdem hier bei Ihrer Mutter stattfinden«, fuhr Guntram fort. »Ein kleiner Kreis aus Familie und guten Freunden.«

»Hundert Gäste?« Rosel blühte ob der neuen Aufgabe schlagartig auf.

»Weniger, Tante«, sagte Antonia, die von Guntrams Vorstoß überrascht worden war. Mit einem Kuss würde sie später seine Geistesgegenwart belohnen. »Zwei Dutzend Gäste. Das schwebte uns vor.«

»Natürlich, ganz, wie ihr das wollt. Wir setzen uns zusammen und ich schreibe eure Wünsche auf«, sagte Rosel und ließ den Blick schweifen. »Das kann sehr schön werden. Vielleicht etwas mit brandenburgischem Brauchtum. Das hatten wir schon lange nicht mehr. Ich werde das Personal befragen. Die werden mir helfen. Wann soll die Hochzeit denn sein?«

Eine schwierige Frage! Denn Antonia wollte auch Henny dabei haben. Aber wann sie und ihre Familie wieder in Deutschland wären, das stand in den Sternen. Andererseits wollte sie bald heiraten, doch der Sommer würde nicht mehr lange währen.

»Wir dachten an Herbst oder Spätherbst. So lange, wie es draußen noch schön ist!«, sagte sie.

»Das ist gut«, sagte Rosel. »Wenn es zu warm ist, zerläuft die Sahne auf der Hochzeitstorte.« Sie lächelte sogar.

Antonia sah in allen Gesichtern Erleichterung. Wie einfach es sein konnte, einen Menschen von seinen Sorgen abzulenken!

Siegfried hatte seine feine Anzugjacke und die Weste abgelegt. Die Hosenträger über dem Hemd, aber ohne Krawatte, bearbeitete er das Obst.

»Sag mal, Schwägerin«, begann er. »Wozu nutzt ihr eigentlich diese vielen schönen Säle im Schloss?«

»Du hast nie ausgesprochen, dass sie dir gefallen, Siegfried.«

Antonia wusste sehr wohl, dass ihr Vater sich nichts daraus machte.

»Mir kam da etwas in den Sinn: Kann man diese Räume nicht mit Leben füllen? Feiern ausrichten für Berliner, die es gern an einem wichtigen Tag festlich haben wollen?«, trug Siegfried vor.

»Du meinst, man könnte für Fremde Hochzeiten ausrichten?«

Antonia hörte der Frage an, wie angeregt die Vorstellungskraft ihrer Tante jetzt war.

»Nicht *man*, Schwägerin. *Du* würdest das machen. Mit all deinem Können, deinen Fertigkeiten, deinem Wissen um Etikette. Du wärst die perfekte Gastgeberin. Hochzeiten, Familienfeste, Jubiläen, all so etwas.«

Siegfried schien von seinem gewiss spontanen Einfall selbst begeistert zu sein.

»Ich glaube, ich habe noch nie einen besseren Vorschlag gehört, Siegfried«, sagte Karla.

»Danke, Mutter.« Siegfried lächelte selig.

»Ich werde Friedemann fragen«, sagte Rosel. »Ich glaube, ihm wird es gefallen. Er hat schon den Park für Besucher geöffnet. Man könnte mit dem Ausrichten von Festen gewiss auch Geld einnehmen, oder?«

Das wäre zwar kein Ersatz für Felicitas, dachte Antonia. Doch der Vorschlag ihres Vaters bot Rosel eine Perspektive. Sie war gespannt, ob die Tante sie nutzen würde.

Am späten Nachmittag war es für Antonia und Guntram an der Zeit, wieder nach Berlin aufzubrechen. Ein gemeinsamer ruhiger Sonntag, bevor die Arbeit weiterging. Das Ehepaar Thomasius hingegen wollte ein paar Tage bei Karla bleiben, vielleicht sogar die ganze Woche.

Nicht immer hatte Antonia sich vor der Abfahrt von Onkel Friedemann verabschiedet. Nach den Ereignissen dieses Tages wollte sie es unbedingt, schon allein, um zu wissen, wie es mit Franz weitergehen würde. Doch sie fragte das Personal vergeblich nach dem Grafen und fand ihn auch nicht in seinem Arbeitszimmer. Großmutter Karla war dagegen noch immer in ihrem prächtigen Garten beschäftigt. Sie werkelte gerade in einem ihrer vielen Gemüsebeete. Zum Abschied gab sie den jungen Leuten einen Korb voller Möhren, Zwiebeln und Tomaten mit und zwei Töpfchen mit Petersilie und Schnittlauch.

»Stell sie auf den Balkon, Toni, und vergiss nicht zu gießen. Alle Pflanzen brauchen Liebe. Wie wir Menschen«, mahnte die alte Dame. Sie zwinkerte dem verliebten Paar zu. »Das werdet ihr ja wohl wissen. Bleibt gesund!«

»Du auch, Großmutter!«

»Lass nicht wieder so lange auch dich warten, Toni.«

»Nein, mache ich nicht«, versprach Antonia.

Sie wunderte sich ein wenig: Es war nicht Großmutters Art, um ein baldiges Wiederkommen zu bitten.

Die große Limousine des Grafen parkte nach wie vor in der Auffahrt.

»Ihr beide werdet eine schöne Hochzeit haben«, versprach Ricarda zum Abschied. »Freut euch einfach nur darauf und lasst uns machen.«

»Danke, Mutter.« Antonia hatte noch ein Anliegen: »Meinst du, du bekommst das hin, dass Rosel Felicitas gewissermaßen freigibt?«

»Jetzt werden wir sie damit auf Trab halten, Pläne zu schmieden für eure Hochzeit und Feste im Schloss. Mach dir keine Sorgen, Toni. Ich bin zuversichtlich, dass alles in Ordnung kommt.«

Friedemanns Chauffeur, ein sportlicher Mann von Anfang dreißig, nahm seine Mütze ab, um zu grüßen.

»Ich darf Sie zum Bahnhof fahren. Sind Sie bereit?«

»Vielen Dank, Herr Gramzow.«

Mit einem saftigen Apfelkuchen auf dem Schoß saß Antonia hinten im Wagen.

Während der Fahrt fragte sie Gramzow scheinbar beiläufig: »Ich habe vergeblich versucht, mich von Graf Friedemann zu verabschieden. Er ist wohl schon in Berlin?«

»Nicht, soweit ich weiß, Fräulein Thomasius.«

»Ist mein Cousin Franz denn gefahren?«

»Auch das entzieht sich meiner Kenntnis, Fräulein Thomasius.«

»Herr Gramzow, warum denn so förmlich? Wir sind doch alle eine Familie.«

»Gewiss, Fräulein Thomasius.«

Mehr war dem loyal zu seinem Arbeitgeber stehenden Angestellten nicht zu entlocken.

Sobald sie beide im Zug saßen, sagte Guntram: »Weshalb hat eigentlich niemand mit Rosel über den Gesundheitszustand ihres Sohnes gesprochen?«

»Ich denke, weil wir sie schonen wollten.«

»Würdest du wollen, dass man dir Probleme verheimlicht, die dich betreffen, Toni?«

Die Frage machte sie nachdenklich. Weshalb wurde ihre Tante von ihren Verwandten behandelt, als wäre sie nicht klar im Kopf? Eigentümlicherweise war das so, seitdem Antonia denken konnte. Dabei zeigte sich gerade, wie wichtig sie für die Familie war. Antonia fragte sich, ob ihrer

Mutter jemals aufgefallen war, für wie unmündig alle Rosel hielten. Und ob das der wahre Grund sein mochte, weshalb es ihr manchmal erschreckend schlecht ging.

Henny wurde von Klavierspiel geweckt. In Los Angeles ging gerade die Sonne auf, stand aber noch so nah am Horizont, dass ihre Strahlen die grünen Palmwedel nicht erreichten. Die Nacht war noch gar nicht richtig vorbei. Und viel zu kurz gewesen. Denn seitdem Henny die neue Abteilung zur Krebsbehandlung aufbaute und gleichzeitig einen Nachfolger für sich selbst in der Gynäkologie suchte, hatten ihre Tage zu wenige Stunden. Verschlafen reckte sie sich und dachte daran, dass heute ein wichtiger Termin zu erledigen war. Vielleicht war es ganz gut, so früh aus dem Bett geworfen zu werden.

War das Vicky, die so früh übte? Henny lauschte genauer. Es war eine leichte Melodie, die nach Schlager klang. Und plötzlich wieder verstummte. Verschlafen, wie Henny war, stellte sie erst jetzt fest, dass Victors Seite des Bettes leer war. Nun setzte die Melodie wieder ein. Und verstummte. Das klang nach Victor, aber weshalb saß er so früh am Klavier? Sie zog sich den Morgenmantel über und ging nachsehen.

Ihr Mann trug einen Pyjama, sein Haar war durcheinander. Er saß vornübergebeugt auf dem Klavierbänkchen, einen Bleistift in der Hand, schrieb er Noten in ein aufgeschlagen oberhalb der Tastatur stehendes Heft.

»Kannst du nicht schlafen?«, fragte Henny.

»Tut mir leid, dich geweckt zu haben«, sagte Victor zwar schuldbewusst, schien sich aber nicht vollends in derselben Realität wie sie zu befinden. »Ich hatte die Melodie geträumt und musste sie festhalten. Hör mal.«

Seine Finger flogen über die Tasten, und plötzlich begann er, sich selbst halblaut singend zu begleiten. Brach aber ab.

Gefällt mir, wollte Henny gerade sagen.

Aber der Künstler Victor verstand natürlich mehr davon: »Warte. Das muss in Moll. So. Pass auf.«

Und dann spielte er wieder und brach erneut ab, obwohl Henny kaum einen Unterschied bemerkt hatte.

»Nee, Daddy, nimm für den Refrain wieder Dur. Das klingt frischer.«

Henny fuhr herum. In der Tür stand ihre Tochter, ebenfalls im Schlafanzug. Und Henny dachte, dass nun nur noch Leo fehlte, um den entscheidenden Hinweis für diese Komposition zu geben.

Victor spielte erneut, seine Tochter neben sich, die mit geschlossenen Augen konzentriert lauschte. Wieder sang Victor halblaut. Doch den Refrain übernahm nun Vicky mit heller Mädchenstimme. Victor sah sie an, während er weiterspielte.

Wie sie einander ergänzten! Vielleicht fühlt sich so Glück an, dachte Henny. Und als die beiden wieder eine Pause machten, weil Victor die Noten auf dem Blatt korrigierte, sagte sie: »Ich könnte euch ewig zuhören.«

»Ach, *Mom*, das ist doch gar nicht fertig. Aber du bist auf einem guten Weg, Daddy.«

Vicky kicherte über ihre Naseweisheit, die in Wahrheit wohl keine war, sondern bereits einem profunden Sachverstand entsprang. Und dem, was ihr in Berlin ein Professor für Kompositionslehre bescheinigt hatte: Sie besaß das absolute Gehör.

»Für wen schreibst du das?«, fragte Vicky.

»Für Eddie.« Womit er Eddie Cantor meinte, den zurzeit größten Star seines Chefs Sam Goldwyn.

Als Reaktion zog Vicky die Augenbrauen hoch. »Schade

um das schöne Lied.« Sie wandte sich ab. »Ich springe rasch in den Pool.«

Victors Hände ruhten von diesem Moment an auf der Klaviatur. Schließlich stand er auf. Henny sah ihm seine Enttäuschung an.

»Nimm es ihr nicht übel, Victor. Sie hält nun mal nichts von Eddie Cantors Filmen«, versuchte Henny, ihn zu beschwichtigen.

Victor seufzte. »Sie hat ja recht. Ich halte auch nichts von seinem Film.«

»Von dem, den du gerade vorbereitest?«

Er trug dafür auf eigenen Wunsch nicht die volle Verantwortung eines Produzenten, sondern war nur Co-Produzent. So hatte es das Ehepaar Vandenberg besprochen, damit er weniger arbeitete. Dieser Morgen zeigte allerdings, dass sie sich irrte. Wer einmal für ein ganzes Projekt zuständig war, konnte nicht in die zweite Reihe zurücktreten, ohne die Fehler jener zu erkennen, die in der ersten Reihe Verantwortung trugen. Das kannte sie auch aus ihrer eigenen Arbeit.

Victors Antwort beschrieb genau das: »Die Handlung ist Unsinn, weil Sam einen teuren Dramaturgen einspart, denn Eddies Gage ist astronomisch. Und dem Komponisten fehlt jegliche Fantasie.«

»Und darum schläfst du nicht. Sondern schreibst stattdessen selbst? Victor, mal ehrlich: Beschränk dich auf das, wofür du bezahlt wirst.«

»Wir haben jetzt den vierten Drehbuchautor und den dritten Regisseur für diesen Quatsch. Eddie ist ja ein netter Kerl. Ich mag ihn, wirklich. Es ist einmalig, wie er deine Arbeit für die Mexikaner unterstützt. Aber im Studio ist es die Hölle mit ihm. Er ist Perfektionist und verbrennt Talente.«

Seine kurze Bemerkung zu Eddie Cantor erinnerte sie an den Termin, den sie in wenigen Stunden mit ihm und ein paar anderen Menschen aus dem Showgeschäft hatte. Dank Fedor Rozenberg und seinen weitreichenden Beziehungen.

Victor zog die Mundwinkel herunter und sprang wenige Sekunden später ebenfalls in den Pool.

Hatte der gelegentliche Kindskopf Victor etwa erkannt, dass er Gefahr lief, eines dieser *verbrannten Talente* zu werden? Würde er daraus Schlüsse ziehen, die auch für seine angeschlagene Gesundheit die richtigen wären?

Henny stand bereits fertig angezogen in der Küche und bereitete gemeinsam mit Rosalia das Frühstück zu, als Victor sich dazu gesellte. Er wirkte wie ausgewechselt, gab ihr einen Kuss, naschte vom Porridge, das Rosalia anrührte. Und er trug keinen Anzug wie sonst, wenn er ins Studio wollte, sondern nur ein locker über der Hose hängendes Hemd. Um seinen Hals trug er wieder die Kette mit dem kleinen Schildkrötenpanzer; Henny hatte den Talisman wortlos auf seinem Nachttisch abgelegt, als sie ihn in der Tasche ihres Strandrocks wiedergefunden hatte.

»Du bist eine kluge Frau«, sagte Victor heiter.

»Du hast eine Ärztin geheiratet. Von dieser Spezies wird eine gewisse Klugheit erwartet«, gab sie scherzend zurück.

»Ich soll mich besinnen auf das, wofür ich bezahlt werde. Das waren deine Worte, Henny. Umgekehrt ergibt der Satz ebenso Sinn: Ich kann mich dafür bezahlen lassen, was ich tun möchte.«

»Stimmt. Und das ist?«

Er blickte sie triumphierend an. »Ich werde nur noch komponieren!«

Victors plötzlicher Sinneswandel gefiel ihr außerordentlich gut. »Du willst nicht mehr produzieren?«

»Ja«, sagte er. »Ich war dem Tod nah. Das habe ich lange nicht wahrhaben wollen. Und nun mache ich schon wieder Dinge, die mein Leben nicht bereichern.« Er blickte sie irritiert an. »Du guckst so komisch, Henny. Meinst du, ich bin auf einem Höhenflug, weil ich nur noch komponieren will?«

»Nein, Liebling, das ist das Letzte, das ich denke! Ich finde, dass deine Erkenntnis sehr viel bodenständiger ist, als dir klar ist.«

Rosalia nahm das Porridge vom Herd. Sie lächelte wie jemand, der mit der Welt im Einklang war.

»Bodenständiger? Wie meinst du das?«, fragte Victor.

»Ich zum Beispiel habe gern in der Gynäkologie gearbeitet. Mein wahres Können liegt jedoch auf dem Gebiet, auf dem ich zu Hause bin, der Onkologie. Bei dir ist das die Musik. Als ich dich traf, warst du Pianist. Du hast dich immer weiterentwickelt. Im Herzen bist du Pianist geblieben. Das ist deine Leidenschaft. Wenn du mir gerade sagst, dass es das ist, was du machen willst – dann findest du zu dem Mann zurück, der du wahrhaft bist.«

Victor sah sie erstaunt an. »Ich dachte immer, mein Geklimper wäre dir zu wenig.«

Hatte er seine Karriere etwa gemacht, weil er gemeint hatte, sie erwarte das von ihm? Weil ein Produzent ein vermeintlich wichtiger Mann war?

»Bitte, denk so etwas nicht, Victor! Deine Musik ist Kunst. Sie war zu allen Zeiten Kunst. Ich habe sie gemocht. Die Leute, die dich hörten, mochten sie. Auch als es am Abend in einer Bar nur eine Handvoll war, war es dennoch Kunst.«

»Ich wusste nicht, dass du das so siehst.«

»Aber ja, Victor!«, rief sie. »Wenn ich einen Tumor behandle, wende ich all meine Kunstfertigkeit an nur für diesen Menschen. Wenn du nur für mich spielst, machst du nur mich glücklich. Suchen wir nicht stets ein Gegenüber, dem wir etwas Gutes tun können? Wenn es wie in deinem Fall viele Hundert oder Hunderttausend sind, so ändert das nichts am Kern: Du fühlst dich am wohlsten, wenn du der Mann am Klavier bist. Das meine ich mit bodenständig: Du bist niemand anders als du selbst. Was sollte ich daran auszusetzen haben?«

»Oh, Henny, das ist die schönste Liebeserklärung, die du mir je gemacht hast!« Victor schloss sie zärtlich in die Arme.

Vicky stand im Türrahmen der Küche mit jenem Grinsen im Gesicht, das Henny an ihrer Tochter so mochte. Sie hatte Leo auf dem Arm und sagte: »Ich will auch von Rosalias Porridge! Sie hat wohl heute eine besonders große Portion Liebe hineingerührt.«

Währenddessen spielte Leo mit dem Anhänger an Vickys Hals. Erst als die beiden sich zum Frühstück an den Tisch setzten, sah Henny, dass es ebenfalls ein kleiner Schildkrötenpanzer war. In Vickys Halsgrube ruhte er, als wäre er dort zu Hause. Als Medizinerin wusste sie, dass es einer der empfindsamsten Punkte eines Menschen ist.

Das hier war gewiss keiner der schönsten Orte von Los Angeles, dieser Stadt, die bereits für die meisten der etwas mehr als eine Million Einwohner zwar ein Wohnort, jedoch noch kein lebenswerter Ort geworden war. Besser als jener, von dem sie gekommen waren, schien er allerdings allemal zu sein.

Daran dachte Henny, als sie ihren Ford vor dem kleinen *housing project* parkte, wo bereits einige teure Autos abgestellt waren. Bislang war eine Handvoll Häuschen einzugsbereit, die alle gleich aussahen – sandfarben, vier Fenster,

Flachdach. Nichts, wofür die lokale Presse in den südöstlich des boomenden Stadtzentrums gelegenen Bezirk gekommen wäre. Der nannte sich zwar *North Long Beach*, doch bis zum Strand waren es fast zwanzig Kilometer. Was Henny an Rosalia erinnerte, die durch den Ausflug mit ihrer Familie zum ersten Mal ans Wasser gekommen war. Dennoch war Henny glücklich, dass es genau diesen Ort gab; er sollte für Menschen wie Rosalia ein Zuhause werden. Dafür hatte Henny sich eingesetzt.

Dass sich die örtlichen Pressevertreter ebenfalls eingefunden hatten, war nicht Hennys Verdienst. Das lag an den anwesenden Stars, die gekommen waren, um den noch glanzlosen Ort leuchten zu lassen.

»Eddie, sieh zu mir!« – »Miss Swanson, bitte noch ein Lächeln.«

Während Henny das Geschehen beobachtete, dachte sie, dass es im Grunde in Berlin ebenso abgelaufen wäre. Mit einem großen Unterschied: Die wirklich wichtigen Männer, die das Projekt auf den Weg gebracht hatten, hielten sich in dieser Stadt im Hintergrund. Der kamerascheue Hollywood-Mogul Sam Goldwyn verließ sein Auto erst, als die Fotografen abgerückt waren. Henny ging zu ihm.

»Danke, dass Sie und die Gemeinde das ermöglicht haben«, begrüßte sie ihn.

»Die Idee stammt von Ihnen, Doktor Vandenberg.« Er lächelte auf seine zurückhaltende Art. »Wir Produzenten führen nur aus.«

»Es kommt darauf an, was ein Produzent aus einer Anregung macht«, gab sie lächelnd zurück. »Das hier ist ein guter Start.«

Bislang war es kaum mehr als ein Angebot an die *señoras* und ihre Familien. Nur vier der fertigen Häuser wurden schon bewohnt, aber blicken ließ sich bislang niemand. Die

Presse hatte das nicht gestört oder gar bemerkt; deren Vertretern war es nur um die Stars gegangen.

»Lassen Sie uns nachsehen, wer zu Hause ist«, sagte Henny und klopfte an eine der Türen. Als keine Reaktion erfolgte, schickte sie ein um Verständnis bittendes Lächeln an Mister Goldwyn.

»Wissen Sie, Frau Vandenberg …«, erwiderte Goldwyn, dessen Englisch von seinem harten osteuropäischen Akzent geprägt war, »… wer etwas Neues wagt, steht anfangs allein da. Ich bin sicher, diese Tür wird sich öffnen, wenn wir lange genug warten. Und …«, er deutete auf das locker bebaute Areal, »… irgendwann steht hier ein Haus neben dem anderen. Es wird sich eine Gemeinschaft bilden. Es wird dauern. Aber es wird geschehen.«

Mister Goldwyn bewies gerade, was das Geheimnis des *Landes der unbegrenzten Möglichkeiten* war – der Glaube an die Zukunft, dachte Henny.

Nun gesellte sich der berühmte Eddie Cantor, der für viele Fotos posiert hatte, zu Henny und seinem Produzenten. Kurz darauf öffnete sich die Tür einen Spaltbreit. Lucia linste vorsichtig um die Ecke und lächelte scheu, als sie Henny und die beiden Männer erblickte. Der Schauspieler, der von Henny zuvor darüber informiert worden war, dass Lucia ihn auf der Leinwand gesehen hatte, beugte sich zu ihr hinunter.

Lächelnd fragte er, wie es ihr ginge: *»Hola, Lucia, cómo estás?«*

Das scheue Kind flüsterte fast, als es *»muy bien«* antwortete.

Die beiden Silben waren mehr, als Henny je von ihr als Antwort erhalten hatte. Dennoch war sie glücklich: Das Mädchen Lucia schien für die *señoras* so etwas wie ein Stimmungsbarometer zu sein. Gefiel es ihr in *North Long*

*Beach*, würden andere nachkommen. Hier hatten Lucia und die anderen Kinder endlich die Möglichkeit, zur Schule zu gehen, ein Dach über dem Kopf zu haben. Die Chance, ein normales Leben zu bekommen. Ein Schutz – *protección*.

Während sie anschließend in ihrem Wagen zur Arbeit ins *Cedars* fuhr, kurbelte Henny das Fenster ganz nach unten. Der Wind spielte mit ihrem Haar, und sie summte die Melodie, die Victor an diesem Morgen komponiert hatte. In Gedanken sah sie Lucias lächelndes Gesicht und wie sie *muy bien* sagte.

Wann fühlt man sich irgendwo zu Hause, fragte sie sich, die in ihrem Leben an vielen Orten gewohnt hatte. Endlich kannte sie die Antwort: Sobald man anderen Menschen von dem, was man an diesem Ort erreicht hat, abgeben konnte.

Die Stunden im Krankenhaus flogen dahin, und es war Abend, als sie daheim eintraf. Die vor Glück strahlende Vicky und ihr ebenso glücklich aussehender Vater begrüßten sie.

»Daddy hat es verkauft!«, rief Vicky.

»Was denn?«, fragte Henny.

»Das Lied von heute Morgen«, berichtete Victor stolz.

»Und nicht Eddie Cantor wird es singen«, stellte Vicky klar.

Nun, da sie ihn kannte und wusste, dass er ein netter Kerl war, fand Henny sogar, dass er das Lied verdient hätte.

»Es wird die Titelmelodie von Gloria Swansons neuem Film«, freute sich Victor.

»Daddy ist Filmkomponist!«

Henny wusste nicht, worüber sie glücklicher war: Über die Tatsache, dass Victor einen ersten Erfolg auf dem neuen Gebiet hatte, das er anstrebte. Oder darüber, wie stolz

Vicky war, Tochter eines Komponisten zu sein. Schließlich war die Musik ihr ein und alles. Sie hatte den Vater zwischenzeitlich gewissermaßen verloren an das Geschäft, das mit Kunst gemacht wurde, und ihn zurückbekommen. Ihre größte Erleichterung jedoch war, dass Victor fort kam von jenem täglichen Produktionsstress, der ihn gewiss wieder krank machen würde.

Leo lief auf seine Mutter zu, streckte ihr die Arme entgegen und wurde liebevoll von ihr begrüßt. Rosalia sah im Hintergrund zu, ein Blatt Papier in der Hand.

Heute Mittag hatte Henny die junge mexikanische Hebamme Maria getroffen. Dieses Mal hatte sie sie direkt gefragt: »Weshalb ein Schildkrötenpanzer, Maria? Ist es wegen des Gehäuses, das Schutz bietet?«

»Ja, Frau Doktor. *La tortuga del desierto* lebt ausschließlich in der Wüste. Sie trinkt nur dann, wenn es regnet, also etwa einmal im Jahr. Das reicht ihr für alle anderen Tage. Wenn die Hitze zu groß wird, versteckt sie sich in ihrem Panzer. Und es kann sehr heiß werden, Frau Doktor!« Maria lachte. »Auf dem sandigen Boden werden Temperaturen von bis zu sechzig Grad gemessen. Die Wüstenschildkröte erinnert daran, dass wir unser Leben in Genügsamkeit und Demut führen sollten. Dass wir in uns selbst zu Hause sein müssen.« Sie legte die Hand auf ihr Herz. »Hier finden wir die Hilfe, nach der wir uns sehnen.«

Henny hob gerade an, von der Begegnung mit Maria zu erzählen, damit ihre Familie erfuhr, welch kostbares Geschenk Rosalia ihnen gemacht hatte. Da streckte Rosalia Henny das Blatt entgegen, das sie in der Hand hielt. Es war ein Telegramm.

Henny erfasste die wenigen Worte mit einem Blick.

»Oh mein Gott!«, stöhnte sie auf.

Wortlos reichte sie die schreckliche Nachricht weiter an Victor, der sie Vicky gab. Während Henny tausend Fragen durch den Kopf schossen und ihr Herz schwer machten.

Ricarda war bei Rosel im Schloss gewesen. Gemeinsam hatten die Schwestern jene Räume besichtigt, die infrage kamen, um sie Fremden zur Verfügung zu stellen. Die privaten Zimmerfluchten waren selbstverständlich tabu, aber es gab unterschiedlich große Salons, die sich für den angestrebten Zweck eigneten. Vor allem der Gartensalon mit einer langen Fensterfront und der sich davor anschließenden Terrasse war wie gemacht für große Feste! Die das Grafenpaar schon lange nicht mehr gegeben hatte. Rosel war voller Elan gewesen und wollte Friedemann von ihrem Vorhaben überzeugen, sobald er aus Berlin zurück wäre.

Da der Abend nahte, kehrte Ricarda nun zum Gesindehaus zurück. Ein, zwei Stunden würde man noch draußen sitzen können, den Grillen lauschen, dem Gesang der Vögel zuhören und den letzten Korb Äpfel verarbeiten, bevor es draußen zu dunkel wurde. Es war schön, das Leben auf dem Land, dachte sie, als sie das aus Holzlatten gezimmerte Gartentor aufstieß, das vertraut in den Angeln knarrte. Viel schöner als bei Florentine am Meer. Obwohl das morgendliche Schwimmen eine Wohltat gewesen war.

Die am Boden vor dem Apfelbaum liegende Leiter nahm Ricarda zwar wahr, wurde jedoch noch nicht stutzig.

»Bin wieder da, Mutter!«, rief sie vergnügt.

Und erstarrte.

Da ihre Mutter stets dunkle Kleidung trug, hatte Ricarda nicht sofort erkannt, dass sie es war, die im langen Schatten eines der Apfelbäume lag, den die tief stehende Sonne warf. Umgeben von zahllosen rotbackigen Äpfeln ruhte sie wie in einem selbst gemachten Bett.

Ricarda kniete sich neben sie. »Mutter, hörst du mich?«

Karla war von einer gnädigen Ohnmacht erfasst. Vorsichtig drehte die Tochter sie auf die Seite. Von der Überprüfung der Vitalfunktionen abgesehen, unterließ sie eine weitere Untersuchung. Es war besser, dafür zu sorgen, dass die Greisin sofort ins Krankenhaus gebracht wurde.

Aus welcher Höhe war Karla abgestürzt? Die Knochen alter Menschen brechen leicht! Und Karla würde im kommenden Jahr ihren neunzigsten Geburtstag feiern, auch wenn man ihr das Alter weder ansah noch anmerkte.

Ricarda war immer jemand gewesen, der sich in gefährlichen Situationen konzentrieren und gezielt reagieren konnte. Die Verarbeitung des Erlebten kam stets später. So auch jetzt. Sie handelte als Ärztin, erkannte jedoch sogleich, dass sie ihrer Mutter allein nicht helfen konnte.

Vom Schloss her war das Geräusch eines startenden Automotors zu hören. So schnell sie konnte, eilte Ricarda aus dem Garten. Der schwere Wagen ihres Schwagers kam direkt auf sie zu und stoppte, als sie mit energischen Handzeichen dazu aufforderte. Der Chauffeur war allein im Wagen.

»Geben Sie im Schloss Bescheid, Gramzow. Wir brauchen einen Krankenwagen. Meine Mutter ist gestürzt.«

»Ich sollte Durchlaucht vom Bahnhof …«

»Sofort, Gramzow! Durchlaucht kann warten. Meine Mutter nicht!«

»Sehr wohl, Frau Doktor.«

Ricarda eilte zurück zu ihrer Mutter, die das Bewusstsein gerade wiedererlangte.

»Wo bin ich?«

»Ich fürchte, du bist vom Baum gefallen. Weshalb kletterst du da überhaupt hinauf?« Sie seufzte. Was brachten Vorwürfe? So war ihre Mutter eben – alles musste sie selbst machen. »Hast du Schmerzen? Was tut dir weh?«

»Die Arme, Rica, meine Arme.«

»Du musst ins Krankenhaus. Wir lassen dich röntgen. Was ist mit deinem Kopf?«

»Es dreht sich alles.«

»Die Beine, schmerzen sie?«

Großmutter Karlas Augen weiteten sich vor Schreck. »Rica, ich … ich spüre sie nicht.«

Behutsam betastete die Ärztin Ricarda die Beine, fühlte aber keine Bruchstellen. Was nicht viel besagte, wie sie wusste. Aber Brüche verursachen Schmerzen. Tun sie es nicht, ist der Grund ein anderer. Die Vermutung, die sich daraus ergab, raubte Ricarda ihre professionelle Distanz.

»Du darfst dich nicht bewegen, Mutter. Bleib still liegen.«

Karla hatte sich ihr Leben lang nie über irgendetwas beklagt. Sie tat es auch jetzt nicht, obwohl sie selbst wohl sehr genau wusste, was es bedeuten mochte, nach einem Sturz die eigenen Beine nicht zu spüren.

Während Ricarda gemeinsam mit ihrer Mutter auf Hilfe wartete, die gewiss kommen würde, sprach sie beruhigend auf sie ein. Sie konnte nicht mehr tun als das, wollte sie ihre Mutter doch nicht allein lassen. Sie hoffte, dass jemand aus dem Schloss so vorausschauend wäre, Siegfried zu informieren. Er war in der Schlossbibliothek und schrieb an seinen Lebenserinnerungen. Wenn er Bescheid wüsste, würde er ihre Arzttasche mitbringen, in der sich schmerzstillendes Morphium befand.

»Betest du bitte mit mir, Rica?«, hörte Ricarda ihre Mutter sagen.

Karla wusste, dass ihre Tochter sich nichts aus Glaubensdingen machte. Aber beten half immer und gerade jetzt.

Ausgerechnet jetzt fiel Ricarda kein Gebet ein.

Da begann ihre Mutter mit brüchiger Stimme: »Vaterunser …«, und Ricarda sprach mit.

Der Anruf ihrer Mutter erreichte Antonia mitten in der Sprechstunde. Ihr gegenüber saß in diesem Moment die Patientin Ilse Markert und beklagte sich über das Ausbleiben ihrer Schwangerschaft. Ehegatte Ernst neben ihr brachte kein Wort hervor. Außer zu allem Ja zu sagen, das seine selbstbewusste Gemahlin verlangte.

Seltsamerweise war die flotte Ilse an diesem Tag die dritte Patientin, deren Kinderwunsch sich nicht erfüllen wollte. Und Antonia empfand Unwohlsein bei der Vorstellung, wieder durch eine Samenübertragung eine Befruchtung herbeizuführen. Sie hatte es in der Vorwoche zweimal getan. Während die Frauen sich auf den Zweck konzentrierten, der das Mittel heiligte – eine Spritze mit dem Samen ihres Mannes wurde in den Gebärmuttermund eingeführt –, genierten sich die Ehemänner sehr.

Antonia untersuchte Frau Markert und kam zu dem Schluss, dass dieser Tag für das Vorhaben geeignet wäre.

»Nun, da Sie beide schon da sind, packen wir die Sache sogleich an. Herr Markert, Sie gehen in das Badezimmer hier in der Praxis. Unsere Sprechstundenhilfe gibt Ihnen einen sterilisierten Becher. Darin bringen Sie uns danach sofort Ihr Sperma.«

Sie baute darauf, dass klar war, was mit *danach* gemeint war. Bislang hatte das jeder Mann verstanden.

»Det kann ick nich«, stotterte der schockierte Ernst.

»Dürfte ich Ernst begleiten und ein wenig helfen?«, fragte die flotte Ilse mit unschuldigem Augenaufschlag.

Auf die Idee war bislang keine Patientin gekommen.

»Ja, warum nicht?«

Antonia empfand leise Bewunderung für diese pfiffige Frau, die sich zu helfen wusste. So ungeduldig die Patientin auch war, so schnell begriff sie auch, wie sie mit einer neuen Situation umgehen musste.

Gerade als Sprechstundenhilfe Josefine hinzukam, um den beiden die Örtlichkeit zu zeigen und die Insemination vorzubereiten, läutete das Telefon.

»Toni, Großmutter ist im Garten auf den Baum gestiegen und hinuntergefallen. Es sieht nicht gut aus. Kannst du bitte so rasch wie möglich in die Charité kommen?«

Ricarda klang erschreckend sachlich. Aber so kannte Antonia sie. Ihre Mutter schaffte es in anstrengenden Augenblicken verblüffend gut, ihre Gefühle auf eine Weise zu verbergen, dass niemand ahnen konnte, was in ihr vor sich ging.

Es empfahl sich, entsprechend zu antworten. Aber das gelang Antonia nicht so ganz: »Wie furchtbar! Mein Gott!«, platzte sie heraus. Etwas ruhiger und ärztlicher setzte sie hinzu: »Ist sie stabil?«

»So weit ja. Sie wird gleich geröntgt. Toni, du musst versuchen, Henny in Los Angeles zu informieren.« Ricarda kämpfte nun doch hörbar mit ihren mühsam beherrschten Gefühlen. »Henny sollte sich beeilen, nach Hause zu kommen. Wenn ihr das möglich ist. Wir sind schon alle hier – Vater, Rosel und Friedemann. Oh, Toni … Weshalb klettert sie in ihrem Alter auf einen Baum …« Ricardas Stimme brach. »Ich muss auflegen. Bis später.«

Antonia starrte das Telefon entsetzt an. Es war ein Anruf aus einer anderen Sphäre. Bevor Antonia auch nur in Ansätzen in der Lage gewesen wäre, das soeben Gehörte zu verarbeiten, trat die strahlende Frau Markert ein, ihren schüchtern lächelnden Mann an der Hand. Josefine folgte mit dem Becher.

»Es kann losgehen!«, jubelte die Patientin.

»Ja«, sagte Antonia und hätte am liebsten Nein gesagt.

Sie schrieb noch rasch ein paar Worte auf einen Zettel.

*Großmutter Karla schwer gestürzt. Sind in großer Sorge. Toni.*

Reichte das? Musste sie hinzufügen, um was ihre Mutter sie gebeten hatte: Komm heim? Oder würde Henny selbst wissen, was zu tun war? Sie beließ es dabei, wie es war.

»Fini, gib das bitte so schnell du kannst als Telegramm an Henny auf. Ich erkläre alles später.«

Die Patientin spürte offenbar Antonias Anspannung. »Stimmt etwas nicht, Frau Doktor?«

»Alles in Ordnung, Frau Markert.« Antonia zwang sich zu einem Lächeln. »Schon bald werden wir wissen, ob Ihre Welt in neun Monaten anders aussieht.« Sie zwinkerte ihr zu. »Ich hoffe es zumindest. Und wenn nicht, versuchen wir es wieder.«

»Och nee«, stöhnte Herr Markert.

Zwei einschneidende Erlebnisse verband Antonia mit der Frauenstation der Chirurgie der Charité. Als junge Frau war sie dort selbst wider Willen Patientin gewesen, und im Vorjahr war ihre Schwester eingeliefert worden, nachdem sie überfallen worden war. Dort ihre Großmutter aufzusuchen, war auch aus einem anderen Grund bedrückend: Sie erinnerte sich nicht, dass die Seniorin der Familie jemals ernsthaft krank gewesen wäre.

Großmutter war immer nur da gewesen. Wie das Haus, in dem sie wohnte. Wie das Schloss, für das sie gearbeitet hatte. Wie der Garten mit all den Schätzen der Natur, die sie dort mit Geschick und Liebe aus dem Boden hervorzuzaubern verstand. Großmutter war eine Selbstverständlichkeit, die niemand infrage stellte und von der sich niemand vorzustellen vermochte, dass sie nicht mehr da sein würde.

Mit Wehmut dachte Antonia an die letzte Begegnung im

Garten. Wie alle um sie herum versammelt gewesen waren, um die Äpfel ihrer Bäume zu schnippeln. Hatte die Leiter am Baum gelehnt? Antonia war sich nicht mehr sicher. Selbst wenn es so gewesen wäre, wäre sie nie auf die Idee gekommen zu sagen: Großmutter, du steigst da aber nicht mehr drauf! Niemals! Weil Großmutter immer gewusst hatte, was zu tun war. Offenbar hatte sie die eigenen Fähigkeiten nun jedoch falsch eingeschätzt.

Plötzlich war alles anders. Antonia war zum Weinen zumute, wenn sie daran dachte: Freystetten ohne Großmutter.

Nein, so weit durfte es noch nicht sein!

Einen Strauß mit Sonnenblumen hielt Antonia in der Hand, als sie durch die Gänge stürmte. Jemand, den sie aus jenen Tagen kannte, als sie hier gearbeitet hatte, grüßte und wollte mit ihr plauschen, aber sie hastete weiter. Sie war ohnehin spät dran, denn so schnell war es nicht mit der Insemination vonstattengegangen; die Patientin musste danach ruhen.

Als Antonia die Tür zum Krankenzimmer öffnete, wandten sich ihr die besorgten Gesichter ihrer Angehörigen zu. Die Hauptperson war kaum wiederzuerkennen, so klein, so hilflos lag Großmutter im Bett. Plötzlich wirkte sie zerbrechlich, das von der Gartenarbeit stets gebräunte Gesicht eingefallen. Die Arme, die ihr Leben lang alle möglichen Dinge bewegt hatten, ruhten auf der Bettdecke, dick bandagiert. Als wären sie dazu verurteilt, sich nach fast neun Jahrzehnten endlich auszuruhen.

Ein Leuchten trat dennoch in Großmutters Augen, als sie ihre Enkelin erkannte. »Toni! So schön, dass du kommst!«

Ihrer Stimme fehlte jedoch die übliche Kraft.

»Du wolltest wohl noch mal wie ein junger Affe im

Baum rumspringen, wie?«, scherzte Antonia und nahm die so unerwartet schnell gebrechlich gewordene Großmutter sanft in den Arm.

»Sind die Blumen aus unserem Garten?«, fragte Karla.

Ein Anzeichen von Verwirrtheit? Bekam sie Morphium, um den Schmerzen zu entfliehen? Antonia ging davon aus. Aber es war für Menschen in Großmutters Alter riskant, weil die Droge ihnen den Rückweg in die Realität erschwerte.

»Die Blumen sind nur vom Bahnhof Friedrichstraße. So schnell habe ich es nicht mehr nach Freystetten geschafft.«

Rosel, Friedemann und Antonias Eltern hatten offensichtlich in der Eile, mit der sie alle aufgebrochen waren, keine Blumen mitbringen können.

Antonia versuchte, die bedrückende Stimmung mit Heiterkeit aufzulockern. »Nun bist du doch noch mal nach Berlin gekommen, Großmutter. Du warst seit einer Ewigkeit nicht hier.«

»Das ist nicht Berlin. Das ist ein Krankenhaus, Toni. Wenn man da landet und so alt ist wie ich, geht das nicht gut aus.«

»Du wirst dich erholen, Großmutter. Du lässt dich nicht unterkriegen!«

»Ich weiß nicht, Toni. Vielleicht meint der Herrgott, dass es langsam genug ist mit mir auf Erden.«

»Der Herrgott weiß, wie sehr wir dich brauchen, Mutter«, widersprach Rosel, die mit ihren Tränen kämpfte.

Obwohl sie darauf brannte zu erfahren, wie es um die alte Dame stand, wagte Antonia es nicht, bei ihrer Mutter nachzufragen. Es war zumeist besser, Patientinnen nicht direkt mit der Diagnose zu konfrontieren.

»Ich hole schnell eine Vase für die Blumen«, sagte Antonia. »Mutter, du kennst dich hier gut aus. Begleitest du mich kurz?«

Sie fand sich ebenso gut zurecht, wahrscheinlich sogar besser, aber durch diese Finte konnte sie ungestört mit ihrer Mutter sprechen. Kaum waren die beiden vor der Tür, fielen sie sich in die Arme. So hatte Antonia ihre Mutter selten erlebt: Sie weinte und bemühte sich nicht, die Tränen zurückzuhalten.

»Zwei Wirbel sind gebrochen, Toni. Bei einem jungen Menschen könnte das vielleicht heilen, aber nicht in Großmutters Alter: Sie wird nie wieder gehen können.«

»Weiß sie das?«

»Gesagt hat ihr das noch niemand. Ich denke, sie ahnt es. Sie spürt ihre Beine nicht.«

»Was ist mit ihren Armen?«

»Da hat sie Glück gehabt, sie sind nur geprellt, alles voller blauer Flecken. Aber die Beine! Toni! Wir werden Großmutter pflegen müssen.« Ricarda schluckte ihre Tränen hinunter. »Ich werde sie pflegen«, verbesserte sie. »Dein Vater wird mir helfen, das hat er sofort gesagt. Du musst dich um nichts kümmern. Führe du die Praxis, das versteht sich von selbst. Hast du Henny telegrafiert?«

»Das hat Fini übernommen. Ich werde euch unterstützen, wo ich kann.«

»Das weiß ich doch, Toni.« Ricarda wischte sich die Tränen aus dem Gesicht. »Mutter darf nicht sehen, dass ich geweint habe.«

Mit schnellen, festen Schritten eilte Guntram, der sich erst später aus der Praxis hatte freimachen können, den Gang entlang auf Antonia und ihre Mutter zu.

Ricarda wandte sich ab, als sie ihn bemerkte. »Ich mache mich rasch frisch. Irgendwo finde ich gewiss eine Toilette.«

Die einstige Leiterin der Gynäkologie der berühmten

Charité ging mit entschlossenen Schritten davon; sie war nicht bereit, vor ihrem künftigen Schwiegersohn Schwäche zu zeigen.

»Wie geht's deiner Großmutter?«, fragte Guntram, und sie berichtete, was sie wusste. »Wenn sie meine Großmutter wäre, würde ich sie nach Hause bringen lassen, sobald es geht«, erwiderte Guntram. »Erholen kann sich jemand wie sie nur in der gewohnten Umgebung.«

»Gehen wir zu ihr«, sagte Antonia.

Erst als sie den Türgriff schon in der Hand hielt, fiel ihr ein, dass sie ursprünglich für die Blumen eine Vase holen wollte. In Gedanken war sie bereits woanders, mit einer Idee im Kopf, die Guntrams Bemerkung über die *gewohnte Umgebung* ihr geschenkt hatte. Großmutter brauchte etwas, auf das sie sich freuen konnte. Gerade jetzt, wo der Herrgott, von dessen Beistand sie fest überzeugt war, ihr wohl das Zeichen geschickt hatte, dass auch ihr Leben endlich war.

Henny tat etwas, das sie seit ihrer Schwangerschaft nicht mehr getan hatte: Sie goss sich ein wenig Weißwein in ein Glas, schlenderte damit zur Terrasse, streifte ihre Schuhe ab und setzte sich an den Rand des Pools. Sie ließ die Beine baumeln, ihre Füße tauchten in das eine halbe Armlänge tiefer liegende Nass ein. Sie nippte am Wein, während sie den Blick über die rundum dekorativ angepflanzten Fächerpalmen schweifen ließ, hinüber zum Pazifik, der zu dieser späten Abendstunde nur als grau-blaues Dunstband zu erkennen war.

Seit noch nicht einmal einem Jahr waren sie, Victor und die Kinder in Kalifornien. Monate voller Abwechslung, mit den plötzlich auftauchenden Ängsten um Victor, aber auch großen Glücksgefühlen. Wie sie hier gefeiert hatten, die Menschen aus Victors Studios, Berühmtheiten, die sich wie normale Menschen gaben. Nun ja: fast so.

Es war ein holpriger Start geworden, aber nun sah es so aus, als hätten sie es geschafft. Und dann war das Telegramm aus Berlin gekommen. Nicht ihre Mutter hatte geschrieben, sondern die Schwester. Welch erstaunlich sachlichen Tonfall Toni gewählt hatte! Kein: Komm bitte heim! Stattdessen die unausgesprochene Aufforderung, selbst die erforderlichen Schlüsse zu ziehen. Die einstmals *kleine Schwester* wusste eben aus eigener Erfahrung, wie aufwendig es war, aus großer Ferne heimzukehren.

Und wie schwer das fiel.

Aber wie ging es Großmutter tatsächlich? Wie groß war die *Sorge*? So groß, dass sie daheim mit Großmutters Tod rechneten? Wer in ihrem Alter stürzte, befand sich durchaus in Gefahr, musste deshalb aber nicht zwangsläufig sterben. Da Henny das nicht beurteilen konnte, war es keine Frage, dass sie nach Hause reisen wollte, bevor es zu spät wäre. Allerdings hing Victor ebenso an Karla. Wahrscheinlich war sie der einzige Mensch in Berlin, an dem ihm überhaupt etwas lag. Folglich würde er mitkommen wollen. Was bedeutete, dass auch die Kinder die wochenlange Reise antreten müssten.

Gewiss: Es bot für alle die Chance, die Heimat wiederzusehen, nach der Henny sich immerzu gesehnt hatte. Als Einzige, denn niemand sonst sprach von Berlin. Ihr gelegentlich aufflammendes Heimweh hatte sie schon für eine Krankheit gehalten. Die sie nun behandeln konnte …

Wieso machte ihr Herz dann keine Freudensprünge? Weshalb erinnerte sie sich plötzlich an Berlin als eine Stadt voller Menschen, Autos, Busse und Fuhrwerke, die die Straßen verstopften? Im Winter an den Geruch nach Ruß aus Zehntausenden von Kaminen, der drückend über der

Stadt lag? Selbst die Praxis, die sie aufgebaut hatte, wirkte nicht verlockend. Sie meinte gar die Last zu spüren, die damals auf ihren Schultern gelegen hatte.

Was war mit ihr los? Kam die Aussicht zurückzufahren zu plötzlich? War sie zu überwältigend? Weil sie nicht damit gerechnet hatte?

Gestern erst hatte sie davon geschwärmt, weshalb ihr Los Angeles ein Zuhause geworden war. Das Krankenhaus, wo sie nun endlich die Gelegenheit bekam, auf die sie gehofft hatte. Lucia, die *señoras*, die kleine Siedlung, Rosalia, *protección* … Etwas zurückgeben … Leben zu dürfen in einem kleinen Paradies …

Unterdessen hatte die Welt sich weitergedreht, das war die bittere Erkenntnis dieses Augenblicks.

Victor setzte sich neben seine Frau, im Glas einen Fingerbreit Whisky.

»Nanu? Du und Wein? Bist du melancholisch?«, fragte er.

»Ich brauchte etwas, um mich daran festzuhalten.« Sie seufzte schwer. »Die Wahrheit ist: Ich will nicht nach Berlin.«

Henny sprach aus, was sie sich kaum zu denken getraut hatte. Aber sie sagte es nur halblaut. Nicht, dass Vicky es hörte. Die hatte seit dem Nachmittag fast pausenlos Klavier gespielt und tat es noch immer. Ihre Art der Eigentherapie bei Seelenschmerz. Das kluge Kind ahnte natürlich, welche Konsequenzen die dürren Sätze des Telegramms haben würden.

»Wir sind erst so kurz hier«, setzte Henny hinzu. »Wir haben es doch geschafft. Warum jetzt?«

»Du hängst an Großmutter«, erinnerte Victor sie.

»Ja, das tue ich. Mehr als das: Ich liebe sie.« Henny stieß einen weiteren tiefen Seufzer aus.

»Ich will auch nicht nach Berlin«, gestand Victor.

Das hatte sie geahnt, aber nun hörte sie es aus seinem Mund zum ersten Mal.

»Du weißt selbst, dass ich wegen der Ruhelosigkeit meiner Mutter nie ein Zuhause hatte. Schon seltsam, dass ich es ausgerechnet in diesem Haus, das sie sich gekauft hatte, gefunden habe.« Victor nahm einen kleinen Schluck aus seinem Glas. »Für kurze Zeit war Freystetten mir ein Zuhause, weil es dort Großmutter gab. Daran denke ich manchmal ganz gern. Und darum möchte ich Großmutter beistehen. Ich bin ihr dankbar.«

»Ja, ich auch«, sagte Henny. »Die innere Zerrissenheit, dass man nicht weiß, wo man leben möchte, geht das vorbei?«, fragte sie.

Victor schüttelte den Kopf. »Nein. Zumindest ist das bei mir so. Weil ich weiß: Da ist immer noch ein anderer Ort, an dem ich mich wohlfühlen kann.«

»Du meinst: Du kannst ein Zuhause finden, aber es ist nicht dasselbe wie eine Heimat?«, fragte Henny.

»Vielleicht ist es an der Zeit, dass wir das endlich für uns herausfinden«, sagte Victor und setzte übergangslos hinzu: »Ich habe einen Wagen bestellt, der uns zum Bahnhof bringt. Morgen früh um sechs geht es los.«

Sie nickte. »Danke«, sagte sie schließlich. »Wir müssen Toni telegrafieren, dass wir uns auf den Weg machen. Und wissen Vicky und Rosalia schon Bescheid?«

»Ja. Rosalia hat geweint. Sie hat sich hier wohlgefühlt. Ich glaube, sie hat uns wirklich gern.«

Ohne weiter nachzudenken, sagte Henny: »Sie kann doch bleiben.«

»Das stimmt natürlich! Sie kann auf das Haus aufpassen, während wir in Berlin sind.«

Ihnen beiden wurde in diesem Moment wohl klar, dass

der Mensch Rosalia verkörperte, dass sie in Los Angeles durchaus Wurzeln geschlagen hatten. Sie waren nicht mehr nur *ex-patriates*, Menschen, die der Wind des Zufalls wie Flugsand irgendwohin geweht hatte. Solche Menschen gab es viele in der *Stadt der Engel*; sie zogen irgendwann mit dem Wind weiter.

»Die Häuschen für die Mexikaner in *North Long Beach*, für die habe ich mich stark gemacht«, sagte Henny nachdenklich. »Sie existieren, weil ich etwas Gutes tun wollte für ein Mädchen, das mir scheinbar zufällig vor das Auto gestolpert war. Lucia lag am Boden, zuckte, und so schockiert ich auch war, begriff ich instinktiv: Sie gehört hierher. Im Gegensatz zu mir. Ich bin in ihr Reich eingedrungen.« Sie lachte. »Ja, ich weiß, das klingt übertrieben. Aber ich erinnere mich an den Drang, etwas tun zu müssen, um mich dafür erkenntlich zu zeigen, hier leben zu dürfen.«

Es war fast dunkel, Vickys Spiel verstummte plötzlich und setzte auch nicht wieder ein. Hinter sich hörte Henny Vickys Schritte auf dem Terrassenboden. Sie trat so leicht auf, als versuchte sie zu schweben. Schließlich setzte sie sich neben ihre Mutter.

»Darf ich euch etwas fragen? Bitte seid nicht böse darüber.«

»Wie könnten wir! Frag alles, was du wissen willst. Das wird eine Menge sein.«

»Ja, *Mom*, das stimmt. Kann ich nicht mit Dad und Leo hier bleiben? Ich kenne Urgroßmutter kaum.«

»Aber mir bedeutet sie viel. Ich möchte sie noch einmal treffen«, sagte Victor. »Allein kannst du hier auch nicht bleiben, Vicky. Das fängt schon mit der Schule an, in die Rosalia dich nicht bringen kann.«

»Im Moment magst du dich nicht auf die weite Reise machen wollen, Vicky«, sagte Henny. »Aber Urgroßmutter ist der älteste Mensch in unserer Familie. Was das bedeutet, wirst du vermutlich erst als Erwachsene verstehen.«

»Ich bin nicht dumm, *Mom*. Das verstehe ich jetzt schon.« Vicky blickte auf den Pool. »Wann werden wir zurückkommen? Wann werden wir unser Haus wiedersehen und Rosalia? Meine Schule? *Mom*, Dad, könnt ihr mir das bitte beantworten?«

Es war schon recht dunkel, das Glitzern in Vickys Augen sah Henny dennoch. Letzten Endes hatte auch die Musik ihre Tränen nicht verhindern können. Henny wusste keine Antwort auf Vickys Fragen. Wie konnte sie auch? Sie wusste selbst nicht, was sie in Berlin erwartete.

»Und was ist mit Tante Toni? Und Großmutter Ricarda?«, fragte Henny. »Möchtest du sie denn zumindest wiedersehen?«

Es sah ganz so aus, als wäre dies der rettende Einfall. Ihre Tochter strahlte plötzlich über das ganze Gesicht.

# IHR GRÖSSTER WUNSCH

— ◆ —

*September 1931*

Die purpurroten, orangefarbenen und gelben Dahlien hatte Rosel selbst geschnitten, blühten sie doch gerade so prächtig in den Gärten von Schloss Freystetten. Sorgsam arrangierte Ricardas Schwester die Blumen in den Vasen, die sie auf einem Tisch im Garten ihrer Mutter aufgestellt hatte. Die Farbenpracht war ein Fest für die Augen. Währenddessen waren ein paar Angestellte damit beschäftigt, Tische im Garten aufzustellen.

Der Himmel wurde von ein paar Haufenwolken geschmückt, die wie aufgebauschte Watte aussahen. Und Ricarda dachte, dass sie sich jetzt den Rat ihrer Mutter wünschte: Ihr erfahrener Blick hätte erkannt, wie lange das spätsommerliche Wetter halten würde.

Bis morgen Abend musste es einfach so bleiben! Denn dies sollte ein Fest werden, das in Freystetten niemand vergessen würde. Alle würden sie kommen! Die ganze Familie würde sich treffen, um bei Antonias und Guntrams Hochzeit dabei zu sein. Und alle würden wissen, dass es vor allem um Großmutter Karla gehen würde, die heimliche Hauptperson. Denn genauso hatte es sich Antonia gewünscht: ihre Hochzeit, um die geliebte und verehrte Seniorin der Familie zu feiern. Ein Geschenk für sie, die jahrelang gehofft hatte, dass ihre Enkelin den Mann findet, mit dem sie ihr Leben teilen möchte.

Rosel erklärte es gerade den beiden Angestellten, die den Pavillon aufbauten, unter dem Karlas Bett in der Mitte des Gartens stehen sollte.

»Meine Mutter soll der Mittelpunkt des Festes sein und alles mitbekommen können, was geschieht.«

Im Moment ruhte Karla in der Kühle ihres Zimmers. Ricarda sah immer wieder nach ihr, während sie bei geöffneter Gartentür in der Küche ihrer Mutter am Bügelbrett stand. Servietten zu bügeln, war für sie eine Möglichkeit, ihre Aufregung zu dämpfen. Dabei ließ sie die vergangenen hektischen Wochen noch einmal in Gedanken Revue passieren.

Gleich nachdem Antonia erfahren hatte, dass ihre Großmutter gelähmt bleiben würde, war sie gemeinsam mit Guntram vor die Familie getreten. »Wir heiraten, sobald Großmutter entlassen worden ist«, hatte sie die überstürzte Hochzeit angekündigt. »Niemand weiß, wie lange ihre Lebenskraft reicht. Ich will mir später keine Vorwürfe machen, zu lange gewartet zu haben.«

Antonia, die Zielstrebige, die Mitfühlende, die Dankbare.

Nicht eine Sekunde lang wollte irgendjemand aus der Familie diskutieren, ob man Karla eventuell zu viel zumutete. Rosel hatte sofort vorgeschlagen, die Organisation zu übernehmen.

Während ihre Schwester in Freystetten mit den Vorbereitungen für das Fest beschäftigt gewesen war, hatte Ricarda sich in der Charité um die von Tag zu Tag schwächer werdende Karla gekümmert. Es war ihr vorgekommen wie ein Wettlauf mit der Zeit. Würde ihre Mutter durchhalten können bis zu dem großen Tag, an dem sich die Familie um sie versammelte und gemeinsam mit Antonia und Guntram deren Hochzeit feierte?

Gleichzeitig hatten Siegfried und sie die Einladungen

verschickt. Telegramme an Frieda nach Südfrankreich, an Florentine, die inzwischen in ihrem Züricher Haus eingetroffen war. Ihren Sohn Georg in München hatte sie angerufen. Und Henny hatte sie mit einem Telegramm über Antonias Hochzeit informiert, das sie an die Reederei in New York gesandt und das angekommen war, bevor die Familie an Bord gegangen war.

In Kürze rechnete man mit dem Eintreffen der vier Vandenbergs in Freystetten. Was würde Henny berichten? Ging es ihr gut? Sie hatte zwar geschrieben, dass es so wäre, aber als Mutter überzeugte sie nur, was sie in den Augen ihrer Tochter las. Wie mochten die Enkel sich verändert haben? Und Friedas Heimkehr nach Freystetten würde ebenfalls aufwühlend werden.

Im Schloss mussten für die Gäste Unterkünfte geschaffen werden, was in dem großen Anwesen viel Vorarbeit erforderte. Dazu hatte Friedemann einige Frauen aus den Dörfern um Hilfe gebeten. Und Ricarda war sicher, dass der Graf sich großzügig erweisen und seinerseits die Freystettener einladen würde. Ricarda hatte ohnehin den Eindruck, dass ihm Antonias Hochzeit nicht nur wichtig war als Geste der Versöhnung zwischen den Familien. Er respektierte sie auch sehr. Ebenso wie Franz, der sich trotz aller Differenzen an sie gewandt hatte.

Ricarda hoffte inständig, dass es gut gehen würde, wenn all die unterschiedlichen Menschen zusammenträfen. Denn Franz einzuladen, war vielleicht keine gute Idee. Aber Antonia hatte gemeint: »Ich kann ihn nicht übergehen. Großmutter ist auch seine Großmutter.«

Ricarda hatte sie darauf aufmerksam gemacht, dass Franz sich nie um seine Großmutter gekümmert hat.

»Das spielt keine Rolle, weil es nicht um ihn geht, sondern um Großmutter. Sie soll die Möglichkeit haben, alle um sich zu haben. Es wird ein Fest für Großmutter. Aber sie soll nicht merken, dass es so ist.«

»Es ist ja auch deine Hochzeit, Toni!«

»Das bleibt sie dennoch, Mutter«, hatte Antonia geantwortet.

Während sie konzentriert den Servietten die Falten austrieb, nahm Ricarda die brüchige Stimme ihrer Mutter wahr: »Rica, was ist denn da draußen los? Es sind so viele Stimmen im Garten zu hören.«

Ricarda stellte das heiße Bügeleisen auf dem Rost ab, obwohl sie gerade im Schwung war. Sie setzte sich neben sie ans Bett.

»Ich dachte, du schläfst. Wie fühlst du dich?«

»Wenn ich mich recht erinnere, ging es mir schon mal besser. Nun sag schon, Rica: Was geht hier vor sich?«

»Toni hatte dich gefragt, ob sie in deinem Garten heiraten darf. Übermorgen ist es so weit.«

»Ach, meine Toni.« Großmutter sah ihre Tochter versonnen an.

Mehr sagte sie nicht, aber Ricarda wusste, was sie nicht aussprach. Selbstverständlich erkannte sie, dass die Zeit nicht für sie war. Schweigen legte sich über den Raum, als die beiden sich an den Händen hielten.

Ihre Mutter hatte schon im Krankenhaus nicht gefragt: Werde ich wieder gehen können? Soll ich nur mehr im Bett liegen?

Stattdessen hatte sie die Folgen ihres Sturzes so angenommen, wie sie ihr ganzes Leben angenommen hatte. Für jemanden wie sie bedeutete Leben Leiden. Um es zu ertragen, gab es Gott und das Gebet. So kannte Ricarda ihre Mutter.

Und deshalb fragte sie jetzt: »Möchtest du beten, Mutter?«

»Ja, Rica. Worum sollen wir Gott bitten?«

»Dass Toni eine schöne Hochzeit hat. Kann man Gott darum bitten?«

»Aber ja, Rica. Gott hört uns immer zu.«

Karlas Lächeln wirkte verklärt.

Josefine streckte den Kopf zur Sprechzimmertür herein.

»Toni, deine Kusine und ihr Mann sind jetzt mit den Kindern da«, kündigte die Sprechstundenhilfe an.

Der Zeitpunkt war nicht optimal, denn Antonia stand gerade auf einem Schemel, eine Schneiderin vom KaDeWe zu Füßen, die den Saum ihres Kleides absteckte.

Am Vorabend war Familie Landsmann, aus Frankreich kommend, in Berlin am Bahnhof eingetroffen und logierte im *Hotel Adlon*. Dass sie zu so früher Stunde in die Praxis kämen, hatte Antonia nicht erwartet.

Da hörte Antonia bereits Frieda rufen: »Felicitas, bleib bitte hier!«

Zu spät! Das blond gelockte kleine Mädchen stürmte wieselflink ins Sprechzimmer hinein. Sofort folgte Frieda in dem Versuch, das aufgeweckte Zwillingskind einzufangen. Als sie sah, womit Antonia gerade beschäftigt war, brach sie in Lachen aus.

»Das sieht dir ähnlich, Toni. Am liebsten hättest du wohl in der Praxis geheiratet! Ein sehr hübsches Kleid.«

Da alles schnell gehen musste, hatte Antonia sich für eines von der Stange entschieden. Allerdings hatte es nicht perfekt gepasst. Es war knöchellang mit einem Seitenschlitz bis zum Knie, tailliert, aus cremefarbenem Chiffon und mit etwas Spitzenbesatz am Dekolleté. Eigentlich ein wenig zu brav, wie sie selbst fand, allerdings für eine Hochzeit auf dem Land vielleicht sogar angemessen.

Ihre Kusine wusste bislang nichts Genaues über Karlas

Schicksal. Während die Schneiderin ihre Arbeit fortführte, setzte Antonia Frieda ins Bild über den Sturz und die geplante Hochzeit.

»Sie bekommt dabei einen Ehrenplatz. Ich wollte Großmutter eine Freude machen. Niemand weiß, wie lange sie durchhält.«

»Henny und du, ihr wart ihr immer die liebsten Enkelinnen. Franz und ich haben ihr nur Sorgen gemacht«, stellte Frieda fest. »Ich hab sie auch lieb, aber ich wäre nie auf die Idee gekommen, meine Hochzeit nach ihr auszurichten.«

Die Schneiderin blickte zu Antonia hoch: »Sie haben Ihre Großmutter aber wirklich gern, Frau Doktor. Dass Sie so einen Aufwand betreiben!« Sie setzte sofort hinzu: »Pardon, Frau Doktor, das geht mich ja nichts an.«

Frieda nahm Felicitas, die gerade im Begriff war, die auf einem Tischchen abgestellten Untersuchungsschalen herunterzureißen, schwungvoll auf den Arm. Durch die offen stehende Tür hörte Antonia, wie Guntram Jonathan begrüßte, der bei Felix und dem Säugling Joanna im Vorraum geblieben war.

»Toni, ich beginne die Untersuchung der Kinder schon mal mit Felix«, sagte Guntram und war fast im Raum.

»Hinaus, Herr Doktor!« Frieda schloss die Tür vor seiner Nase. »Hier drin ist das Brautzimmer. Das Kleid vorher zu sehen, bringt Unglück«, schob sie lachend nach.

»Verzeihung«, erwiderte Guntram durch die geschlossene Tür.

Im nächsten Moment war das Schreien des Babys zu hören.

»Frieda, könntest du bitte Joanna nehmen?«, fragte Jonathan von draußen.

Sie holte ihr Kind herein und setzte sich zum Stillen mit der Kleinen in die Ecke.

»Du machst alles gleichzeitig, Toni. Heiraten, arbeiten, Großmutters Wohl hast du auch im Auge. Wie sieht es bei dir mit so etwas Süßem hier aus?«

»Du meinst das Kinderkriegen? Damit mache ich mich nicht verrückt.«

»So, Frau Doktor, das hätten wir«, sagte die Schneiderin zum Abschied. »Ich bringe das Kleid heute Abend wieder.«

Als sie fort war, fragte Frieda: »Hast du deine Dissertation etwa auch schon geschrieben, Toni?«

»Weil sie mich Frau Doktor nennt? Das tun alle, wenn ich hier bin. Ich habe aufgehört, es zu korrigieren.« Sie setzte sich zu ihrer Kusine. »Wann soll ich schreiben? Meine Tage sind proppenvoll.«

»Während der Schwangerschaft hättest du Zeit.«

»Wirklich, Frieda! Dass ich darauf nicht von allein gekommen bin!« Antonia lachte und wurde ernst: »Ich finde es wunderbar, dass du glückliche Mutter bist. Aber ...«

»... für dich ist das nichts. Willst du das sagen?«

Antonia hob ratlos die Schultern. »Als Guntram und ich euch in dem Penthouse besuchten, ließ dein Mann eine Bemerkung fallen, die mir seitdem nicht mehr aus dem Kopf geht: Er möchte, dass seine Kinder in Sicherheit aufwachsen, aber er fühle sich selbst in unserem Land unsicher. Ich glaube, er hat recht. Die Zeiten sind so unruhig. Jonathan hat eine mutige Entscheidung getroffen. Als Architekt kann er überall auf der Welt arbeiten.«

»Henny beweist zum wiederholten Mal, dass eine Ärztin das auch kann«, gab Frieda zu bedenken.

»Das will ich nicht. Diese Praxis hat eine lange Tradition. Ich möchte nicht die Letzte aus unserer Familie sein, die darin praktiziert.« Sie hörte selbst, wie schicksalsschwer das klang. »Ich bin sicher, es werden bessere Zeiten kommen. Warum sollten sich die radikalen Kräfte durchsetzen? Die Mehrheit der Leute ist nicht radikal, die wollen ihre Ruhe haben. Sie werden zur Vernunft kommen. Du wirst es sehen.«

»Das nennt man wohl Pfeifen im Walde«, sagte Frieda.

»Ich versuche, optimistisch zu bleiben. Ich bin erst einunddreißig. In zwei, drei Jahren, wenn wieder die Vernunft regiert, kann ich ebenso gut ein Kind bekommen. Und während ich darauf warte, kann ich meine Doktorarbeit schreiben.« Sie zwinkerte ihr zu. »Wenn du unbedingt darauf bestehst! Und du? Du siehst glücklich aus und erholt. Obwohl du drei Kinder hast und dein Mann viel arbeitet, wie meine Mutter mir verraten hat.«

»Ich hatte nie Ziele, Toni. Null. Nichts. Ich habe nur in den Tag hineingelebt. Alle hielten mich für eine wilde Hummel.« Frieda lächelte spöttisch. »In Wirklichkeit waren in mir Leere und Ödnis. Ich habe meine Ziele gefunden, während ich nicht danach gesucht habe. Klingt verrückt. Und es ist auch verrückt. Ich habe Glück gehabt, das weiß ich. Und ich liebe die Verantwortung, die ich trage. Drei kleine Menschen brauchen mich und vertrauen mir. Das musste ich zwar erst mal begreifen in seiner ganzen Tragweite.« Sie blickte auf Joanna herab, die an ihrer Brust trank. »Aber … voilà.«

Nun war Felicitas' Untersuchung an der Reihe; Josefine holte sie dazu ab. Obwohl sie den Inhalt des Gesprächs wohl nicht hätte verstehen können, schnitt Antonia das für ihr Schicksal entscheidende Thema erst jetzt an.

»Hast du etwas von deiner Mutter gehört, Frieda? Wir haben versucht, auf sie einzuwirken, dass Felicitas bei euch bleiben kann.«

»Mutter schrieb mir anschließend tatsächlich nach Frankreich. Franz würde ihr Vormund bleiben, der über Felicitas' Aufenthaltsrecht bestimmt. Sie will sich also vollkommen raushalten. Es kann auch durchaus ein Fortschritt sein, wenn sie nicht jede Entwicklung verhindert. Es liegt somit alles an meinem Bruder.«

Der Säugling schien satt zu sein. Sie hob das kleine Mädchen hoch, klopfte sanft seinen Rücken.

»Sag mal, Toni, was ist davon zu halten, dass meine Mutter so eine Andeutung macht? Franz ginge es nicht gut, schreibt sie.«

Immer dieser Konflikt zwischen Privat- und Berufsleben! Was durfte Antonia verraten? »Dein Bruder war hier, fragte mich um Rat. Ich sagte ihm, was er tun soll. Und er tat es nicht. Ich kann nur hoffen, dass er es sich inzwischen anders überlegt hat.«

»Du sprichst in Rätseln, Toni.«

»Ich weiß.« Sie lächelte matt. »Ich hoffe sehr, er kommt zu meiner Hochzeit. Rede selbst mit ihm. Das solltest du schon wegen Felicitas tun. Eingeladen habe ich ihn.«

»Franz erbittet *deinen* Rat? Was ist in ihn gefahren? Du lädst ihn zu deiner Hochzeit ein und erzählst das alles ganz gelassen? Toni, wir hatten mit Franz eine der hässlichsten Auseinandersetzungen. Ist das alles vergessen?«

»Keineswegs. Was sollen wir denn machen, Frieda? Ändern können wir deinen Bruder nicht. Er ist derjenige, der über Felicitas bestimmt. Man muss ihn einbinden. Andernfalls ist er niemals bereit einzuwilligen, dass ihr Felicitas nach Amerika mitnehmen dürft.«

Frieda legte ihr Töchterchen in den Kinderwagen, deckte es zu und schaukelte den Wagen, um Joanna einschlafen zu lassen.

»Meine Güte, Toni, du hast dir ganz schön viel vorgenommen für deine Hochzeit«, sagte Frieda mit einem schweren Seufzer.

Eine neue Routine hatte sich eingeschlichen. Seitdem Celia den Hund hatte, begleitete Antonia ihre Freundin am Abend auf einen Spaziergang. Mal länger, mal kürzer. Je nachdem, wie viel Zeit sie hatte. Der übliche Weg führte von der Arztpraxis in der Behrenstraße zum Pariser Platz, durch das Brandenburger Tor hinüber zum Tiergarten, Richtung Spree. Wegen der häufigen Demonstrationen vor dem Reichstag wählten sie heute die südliche Route über die Ahornallee und wandten sich erst danach nach Norden, hin zur Wasserader Spree, wo der Puls des geschäftigen Berlins nach wie vor deutlich spürbar war.

Die Ruhe in den Bauminseln des Stadtwaldes hatten die Freundinnen wiederentdeckt, seitdem es den Hund gab. Celia hatte keinen Welpen anschaffen wollen, sondern einen bereits erwachsenen Hund, mit dem ihre Tochter Ida unbeschwert herumtollen konnte. In der Dessauer Straße im Stadtteil Lankwitz befand sich das Tierasyl, in dem aufgefundene Hunde in vergitterten Käfigen eingesperrt waren. Wenn sich nach ein paar Wochen niemand fand, der sie abholte oder aufnahm, wurden sie in der Regel eingeschläfert; es gab zu viele herrenlose Hunde. Da Celia mit ihrem ersten Mann ganz in der Nähe gewohnt hatte und dort einige Wohnungen besaß, wusste sie von den erbärmlichen Umständen im Tierasyl. Sie sah sich dort mehrmals um, bis sie schließlich Teddy fand.

Er war das, was eine Promenadenmischung genannt wurde: eine Laune jenes Augenblicks, in dem ein Königspudelmännchen ein Labradorweibchen kennengelernt hatte. Celia hatte das Glück gehabt, den Hund entdeckt zu haben, kurz nachdem er abgegeben worden war. Seinen Namen verdankte der karamellfarbene Hund dem Umstand, eine Ähnlichkeit mit dem beliebten Schmusetier zu haben.

Ganz offensichtlich genoss Celia es nun, da sie den Park inmitten der Stadt erreicht hatten, immer wieder den Ball zu werfen, den der Hund apportierte.

»Ich stimme Frieda zu«, sagte Celia, nachdem Antonia ihr von dem Gespräch mit ihrer Kusine erzählt hatte. »Franz einzuladen … Nein, Toni, das war keine gute Idee.«

»Friedas Empörung hat mich nachdenklich gestimmt. Könnte es nicht sein, dass Franz nicht nur meine ärztliche Hilfe gesucht hat, als er in die Praxis kam?«

Celia nahm den Ball aus Teddys Maul und schleuderte ihn erstaunlich weit. Der Hund sprintete los.

»Du meinst, Franz sucht deinen Beistand, weil du seine Kusine bist?«, fragte Celia verwundert. »Ich dachte, ihr beiden könnt euch nicht riechen.«

»Und wenn Franz niemanden hat, den er einen wahren Freund nennen kann, Lia? Wenn er in Wahrheit, tief in seinem Herzen, ein schrecklich einsamer Mann ist?«

»Deine Menschenliebe in Ehren, Toni!« Celia stemmte empört die Hände in die Hüften. »Franz von Freystetten ist ein Mann der NSDAP. Diese Leute würden Menschen wie Josefine, meine Freundin seit Kindheitstagen, aus dem Land jagen. Weil Fini Jüdin ist. Fini war nie in der Synagoge, obwohl die gleich um die Ecke ihrer Wohnung ist. Oder Frieda und Jonathan. Sie verlassen ihre Heimat wegen Männern wie ihm!«

Celia nahm den erneut apportierten Ball, schleuderte ihn mit jener erstaunlichen Kraft, die ihrer Empörung entsprang, in den Wald, und Teddy machte sich auf die Suche.

»Toni, wach auf! Mir ist es wurscht, ob Franz von Freystetten einsam ist! Er steht für etwas, das gefährlich ist. Solche Leute kennen keine Gefühle wie Freundschaft. Die wollen Macht. Und der Preis für die Macht ist Einsamkeit.« Lia musterte ihre Freundin. »Wusstest du, dass dein Cousin homosexuell ist?«

»Ja«, sagte sie. »Woher weißt du es, Lia? Er hat sich immer Mühe gegeben, dass es niemand erfährt.« Sie war sich nicht einmal sicher, ob seine eigene Mutter Rosel es wusste. Oder nicht wahrhaben wollte.

»Er ist kein Offizier mehr, Toni. Er ist Abgeordneter im Reichstag. Für solche Leute gelten andere Regeln. Wie auch immer: Du hast ja meinen Ex-Mann kennengelernt. Edgar ist mit Gott und der Welt befreundet. Manche davon mögen oder fördern die Hitler-Partei. Er bevorzugt jene, die versuchen, Freystetten und Konsorten zu verhindern.«

»Und was bedeutet das für Franz?«, fragte Antonia.

»Das wird sich herausstellen. Die Zeiten haben sich geändert. Wir leben nicht mehr in den Zwanzigern, als es für beide Geschlechter in gewissen Kreisen sogar als chic galt, homosexuell zu sein. Seit meiner Scheidung bin ich mit einer Anwältin gut bekannt. Weißt du, welche Art von Mandanten Ruth gerade gehäuft vertritt?«

»Nach der Vorrede kann ich es mir denken.«

Celia schleuderte den Ball und sagte: »Die Zahl der Prozesse gegen Homosexuelle geht gerade durch die Decke, Lia. Versteh mich nicht falsch: Ich verachte den Paragrafen 175 ebenso. Man darf Menschen nicht dafür bestrafen, wen sie lieben. Das ist Privatsache.« Celia seufzte. »Theoretisch. Praktisch kann man damit Politik machen. Das heißt, man kann einen politischen Gegner vernichten, wenn man ihn als Homosexuellen bloßstellt. Ich müsste lügen, wenn ich mir das nicht für alle wünschte, die der Hitler-Partei angehören.«

Franz, ein Mann, der auf Juden Jagd machen wollte – dieser Mann konnte unter Umständen selbst ein Gejagter werden?

»Meinst du nicht, dass du übertreibst, Lia? Franz hat in der Heeresleitung gearbeitet. Der steht ganz oben in der Nahrungskette.«

»Er wäre nicht der Erste, der tief fällt«, erwiderte Celia ungerührt.

Antonia stellte überrascht fest, dass Cousin Franz ihr sogar ein wenig leidtat. Obwohl er derselbe Mann war, der die Schuld daran trug, dass ihre Schwester derart verprügelt worden war, dass sie monatelang krank gewesen war. Um die Verwirrung ihrer Gefühle loszuwerden, hätte sie sich gern so geschüttelt, wie Celias Hund es gerade tat. Jemandem wie Celia hätte sie nie zugetraut, zu Hass fähig zu sein. Einerseits verstand sie diesen Hass, denn er entsprang der Liebe zu nahestehenden Menschen. Andererseits musste es doch möglich sein, solche Konflikte durch Gespräche zu lösen. Wusste denn nicht jeder, dass Hass nur Leiden verursacht?

Guntram küsste zärtlich Antonias Lippen und arbeitete sich mit vielen kleinen Liebkosungen von ihrem Hals an ihrem Körper entlang abwärts. Sie mochte seine Zärtlichkeit und war dennoch nicht bei der Sache. Er spürte ihre Angespanntheit, stützte sich auf einen Arm und sah sie an. Das Licht der Straßenlaternen spielte mit den Umrissen der Schlafzimmermöbel, die lange Schatten warfen. Das war oft so, aber in dieser Nacht empfand sie es als beunruhigend, fast bedrohlich. Sie hätte die dunklen Vorhänge schließen und die Helligkeit der Straße aussperren sollen, dachte sie.

»Bist du nervös wegen übermorgen?«, fragte er.

»Auch deshalb. Du musst mir bitte eine ganz ehrliche Antwort geben, wenn ich dich jetzt etwas frage.«

»Möchtest du für den Augenblick vor dem Altar üben?«, scherzte er.

»Ich meine es wirklich ernst. Aber ich weiß nicht, wie ich anfangen soll. Heute war doch Frieda hier. Sie wird nicht die Letzte sein, die mich fragt, wann ich ein Kind bekommen will.«

»Dem werden wir beide uns wohl stellen müssen, Toni. Das ist nun mal so bei jungen Paaren. Was hast du Frieda geantwortet?«

»Ich war ehrlich, Guntram. Ich kann es mir im Moment nicht vorstellen. Die Gewalt auf den Straßen, die Wirtschaftskrise. Es ist alles so unsicher. Man weiß nicht, was kommen wird. In zwei Jahren wird alles wieder normal sein. Hoffe ich. Dann kann man immer noch ein Kind haben. Oder? Was meinst du?«

Guntram schmiegte sich an sie. »Ja«, sagte er. »Das kann man. Aber …« Er sah sie fragend an. »Bist du sicher, dass es den richtigen Zeitpunkt gibt, um ein Kind in die Welt zu setzen?«

»Wie meinst du das?«

»Als sich unsere Eltern entschlossen, uns zu zeugen, herrschte auf der Welt Frieden«, begann Guntram. »Es war die Geburtsstunde des 20. Jahrhunderts. Das Kaiserreich blühte geradezu, alle waren voller Optimismus. Dann sind wir beide dreizehn, vierzehn Jahre alt und mit einem Schlag ist alles anders. Plötzlich herrscht Krieg, Weltkrieg. Wir beide wuchsen in diesem vier Jahre währenden Chaos auf. Die Jahre, in denen wir Backfische waren, übermütig und verrückt hätten sein sollen! Das Gegenteil war der Fall. Uns prägt die Angst, dass alles anders kommen kann. Es kann jedoch ebenso alles gut werden.«

»Das habe ich auch gesagt. Frieda meinte, das wäre Pfeifen im Wald.«

»Na und? Was ist falsch daran, im Wald zu pfeifen? Machen die Vögel auch.«

Sie lachten beide.

»Selbstverständlich können wir zwei Jahre warten«, fuhr Guntram fort. »Ich sehe nur nicht, wo der Vorteil ist. Wenn du glaubst, dass der Spuk der Nationalsozialisten dann vorbei sein könnte, was macht es demnach für einen Unterschied, es jetzt zu versuchen? Wenn die Gesellschaft zur Ruhe gekommen ist, ist unser Kind zwei Jahre alt. Oder drei.«

»Und wenn Hitler und seine Leute noch stärker werden? Was dann? Wollen wir in einem Deutschland leben, das von denen beherrscht wird?«

»Fragen wir mal andersherum: Was können wir daran ändern, wenn es so kommt? Sollen wir deshalb aufhören zu atmen, zu essen, zu lieben, Kinder aufzuziehen? Sollen wir aufhören zu leben? Wir sind Ärzte. Was auch immer geschieht, wir werden gebraucht.«

War es so einfach: Sollten sie der beruflichen Existenz als Anker in einem Meer der Unsicherheit vertrauen? Antonia ließ Guntrams Bemerkung erst mal so stehen.

Überdies quälte sie ein Punkt, den sie sich nicht anzusprechen traute: Für die Ehe, die er mit ihr schließen wollte, hatte Guntram auf seinen kleinen Sohn verzichten müssen. Er hatte das nur erwähnt, als er über die Bedingungen gesprochen hatte, zu denen seine Frau in die Scheidung eingewilligt hatte. War es egoistisch von ihr, ihm ein gemeinsames Kind länger vorzuenthalten? Aus Sorge um die Zukunft, die er ihr gerade zu nehmen versucht hatte. Und weil sie ihre Arbeit nicht so rasch aufgeben wollte.

Es war nur ein Glück, dass morgen mit Hennys Eintreffen zu rechnen war. Sie war gespannt auf die Meinung der großen Schwester.

Erst jetzt, als der Zug langsam durch die Stadt fuhr, jede Ungenauigkeit in der Verlegung der Schwellen und Schienen sich auf ihren Körper zu übertragen schien und durch die heruntergeschobenen Abteilfenster die Außenluft hineinwehte, erst in diesem Moment nahm Henny es wahr: So roch Berlin. Ein schwerer Geruch nach Feuchtigkeit und Moder, Benzin und dem Schwefel der in den Fabriken verbrannten Kohle, Fäulnis von den Abfällen des Großmarktes. Ihr erster Gedanke war: Das ist nicht meine Stadt. Oder nicht *mehr* meine Stadt. Und sie dachte: Es *war* aber immer meine Stadt. Hier sind meine Wurzeln. In dieser Stadt habe ich mir etwas erschaffen, mein Mann ist mir hier begegnet, studiert habe ich an diesem Ort, eine Praxis geführt. Aber hier wurde ich auch mitten in Berlin zusammengeschlagen.

Eine kurze Kette aus Gedankensprüngen führte sie zu Cousin Franz. In ihrer Großmutter hatten sie gemeinsame Wurzeln. Würde sie ihn wiedertreffen? Wie würde oder sollte sie reagieren?

Sie spürte den Blick ihres Mannes auf sich gerichtet, lächelte und wusste, dass er sie richtig verstand: Machen wir das Beste aus dem, was auf uns zukommt. Vicky starrte stumm aus dem Fenster, vor dem Fabrikhallen, Schlote, Wohnblocks, Busse, Karren und Lastwagen im Schneckentempo vorbeikrochen. Die Einfahrt in den Lehrter Bahnhof war immer so nervenaufreibend langsam, daran erinnerte sich Henny gut. Als signalisierte der Lokführer den Reisenden, dass sie sich innerlich auf das Chaos einstellen sollten, das sie am Bahnsteig und erst recht danach erwartete.

Zumindest Leo schien wie geschaffen fürs Reisen. Die tagelange Zugfahrt durch die amerikanischen Weiten, die Schiffspassage über den Atlantik, nun der Zug nach Berlin.

Während andere Kinder quengelten, schloss Leo einfach die Augen, schlief und freute sich, wenn er, aus einem Traum erwachend, einem neuen Abenteuer begegnete.

»Steht eigentlich in unserer alten Wohnung noch das Piano, *Mom*?«, fragte Vicky.

»Wir hatten vereinbart, dass du uns in Deutschland Mama und Vater nennst, Vicky«, griff Victor korrigierend ein. »Wir wollen den Leuten nicht gleich auf die Nase binden, dass wir aus Amerika kommen.«

»Ja, ich weiß. Die Nationalsozialisten mögen keine Amerikaner und keine Negermusik wie den Jazz. Du hast es mir erklärt.« Kurze Pause, dann die übertrieben nachgebesserte Anrede: »Herr Vater.«

Victors Erwiderung war ein breites Grinsen.

»Die Nationalsozialisten können uns schnuppe sein.« Henny berlinerte absichtlich. »Und unser Piano steht gewiss noch im Salon. Toni wird gut darauf aufgepasst haben. Du wirst noch heute darauf spielen, Fräulein Beethoven.«

»Ihr habt mir immer noch nicht gesagt, wie lange wir in Berlin bleiben«, stellte Vicky fest.

»Weil wir es selbst nicht wissen, Vicky«, sagte Henny. »Lass uns bitte erst mal ankommen. Wir müssen sehen, wie es deiner Urgroßmutter geht. Okay?«

Vicky grinste. »Okay zu sagen ist noch erlaubt, Frau Mutter?«

»Es war eine lange Reise und eine ebenso lange steht uns auf dem Rückweg bevor«, gab Victor zu bedenken. »Also dräng bitte nicht zum Aufbruch, bevor wir angekommen sind.«

»Ich hab's geahnt«, knurrte die ihre Eigenständigkeit entdeckende Tochter. »Ihr wollt in dieser stinkigen Stadt bleiben.«

Das Ehepaar Vandenberg tauschte einen kurzen stummen Blick. Sie waren der Meinung ihres Kindes. Angebracht war es gleichwohl nicht, dem Kind dies zu verraten.

»Jede Großstadt stinkt«, sagte Henny. »Darum werden wir wohl viel auf dem Land bei deiner Urgroßmutter sein.«

»Ich möchte wieder auf dem Piano im Schlosssalon spielen!« Endlich trat ein Leuchten in Vickys Augen.

In der Menge der Wartenden entdeckte Henny ihre Schwester sofort. Sie beugte sich aus dem geöffneten Fenster und winkte ihr zu, als der Zug langsam einrollte. Antonia riss beide Arme zum Gruß in die Luft. Als wäre sie wieder ein junges Mädchen, rannte sie neben dem Zug her. Sobald er anhielt, erwartete sie sie vor der Waggontür. Inmitten der nachdrängelnden Menschen schlossen sich die beiden Schwestern fest in die Arme. Dann hob Antonia ihre Nichte hoch in dem Versuch, sich mit ihr wie früher im Kreis zu drehen. Sie musste aufgeben.

»Was bist du groß geworden, Vicky!«

»Bist du kleiner geworden, Tantchen?«

So lange hatten die Schwestern sich nicht gesehen und so viel gab es zu bereden! Das musste warten, bis man zu Hause war. Zumindest machte Toni auf Henny einen glücklichen Eindruck. Trotz der aufregenden Zeiten, die sie gerade durchmachte: Sorge um Großmutter und Hochzeit gleichzeitig. Das war viel auf einmal.

In der Wohnung in der Behrenstraße, die Henny ihrer Schwester bei ihrer Abreise nach Amerika überlassen hatte, schien alles wie früher zu sein. Antonia und Guntram hatten sorgfältig aufgeräumt, an Hennys Kleiderschrank hing jedoch noch ein langes cremefarbenes Kleid, das Henny sofort ins Auge fiel. Es war eindeutig nicht ihres.

»Dein Hochzeitskleid?«, fragte Henny. »Das ist ganz

entzückend. Mutter telegrafierte, aber sie schrieb nicht, wann du heiratest.«

»Schon morgen!«, erwiderte Antonia.

Henny begriff nicht sofort: »Tatsächlich? Ich dachte, wir sollten wegen Großmutter kommen.«

»Deshalb heirate ich ja morgen. Und in Großmutters Garten wird gefeiert.« Und sie erklärte der Älteren den Zusammenhang. »Das wird Großmutters Tag«, sagte Antonia. »Ein Geschenk, um sie noch einmal glücklich zu machen. Dabei soll sie nicht das Gefühl haben, es wäre das letzte große Fest, das sie erlebt.«

»Steht es so schlimm um sie, Toni?«

Die ernste Frage verscheuchte die Heiterkeit des Wiedersehens. Antonia musste berichten, was sie bei einem Telefonat mit ihrer Mutter am Morgen erfahren hatte. Die Lähmung ihres Unterkörpers machte der alten Frau das Leben immer schwerer. Denn die medizinische Kunst war nicht so weit, jene Funktionen des Körpers auszugleichen, die zu versagen begannen.

»Darum musste alles schnell gehen, Henny, verstehst du? Es war doch ihr größter Wunsch, mich als Braut zu erleben.«

»Das ist süß, Toni.« Die große Schwester blickte etwas streng. »Ist es auch dein größter Wunsch, Guntram zu heiraten? Sei ehrlich! Oder machst du es vor allem wegen Großmutter?«

»Ich liebe ihn. Er ist der Richtige, aber natürlich heiraten wir ihretwegen so überstürzt. Ich wollte dich immer dabei haben, wusste aber nicht, wann du wieder in Berlin sein würdest. Nun schafft das Schicksal Tatsachen. Es ist gut, dass du die Dringlichkeit meiner Nachricht erkannt hast, Henny, und dass ihr sofort losgefahren seid. Großmutter wird nicht mehr lange durchhalten, fürchte ich.«

»Und du, Toni? Wie geht es bei dir weiter? Ich weiß, jeder fragt das.« Henny schmunzelte. »Als deine Schwester darf ich das auch, oder?«

»Du wählst eine sehr diplomatische Form!« Antonia lachte. »Nein, ich bin nicht schwanger, auch wenn Großmutter sich darüber noch mehr gefreut hätte. Aber alle ihre Wünsche kann ich beim besten Willen nicht im selben Tempo erfüllen.« Ernst fügte sie hinzu, was ihr auf der Seele brannte: »Ehrlich gesagt, weiß ich nicht einmal, ob ich überhaupt ein Kind will.«

»Du bist im richtigen Alter«, sagte Henny spontan.

Ein wenig ärgerte sie sich über ihre eigene Antwort: Als wäre das Alter das entscheidende Kriterium für eine Frau oder ein Paar, ein Kind zu bekommen.

»Das war jetzt dumm ausgedrückt, Toni. Verzeih. Was lässt dich zögern? Die Arbeit in der Praxis? Die Pause, zu der du gezwungen wärst?«

»Weißt du noch: Damals, als du mit Leo schwanger warst, habe ich mich beeilt, um hier einzusteigen. Celia trat in die Praxis ein, dann Guntram.«

Henny spürte ihr Herz schneller schlagen. Die Möglichkeit, die Antonia gerade andeutete, hatte sie tatsächlich noch nicht ins Auge gefasst.

»Was willst du damit sagen, Toni? Ich soll zurück in die Praxis?«

War das so abwegig? Henny wusste gerade nicht, was sie denken sollte. Und dann sah sie ihre Tochter am letzten Abend in Los Angeles am Pool sitzen, hörte sie die Frage stellen, auf die weder Victor noch Henny eine Antwort geben konnten.

»Es ist deine Praxis, Henny. Nach wie vor.« Antonia hatte eine einfach klingende Feststellung gemacht.

»Nein, nein, nein«, wehrte Henny ab. »Nun mal langsam! Erst mal würde ich erfahren wollen, ob du überhaupt Mutter werden willst. Also: Was lässt dich zögern?«

»Angst vor der Zukunft.« Antonias Antwort war so knapp, dass sie ihre Gefühle ausführlich darlegen musste, was sie auch tat.

Henny hörte aufmerksam zu, dann sagte sie: »Toni, in Los Angeles habe ich verstanden, dass man Vertrauen in die Zukunft haben muss. Sonst findet sie ohne einen statt. Die Menschen in Kalifornien sind Optimisten, die sich nicht unterkriegen lassen. Ich habe lange gebraucht, um diesen vermeintlichen Widerspruch zu begreifen: Viele haben Verfolgung erlebt, und dennoch sind sie voller Kraft, um Neues zu erschaffen. Mein Chef im Krankenhaus hat eben nicht resigniert wegen der schrecklichen Erfahrungen, die er in der Sowjetunion gemacht hat. Ganz im Gegenteil!«

»Das ist hier anders, Henny. Ihr seid gerade erst angekommen. Du weißt noch nicht, wie schlimm es geworden ist mit den Männern der Hitler-Partei.«

»Ein wenig davon weiß ich schon. Vicki Baum hat mir erzählt, dass die SA in Kinos stürmt, in denen ihnen missliebige Filme laufen.«

»Ach, das ist doch gar nichts, Henny! Ich verstehe ja, dass ihr euch um die Freiheit der Kunst sorgt. Wir hier sorgen uns um die Freiheit der Menschen. Du wirst Frieda treffen und ihren Mann. Rede mit denen. Sie werden auswandern deshalb.«

Die schlechte Stimmung war auf einmal zu viel für Henny. Sie fühlte sich überfordert. Aus dem Salon erscholl nun wieder Vickys Klavierspiel.

»Hörst du deine Nichte, Toni?«, fragte Henny. »Darum brauchst du ein Kind. Seine Anwesenheit erinnert dich in jedem Augenblick daran, dass es ein Morgen gibt. Ein Morgen, an dem es die Augen aufschlägt und dich ansieht. Zu dir sagt: Guten Morgen, Mutter. Und dann bist du für dein Kind da. Du denkst nicht: Draußen marschiert die SA oder SS oder wie auch immer diese Leute sich nennen. Nein, du denkst daran: Was braucht mein Kind? Wie mache ich es glücklich?«

Erstaunlicherweise war es kein Stück von Beethoven, das Vicky spielte. Sie improvisierte im Stil von Jazz, was ein wenig schräg klang, aber sehr lebendig. Ein gutes Zeichen, wie Henny fand.

Ihr geübter Blick als Ärztin sagte Henny sofort, dass Antonia die richtige Entscheidung getroffen hatte. Vor ihr im Bett lag ein Mensch, der sich innerlich bereits auf den Abschied von seiner bisherigen Existenz vorbereitete.

Obwohl ihre Großmutter sie mit einem warmherzigen Lächeln begrüßte. Ihre Stimme klang brüchig.

»Henny, du warst lange nicht da. Kommst du aus der Praxis?«

Sollte sie die Kranke korrigieren, ihr sagen, dass sie tagelang von der amerikanischen Westküste aus zu ihr unterwegs gewesen war? Natürlich nicht! Welche Bedeutung hatte es für die Sterbende, wie weit der Weg der Lebenden zu ihr gewesen war, stand ihr selbst doch ein unbeschreiblich viel weiterer Weg bevor. Und weshalb sie darauf hinweisen, wie groß die Sorge um ihr Leben war?

»Ich bin gesund, Großmutter, und in der Praxis gibt es immer viel zu tun. Und du? Das Morphium macht die Schmerzen erträglich, ja?«

»Ach, Henny, ich habe eine Dummheit begangen. Aber weißt du was: Niemand lebt ewig. Es ist eben, wie es ist. Rica ist hier, Rosel auch, Toni und nun du. Das ist schön und dafür bin ich sehr dankbar.«

»Deine Enkelin Frieda ist auch schon im Schloss, Großmutter. Und deine Urenkel. Wir sind alle zusammengekommen.« Behutsam rief sie der betagten Frau in Erinnerung, wie sie alle hießen und wie alt sie waren. Um dann zu sagen: »Victor ist auch hier, Großmutter.«

»Ach, der kleine Victor!«, rief die Kranke. »Franz verprügelt ihn immer.«

Großmutters Blick irrlichterte, als sie Vergangenheit und Gegenwart zu sortieren versuchte. Es war die der Ärztin bekannte Wirkung des Morphiums, das den Verstand durcheinanderbrachte.

»Keine Sorge, Großmutter. Victor und Franz sind schon große Männer. Sie prügeln sich nicht.«

»Ja, Henny, du passt auf, dass sie sich vertragen.«

In der Tat hatte sich Henny während der sehr kurzen Phase ihrer gemeinsamen Jugend stets eingemischt, wenn der stämmige junge Graf seinen vier Jahre jüngeren Cousin Victor wieder einmal verdroschen hatte. Dann hatte Florentine ihren Sohn nach Amerika mitgenommen, wo sie heiratete, und die Bande der ungleichen Verwandten waren zerrissen. Einige Male waren Victor und Franz sich seither wieder begegnet. Geprügelt hatten sie sich nie, aber es war nah daran gewesen, dass einer von beiden handgreiflich wurde.

Nun begrüßten Victor und Vicky, die Leo mitbrachten, die Sterbenskranke. Für Hennys sensible Tochter war es das erste Mal, einem Menschen an dessen Lebensende zu begegnen. Sie war sehr schweigsam, strich hilflos die plötzlich so zerbrechlich wirkenden Hände der alten Frau. Als Frieda und Jonathan mit ihren drei Kindern eintrafen, zog sich Hennys Familie zurück, um die Kranke nicht zu überfordern.

»Franz ist mir gerade begegnet. Toni hat dir gesagt, dass

sie auch ihn eingeladen hat?«, flüsterte Frieda Henny rasch zu.

Antonia hatte es ihr auf dem Weg nach Freystetten gesagt und auch ihre Gründe dargelegt: dass es weniger um die Hochzeit als um Großmutter ginge. Was Henny zwar sehr großherzig fand, aber falsch. Nicht ein einziges Mal hatte Franz sich an sie gewandt mit einer Bitte um Verzeihung für die Gewalt, die ihr durch seine Schläger angetan worden war.

Sie hatte für sich entschieden, Franz aus dem Weg zu gehen; das Schloss war groß genug. Die Abrechnung zwischen ihr und Franz würde zu einem späteren Zeitpunkt stattfinden müssen. Das, so hatte sie es auch mit Victor abgesprochen, waren sie Großmutter Karla schuldig, die nie von diesem Streit erfahren hatte und es jetzt erst recht nicht sollte.

Nur Minuten, nachdem sie diesen Vorsatz gefasst hatte, wurde sie auf die Probe gestellt: Franz begegnete ihr genau in dem Augenblick, als sie mit Victor und ihren Kindern die Eingangshalle des Schlosses betrat. Ihr Cousin trug die Uniform der Reichswehr, eine Menge Orden an der Brust, eine Schirmmütze auf dem Kopf, und sie fragte sich, weshalb er in seinem Zuhause in einem derartigen Aufputz erschien. Noch dazu in Begleitung von zwei jungen Männern in den braunen Hemden der SS, deren ausdruckslose Mienen auf sie einschüchternd wirkten. Da sie mit niemandem aus der Familie über ihn gesprochen hatte, bemerkte sie erst auf den zweiten Blick, dass sich Franz auf zwei Krücken stützte.

»Kusine Henny, Cousin Victor, seid gegrüßt«, sagte Franz.

Victor musterte seinen Cousin von Kopf bis Fuß. »Interessante Aufmachung.«

Und Henny dachte: Bitte nicht, Liebster, wir hatten uns vorgenommen, diesen Mann nicht zu provozieren!

»Eine Verletzung im Manöver«, sagte Franz. »Amputation des Unterschenkels.«

»Wo gehobelt wird, fallen Späne. Stimmt's, Kriegsheld?«

Henny empfand Victors Ironie als unangenehm schneidend. Musste das sein, jemanden, der ein so wichtiges Körperteil verloren hatte, derart anzugehen?

Franz verzog dennoch keine Miene.

Victor war offenbar entschlossen, Franz trotz seines angeschlagenen Zustands nicht davonkommen zu lassen: »Du schuldest Henny eine Entschuldigung.«

»Wüsste nicht, weshalb.«

Vicky starrte Franz mit unverhohlener Feindseligkeit an.

»Deine Schläger haben Henny krankenhausreif geprügelt, Franz«, sagte Victor. »Nicht nur Vicky ist umgekommen vor Angst um ihre Mutter. Es wäre angemessen, wenn du jetzt dazu etwas Klärendes sagtest.«

»Ich habe keine Ahnung, wovon du sprichst«, schnarrte Franz. »Helft mir die Treppe hinauf«, befahl er seinen beiden Begleitern.

Victor wollte ihm den Weg verstellen, doch Henny griff nach seiner Hand und schüttelte stumm den Kopf, um ihm zu signalisieren, dass dies der falsche Zeitpunkt für eine Neuauflage des alten Streits der ungleichen Cousins war.

»Nur Feiglinge entziehen sich durch Flucht einer Konfrontation mit ihren Taten«, sagte Victor dennoch.

»Feigheit ist eher *dein* Spezialgebiet, Victor.«

»Eine Verletzung im Manöver hast du erlitten. So, so«, stellte Victor in sarkastischem Ton fest. »Welche Art von Manöver war das denn, Franz?«

»Das geht dich nichts an.«

»Du hast nicht zufällig die Schlacht an der Zuckerfront verloren?«

Von ihrer Schwester wusste Henny um Franz' Erkrankung und die drohende Sepsis. Da Antonia keine Amputation erwähnt hatte, vermutete Henny, dass dies eine neue Entwicklung war, von der ihre Schwester ebenfalls nichts erfahren hatte.

Dennoch verbot es ihr Anstandsgefühl, sich darüber lustig zu machen. Aber sie kannte ihren Mann: Er brauchte diesen Moment der Abrechnung. Die Folgen waren ihm egal.

Franz lief rot im Gesicht an. Blitzschnell hob er eine seiner beiden Krücken, um in Richtung Victor zuzuschlagen. Offensichtlich unterschätzte der Offizier die Dynamik seiner eigenen heftigen Bewegung und geriet ins Taumeln. Die beiden SS-Männer blieben tatenlos; wie man einen strauchelnden Vorgesetzten am Stürzen hindert, hatte ihnen niemand beigebracht. Franz fiel direkt neben der geschwungenen Treppe zu Boden. Eines seiner Hosenbeine war ein Stück hochgerutscht. Sichtbar wurde eine Holzprothese, die den Unterschenkel ersetzte.

Jetzt rissen die beiden Burschen die mit schwarzem Leder umhüllten Knüppel hoch, die an ihren Schultergurten befestigt gewesen waren, um sich schützend vor Franz zu stellen.

»Schon gut«, stöhnte Franz, und seine Begleiter hängten ihre Prügel wieder an die dafür vorgesehenen Karabinerhaken ihrer Schultergurte.

Victor streckte seinem Cousin die Hand entgegen, um ihm beim Aufstehen zu helfen. »Ich habe mich hinreißen lassen«, sagte er. »Tut mir leid, Franz. Das wollte ich nicht. Aber nun siehst du selbst, wie das ist, am Boden zu liegen.«

Franz ignorierte die ihm dargebotene Hand. »Scher dich zum Teufel«, zischte er.

»Wo man den findet, weißt du besser als ich«, setzte Victor mit einem abfälligen Blick auf seinen Cousin nach. Dem halfen seine beiden Begleiter hoch.

Henny wollte nur fort von dieser Szenerie. Mit Leo auf dem Arm eilte sie die Treppe nach oben, wo Rosel Zimmer für sie und ihre Familie hatte vorbereiten lassen.

»Warum hat Franz dich einen Feigling genannt, Dad?«, fragte Vicky. »Ich fand gar nicht, dass du feige warst. Franz hat *Mom* wehgetan. Er ist feige, wenn er dafür nicht die Verantwortung übernimmt.«

Sie waren immer noch auf der Treppe; das breite Foyer wirkte wie ein Schalltrichter, Franz konnte jedes Wort hören.

»Die Sache mit dem Feigling geht auf Kriegszeiten zurück. Franz wirft mir vor, dass ich nicht an der Front war«, erklärte Victor seiner Tochter. »Ich konnte jedoch schon deshalb nicht für das deutsche Heer kämpfen, weil ich als kleiner Junge amerikanischer Staatsbürger geworden war.«

»Hinter Weiberröcken versteckt hast du dich!«, brüllte der wütende Franz, der mühsam die Stufen erklomm.

Henny ahnte, dass Victor die Beleidigung nicht unkommentiert lassen würde. Franz hatte den wunden Punkt ihres Mannes erwischt – seine Ehre.

»Victor, bitte, ignoriere den Dummkopf!«, sagte Henny. »Wir wissen, dass es so nicht war.«

Victor baute sich am Treppenabsatz auf, wo er Franz und die beiden SS-Männer erwartete. »Du warst ebenfalls nicht an der Front, Cousin. Sondern sicher und geborgen in der Heeresleitung in Berlin hast du die Männer in den Tod geschickt. Von denen trägt keiner dicke Orden an der Brust, weil sie mausetot im Grab liegen. Und du protzt zu Hause damit!«

»Ich habe diese Orden verdient, du Nichtsnutz!«

Vor Franz lagen noch zwei Stufen, bis er Victor erreicht hatte.

»Schafft mir dieses Subjekt aus den Augen«, zischte er seine beiden Begleiter an.

Die Männer griffen unverzüglich nach ihren Schlagstöcken. Victor wich zurück.

»Daddy!«, rief Vicky entsetzt, die in der Aufregung wieder in die gewohnte Anredeform verfallen war.

»Bist du von Sinnen, Franz!« Es war die schneidende Stimme seines Vaters. »Schlagstöcke weg!«, setzte Friedemann nach, der sich ebenfalls bereits im ersten Stock befand.

Die Männer zögerten; ihr Kommandant war Franz.

»Tut, was Durchlaucht sagt«, brummte Franz.

Vicky saß mit an den Körper angezogenen Beinen in einer der tiefen Fensternischen, die Knie mit den Armen umklammert. Sie zitterte am ganzen Körper.

»Ich will weg«, sagte sie. »Das ist ein schreckliches Schloss.«

»Franz hat nichts zu sagen. Du hast gehört, wie der Graf ihn gestoppt hat.«

»*Mom*, seine Schläger hätten Dad fast verprügelt! Wir können doch nicht so tun, als wäre nichts gewesen. Damals haben sie dich verprügelt. Was ist denn das für eine Familie, in der man sich so etwas antut!«

»Wir sind nicht wegen Franz hier, Vicky, sondern wegen Toni und Urgroßmutter. Morgen bleiben wir noch und dann fahren wir wieder.«

»Nach Los Angeles!«, forderte Vicky.

»Noch ein paar Tage Berlin. Die schöne große Wohnung mit deinem Piano. Du wirst Franz ganz schnell vergessen!«

Henny sah ihrer Tochter an, dass es so einfach nicht werden würde. Sie hatte den kurzen Moment der Gefahr miterlebt, in der ihr Vater geschwebt hatte. Das ließ sich nicht ungeschehen machen. Es war die Bestärkung der Angst, die sie im Vorjahr um ihre Mutter gehabt hatte. Und eine grausame Bestätigung ihrer Befürchtung: Von Freystetten ging Gefahr aus.

Victor hatte das Gespräch schweigend verfolgt. »Vicky hat recht. Unter diesen Umständen fühlen wir uns nicht sicher. Es ist ein Unding, dass Franz seine Schläger hier herumlaufen und uns bedrohen lässt. Das muss aufhören. Ich rede mit Onkel Friedemann.«

»Lass mich Leo stillen, dann reden wir gemeinsam mit deinem Onkel. Vicky, bleibst du so lange bei Leo?«

»Wo soll ich denn wohl hingehen, *Mom*? Vielleicht ein wenig Klavier spielen, damit die Bestie bessere Laune bekommt?«

Henny zog sich mit dem Baby in das separate Schlafzimmer zurück und bat ihren Mann, sie zu begleiten.

»Wir müssen reden.« Sobald das Ehepaar allein war, hielt sie nicht an sich: »Wir hatten uns geschworen, einem Streit mit Franz aus dem Weg zu gehen. Und du forderst ihn bei der ersten sich bietenden Gelegenheit heraus, Victor. Was soll das? Du führst Vicky ein Verhalten vor, das weder zu ihr noch dir passt.«

»Ich bestehe darauf, dass Franz dich um Verzeihung bittet, Henny. In Anwesenheit unserer Tochter. Das muss aus der Welt geschafft werden.«

»Ist das nicht auch meine Entscheidung?«, fragte sie.

»Tut mir leid, Henny. Wenn ich hier in Freystetten bin,

werde ich wieder zu dem Menschen, der ich einmal war. Und der ich nicht mehr sein will. Verzeihst du mir?«

Henny schüttelte den Kopf, obwohl sie das Gegenteil sagte: »Natürlich verzeih ich dir. Hierher zurückzukommen, das ist jedes Mal so absurd, so unwirklich.« Sie lachte bitter auf. »Wie ihr beiden euch am Treppenabsatz gegenüberstandet … Was, wenn Friedemann nicht zufällig zur Stelle gewesen wäre, Victor? Würden wir dann jetzt alle an deinem Krankenbett sitzen?« Sie blickte ihn ernsthaft an. »Du bist kein kleiner Junge, nur weil du wieder in Freystetten bist. Du hast eine Familie. Bitte denk daran, wenn dich die Wut zu übermannen droht. Ich will, dass du mir das jetzt versprichst.«

»Okay, ich reiße mich zusammen«, sagte Victor. »Es wird nicht wieder vorkommen. Ich habe einen Fehler gemacht.«

»Komm her«, sagte sie, während sie Leo stillte. »Küss mich.«

Sein Kuss war zärtlich und zurückhaltend zugleich. Sie spürte, dass die Glut seiner Wut nicht vollständig erloschen war.

»Ich glaube, ich sollte dir gestehen, was ich jedes Mal empfinde, wenn ich Franz treffe«, begann Victor.

Er suchte nach einem Stuhl, und da keiner in der Nähe war, setzte er sich auf den Teppich, die Beine überkreuzt. Wie immer, wenn er im Schloss war, trug er einen eleganten Anzug. Teure Kleidung hatte er schon zu Zeiten getragen, als er sich als Klavierspieler in Berliner Kneipen durchgeschlagen hatte.

»Meine Mutter und Franz' Vater sind bekanntlich Geschwister. Aber Florentine kam nicht infrage als Erbin. Weil sie eine Frau ist«, fuhr Victor fort.

»Moment mal«, warf Henny ein, »deine Mutter hat – verzeih meine Direktheit – keinerlei Verantwortungsgefühl. Im Gegensatz zu Friedemann. Auch wenn ich viele seiner Ansichten nicht teile, muss ich doch zugeben, dass er die Grafenrolle gut ausfüllt.«

»Vollkommen richtig. Aber meine Mutter war auch nur ein hübsches Mädchen mit drei Brüdern. Von ihr wurde nie etwas erwartet. Weshalb sollte sie Verantwortungsgefühl entwickeln? Jetzt zu dem, was ich dir gestehen will: Seit ich denken kann, ärgert mich, dass ein Mensch wie Franz dazu ausersehen war, eines Tages dieses Schloss zu besitzen. Er ist der falsche Mann dafür. Nichts qualifiziert ihn dazu. Außer, dass er Friedemanns Sohn ist. Mit seiner Abstammung kann ich nicht mithalten, weil ich unehelich gezeugt wurde. Ich weiß nicht einmal, wessen Samen ich meine Existenz zu verdanken habe.«

»Liebster, quäl dich nicht mit solchen Gedanken! Was bringt das? Du machst dich klein, indem du deine und Franz' Vita miteinander vergleichst. Das hast du nicht nötig! Du hast viel erreicht, sehr viel. Du bist ein Künstler. Woher kommt denn Kunst? Etwa davon, dass man Soldaten befehligt? Oder davon, dass man am Leben leidet?«

Victor lachte auf. »Schön gesagt, Henny.« Er seufzte. »Obwohl … das stimmt nicht so ganz. Ich liebe dich und darum genieße ich das Leben.«

»Tätest du das auch, wenn du dafür sorgen müsstest, ein Schloss mit all seinen Angestellten in Schuss zu halten?«, fragte sie.

»Das weiß ich nicht, weil ich es nicht ausprobiert habe. Aber mit dir an meiner Seite …«

»Nein, ich wollte nie ein Schloss haben.« Henny legte Leo auf ihren Schoß. »Meine Großmutter ist Köchin. Ich habe nie verstanden, weshalb Tante Rosel Gräfin werden wollte.«

»Aus Liebe?«

»Du Romantiker! Nein, im Ernst: Tante Rosel ist ein unfreier Mensch, gefangen in diesem alten Kasten. Das Ergebnis sind eine Tochter, die gegen sie rebelliert, und ein scheußlicher Sohn.«

Und zwei in jungen Jahren gefallene weitere Söhne, aber das war eine andere Sache.

Es klopfte.

»*Mom,* Dad, Onkel Friedemann bittet euch um ein Gespräch«, sagte Vicky, als Henny öffnete.

Nach wie vor gebrauchte Vicky die englische Anrede. Aber wozu hatten sie und Victor eigentlich auf der deutschen bestanden, fragte sich Henny. Wem wollten sie gefallen, indem sie sich so deutsch wie möglich gaben?

Friedemann führte Henny und Victor in die Bibliothek, wo mehr als nur drei Stühle bereitstanden. Offenbar plante er eine größere Runde, die er wohl mit dem bevorstehenden Sechs-Augen-Gespräch einläuten wollte. Mit einladender Geste bat er seine Besucher, Platz zu nehmen.

»Ich bedauere den Vorfall von vorhin«, sagte der Graf. »Zu Franz' Entschuldigung kann ich nur anführen, dass er gerade schwere Zeiten durchmacht.«

Victors Miene war wie eingefroren. Er erwiderte nichts. Das musste er auch nicht, denn Henny dachte wohl das Gleiche wie er. Er hatte ihr zwar versprochen, sich zusammenzureißen, doch Friedemanns Eröffnung bot nun den gegenteiligen Anlass. Sie fand es empörend, was er da sagte.

»Du entschuldigst also das Verhalten deines Sohnes«, stellte sie fest. »Obwohl eigentlich er sich bei mir hätte entschuldigen sollen. Das ist nicht sehr freundlich. Weder von ihm noch von dir.«

»So war das nicht zu verstehen, Henny. Aber Franz ist sehr krank.«

»Das wissen wir«, hielt ihm Henny entgegen. »Und auch, dass meine Schwester ihn frühzeitig genau davor gewarnt hat, was nun eingetreten ist. Vor seiner Erkrankung war er jedoch jemand, der seine Macht gezielt dazu missbraucht hat, um anderen Schaden zuzufügen. Solltest du nicht auch darüber sprechen?«

»Bei allem Respekt, Henny: So genau weiß das in deinem Fall niemand. In der Sache gab es nie eine Strafverfolgung«, sagte Friedemann. Er setzte ein joviales Lächeln auf. »Ihr alle seid gekommen, um die Seniorin unserer Familie noch einmal glücklich zu sehen. Ich bitte euch deshalb, den Frieden in der Familie für diese kurze Zeit des Zusammenseins zu wahren. Das kann doch nicht zu viel verlangt sein. Nicht wahr?«

Victor lachte laut und falsch auf. »In meinen Kreisen nennt man das, was du verlangst, eine Komödie. Onkel Friedemann, du bist dreist. Ja, dreist«, wiederholte er. »Du benutzt die Gelegenheit, um Streitigkeiten unter den Schlossteppich zu kehren. Und ich habe meiner Frau versprochen, mich darüber nicht aufzuregen. Also werde ich so tun, als regte ich mich nicht auf. Auf dein Angebot, mit dir als Oberhäuptling Winnetou die Friedenspfeife zu rauchen, verzichte ich allerdings dankend.«

»Du hast uns in die Bibliothek gebeten, um uns *das* zu sagen, Friedemann?«, fragte Henny. »Wir sollen so tun, als wären wir alle nett zueinander? Kurz zuvor waren Victor und ich noch der Meinung gewesen, du wärst ein guter Erbverwalter, weil du für so viele Einzelschicksale Verantwortung übernimmst. Das stimmt so aber nicht. Letztlich vertrittst du nur deine Interessen.«

Henny erhob sich.

»Gehen wir. Ich wüsste nicht, was es noch zu bereden gibt«, sagte sie.

Als sie die Tür öffnete, stand ihr Frieda gegenüber. Jonathan war in ihrer Begleitung, die Kinder fehlten.

Ihre Kusine war offenbar ebenso überrascht. Vermutlich hatte sie eine Aussprache mit ihrem Vater erwartet.

»Dein Vater will die Friedenspfeife rauchen«, sagte Victor. »Wir rauchen nicht.«

»Wir auch nicht«, sagte Frieda mit einem Lächeln voller Verständnis.

»Es wäre klüger, es zumindest zu versuchen«, widersprach Jonathan sanft. »Wir haben ein Anliegen, wie ihr wisst.«

»Ja«, sagte Victor. »Ich drücke euch die Daumen.«

»Geht nicht«, bat Frieda.

Henny und Victor wussten, dass die Kusine sich Beistand für den Kampf um Felicitas erhoffte. Die Fahrt mit der Ostbahn von Berlin nach Gusow hatte genügend Gelegenheit geboten, um die unerfreuliche Lage darzustellen.

So betraten sie die Bibliothek nun zu viert, aber Henny nahm sich vor, lediglich stille Beobachterin zu sein.

»Ihre Gemahlin ist einverstanden, wenn Felicitas mit ihren Geschwistern zusammen nach Amerika reist, Durchlaucht«, begann Jonathan nach einer kurzen Begrüßung. »Mehr als ihre Zustimmung kann Friedas Mutter jedoch nicht geben. Was wir auch verstehen können.«

»Meine Frau hat ein gutes Herz«, erwiderte Friedemann. »Aber sie weiß, dass das allein auf dieser Welt nicht viel zählt. Deshalb gibt es Gesetze.«

Schon jetzt war Henny klar, dass dieses Gespräch nicht im Sinne von Felicitas enden würde. Doch Jonathan rang um das Verständnis seines Schwiegervaters mit allem Einfühlungsvermögen.

Um sich schließlich die endgültige Abfuhr von ihm zu holen.

»Es ist der Wille des gesetzlichen Vormundes, dass Felicitas von Freystetten in diesem Haus aufwächst«, sagte Friedemann.

Frieda, die ohnehin kaum etwas gesagt hatte, liefen Tränen der Ohnmacht über das Gesicht, als sie wortlos hinausstürzte. Sie hatte Henny während der Zugfahrt gesagt, was sie auch Toni gesagt hatte: Franz ihre Tochter unterzuschieben, war der größte Fehler ihres Lebens gewesen. Sie hatte keine Handhabe, um ihr Kind zurückzubekommen.

Jonathan eilte ihr nach, das Ehepaar Vandenberg blieb schockiert sitzen.

»Was gewinnst du durch deine Weigerung, Onkel Friedemann?«, fragte Victor. »Irgendwann wird Felicitas die Wahrheit erfahren. Sie wird dich dafür verabscheuen, dass du sie von ihrer Mutter und ihren Geschwistern getrennt aufwachsen lässt. Hier, in diesem leeren, alten Haus.« Er trat vor Friedemann. »Geh in dich, Onkel Friedemann. Bitte. Gib Felicitas frei. Es ist nur eine Unterschrift, mit der Franz seine Zustimmung zu der Reise erteilt. Eine Unterschrift, die keiner je bereuen wird. Die Kleine bleibt trotzdem eine von Freystetten.«

Henny sah Friedemann an, dass er mit sich rang. Offenbar hatte Victor den richtigen Ton getroffen.

Doch dann sagte er: »Ich kann nicht anders, Victor. Es geht auch nicht darum, wie ich persönlich darüber denke. Ich muss als Vorstand dieses Hauses handeln. Das ist nicht immer leicht. Ich bitte dich, mir das zu glauben«, sagte der Graf.

»Verzeih, Onkel, das zweifle ich an. Du willst es Franz recht machen. Wahre Weisheit jedoch sieht nicht den Augenblick, sondern das, was sich in der Zukunft an Möglichkeiten bietet. Oder an Gefahren. Eine Erbin Felicitas, die ihr Erbe als Gefangenschaft betrachtet, wird dem Schloss keinen Dienst erweisen. Ich appelliere an deine Klugheit, dass du deinen Sohn vom Richtigen überzeugst, Onkel.«

Wenig später verließ das Ehepaar Vandenberg das Schloss, um im Gesindehaus nach Karla und dem Fortgang der Hochzeitsvorbereitungen zu sehen. Die Angestellten trugen Geschirr vom Schloss herbei, der Blumenschmuck war fast fertig, die Tische aufgestellt. Zwei Burschen schleppten einen schweren Baumstamm herbei, den sie auf einen Sägebock legten, was nicht so recht zum feierlichen Anlass zu passen schien. Und in einer stillen Ecke saßen Frieda und Jonathan mit Ricarda und Antonia. Frieda schwamm in Tränen, während Siegfried die Zwillinge mit einem Spiel beschäftigte.

Antonia löste sich aus der Runde, während Victor zu seiner Großmutter ins Haus hineinging, um mit ihr ungestört zu sein.

»Friedemann hat sich in ein Scheusal verwandelt«, sagte Antonia zu Henny. »Er war doch früher nicht so herzlos.«

Sie hatte ihn immer gemocht, was Henny nie verstanden hatte. Der Älteren war Freystetten stets fremd geblieben.

»Victor hat Friedemann noch einmal ins Gewissen geredet«, berichtete Henny. Sie war glücklich darüber, dass er seine Gefühle aus dem Spiel gelassen hatte und stattdessen geschickt vorgegangen war. »Ihn hat er wohl überzeugt. Doch letztlich ist es Franz, der einlenken muss.«

»Wie oft soll man denn noch an Franz hinreden? Sein Herz wird man nicht erreichen. Dafür müsste er ja eines haben!«

»Hat Mutter denn schon mit Franz über Felicitas gesprochen?«, fragte Henny. »Außer seinem Vater ist sie doch stets die einzige Autoritätsperson gewesen, die Franz akzeptiert.«

»Er hat sie abblitzen lassen wie alle anderen auch. Die Familie Thomasius will ihm nur Schlechtes, meint er«, sagte Antonia.

»Tut mir leid, dass die Streiterei in der Familie deine Hochzeit überschattet«, sagte Henny. »Wohin willst du mit Guntram denn in die Flitterwochen fahren?«

Die Ablenkung von der komplizierten Gegenwart schien geglückt, denn Antonia lächelte. »Guntram war noch nie in Amerika. Da dachte ich mir, wir könnten Frieda und ihre Familie in ihrem neuen Wohnort New York besuchen und reisen anschließend ein wenig herum. Nicht lang. Insgesamt wären wir vier Wochen fort.«

»Das ist eine gute Idee, Toni. In New York ist jetzt das höchste Haus der Welt fertig geworden. Die Stadt hat sich so verändert, seitdem du dort gewesen bist.«

Vickys staunende Augen, als sie das Empire State Building sah, würde Henny wohl nie vergessen. Denn nach der strapaziösen Reise von Westen nach Osten durch die USA hatte Familie Vandenberg eine kurze Pause in New York eingelegt, bevor sie die Heimfahrt über den Atlantik hatten antreten können.

»Ich war fast noch ein Kind, als ich dort war, und völlig überfordert«, sagte Antonia. »Aber am meisten freue ich mich auf die Schiffspassage. Wieder einmal auf Deck an der Reling stehen, sich den Wind um die Nase wehen lassen, in den Salons dinieren.« Albern äffte sie einen Kellner nach: »*Mister and Misses* Harrich, *take a seat please!* Ach, das wäre so schön!«

Herr und Frau Harrich – das klang in Hennys Ohren ungewohnt. Der alte Name Thomasius wäre verschwunden, das war der Lauf der Zeit.

Antonia war ins Schwärmen geraten, und Henny lag eine Frage auf der Zunge, die sie aber nicht jetzt stellen wollte.

Sie musste sich zunächst darüber mit ihrer Familie abstimmen: Sollte sie ihre Schwester während deren Abwesenheit vertreten? Victor würde wohl mitmachen. Aber was wäre mit Vicky?

Die kleine Versammlung, die sich um Frieda gebildet hatte, war immer noch in Aufregung. Aller Augen waren auf Jonathan gerichtet, als sich die Schwestern dazusetzten.

»Ja«, sagte Friedas Mann gerade nachdrücklich, »ich habe keine andere Wahl.«

»Bitte, Jonathan, ich brauche dich hier bei mir und den Kindern!«

Frieda wischte sich vergeblich die immer wieder fließenden Tränen aus dem Gesicht.

Welcher Konflikt wurde hier gerade ausgetragen, fragte sich Henny. War es für heute nicht schon genug an Familienzwist?

»Sie reißen Ihre Familie auseinander, Jonathan, wenn Sie bei Ihrer Entscheidung bleiben«, stellte Ricarda fest.

»Ich werde in New York erwartet, Frau Thomasius. Ich habe schon überlegt, ob ich die Schiffspassage verschiebe, aber es geht nicht.«

»Verstehe ich das gerade richtig? Jonathan, Sie wollen allein nach New York und lassen Ihre Frau und die Kinder in Berlin?«, fragte Henny verblüfft nach.

Frieda machte ihre Sache als Mutter gewiss gut. Aber ohne Mann mit drei kleinen Kindern zurechtzukommen – das stellte nicht nur eine organisatorische Herausforderung dar, sondern vor allem eine psychische. Würde Frieda das schaffen?

»Was ist denn hier los?« Rosel, die, wie sie es versprochen hatte, bislang mit den Hochzeitsvorbereitungen beschäftigt gewesen war, gesellte sich zu der Runde. »Frieda, weinst du um Großmutter? So kenne ich dich gar nicht.«

Oh, Rosel, dachte Henny, dein Feingefühl lässt zu wünschen übrig!

Aber Antonia antwortete bereits für ihre Kusine: »Nein, Tante, Frieda ist verzweifelt, weil sie Felicitas nicht nach New York mitnehmen darf. Und ohne sie fährt sie nicht. Andererseits kann Jonathan seine Reise nach New York nicht absagen.«

»Oh, verstehe«, sagte Rosel. »Aber war das nicht geklärt? Von mir aus kannst du Felicitas mitnehmen, Frieda.«

»Dein Sohn will die entsprechende Unterschrift nicht leisten, Rosel«, sagte Ricarda.

»So ein Unsinn. Was macht Franz denn? Manchmal ist er so stur!« Rosel raffte sich auf. »Ich rede mit ihm.«

Mit entschlossenen Schritten ging sie hinüber zum Schloss.

Die Zurückbleibenden tauschten hoffnungsfrohe oder auch skeptische Blicke. Dass Rosel von sich aus die Initiative ergriff, war wohl für alle eine Überraschung. Würde es ihr gelingen, ihren Sohn umzustimmen?

Die Zeit drängte. In vier Tagen sollte der Dampfer in Hamburg ablegen. Um die Bürokratie erledigen zu können, musste Familie Landsmann am Tag nach Antonias und Guntrams Hochzeit nach Berlin aufbrechen. Sonst würde die Zeit nicht reichen.

Obwohl sie ganz allein oben im Turm der Freystettener Kirche hing, schien der helle Klang der Glocke die spätsommerliche Dorfluft an diesem Samstagmorgen Mitte September zum Schwingen zu bringen.

Antonia hatte sich eine kleine Hochzeit gewünscht, und da alles überstürzt geschah, hatte sie nicht mit viel Aufhebens gerechnet. Doch sie hatte die Leute hier auf dem Dorf unterschätzt!

Als sie an Guntrams Seite die hübsche, aus Feldsteinen erbaute, typisch Brandenburger Kirche gegenüber vom Schloss verließ, sah sie in Gesichter, die sie anstrahlten und lachten. Gesichter, die sie teilweise seit Monaten oder sogar Jahren nicht gesehen hatte. Obwohl das alles mit großer Schnelligkeit gezaubert worden war, waren Blumenbögen gebastelt worden, die nun ein Spalier bildeten, unter dem hindurch das Brautpaar das Gotteshaus verließ.

Es waren Menschen, die sie kannten, seitdem sie als kleines Mädchen monatelang in Freystetten gelebt hatte. Im Krieg, als sie ein Backfisch gewesen war, hatte sie dem Onkel geholfen, den sie selbst damals wie selbstverständlich gesiezt hatte. Wie ein Junge war sie auf den Heuwagen geklettert und hatte den kranken alten Knecht ersetzt. Wohl jeder wusste von jenem grausamen Erlebnis, als ihr Hund bei den Hirschgehegen von einem Wolf angefallen wurde und sie ohne Zögern das Tier erschossen hatte, bevor es sie selbst gefährden konnte.

Die Leute winkten ihr zu, riefen ihren Namen. Das Gefühl, das sie ihr gaben, war wundervoll: nicht die Ärztin aus der Großstadt zu sein oder die Weitgereiste, sondern eine von ihnen, eine aus der Gemeinschaft des Dorfs.

War auch das Großmutters Absicht gewesen, hatte sie ihr dieses Glück schenken wollen, einmal zu spüren, von vielen Menschen so sehr gemocht zu werden?

Unter dem Spalier gingen die Blumenkinder vor ihnen her. Vicky und Celias Tochter Ida führten die Mädchen aus dem Dorf an, die Blütenblätter auf den Weg rieseln ließen. Es war eines der fröhlichen Rituale, mit denen dem Brautpaar auf seinem künftigen Eheweg alles Gute gewünscht wurde. Auf Guntrams Haar lagen die Blüten, auf seinen Schultern, wie geschmückt sah der frischgebackene Ehemann aus.

Nun war sie also offiziell Frau Harrich. Wie es hier auf dem Land die Sitte war, hatte ihr Vater seine Tochter durch die Kirche zum Traualtar geführt, wo Guntram sie erwartet hatte. Als ihre Trauzeugin fungierte Celia, der Antonia verdankte, ihren Mann an der Universität kennengelernt zu haben. Und vorn in den Bänken hatte sich die Familie versammelt. Seit der letzten Hochzeit, an der Antonia teilgenommen hatte, waren es mehr Kinder geworden. Ansonsten war alles, wie es immer war, wenn in Freystetten geheiratet wurde.

Doch Großmutter hatte gefehlt, niemand wollte ihr die Beschwernis antun, sich in einen Rollstuhl zu quälen.

Umso wichtiger war es dem Brautpaar, Großmutter nicht länger auf den Beginn des Festes warten zu lassen. Ihr Bett, ebenfalls mit Blumengirlanden verziert, stand wie geplant mitten in ihrem Garten unter einem Pavillon. Es sah gar nicht mal ungewöhnlich aus, dass es dort stand, sondern als wäre dies sein angestammter Platz. Karlas Töchter Ricarda und Rosel hatten sich alle Mühe gegeben, dass es ihre Mutter bequem hatte. Ständig brachte ihr jemand leckere Happen vom Büfett und reichte ihr etwas zu trinken.

Aber Großmutter kostete kaum noch davon.

»Bist du glücklich, Toni?«, fragte sie mit schwacher Stimme.

So schön hatte Antonia es sich vorgestellt: Großmutter würde noch einmal im Mittelpunkt stehen und es genießen. Jetzt, wo es so weit war, fühlte es sich anders an, als sie erhofft hatte.

Sosehr Antonia sich auch mit ihrer Hochzeit beeilt hatte, es schien dennoch zu spät zu sein. Sie hatte zu lange gewartet mit ihrem Entschluss zu heiraten. Aber Hennys Frage traf den Nagel auf den Kopf: Weshalb tat sie diesen Schritt? Um ihrer selbst willen oder wegen Großmutter?

Nein, sie konnte es nicht gleichzeitig ihr und sich selbst recht machen. Es konnte nur einen Kompromiss geben. Aber deshalb mischte sich nun der Schmerz des nahenden Abschieds von einem liebgewonnenen Menschen mit dem Glück, mit Guntram vor einem Neuanfang zu stehen. Es war ein Gefühl, das kaum auszuhalten war. Und sie reagierte, wie es ihre Art war.

»Ja, ich bin glücklich. Aber ein Tänzchen mit dir wäre schön!«, scherzte Antonia und setzte sich neben sie auf einen Stuhl.

»Du bist eine hübsche Braut.«

Großmutter fiel es schwer, sich zu konzentrieren. Immer wieder fielen ihre vom Morphium schwer gewordenen Lider zu, denn nur mit dem Betäubungsmittel konnte sie die Schmerzen ertragen. Morpheus, der Gott des Traums, nach dem das Mittel benannt war, entführte sie in eine vermutlich noch schönere Wirklichkeit als die in ihrem Garten, in dem getanzt und gelacht, gesungen und gefeiert wurde. Vielleicht, dachte Antonia, verschmolz auch beides miteinander, Traum und Wirklichkeit.

»Ist alles, wie du es magst?«, fragte Karla mit leicht entrücktem Lächeln in einem der kurzen Augenblicke, die Morpheus ihr in der Gegenwart gewährte.

»Tanz mit deinem Mann, mein Schatz«, sagte Ricarda, die sich zu ihrer Tochter gesellte. »Ich bleibe bei Großmutter.«

Aber die Leute aus dem Dorf überließen das Hochzeitspaar nur kurz der Musik. Jetzt stand ein Ritual an, für das ein großer Baumstamm auf Pflöcke in den Garten gewuchtet worden war. Bereits als das Ding gebracht worden war, hatte Antonia sich gefragt, wozu es gut sein mochte.

Einer der Männer aus dem Dorf, der Besitzer des Sägewerks, erklärte dem Brautpaar: »Dit müsst ihr durchsägen.«

Guntram blickte den Mann verblüfft an. »Gemeinsam?«

»Dit is ne Bewährungsprobe. Die erste in eure Ehe!«

Er bekam eine riesige Säge mit Griffen an beiden Seiten in die Hand gedrückt.

»Die ist ja rostig!«, protestierte Guntram und legte Jackett und Weste ab.

»Rostig, wie dit Leben manchmal so is«, stellte der Mann unbarmherzig fest.

»Na ja«, sagte Toni, »dann lass uns mal besser gleich anfangen. Nicht, dass wir fertig werden, wenn es Nacht ist!«

Die Sache ließ sich so schwer an, wie sie aussah, steckte das Sägeblatt doch immer wieder fest. Wenn dieses Ritual stellvertretend stand für den Ehealltag, würde der Anfang nicht leicht werden, dachte Antonia. Und die vielen Kinder, die überall glücklich herumtollten, erinnerten sie an Guntrams sehnlichen Wunsch. Doch noch war sie nicht mit sich im Reinen: Kind – ja oder nein?

Es brauchte eine Weile, bis das junge Paar den Bogen raus hatte, wie der Stamm zu zerteilen war. Die Umstehenden erkannten diesen Zeitpunkt und feuerten die beiden an. Schließlich brach der Stamm entzwei und sie lagen sich verschwitzt und glücklich in den Armen.

»Jut jemacht! Die erste Prüfung eurer Ehe habt ihr bestanden«, beglückwünschte sie der Sägewerksbesitzer.

Dass dieser Tag so turbulent abliefe, hatte Antonia nicht erwartet. Ständig wurde ihr gratuliert, jemand, den sie lange nicht gesehen hatte, fragte, wie es ihr ginge, sogar um Termine in der Berliner Praxis wurde sie gebeten. Es war wie ein Rausch, durch den sie taumelte.

Sogar Florentine von Freystetten war gekommen, und Antonia bemerkte erfreut, dass die Eigenwillige lange am Bett der einstigen Köchin Karla verbrachte, die für sie schon das Essen zubereitet hatte, als die Komtess noch ein Säugling gewesen war. Antonia konnte das Gespräch der beiden nicht hören, aber sie wusste, wie viel es der Großmutter bedeutete, dass sie da war, die einstige Herrschaft, deren letzte Erkrankung Großmutter geheilt hatte. So lange war das alles gar nicht her!

Die Anwesenheit von Victors Mutter machte Antonia bewusst, dass deren Neffe Franz sich nicht blicken ließ. Mit wem sie auch sprach, niemand hatte ihn gesehen. Durch ihre Familie hatte sie von seiner Amputation erfahren; ihr selbst war er bislang nicht begegnet. Er war ein stolzer, um nicht zu sagen: arroganter, Mann, dachte sie. So einer mischte sich wohl nicht mehr mit einer derartigen Verletzung unter das, was er gewiss *das Volk* nannte. Ob Großmutter ihn vermisste? Antonia beschloss, ihr diese Frage zu ersparen.

Mit ihrem Bruder Georg verabredete sie sich beim gemeinsamen Tanz. »Du bleibst doch ein paar Tage bei uns in Berlin?«

Georgs Söhne besuchten nach wie vor das Internat, und so war der Witwer glücklich über die Aussicht, endlich wieder einmal in Berlin Zeit für sich zu haben.

Ganz plötzlich, als es bereits gegen Abend ging, breitete sich in Antonia eine seltsame Stille aus, eine Schwere, die nicht zu der Fröhlichkeit des Augenblicks zu passen schien. Instinktiv wandte sie sich um zu der Stelle, an der Großmutters mit Blumen geschmücktes Bett unter dem Pavillon stand. Großmutter hob die Hand nur ganz leicht, als wollte sie Antonia etwas zu verstehen geben. Ein Winken oder der Versuch dazu. Langsam sank die alte müde Hand. Antonia ließ alles stehen und liegen und rannte zu ihr.

In dem Moment, als Antonia an Großmutters Bett eintraf, schloss die alte Dame die Augen und atmete langsam aus, wie von einer Last befreit. Dabei lächelte sie jenes innige, zurückhaltende Lächeln eines Menschen, der sich selbst nie wichtig genommen hatte, für den das Wohlergehen der anderen viel bedeutsamer gewesen war. In diesem Lächeln, das mancher vielleicht gar nicht wahrnahm, sah Antonia das letzte Geschenk ihrer Großmutter.

Und als Rosel, Florentine, Frieda, ihre eigene Mutter Ricarda und auch Henny den Tod der alten Frau beweinten, lächelte Antonia in sich hinein. Es war gut, wie es war, schöner hätte es wohl nicht sein können.

Wenn man es so sah, wie Großmutter es gesehen hatte: Ihr größter Wunsch war ihr erfüllt worden, ihr letzter.

Antonia fühlte sich in dieser Nacht so lebendig wie schon lange nicht mehr. Dies war ihre Hochzeitsnacht, und im Schloss waren längst alle Lichter gelöscht, vor den hohen Fenstern lag die Schwärze der Nacht. Die Kerze auf dem Nachttisch, die zu der romantischen Dekoration gehörte, die Tante Rosel im Hochzeitszimmer eingerichtet hatte, war fast runtergebrannt, ihr letztes Flackern ließ die Schatten tanzen.

»Nun haben wir die Ehe vollzogen, Herr Harrich«, seufzte sie etwas außer Atem.

»Mehrfach vollzogen, Frau Harrich«, korrigierte Guntram kurzatmig.

»Wir sollten öfter heiraten«, neckte sie ihn. »Das bekommt unserem Liebesleben gut.«

»Du bist die Frau meines Lebens«, sagte er unter Küssen.

»Ich möchte wirklich, dass unsere Liebe für immer hält, Guntram.«

»Das habe ich dir in der Kirche versprochen, und das meine ich mit jedem Atemzug, den ich tun werde, Toni. Für immer.«

Während sie die Arme um ihren Mann legte, sah sie das

Gesicht ihrer Großmutter vor sich im Augenblick ihres Hinübergehens in eine andere oder nächste Welt. Wie erlöst sie gewirkt hatte, so befreit, bereit für das, was danach kommen würde. War es das einzigartige Zusammentreffen von Beginn und Ende, vom Anfang eines Lebensbundes und dem Lösen eines anderen Menschen von seinem Leben, das sie ihre Hochzeitsnacht mit einer solch heftigen Intensität erleben ließ?

Später legte Guntram den Kopf auf ihre Schulter und spielte zärtlich mit ihren Locken. »Hast du …« Er setzte erneut an. »Das Pessar. Hast du es eigentlich eingesetzt?«

»Nein«, erwiderte sie bewusst präzise. »Das werde ich auch nicht mehr.«

»Also hast du deine Meinung geändert?«

»Ja.« Sie legte seine Hand auf ihren Bauch. »Ein kluger Mann hat gesagt, es gäbe keinen idealen Zeitpunkt für ein Kind.«

Fast hätte sie gesagt, was Großmutter dazu gemeint hätte: dass wir alle in Gottes Hand sind. Schließlich war sie noch da, irgendwie, irgendwo.

»Warten wir mal ab, was passiert«, sagte sie. »In neun Monaten. Oder später. Wir sind ja nicht in Eile. Und bis wir Genaueres wissen, können wir die Erinnerung an unsere Hochzeitsnacht aufleben lassen.«

Sie zärtlich küssend, versprach Guntram, ihr dabei zu helfen.

Ricarda hatte sich nichts vorgemacht, als sie zu Antonias Hochzeit nach Freystetten aufgebrochen war. Neben etwas Hellem für die Feier hatte sie bereits die schwarze Kleidung eingepackt. Am Morgen danach stand sie vor dem Spiegel, und Siegfried half ihr dabei, die Haken an dem umständlich im Rücken zu verschließenden Kleid ineinanderzufügen. Schwarz hatte ihr schon immer gut gestanden, sie hatte es viel zu oft getragen, auch an heiteren Tagen. Es war praktisch und alles war mit fast allem zu kombinieren. Doch an diesem Sonntag nach der Hochzeit ihrer jüngsten Tochter mochte sie die Düsternis nicht.

Mit dem Tod ihrer Mutter war sie in der Liste des Alters bei den Frauen der Familie auf den ersten Platz vorgerückt. Wie schnell das Leben dahinzog! So lange war es doch nicht her, dass sie in die Kutsche zu Komtess Jette gestiegen war, die sie das erste Mal nach Berlin gebracht hatte! Ihre Mutter und der Vater waren zurückgeblieben. Vor allem die Mutter hatte kein Verständnis dafür gehabt, dass die Tochter in der fernen Hauptstadt, in der sie als Köchin so gut wie nie gewesen war, leben sollte. Und dies sogar wollte, weil sie sich nach Bildung sehnte! Das Kind Ricarda hatte nicht mit der Mutter fühlen können, die nach dem Unfalltod ihrer Ältesten nun auch noch die Zweitälteste hergeben musste.

Im Grunde war der damalige Bruch nie so ganz geheilt, dachte Ricarda, während sie ihr eisgraues Haar bürstete. Sie war zerrissen gewesen zwischen der Welt ihrer Förderin und ihrer Mutter. Sie hatte sich dabei aber zunächst unbewusst und später mit all ihrer Kraft für die Welt des Geistes und gegen jene der körperlichen Arbeit entschieden. Erst jetzt, so kurz vor dem Ende der Lebenszeit ihrer Mutter, hatte sie wieder zu ihr zurückgefunden und erkannt, dass sie Karla Petersen nie gerecht geworden war. Der kleine Kosmos, den die Mutter erschaffen, gehegt und gelebt hatte, war von großer und dennoch leicht zu übersehener Kostbarkeit. Davon blieb jenes Büchlein voller Hausrezepte, mit denen ihre Mutter große und kleine Leiden geheilt hatte.

Ihre Trauer wurde von diesen Gedanken bestimmt und

weniger von dem Gefühl, die Mutter als Quell der Liebe und Zuwendung verloren zu haben. So war ihre Beziehung eben nicht, da machte sie sich nichts vor. Vielleicht, dachte sie und legte die Bürste vor dem Spiegel nieder, war sie insgesamt weniger ein Mensch des Gefühls, sondern des Intellekts. Im Gegensatz zu ihrer jüngsten Tochter. Nie wäre sie auf die Idee gekommen, die eigene Hochzeit gleichzeitig als Abschiedsfeier der Großmutter zu inszenieren. Es war ein grandioser Einfall, fand sie.

»Georg erwartet dich«, erinnerte Siegfried sie. »Ich werde Tagebuch schreiben«, sagte er, bevor sie ihn verließ. »Wir haben wenig Zeit mit deiner Mutter verbracht. Irgendwie, nicht nur im Herzen, sondern auch in unseren Köpfen, war sie dennoch immer präsent. Sie war wie die Nadel eines Kompasses. Sie zeigte uns an, wohin wir gehören.«

Sie gab ihm einen Kuss auf die noch unrasierte Wange und eilte zu Georg. Ihr Sohn erwartete sie zu einem Spaziergang im Park. Sie hatte ihn und seine beiden Söhne zuletzt an Weihnachten besucht, und er berichtete, dass er die von Vater und dem Onkel geerbte Brauerei wieder gern führte. Er pendelte zwischen seinem Haus in Oberbayern, wo er die Wochenenden mit den Söhnen verbrachte, und seinem Arbeitsort München. Ricarda gewann die Erkenntnis, dass Georgs so oft ins Taumeln geratenes Leben wieder im Lot war. Als sie später wieder in ihr Zimmer zurückkehrte, fand sie eine Nachricht von Siegfried. Er bat sie, ebenfalls zu Friedas und Jonathans Zimmern im Schloss zu kommen. Deren Ehe stünde vor einer Zerreißprobe und die Leidtragenden waren die drei Kinder.

In den Räumen, die Frieda bewohnte, fand Ricarda neben ihrem Mann auch Rosel vor und die gesamte Familie Landsmann.

Kaum, dass Ricarda eingetreten war, stürzte ihre Nichte schon auf sie zu.

»Tante Rica, endlich, da bist du ja.« Ihr Ton war nicht mehr voller Selbstzweifel. Sie klang wie eine Anklägerin, die nichts mehr zu verlieren hatte. »Meine Mutter hat mir eröffnet, dass sie nichts machen kann. Mein Bruder gibt nicht nach. Und mein Mann reist nach New York. Ohne seine Familie.«

Jonathan war anzusehen, dass er bei seiner leidenschaftlichen Frau nicht weiter wusste. Und wie unangenehm es ihm war, den Konflikt mit ihr im Beisein ihrer Familie auszutragen. Im Moment klang Frieda sogar so, als hielte sie ihn für den Verursacher ihres momentanen Unglücks. Das passte zu den Aussagen, die sie Ricarda gegenüber in Frankreich gemacht hatte: die Ehe hinzuschmeißen. Was Ricarda nur für eine momentane Laune gehalten hatte.

»Wo soll ich denn hin? Ich habe keine Wohnung in Berlin!«, rief Frieda. »Mit drei kleinen Kindern. Wie stellst du dir das vor, Jonathan?«

Die Zwillinge brachen wegen der Lautstärke, mit der ihre Mutter ihrer Frustration freien Lauf ließ, in Tränen aus. Siegfried nahm Felix auf den Arm und Felicitas an der Hand und ging mit den Kindern aus dem Raum. Das Baby Joanna schrie weiterhin.

»Jonathan, lassen Sie uns einen Spaziergang machen«, schlug Ricarda vor. »Ich weiß zu wenig von Ihren Plänen. Erzählen Sie mir ein wenig davon, ja?«

»Gern, Frau Doktor.« Er atmete hörbar auf.

Schon auf dem Weg die Treppen hinab zu den Gärten fasste Jonathan in seine Anzugjacke. Es war eine mehrfach gefaltete Zeitungsseite, die er hervorholte.

»Ich muss Ihnen etwas vorlesen, Frau Doktor, damit Sie verstehen, wie meine Lage ist«, sagte Jonathan.

Er stand an der Schwelle zum Garten, als er zu lesen begann: »Deutscher Staatsbürger kann nur sein, wer Volksgenosse ist. Volksgenosse kann nur sein, wer deutschen Blutes ist, ohne Rücksicht auf Konfession. Kein Jude kann daher Volksgenosse sein.« Jonathan machte eine kurze Pause. »So steht es an diesem Wochenende im *Völkischen Beobachter*, der Zeitung der NSDAP«, sagte er und setzte hinzu: »Ausgerechnet heute, an Rosch ha-Schana, dem jüdischen Neujahrstag, schreiben sie so etwas. Das ist eine offene Kampfansage an alle jüdischen Mitbürger. Auch an mich, obwohl das Fest für mich keine Rolle spielt, denn ich bin getaufter Christ.«

»Das weiß ich doch, Jonathan«, sagte Ricarda.

»Die Tatsache, dass ich es sage, und die Tatsache, dass Sie sich gezwungen sehen, dies zu bestätigen, zeigt schon, was im Argen liegt, Frau Doktor Thomasius. Sie müssen niemandem versichern, welcher Konfession Sie angehören.«

»Es spielt auch keine Rolle«, sagte Ricarda, obwohl das zwar für sie galt. Nicht jedoch gegolten hatte es für ihre sehr religiöse katholische Mutter.

»Wegen des Neujahrstages telefonierte ich in der Früh mit Bekannten in Berlin, um ihnen alles Gute zu wünschen«, fuhr Jonathan fort. »Und da erzählten sie mir: Die Rotten der SA sind mit tausend Mann durch die Straßen gezogen und brüllten: ›Deutschland erwache, Juda verrecke‹ oder ›Schlagt die Juden tot‹. Sie wollen uns töten und daraus machen sie überhaupt keinen Hehl!« Er schnaubte empört. »Ich muss aus diesem Land raus.«

»Dann tun Sie, was die Nationalsozialisten wollen, Jonathan«, stellte Ricarda fest. »Die wollen, dass Sie gehen.«

»Sollen wir uns totschlagen lassen?«, fragte er aufgebracht zurück.

»Meinen Sie, wir wollen mit solchen Leuten zusammenleben?«, erwiderte sie. »Wir können doch nicht alle auswandern! Deutschland ist das Land der Dichter und Denker. Viele davon waren oder sind Juden. Das wissen doch auch Hitlers Leute. Die werden nicht das, was Deutschland bedeutend gemacht hat, mit Füßen treten! Ich glaube, die sind wie Hunde, die bellen. Aber sie werden nicht beißen.«

Sie konnte Jonathan nicht besänftigen, auch wenn er sagte: »Ich wünschte, Sie hätten recht.«

Ricarda trat hinaus in den Garten, Friedas Mann begleitete sie.

»Was wollen Sie tun, Jonathan? Ihre Frau und die Kinder hier lassen? Wie soll Frieda das verkraften? Selbstverständlich sind Siegfried und ich für sie da. Oder Antonia. Aber wir können Sie nicht ersetzen! Abgesehen davon brauchen Sie Ihre Familie. Ich war in New York. Es ist eine riesige Stadt, in der man sich sehr schnell verloren fühlen kann. Sie werden an Ihre Frau und Ihre kleinen Kinder denken und sich fragen, wie es ihnen geht. Sie werden in den Spiegel sehen und einem Mann begegnen, der sich Sorgen macht.«

»Ja, ich weiß, Frau Doktor. Die Planungen zu einem Gebäudekomplex laufen. Ich stehe bei meinen dortigen Partnern im Wort. Ich kann nicht zurück.«

»Sie können zurück, wenn Sie es wollen, Jonathan. Wir alle haben einen Willen. Den können wir ändern, wenn wir merken, dass er uns in die falsche Richtung zu führen droht.«

»Ich werde meine Familie nachholen«, sagte Friedas Mann. »Das ist der Plan.«

»Sie wissen nicht, wann Franz von Freystetten einlenkt. Oder ob er es überhaupt tut. Und Frieda wird Felicitas nicht mehr hergeben. Auch das ist klar.«

»Himmel noch mal!«, rief der verzweifelte Mann und warf die Hände hoch, als erflehte er Hilfe.

»Nur eine Person hat die Möglichkeit, sich in dieser Situation zu bewegen, Jonathan. Das wissen Sie. Also tun Sie es. Und sehen Sie es doch mal so: Was ist wichtiger? Ihre Laufbahn als Architekt oder Ihre Familie?«

»Das ist nicht fair, Frau Doktor! Wie kann man das eine gegen das andere setzen? Das wäre ja, als würde mir meine Familie nichts bedeuten, oder meine Arbeit wäre belanglos!«

»Ich denke nicht, Jonathan, dass es so ist«, beharrte Ricarda. »Sie haben Entscheidungen getroffen, als sie geheiratet haben und als sie Vater wurden. In diesen beiden Momenten gab es kein Entweder-Oder. Da waren Sie nur der private Mensch Jonathan Landsmann, der eine Frau liebt und ihre Kinder beschützt.«

Jonathan blieb stehen und atmete mit einem schweren Stöhnen aus. »Ich habe es geahnt«, sagte er. »Gegen Sie kommt niemand an.«

»Das ist gewiss übertrieben, Jonathan. Sonst würden wir dieses Gespräch nicht führen. Franz zum Beispiel kann ich offenbar nicht überzeugen. Aber wissen Sie, mir geht es gar nicht darum, *Sie* zu überzeugen. Sie selbst müssen von Ihrer Entscheidung überzeugt sein. Wenn Sie sagen: Ich schaffe es, auf Frieda und die Kinder zu verzichten, weil dieser Gebäudekomplex in New York gebaut werden muss, dann tun Sie das.«

Er lachte künstlich. »Und die politische Lage, Frau Doktor, die beruhigt sich von allein?«

Ricarda schüttelte den Kopf. »Ich weiß es nicht. Ebenso

wenig wie Sie es wissen. Sie fürchten nur, dass es so kommt. Nicht wahr?«

Friedas Mann tat ihr aus tiefstem Herzen leid. Er wollte alles richtig machen. Vielleicht war es auch richtig, mit seiner Familie in einem anderen Land neu zu starten, in einem Land, in dem sich nicht der Hass bereit machte, die Macht zu ergreifen. Henny hatte zwar nicht nur Gutes aus Amerika berichtet, auch dort war wohl die wirtschaftliche Not groß, aber die Menschen zogen daraus andere Schlüsse.

»Verzeihen Sie, Frau Doktor«, sagte Jonathan. »Ich danke Ihnen für Ihre offenen Worte. Aber ich muss jetzt allein mit meinen Gedanken sein.«

Jonathan schlug den Kragen seines Sommermantels hoch, vergrub die Hände in den Taschen, zog die Schultern hoch und ging schnellen Schrittes in den Park hinein. Ein Mann auf der Suche nach einer Lösung, die er nur in sich selbst finden konnte.

# DER GUTE NAME SEINES HAUSES

*Oktober 1931*

Am Nachmittag kam Celia in Antonias Sprechzimmer. Sie war offensichtlich aufgewühlt, als sie sich in einen Stuhl fallen ließ.

»Lies das, bitte«, sagte die Freundin und reichte Antonia einen Brief. Er war mit einer etwas unsicher erscheinenden Handschrift verfasst worden.

Liebe, stets aus der Ferne verehrte Celia Fahrland!
Ich verabschiede mich auf diesem Weg von Ihnen. Wir sind nie Freundinnen geworden, aber ich glaube, wir haben einander auf die eine oder andere Weise geschätzt. Als ich in die Pension Ihrer Mutter einzog, waren Sie ein etwas hochnäsiges Mädchen, das auf mich kleine Möchte-gern-Schauspielerin herabgeblickt hat. Ich bewundere, was aus Ihnen geworden ist. Sie sind eine geachtete Ärztin, die ihren Mitmenschen mit Verständnis begegnet. Ich wünsche Ihnen alles erdenklich Gute.
Für mich ist es Zeit, von der Weltbühne abzutreten, auf der ich stets ein Glanz sein wollte. Für eine Weile war ich es. Das ist doch was für ein Mädchen aus Elberfeld.
Leben Sie wohl und richten Sie Ihrer Kollegin Doktor Thomasius einen Gruß aus.
Berlin, an meinem letzten Tag.
Ihre Doris Kaufmann

Der Besuch der todkranken Schauspielerin lag etliche Wochen zurück, aber auch der Brief war schon vor vierzehn Tagen geschrieben worden, wie Antonia dem Datum entnahm. Die lange Dauer, bis die Adressatin ihn erhalten hatte, erklärte sich aus der Tatsache, dass die Absenderin an Celias frühere Charlottenburger Anschrift in der Bleibtreustraße geschrieben hatte. Celia besaß die Pension zwar nach wie vor, schaute jedoch selten vorbei.

»Ich erinnere mich an die Patientin«, sagte Antonia und ein leises Schuldgefühl überkam sie. »Sie war unheilbar an Krebs erkrankt. Ich sagte ihr, dass sie bei dir als Onkologin besser aufgehoben ist, aber sie wollte dich nicht sprechen. Du würdest sie daran erinnern, dass ihr Leben gescheitert sei. Dann bat sie um Morphium, um aus dem Leben zu scheiden. Ich gab es ihr nicht.«

»Natürlich nicht.«

»Ich unterhielt mich an dem Tag mit Guntram darüber. Er war der Meinung, dass man einem derart schwerkranken Patienten in dem Sinn helfen dürfe, wie sie das erbat. Aber Frau Kaufmann kam nie wieder.«

»Warum hast du mir nichts davon erzählt, Toni? Ich kannte diese Frau wirklich!«

»Es tut mir leid, jener Tag war so voll! Und Franz wollte mich auch konsultieren ...« Antonia sah, wie erschüttert die Freundin war. »Wer war sie, Lia?«

»Eigentlich hatte sie keine Bedeutung für mich. Damals dachte ich so. Es waren schwere Zeiten, an die ich nicht gern denke. Mutter hatte aus unserer Familienwohnung eine Pension gemacht. Mich, die Minderjährige, hatte sie zuvor an einen Mann verheiratet, den ich nicht mochte. Mein altes Zuhause war meine Zuflucht gewesen und die hatte meine Mutter mir genommen. Deshalb konnte ich niemanden ausstehen, der dort wohnte. Und Doris Kaufmann bewohnte mein altes Zimmer.«

Celias Blick hatte sich wegen der gefühlsbelasteten Erinnerungen nach innen gerichtet.

»Irgendwann, als sie längst ausgezogen war, sah ich ein, dass meine Haltung falsch gewesen war. Fräulein Kaufmann war einsam gewesen, sie hatte Anschluss gesucht. Ich hingegen hatte ihr ständiges Gerede davon, dass sie ein Glanz werden wollte, abstoßend gefunden. Verzweifelt tat sie alles, um sich zu behaupten.« Celia sah ihre Freundin nun groß an. »Schade, ich hätte sie gern um Verzeihung dafür gebeten, dass ich so ein unfreundlicher Mensch war. Und sie schreibt mir einen so wohlmeinenden letzten Brief.«

»Du warst damals mit dir und deinen eigenen Sorgen beschäftigt, Lia«, folgerte Antonia aus dem Bericht über jene Jahre, in denen sie Celia noch nicht gekannt hatte. »Und sie war ein Gast, der zufällig dein einstiges Zimmer als Bleibe genutzt hat.«

»Ja, ich weiß, Toni. Dasselbe sage ich mir, seitdem ich diesen Brief gelesen habe. Es tröstet aber nicht, weil sie von sich aus einen Schlusspunkt gesetzt hat, ohne dass ich noch einmal Stellung dazu beziehen konnte.«

»Egal, ob Doris Kaufmann lebte und du ihr sagtest, was noch zu sagen gewesen wäre, oder ob du es jetzt eben nicht mehr kannst, Lia: Du musst dir selbst verzeihen. Sie hat es getan. Sonst gäbe es diesen Brief nicht.«

Die Freundin kreuzte die Arme vor der Brust, als wollte sie sich selbst beschützen. »Vielleicht«, sagte sie, »hat der Brief etwas in mir ausgelöst. Vielleicht bin ich auch nur ausgelaugt. Ich brauche eine Pause, Toni.«

»Du willst Urlaub machen?«, fragte Antonia und dachte an ihr Versprechen, mit der Freundin segeln zu gehen.

Über all die Ereignisse der letzten Zeit war es in Vergessenheit geraten.

»Ich will in die Ferne, Lia! Ich habe eine solche Sehnsucht danach.«

»Wird dich Ida begleiten? Muss sie nicht zur Schule gehen?«, fragte Antonia verwundert.

»Du kannst dich an unser Halma-Spiel erinnern? So ist Ida immerzu. Auch in der Schule. Die Lehrer wollen sie eine Klasse überspringen lassen. So kam ich auf die Idee, sie dieses halbe Jahr aus der Schule zu nehmen. Zum Schuljahreswechsel ist sie wieder da. Dafür brauchte ich eine Ausnahmegenehmigung und die habe ich mir besorgt. Es ist eine einmalige Chance für uns beide!«

Antonia pflichtete der Freundin bei, die tatsächlich wenig Zeit für Ida hatte.

»So eine Mutter wie dich hätte wohl jede Tochter gern«, scherzte sie. »Und Teddy nehmt ihr wohl auch mit?«

»Aber ja! Wir reisen mit dem Zug, da stört kein Hund.«

Antonia war überzeugt, dass die Freundin auch solche Situationen meistern würde. Doch bei aller Freude über Celias Pläne musste sie auch an die Praxis denken.

»Ich habe eine Vertretung für mich gefunden«, erwiderte Celia auf die entsprechende Frage.

Sie öffnete die Tür. Dort stand, mit einem offenen Lachen, Antonias Schwester.

»Guten Tag, Frau Kollegin, akzeptieren Sie mich als Vertretung Ihrer Freundin?«, fragte Henny.

»So eine Überraschung!«, rief Antonia freudig.

Gleichzeitig gab es ihr einen Stich: Die Flitterwochen in New York fielen damit aus. Henny konnte schlecht sowohl Celia als auch Guntram und sie selbst vertreten.

Nach dem, was sich seit ihrer Hochzeit alles getan hatte, war es ohnehin eine erwartbare Überraschung.

Jonathan Landsmann hatte aus dem eindringlichen Gespräch mit Ricarda im Park von Freystetten eine andere Schlussfolgerung als erwartet gezogen.

»Ich behalte mein Vorhaben bei«, hatte er vor der versammelten Familie verkündet. »Ich werde in New York für Frieda und die Familie ein Zuhause schaffen. Meines ist nicht mehr in diesem Land. Es tut mir leid, das ist mein letztes Wort in der Angelegenheit.«

Frieda hatte an dieser kleinen Versammlung im Schloss nicht teilgenommen. Stattdessen hatte sie hinter zugezogenen Vorhängen in ihrem Zimmer im Bett gelegen, die kleine Joanna an sich gedrückt. So hatte Henny sie vorgefunden. Für ihre Kusine war die Welt zusammengebrochen: Die große Liebe hatte nicht gegen die Sorge ihres Mannes vor einer düsteren Zukunft siegen können.

»Wir müssen ihr helfen«, hatte Henny noch am selben Tag in Freystetten zu Victor gesagt. »Frieda hat keine Wohnung in Berlin und in Freystetten geht sie ein wie eine Blume ohne Wasser. Bist du einverstanden, wenn sie und die Kinder bei uns in der Behrenstraße wohnen?«

Ihr Mann hatte mit seiner Zustimmung keine Sekunde gewartet. In der Wohnung war schließlich genug Platz; Antonia und ihr Mann wohnten längst ausschließlich in Guntrams einstiger Junggesellenwohnung in Schöneberg. Und so hatte eine Entwicklung im Leben von Familie Vandenberg eingesetzt, von der Henny nicht geahnt hatte, wohin sie führen würde.

Im Gegensatz zu der scharfsichtigen Vicky: »*Mom*, du willst Babysitter für Frieda und ihre Kinder spielen! Und für wie lange?«

Natürlich hatte sie recht. Denn die Bande zwischen den Kusinen waren zu eng, als dass Henny die deutlich jüngere Frieda im Stich lassen konnte. Patentanten der Zwillinge waren sie und Antonia obendrein. Und als Celia mit einer Bronchitis ausgefallen war, war Henny bereits als kurzzeitige Vertretung eingesprungen. Für die Zwillinge und Hennys fast gleichaltrigen Sohn Leo wurde deshalb eine Betreuerin eingestellt. Ein weiterer Schritt, der ermöglichte, dass auch Henny sich auf längere Zeit in Berlin einrichten konnte, war Vickys alter Klavierlehrer, der sie wieder unterrichtete. Inzwischen drängte die Entscheidung, ob sie das Gymnasium wieder besuchen sollte oder man doch bald nach Amerika zurückkehren würde.

Auch daran dachte Henny, als die drei Ärztinnen an Antonias rundem Tisch saßen und die Zukunft besprachen.

»Du willst also bis ins späte Frühjahr pausieren, Lia«, folgerte Antonia aus Celias vorheriger Ankündigung, zum Schuljahrwechsel mit Ida zurück zu sein.

»Weshalb ein halbes Jahr? Und wie wirst du die Zeit nutzen?«, fragte Henny.

»Wisst ihr, die Schauspielerin Doris war drei Jahre jünger als ich. Sie wollte immer etwas Besonderes sein. Diesen Wunsch hatte ich nie«, erwiderte die Freundin. »Ich wollte lediglich, dass mir nicht wehgetan wird, und deshalb wollte ich auch niemandem wehtun. Auch ein schöner Grund, Ärztin zu werden, nicht wahr? Ich entdeckte das Fliegen, weil ich meinte, es würde mir Freiheit schenken. Und stürzte vor den Augen meiner Tochter ab. Gut, mir ist nichts Schlimmes passiert. Aber der Unfall zeigt schon recht beispielhaft auf, dass ich mir selbst mit der Fliegerei nicht entkommen kann.« Sie lächelte traurig. »Das geht ja auch nicht. Ich werde immer die bleiben, die ich bin.«

»Du bist ein wunderbarer Mensch, Lia. Du musst dich nicht ändern«, sagte Antonia leidenschaftlich.

»Danke, Toni. Wir beide wollten damals gemeinsam

nach Afrika. Stattdessen habe ich meine Dissertation geschrieben.«

»Und jetzt fährst du mit Ida dorthin?«

»Nach Ägypten wird es gehen. Mit der Bahn nach Italien, dann über das Mittelmeer. Dem Winter entfliehen. Bleiben, wo es uns gefällt. Und dann mit einem Schiff den Nil hinauffahren, die Pyramiden ansehen. Englischen Archäologen bei ihren Grabungen zusehen. Orte besuchen, die wie Stein gewordene Träume sind.«

Trotz ihrer schönen Pläne wirkte die Freundin melancholisch.

»Ich war nie im Ausland, nicht mal in einem unserer Nachbarländer. Auch mein Kind weiß nicht, wie wundervoll die Welt ist. Ich lasse sie aufwachsen, wie ich aufgewachsen bin. Berlin ist meine Stadt, meine Welt. Klar. Aber da draußen ist so viel mehr zu erleben.«

»Ich stimme dir voll und ganz zu«, sagte Henny. »Manchmal mache ich mir Vorwürfe, dass wir Vicky zwischen den USA und Berlin hin und her pendeln lassen. Gleichzeitig bin ich davon überzeugt, dass sie ihren Eltern irgendwann dafür dankbar sein wird. Kinder, die die Welt entdecken dürfen, werden als Erwachsene stets Interesse am Fremden behalten.« Auch wenn damit nicht nur schöne Erfahrungen verbunden sind, setzte sie in Gedanken hinzu.

»In Wahrheit habe ich ein wenig Angst vor der Fremde«, gab Celia zu. »Alles wird anders sein. Ich weiß nicht, ob ich immer gut auf Ida aufpassen kann, wenn es schwierig wird.«

»Du wirst merken, wie du an den Herausforderungen wächst«, beruhigte Henny sie. »Hör auf dein Herz und dein Bauchgefühl. Das funktioniert, nicht wahr, Toni?«

Henny hatte den Eindruck, als würde ihre Schwester die Sorgen der Freundin teilen. Aber das räumte Antonia erst später ein, als sie zu zweit waren.

»Es war seltsam«, sagte Antonia rückblickend. »Als Lia von der Angst vor ihrem eigenen Mut sprach, wurde mir erst klar, dass ich überhaupt keine Angst gehabt hatte, als ich allein nach Afrika gereist bin. Im Gegenteil: Es erschien mir ganz natürlich, wieder dort hinzufahren, wo ich als Kind gelebt hatte. Lia kennt solch ein Gefühl nicht. Unbewusst ist Fremde für sie dasselbe wie Gefahr oder Bedrohung.«

»Ich habe immer Heimweh gehabt«, räumte Henny ein. »Egal, ob damals als Kind in Afrika oder zuletzt in Kalifornien. Vielleicht, weil mir Dinge zugestoßen sind, die mich die Fremde tatsächlich als Bedrohung haben erleben lassen.«

»Der Python, der deinen Hund verschlang!« Antonia lächelte voller Mitgefühl. »Und was war hier? Ein Wolf riss meinen Hund. Und du wurdest am Tauentzien niedergeschlagen. Also könnte man sagen: Das Leben ist insgesamt voller Gefahr?«

»Wenn man Pech hat!« Henny lachte.

Dieser Tag hatte eine große Veränderung geschaffen, wurde ihr klar. Ihre Familie würde doch nicht so rasch nach Los Angeles zurückkehren, denn sie konnte Antonia nicht im Stich lassen, wenn die sie brauchte. Und die Aussicht, Tür an Tür mit ihr als Kollegin zu arbeiten, versöhnte sie damit, auf die Sonne Kaliforniens verzichten zu müssen. Das musste sie Mister Rozenberg telegrafieren. Ihre Stelle im *Cedars* wäre sie damit los, das war ihr klar.

Somit standen Familie Vandenberg Herbst, Winter und Frühjahr in Berlin bevor. Vorausgesetzt, Celia käme wie versprochen im April zurück.

Henny beschloss, aus der Situation das Beste zu machen, wie sie Victor am Abend sagte: »Ich bin Berlinerin. Wenn ich hier bin, sehne ich mich nach einem schöneren Ort, ohne Hektik, Lärm und die Menschen, die frech und vorlaut sind. Wenn ich all das nicht habe, fehlt's mir. Verrückt, oder?«

»Niemand hat je behauptet, dass Heimat der schönste Ort der Welt ist«, sagte Victor. »Es ist nur der Ort, den wir am besten kennen.« Er seufzte und fügte sich in sein Los. »Ich werde mich morgen in Babelsberg umhören, ob ich einen Auftrag an Land ziehen kann.«

Sie dachte, dass Müßiggang seiner Gesundheit ohnehin guttäte, und küsste ihn. »Danke!«

»Wo du hingehst, gehe auch ich hin«, sagte er lakonisch und mit einem Grinsen. »Halt mich dennoch auf dem Laufenden, wenn du von Berlin genug hast, ja?«

Nun beunruhigte sie nur noch die Frage, wie sie ihrer Tochter die Neuigkeiten überbringen sollte.

Der erste Versuch hatte Erfolg gehabt: Eine freudestrahlende Ilse Markert berichtete ihrer Frauenärztin Antonia, dass ihre Periode ausgeblieben sei. Antonia ging davon aus, dass die Patientin diese frohe Nachricht als ihr höchsteigenes Geheimnis für sich behalten würde. Womit sie sich irrte und herausfand, dass die flotte Ilse eine recht große Schar von Freundinnen hatte. Eine nach der anderen tauchte mit dem gleichen unerfüllten Kinderwunsch auf und bat um Hilfe.

»Weshalb wollen sie alle plötzlich schwanger werden?«, fragte Antonia ihre Schwester. »Kannst du dir einen Reim darauf machen?«

»Die wilden Jahre sind vorbei, Toni«, sagte die aus den USA Zurückgekehrte. »Die Menschen besinnen sich auf die alten Werte Häuslichkeit und Familie.«

Antonia ahnte, was die so lange abwesende Schwester als Nächstes fragen würde. Sie kam ihr zuvor: »Was mich betrifft, gibt es dazu nichts Neues!«

Schon seit der Hochzeitsnacht war sie bereit, das Schicksal entscheiden zu lassen. Nun, da Celia einen ausgedehnten Urlaub angetreten hatte, war dieser Entschluss ins Wanken geraten.

Als sie Guntram dies sagte, widersprach er vehement: »Die Praxis wird es immer geben, Toni. So gesehen hättest du nie die Möglichkeit, Mutter zu werden.«

Nach der Arbeit in der Praxis besuchte sie stets Frieda und deren Kinder. Die Übungen zur Kräftigung des kleinen Felix zeigten Wirkung. Die Zwillinge hatten letzten Monat ihren zweiten Geburtstag gefeiert und tollten gerade mit Leo durch die große Wohnung. Vicky bereitete es sogar Spaß, mit den drei Kleinen zu spielen.

Frieda wickelte Joanna, als sie ihrer Kusine von Jonathans neustem Brief berichtete. Er habe ein Haus im New Yorker Stadtteil Brooklyn gekauft, sagte sie, sprach den Namen aber deutsch aus. Erst da fiel es Antonia überhaupt ein: Ihre Kusine konnte kein Englisch, wie sollte sie da in New York zurechtkommen, wenn es einmal so weit wäre?

Doch Frieda hatte noch andere Nachrichten, von denen sie Antonia aufgewühlt erzählte: »Jonathan schreibt, er hätte sich entschieden, den Glauben seiner Vorväter zu leben. Er gehört in diesem Brooklyn einer Gemeinde an und nimmt in einer Talmud-Schule Unterricht. Toni, was geht in ihm vor sich? Jon ist Christ, mehr, als ich es je war. Ich kenne die Bibel kaum.« Frieda sah sie ratlos an. »Jon ist so weit entfernt. Gerade jetzt, wo er sich innerlich verändert. Ich müsste mit ihm darüber reden können! Er hatte Angst vor den Hitler-Leuten. Weshalb muss er dann jüdischer werden, als er es bislang gewesen ist? Müsste er nicht einsehen, wie gefährlich dieser Glaube für ihn ist? Ich verstehe das nicht!«

»Vielleicht ist das nur gerade so, Frieda«, versuchte Antonia, sie zu beruhigen.

»Nein, das glaube ich nicht, Toni. Er hat schon hier in Berlin immer gesagt, dass diese Leute, die Juden schlagen und schmähen, gottlos sind. Da hat etwas in ihm gebrodelt. Ich denke, in New York hat er Leute kennengelernt, die ihn darin bestärken, in Gott einen Halt zu finden. Toni, ich weiß nichts über den Glauben der Juden. Was kommt da auf mich zu? Ich habe mich in einen Mann verliebt, der gut aussieht, klug ist und zärtlich, der mich liebt. Was mache ich, wenn er ein ganz anderer geworden ist?«

»So muss es nicht kommen«, sagte Antonia, aber mit einer so schwachen Erwiderung überzeugte sie nicht einmal sich selbst. Ihr fiel nur ein Rat ein: »Lass ihn nicht allein mit seinem Glauben, Frieda. Finde heraus, was der jüdische Glaube ist. Beschäftige dich damit. Wenn zwei Menschen sich lieben, sollten sie versuchen, einander zu verstehen. Sonst …«

»… können sie nicht miteinander leben«, vollendete Frieda den Satz. »Ja, das weiß ich, Toni. Meinst du, ich muss auch jüdisch werden?«

Um sie herum, das sah Antonia jeden Tag, wurde die Stimmung in Berlin aggressiver. Die Roten droschen auf die Braunen ein, die Braunen schlugen Juden. Und mitten in diesem Irrsinn wurde sie von einer verwöhnten rotblonden Grafentochter gefragt, deren Bruder einer der führenden Nationalsozialisten war, ob es für sie ratsam wäre, wenn sie zum Judentum übertreten würde.

Das erschien Antonia fast so widersprüchlich wie eine Frauenärztin, die ihren Patientinnen dabei half, schwanger zu werden. Und es selbst nicht wurde.

Mit Gartenarbeit hatte Ricarda nie viel im Sinn gehabt. Nun rupfte sie Unkraut am frischen Grab ihrer Mutter, an dem der Stein gesetzt worden war, und fragte sich, wie es zu bepflanzen war. Obwohl sie die Tochter des einstigen Schlossgärtners war, der den Park mitgestaltet hatte. Als sie ein kleines Kind gewesen war, hatte er Linden gepflanzt, deren Stämme inzwischen so mächtig waren, dass ein Mensch allein sie nicht umfassen konnte. Der Tochter hatte sich allerdings nie die Gelegenheit geboten, sich gärtnerisch zu betätigen; als Landkind geboren, war sie zu einem echten Stadtmenschen geworden.

Es war später Herbst, und soweit Ricarda wusste, war dies die Jahreszeit, in der in die Erde musste, was sich im folgenden Frühjahr entfalten sollte. Natürlich hätte sie die Sache in die Hände der bewährten Schlossgärtnerei legen können, aber sie sah sich verpflichtet, diesen Dienst selbst zu erledigen. So groß war ein Grab schließlich nicht. Wenn sie nur gewusst hätte, was hinein sollte.

Für den Mittag hatten sich zudem Antonia und Guntram angekündigt, denn Großmutters Haus musste aufgeräumt werden. Das Gesindehaus stand seit dem Tod der alten Frau ungenutzt. Zu sehr schmerzte Ricarda und Siegfried der Verlust. Da sich Franz seit seinem letzten Auftritt nicht mehr zu Hause hatte blicken lassen, zogen sie beide es vor, ein Zimmer im Schloss zu nutzen.

»Vater hat gesagt, ich finde dich am Grab«, begrüßte die eintreffende Antonia ihre Mutter.

Wegen seiner in der nunmehr kühleren Witterung schmerzenden Gelenke hatte Siegfried es vorgezogen, sich nicht ans Grab zu knien. Er schrieb weiter an seinen Lebenserinnerungen, die immer noch nicht fertig waren.

Nachdem Ricarda ihre Ratlosigkeit geschildert hatte, schlug Antonia vor: »Nehmen wir doch etwas aus Großmutters Garten, damit sie es an ihrer letzten Ruhestätte bei sich hat. Ich bin sicher, sie hätte sich gefreut, wenn sie ihren Blumen beim Wachsen zusehen darf.« Antonia grinste. »Natürlich nicht von unten, sie ist da oben.«

Sie deutete zum Himmel.

»Deine freche Klappe schreckt vor nichts zurück, Toni!«

»Doch, Mutter. Ich muss etwas mit dir besprechen.« Sie seufzte. »Ich habe mich endlich dazu durchgerungen, schwanger zu werden.«

»Das freut mich, Toni!«

Als sie in Großmutters Garten angekommen waren und sich nach geeigneten Büschen für die Grabbepflanzung umsahen, hielt Antonia inne.

»Ich wollte etwas mit dir besprechen, Mutter«, begann sie ungewohnt zögerlich. »Sag mal ... damals, als ich in der Charité war. Du weißt schon, wegen ...«

»Es hört uns niemand zu, Toni. Reden wir offen: Du warst neunzehn Jahre alt und hast versucht, an dir selbst eine Abtreibung durchzuführen.«

»Hältst du es für möglich, dass ich durch mein stümperhaftes Vorgehen unfruchtbar geworden bin?«

»Um Himmels willen, Toni! Ich habe nie gewagt, mir diese Frage zu stellen.« Sie korrigierte sich. »Das stimmt nicht so ganz, ich habe den Gedanken vielmehr nicht zugelassen.«

Nun jedoch erinnerte sich Ricarda detailgenau an jenen Tag, als wäre es gestern geschehen. Es war ein Albtraum gewesen, ihre Tochter, die zu verbluten drohte, auf dem Operationstisch liegen zu sehen.

»Der damalige Kollege hasste Frauen. Er war ein Monster, wie man heutzutage sagt. Weil deine Gebärmutter stark verletzt war, wollte er eine Hysterektomie durchführen. Zugegeben: Die männlichen Kollegen gingen üblicherweise so vor. Denn die meisten Patientinnen mit durchlöcherter Gebärmutter waren entweder Prostituierte oder Ehefrauen, die ihren Mann betrogen hatten, und das unerwünschte Kind mit allen erdenklichen Methoden loswerden mussten und dabei zur Selbsthilfe griffen. Die männlichen Ärzte verurteilten sie mit der Moral eines Mannes, der über eine sogenannte gefallene Frau ein schnelles Urteil fällte. Ich jedoch hatte in vergleichbaren Fällen wie dem deinen ihre Gebärmutter genäht, anstatt sie zu entfernen. Was ein mühseliges Unterfangen war, aber mir ging es nicht nur um die Gebärfähigkeit der Patientinnen. Ich war der Überzeugung – und bin es heute noch –, dass es mir als Ärztin nicht zustand, über ihre künftige Gebärfähigkeit als eine Art Richterin zu urteilen. In deinem Fall war das ohnehin für mich keine Frage.«

»Davon hast du nie erzählt!«

»Mein Gott, nein, natürlich nicht, Toni! Ich wollte dich nicht belasten. Aber du erinnerst dich, dass ich kurz darauf meine Arbeit an der Charité verlor? Jener Kollege aus dem OP hat darauf bestanden, dich wegen des an dir selbst ausgeführten Schwangerschaftsabbruchs anzuzeigen. Das waren schließlich die Vorschriften. Ich hatte etwas anderes gegen ihn in der Hand, und so einigten wir uns darauf, dass ich meine Position aufgebe. Es war ein Preis, den ich liebend gern gezahlt habe.«

Antonia umarmte sie voller Rührung. »Wegen mir hast du die Leitung der Geburtsklinik verloren. Es tut mir so leid!«

»Das muss es nicht, Toni. Du allein trägst keine Schuld. Sieh mal: Bis zum Ausbruch des Krieges waren Frauen zu Hause Köchin und Mutter«, erzählte Ricarda. »Dann brach der Krieg aus, die Männer wurden eingezogen, fehlten zu Hause, wurden an der Front gebraucht oder kehrten nie zurück. Plötzlich erkannte man, dass Frauen ebenso wie Männer in der Straßenbahn die Karten abreißen oder die Briefe austragen konnten. In diesen Jahren hielt man deine Mutter für tauglich, Leiterin der Gynäkologie der Charité zu sein. Als der Krieg vorbei war, schwand jedoch die Erkenntnis der Männer, dass Frauen zu den gleichen geistigen Leistungen wie Männer fähig waren. Denn plötzlich waren sie ja wieder da, jene Ober- und Chefärzte, die an der Front im Eiltempo mit der Säge Gliedmaßen amputiert hatten. Gefühlsmäßig verrohte Seelenkrüppel wurden daheim auf Patienten losgelassen. Es tut mir leid«, schloss Ricarda. »Ich habe mich von meiner Erinnerung hinreißen lassen.«

»Und in dieses Chaos bin ich geplatzt mit meinem Dickschädel, der meinte, sich selbst helfen zu können.« Antonia schüttelte über ihr damaliges Verhalten den Kopf. »Ich wollte nur nicht schwanger sein. Und meinte, ich könnte es verhindern. Hat Vater davon eigentlich erfahren?«

»Um Gottes willen, nein, Toni! Es hätte ihm das Herz gebrochen! Gleich nach deiner Operation bin ich nach Hause gerannt. In deinem Zimmer fand ich das Lehrbuch und die deiner damaligen Meinung nach für den Abort notwendigen Utensilien. Und ich schaffte alles schnellstens beiseite, bevor dein Vater es ebenfalls entdecken konnte. Während du gegenüber in der Charité hochfiebrig im Bett lagst.«

Sie schluckte ihre aufsteigenden Tränen herunter. Denn nun sah sie sich in Antonias damaligem Zimmer am Boden knien und das Blut ihres Kindes vom Boden aufwischen. Aber darüber verlor sie jetzt kein Wort. Sie hatte es damals ausgehalten und würde die Erinnerung für immer in sich versiegeln.

Antonia seufzte. »Durchlöcherte Gebärmutter. Das klingt nicht gut.«

»Toni, vergiss bitte nicht, dass die Gebärmutter eines der erstaunlichsten Organe ist, die der Mensch hat. Das weißt du selbst gut genug. Die Schleimhaut erneuert sich ständig. Du bist jung und viele Jahre sind seitdem vergangen. Wenn du schwanger werden möchtest, dann wird es auch geschehen. Bleib zuversichtlich und vergiss nie den alten Grundsatz: Das Leben findet einen Weg, so war es immer.«

Sie hatte ihrer Tochter keine endgültige Antwort geben können, das wusste sie. Es war jedoch die bestmögliche, die sie zur Verfügung hatte.

Antonia kniff die Lippen zusammen, nickte schweigend und schnitt gezielt von den Rosenbüschen Zweige ab.

»Die stecken wir in ein Gemisch aus Wasser und Erde«, sagte sie. »Dann treiben sie aus. So hat Großmutter es gemacht. Es ist wie ein kleines Wunder. Im Frühjahr pflanzen wir die über den Winter herangezüchteten Rosen auf Großmutters Grab. Das hätte ihr gefallen.«

Während sie über die Büsche gebeugt war, blickte Antonia kurz auf, um ein Lächeln bemüht.

»Das Leben findet einen Weg … Mal sehen, ob es stimmt.«

Der Novembernieselregen wurde vom kalten Ostwind durch die Häuserschluchten rund um die Kaiser-Wilhelm-Gedächtniskirche geweht und färbte das Licht der Straßenlaternen milchig trüb. Die Männer, die in der Schlange anstanden, hatten die Mantelkragen hochgeschlagen, die Hüte ins Gesicht gedrückt, die Schultern hochgezogen. Die Frauen, Kopftücher umgebunden oder sich unter breitkrempigen Hüten versteckend, drückten sich an ihre Begleiter und trotzten in knielangen Mänteln und Nylons den spätherbstlichen Temperaturen.

Bis zur Gedächtniskirche reichte die Reihe der Menschen, die diesen Film im *Ufa-Palast* am Zoologischen Garten sehen wollte. Eine zweite Schlange bildete sich vor dem *Gloria-Palast* und beide berührten sich fast.

Bei Victor eingehakt eilte Henny auf den Eingang des *Ufa-Palasts* zu.

»Diese Nacht ist wie ein Zweikampf«, scherzte Victor. »Hollywood gegen Babelsberg.«

»Und wer gewinnt?«, fragte sie.

Er zog die Augenbrauen hoch und sah sie skeptisch an. »Im Moment könnte die Ufa das Rennen machen, aber darauf würde ich keine Wette abschließen.«

Die Berliner starteten den teuersten bis dahin in Deutschland gedrehten Film, die heitere Operette *Der Kongreß tanzt*, in ihrem eigenen Lichtbildpalast, im *Gloria*, zeigten die Leute aus Los Angeles den düsteren *Dracula*.

Den Rohschnitt hatte Victor bereits in einem Vorführraum der produzierenden *United Artists* gesehen. »Das hat F. W. Murnau gespenstischer gemacht«, lautete sein Urteil, hatte der Deutsche doch elf Jahre zuvor bereits mit *Nosferatu* einen inzwischen legendären Vampirfilm vorgelegt, aber einen ohne Ton.

Das alles war Vergangenheit, und gerade war die Gegenwart wichtiger, versuchte Victor doch, in Berlin wieder Fuß zu fassen. Aber als sie beide inmitten der weit über tausend Zuschauer *Der Kongreß tanzt* ansahen, merkte Henny ihrem Mann an, wie gelangweilt er davon war. Hinterher gratulierte er pflichtschuldig Hauptdarsteller Willy Fritsch, der den russischen Zaren gespielt hatte, der sich in eine Handschuhverkäuferin verliebte. Am intensivsten sprach er mit dem Komponisten Werner Richard Heymann, der ihm zum Abschied seine Visitenkarte überreichte.

Hand in Hand schlenderte das Ehepaar Vandenberg später auf der Suche nach einem Taxi durch die regennassen Straßen, auf denen sich die bunten Lichter der Großstadt spiegelten. Henny gefiel es, weil sie merkte, wie sehr ihr das weltläufige Berlin gefehlt hatte, ihr Mann hingegen wirkte bedrückt.

»Du bist unzufrieden«, stellte Henny fest.

»Du hast mich gefragt, wer das Rennen der beiden Filmnationen USA und Deutschland gewinnt. Ich fürchte, ich kenne jetzt die Antwort.«

Victor zeigte ihr die Visitenkarte.

»Weißt du, was Heymann mich gefragt hat? Wann ich wieder nach Hollywood zurückkehre. Ob ich ihm dort Kontakte vermitteln könne.«

Er kickte einen kleinen Stein beiseite.

»Heymann ist Jude, was ich nicht gewusst hatte. Er hat Angst. So eine Scheiße!« Er räusperte sich. »Verzeih meinen Wutausbruch, mein Schatz. Aber ich habe das Gefühl, es geht nicht gut aus mit diesem Land, wenn Menschen befürchten, dass es anderswo für sie sicherer ist.«

Eine Bemerkung, die an den Dauergast zu Hause in der Behrenstraße erinnerte. Kürzlich hatte Frieda gefragt, ob Henny ihr nicht Englisch beibringen könne. Es wäre doch lustig, wenn man sich auf Englisch unterhalten könnte. Versuchsweise, hatte sie gemeint und gelacht. Und dann hatte Henny einen Talmud im Wohnzimmer gefunden, wovon sie Victor nun berichtete.

»Kluges Mädchen«, lautete der Kommentar ihres Mannes. »Dennoch, Henny, lass uns keine voreiligen Entscheidungen treffen. Du fühlst dich wohl mit deiner Praxis und mir tut die gegenwärtige Ruhe ganz gut.«

Ins Gespräch vertieft, hatte Henny nicht auf das rhythmische Marschieren geachtet, das näher kam. Eine Gruppe SA-Leute war keine hundert Meter mehr entfernt. In allen

Schaufenstern brannten Lichter, die Neonreklamen waren eingeschaltet, es war fast taghell. Die starren Mienen der Männer erschienen ihr wie Masken.

Plötzlich hörte sie die Stimme, die sich ihr für immer ins Gedächtnis gebrannt hatte.

*»Dreh dich um, Nutte!«*

*»Hilfe! Zu Hilfe!«*

*»Wir helfen dir ja, Nutte!«*

Während um sie herum die Leute zu laufen begannen, die Straßenseite wechselten oder Schutz suchten in den zurückversetzten Eingängen der Geschäfte, hatte Henny das Gefühl, ihre Beine wären aus Eis. Sie war wie erstarrt.

»Henny, was ist? Komm weg hier!«

»Ich kann mich nicht bewegen«, erwiderte sie.

Sie zitterte am ganzen Körper. Es fühlte sich an wie Schüttelfrost, während sie keinen einzigen klaren Gedanken fassen konnte.

*»Dit reicht. Tot machen sollen wir se nich, hat er jesacht.«*

»Henny, was ist? Wieso kannst du …?«, setzte Victor an. »Ach, du lieber Gott! Das war hier, nicht wahr?«

Erst jetzt stellte Henny fest, dass sie sich fast an derselben Stelle befanden, wo sie anderthalb Jahre zuvor von SA-Männern niedergeschlagen worden war.

Mit Schwung fasste Victor unter ihre Knie und in ihren Rücken und trug sie zu einer Gruppe von Passanten, in deren Mitte er sie absetzte. Wenige Meter entfernt prasselten die Stiefelschritte der vorbeiziehenden SA-Männer auf den Asphalt.

»Wohl Jüdin, was?«, sagte ein Mann in der Menge der Schutz suchenden Passanten. »Machen Se sich inne Hose, wa? Euch Judenpack geht's bald an den Kragen! Werd'n Se schon sehn!«

»Keine Jüdin, Sie Trottel!«, blaffte Victor ihn an. »Nur ein Mensch, der Angst hat.«

Der Mann baute sich vor Victor auf, bereit zuzuschlagen. Andere aus der vom Zufall zusammengewürfelten Gruppe hielten ihn zurück. Die SA-Leute waren inzwischen vorbeigezogen.

»Ich will hier weg, Victor«, bat Henny.

Er legte den Arm schützend um ihre Hüfte, als sie die Suche nach einem Taxi fortsetzten. Beide schwiegen. Henny fror immer noch, ihre Schritte waren unsicher. Aber sie musste nicht aussprechen, was sie dachte. Es war gewiss das Gleiche, was in ihrem Mann vor sich ging: Dies war kein Abend, für den es sich gelohnt hatte, nach Berlin zurückzukehren.

»Ich wusste nicht, dass die Erinnerung dir derart im Nacken sitzt«, sagte Victor. »Künftig sollten wir den Tauentzien meiden. Tut mir leid, dass ich nicht daran gedacht habe.«

»Ich hatte es selbst vergessen«, sagte sie. »Aber so etwas lässt sich wohl nicht vergessen.«

Am Wittenbergplatz, nahe dem KaDeWe, warteten zwei Taxen. Victor riss den Schlag auf, als ein Zeitungsjunge aus der nahen U-Bahn-Station herausgerannt kam. Er trug einen Stapel Zeitungen im Arm und schrie die Schlagzeile den vielen Nachtschwärmern entgegen.

»Extrablatt! Mord im Reichstag! Extrablatt! Politiker erschossen!«

Der Junge machte seine Sache gut. Die Passanten rissen ihm das Papier aus der Hand; Extraausgaben gab es nur, wenn etwas wirklich Wichtiges zu vermelden war.

Victor half seiner Frau in den Wagen, während er sagte: »Wenn sie jetzt schon solche Leute umbringen, sieht es wirklich düster aus für dieses Land.«

Weder er noch Henny zogen in Erwägung, den Groschen für die Sonderausgabe auszugeben. In dieser Nacht hatten sie genug schlechte Nachrichten erhalten.

Dies war einer der Tage, an denen Antonia der Bequemlichkeit nachtrauerte, die ihr mit Hennys Rückkehr aus Amerika verlorengegangen war. Wenn sie wie heute sehr lange gearbeitet hatte, hatte sie nur eine Etage nach oben gehen können und mit ein wenig Glück hatte Guntram bereits ein Abendessen gezaubert. Denn der Letzte seiner kleinen Patienten war selten später als neunzehn Uhr fertig, während es bei ihr oft später wurde.

Heute war sie erst um halb neun zu ihrer Schöneberger Wohnung aufgebrochen und dann in den kalten Novemberregen geraten. Guntram war so vorausschauend gewesen, den Ofen im Bad einzuheizen, sodass sie sich nun im warmen Wasser entspannte. Durch die angelehnte Tür drangen die Geräusche des Radios.

Seitdem Guntram den hübschen nussbraunen Rundfunkempfänger angeschafft hatte, lauschte er abends der *Funk-Stunde Berlin*, die aus dem *Haus des Rundfunks* im Berliner Westend gesendet wurde. Heute wurde ein Hörspiel gebracht, von dem Antonia in der Badewanne nicht jedes Wort verstand, aber sie mochte die Stimmen der Frauen und Männer, die so gepflegt sprachen, wie man es normalerweise nicht tat. Es gab ihr ein Gefühl von heimeliger Hintergrundzerstreuung.

Sie rubbelte sich trocken und setzte sich im Hausmantel zu Guntram aufs Sofa, schmiegte sich an ihn und verfolgte das Hörspiel gemeinsam mit ihm; zum Verständnis reichte Guntram ihr die verpassten Zusammenhänge nach.

Plötzlich entstand eine Pause, in die hinein sich eine dominante Männerstimme zu Wort meldete, die nicht zum Hörspiel gehörte.

»Achtung, Achtung, hier ist die Deutsche Welle. Wir unterbrechen die Übertragung des Hörspiels für eine wichtige Durchsage. Wie wir soeben aus dem Reichstag erfahren, wurde ein Abgeordneter tot in seinem Bürozimmer aufgefunden. Wie unser Korrespondent meldet, handelt es sich um den Abgeordneten Graf Freystetten. Der Graf wurde erschossen. Sobald wir von der Polizei weitere Neuigkeiten zu diesem Fall erhalten, berichten wir sofort.«

Die Nachricht traf Antonia derart unvorbereitet, dass sie zu keiner Reaktion fähig war. Erst nach einer Schrecksekunde brachte sie die trockene Meldung und ihr eigenes Leben damit in Verbindung.

»Oh mein Gott! Onkel Friedemann! Das darf nicht wahr sein!«, rief sie.

Sie hatte keine Tränen. Die Nachricht war so brutal, dass sie wie betäubt war.

»Es gibt noch einen Grafen, Toni: Auch Franz ist Abgeordneter«, sagte Guntram.

Sie stutzte. »Ja, das ist wahr. Ich rufe Mutter an. Ob sie was weiß.«

Die Standuhr zeigte weit nach zehn Uhr, als sie das Fräulein vom Amt bat, sie zu verbinden.

»Der Anschluss ist besetzt«, beschied ihr die Stimme aus dem Hörer.

»Sie weiß es schon«, folgerte Antonia, als sie die Arme um Guntram legte, als böte er Zuflucht vor der Kälte der Wahrheit. »Was sollen wir nur tun?«

»Willst du morgen zu deiner Tante fahren?«, fragte Guntram.

»Du hast recht, die arme Rosel!«, seufzte Antonia. »Wie soll sie das verkraften?«

Siegfried legte einen dicken Stapel mit Schreibmaschine beschriebenen Papiers vor Ricarda auf den Esstisch. Sie war gerade damit beschäftigt, seine Strümpfe zu stopfen, blickte von ihrer Näharbeit auf und sah in sein glückliches Gesicht.

»Geschafft«, sagte er. Nur das.

Da lag es vor ihr, sein Leben, aufgeschrieben mit Zehntausenden von Wörtern.

Sie stand auf und schloss ihn in die Arme, um ihm zu sagen, was sie empfand: »Ich bin stolz auf dich. Das war harte Arbeit, und du hast es durchgehalten.«

»Rica, natürlich halte ich so etwas aus. Ich habe doch mein ganzes Leben ausgehalten!« Er schmunzelte.

»Komme ich darin vor? Nicht in deinem Leben, in deinem Buch natürlich«, neckte sie ihn.

»Ohne dich hätte ich das alles nicht geschafft. Aber deine Frage ist berechtigt: Ich habe viele Lebenserinnerungen meiner einstigen Kollegen gelesen. Ihre Gemahlinnen unterschlagen sie für gewöhnlich, denn sie haben alles ganz allein geschafft. Über dich habe ich viel geschrieben, Rica. Vor allem über unsere Jahre in China. Das waren harte Zeiten, nicht wahr? Ich wäre heute nicht hier, wenn du nicht um mich gekämpft hättest.«

»Du meintest, unbedingt in dem japanischen Straflager bei deinen Kameraden bleiben zu müssen. Soldatenehre.« Ihr Lächeln war versöhnlich, aber die Erinnerung schmerzte: Nur Haut und Knochen war er gewesen und dennoch so tapfer.

»Niemand kann in die Zukunft sehen. Das, was gerade geschieht, der immer lauter werdende Ruf nach einem Krieg, darauf wollte ich mit meinen Erinnerungen eine Antwort geben. Für die Ehre zu sterben, nein, das sollte nicht das Ziel eines jungen Mannes sein. Leben sollte dieser junge

Mann. Das steht in meinem Buch. Und ich will, dass dein Neffe es liest. Leute wie Franz müssen umdenken.«

»Ich dachte, ich wäre die Erstleserin«, scherzte sie.

Schließlich kannte sie bereits etliche Kapitel, die ihr gut gefielen.

Das Telefon läutete, obwohl es weit nach zweiundzwanzig Uhr war. Das war schon immer so gewesen, als Ärztin war sie die späten Anrufe gewohnt.

»Ich verbinde mit Graf Freystetten«, sagte eine weibliche Stimme.

Sekunden später hörte sie, wie es in der Leitung klackte.

»Ricarda, hier ist Friedemann. Hast du es schon gehört?«

»Was sollte ich gehört haben, Friedemann?«

»Sie bringen es schon im Rundfunk.«

Ihr Schwager klang so aufgewühlt, wie sie ihn selten erlebt hatte.

»Es geht um Franz«, sagte er. »Er wurde in seinem Büro gefunden. Jemand hat ihn erschossen.«

Die Stimme ihres Schwagers brach. Sie hörte ihn aufschluchzen.

Ricarda winkte Siegfried heran, deckte das Telefon ab, um zu flüstern: »Das ist Friedemann, Franz ist tot.«

»Haben wir nicht gerade von ihm geredet«, erwiderte er ebenso leise und kopfschüttelnd.

Sie ließ ihren Mann das Gespräch mithören.

»Ricarda, wie soll ich Rosel das beibringen?«

»Was ist passiert, Friedemann? Erzähl der Reihe nach.«

»Wir hatten noch einen Kaffee getrunken. Franz … Er musste noch in sein Büro, um Akten zu sichten. Es ging ihm nicht gut, seine Wunde schmerzte, die Prothese scheuerte. Wir sprachen darüber, dass er morgen einen Orthopäden aufsuchen wollte. Die Männer von der SA halfen ihm die Treppen hinauf. Er hasste es, auf sie angewiesen zu sein, aber er ließ sich nicht unterkriegen. ›Bis morgen‹, sagte ich zum Abschied. ›Bis morgen, Vater‹, sagte er. Nun gibt es kein Morgen für ihn, Ricarda.«

»Als ich ihn das letzte Mal sah, tat Franz mir auch leid, Friedemann. Was auch immer zwischen uns stand, Franz war euer Sohn. Es ist schlimm, dass er so jung von uns gegangen ist«, sagte sie.

Friedemann schnäuzte sich, und Ricarda wartete, bis er sich gesammelt hatte.

Noch immer überwog bei ihr jenes Gefühl, das sie bei dem letzten Treffen mit Franz gehabt hatte – Abneigung. Aber er war auch der letzte Sohn, der ihrer Schwester geblieben war. Und dieser Schmerz war es, der ihr jetzt zusetzte – mit Rosel deren Verlust zu spüren.

»Es klopft, Ricarda. Ich muss auflegen. Die Kriminalpolizei ist im Haus.« Offenbar sprach Friedemann zu jemandem, der nun eintrat. »Nehmen Sie Platz, Herr Kriminalrat. Ich beende rasch das Telefonat. Ricarda, bist du noch dran?«

»Ja, Friedemann.«

»Ich fahre morgen nach Hause. Könnten du und Siegfried mich begleiten? Ich schaffe es nicht, allein vor Rosel zu treten und es ihr zu sagen.«

»Natürlich. Wir sind an eurer Seite, Friedemann.«

Bevor die Verbindung getrennt wurde, hörte sie, wie Friedemann den ihn besuchenden Polizisten fragte: »Was wollen Sie denn noch wissen, Herr Kriminalrat?«

Siegfried sah sie fassungslos an. »Was für eine schreckliche Geschichte ist das denn?«, fragte er.

Das Telefon läutete, kaum dass Ricarda das Gespräch beendet hatte.

Es war eine hörbar aufgewühlte Antonia. »Bei euch war besetzt.«

»Friedemann rief gerade an«, sagte Ricarda.

»Wir haben gerade die Durchsage im Radio gehört. Also ist es Franz. Hat Friedemann Genaueres gesagt, was passiert ist?«

Ricarda hörte die Erleichterung in Antonias Stimme. Dann tauschten sie ihr Wissen aus.

»Es ist seltsam«, sagte Antonia schließlich. »Ich habe Franz verabscheut. Dennoch fühle ich mich schrecklich, dass er so plötzlich fort ist. Es ist doch nichts zwischen uns allen geklärt! Und niemand kann ihn mehr zur Rede stellen. Wir bleiben zurück und blicken in eine Leere, in ein Nichts, das er hinterlässt.«

»Ein Nichts?«, fragte Ricarda zurück. »Wenn es das ist, so ist es für mich gefüllt mit schlechten Gefühlen.«

»Ja, das ist das Furchtbare daran. Er ist so jung gestorben und ich kann nicht einmal traurig sein«, pflichtete Antonia ihr bei und setzte hinzu: »Aber freuen kann ich mich erst recht nicht.«

Antonia versprach, noch in dieser Nacht zu versuchen, Henny zu informieren. Und Frieda. Vor allem für sie würde Franz' Tod weitreichende Konsequenzen haben.

Ihren Mann fand Ricarda im Wohnzimmer. Offenbar hatte er keine Eile damit, schlafen zu gehen. Im Gegenteil: Er saß am Tisch vor dem Stapel Papier, der seine Lebenserinnerungen enthielt, und sog in Gedanken versunken an seiner Pfeife.

»Seltsame Geschichte«, sagte er nachdenklich. »Weißt du noch, wie Henny erzählt hat, dass Franz' Beschützer Victor im Schloss fast vermöbelt hätten? Wo waren die, als auf ihn geschossen wurde?«

»Was spielt das für eine Rolle? Die arme Rosel! So ein Unglück.«

»Hoffentlich hat sie es nicht schon erfahren«, sagte Siegfried.

»Sie geht immer zeitig schlafen. Und wir müssen morgen früh los. Sehr früh«, wiederholte Ricarda, aber sie würde wohl kein Auge zutun.

Friedemann ließ an diesem Morgen auf sich warten, was zwar nicht dem Stil eines preußischen Edelmanns entsprach, aber unter den gegebenen Umständen verzeihlich war. Nur wegen dieser Verzögerung erreichte Ricarda der Anruf ihrer ältesten Tochter noch in der Luisenstraße. Henny selbst klang zwar sehr gefasst, obwohl Ricarda an Antonias Wortwahl denken musste, dass zwischen ihnen nichts geklärt worden war.

»Toni hat mich nach eurem Telefonat noch erreicht und mir alles erzählt«, sagte Henny. »Mich schockiert am meisten, wie brutal es bei euch zugeht.«

»Bei uns?«, fragte Ricarda verwundert. »Das ist auch deine Stadt.«

Henny reagierte auf diesen Einwand nicht.

Sie war offenbar bereits einen Schritt weiter: »Frieda habe ich gerade eben erst gesprochen.«

»Und? Was sagt sie?«

»Nichts hat sie gesagt, Mutter. Rein gar nichts. Sie hat mich nur kurz in die Arme genommen und dann ist sie mit Felicitas auf dem Arm durch die Wohnung getanzt.« Henny machte eine Pause. »Weinend und lachend gleichzeitig hat sie getanzt, Mutter. Es war unglaublich.«

*Der Fehler ihres Lebens.* War er durch Franz' überraschendes Ende mit einem Schlag aus der Welt geschafft? Ricarda hoffte es, aber Friedemann war nicht zu unterschätzen. Es erschien ihr als nicht unwahrscheinlich, dass der Graf sich jetzt erst recht als Kämpfer um das Erbe seiner Vorväter erweisen würde.

Aber bis es so weit käme, wäre Etliches zu klären, dachte Ricarda.

»Ich rufe aus Freystetten an, Henny, wenn ich mit Rosel und Friedemann gesprochen habe«, sagte sie, als das Läuten der Haustürglocke den verspäteten Friedemann ankündigte.

Sie legte auf und atmete tief durch. Jetzt bloß keinen Fehler machen, nahm sie sich vor. Ihr Schwager hatte seinen Sohn verloren. Ihm musste sie den Raum zur Trauer geben, bevor der Kampf um Friedas Töchterchen in die nächste Runde ginge.

Inzwischen war es nach acht Uhr morgens, als Fahrer Gramzow Ricarda die hintere rechte Tür der schweren Limousine öffnete, um sie einsteigen zu lassen. Siegfried nahm hinten links Platz, Friedemann saß auf dem Beifahrersitz, was ungewöhnlich war. Er drehte sich nach hinten um, als beide bereits saßen.

»Danke, dass ihr mitkommt. Wir verspäten uns. Es ist unruhig in der Stadt. Ihr werdet es gleich sehen.«

Er sprach abgehackt, was Ricarda von ihm kannte, wenn er unter Anspannung stand.

Dass es *unruhig* auf den Straßen wäre, war eine Untertreibung. Auf der Invalidenstraße war kein Durchkommen. Eine Menschenmasse zog durch die wichtige Verkehrsader, schwenkte Transparente.

*Gerechtigkeit für den Grafen!*, las Ricarda. Und: *Hängt die feigen Mörder!* Und: *Schlagt die Roten tot!*

»Was ist hier los?«, fragte Siegfried.

»Es waren Kommunisten, die Franz erschossen haben«, stellte Friedemann fest. »Sie hatten es schon lange auf ihn abgesehen.«

»Hat das der Kommissar gestern gesagt?«, fragte Ricarda.

»Der Mann ist unfähig«, schnappte Friedemann.

Es dauerte lange, bis der Wagen endlich die Stadtgrenze erreicht hatte. Niemand sagte ein Wort.

Schließlich brach Siegfried das Schweigen. »Bei allen Meinungsverschiedenheiten, die Franz und ich hatten ... Ein so junger Mann ...«

Ricarda kannte ihn gut genug, um zu merken, dass er Anlauf nahm, um etwas Unangenehmes zur Sprache zu bringen.

»Ein paar Wochen noch und er wäre dreiundvierzig geworden. Die besten Jahre lagen vor ihm«, sagte Friedemann.

Seine Trauer sprach Ricarda ihm nicht ab, aber auch sie hatte ein ungutes Gefühl. Der Mord an Franz lag erst ein paar Stunden zurück, und schon jetzt waren seine politischen Freunde auf den Straßen unterwegs. Wie schnell so etwas ging!

»Franz wurde immer von seinen SA-Leuten bewacht.« Siegfried kam nun auf den Punkt, um den es ihm ging. »Wo waren die gestern? Warum haben die nicht auf ihn aufgepasst? Noch dazu im Reichstag. Kann man da einfach so ein und aus gehen?«

Friedemann starrte geradeaus auf die sich schnurgerade gen Osten ziehende Landstraße.

»Das wird der Kommissar hoffentlich herausfinden«, sagte er. »Dafür wird der Mann schließlich bezahlt.«

»Gewiss.« Siegfried ließ nicht locker. »Wieso weiß die NSDAP jetzt schon, dass es die Kommunisten waren?«

»Wer hätte denn sonst ein Interesse daran, Franz zu schaden, Siegfried!«

»Das weiß ich nicht, Friedemann. Ich denke mir nur, wenn er zwei Männer hat, die auf ihn aufpassen ... Weshalb tun sie es nicht?«

Fahrer Gramzow schien der Konversation sehr aufmerksam zu lauschen. Ricarda ertappte ihn dabei, wie er den Rückspiegel so ausrichtete, dass er Siegfried besser beobachten konnte.

Friedemann schwieg lange. Ricarda sah, wie seine Kiefer mahlten. Er war selbst Abgeordneter. Musste ihn nicht die Frage nervös machen, wie ein Mörder einfach so im Hohen Haus herumspazieren konnte? Aber Ricarda hielt sich zurück, wollte sich nicht einmischen. Wenn Siegfried und Friedemann aufeinandertrafen, das glich manchmal einem Duell mit Worten. Beider Positionen waren klar, der eine war Sozialist, der andere erzkonservativ, allerdings nicht wie Franz nationalsozialistisch. Er hatte die extremen Ansichten seines Sohnes nie offen geteilt, ihm aber auch nicht widersprochen – zumindest nicht in ihrer Gegenwart.

»Siegfried, du meinst also, dass es die eigenen Leute gewesen sein könnten, die Franz … Aber weshalb?«, fragte Friedemann.

»Oder sie haben gerade Pause gemacht«, sagte Siegfried lakonisch. »Fragt sich nur, weshalb gerade in diesem Moment.«

Friedemann wandte sich nach hinten. »All das wissen wir nicht. Ich bitte euch inständig: Rosel darf davon nichts erfahren. Es ist alles schlimm genug.«

»Versteht sich von selbst, Friedemann.« Siegfried schlug den Ton eines Mannes an, der es gewohnt gewesen war, Teil einer militärischen Kameradschaft gewesen zu sein.

Der Graf wandte sich seinem Fahrer zu: »Gramzow, kein Wort zu niemandem. Ist das klar?«

»Selbstverständlich, Durchlaucht.«

Männer und ihr Kodex der Verschwiegenheit, der Frauen für unfähig hielt, an der Suche nach der Wahrheit teilzuhaben!

Ricarda fühlte sich nicht daran gebunden; sie beschloss, auf ihr Gefühl zu hören.

Henny hatte wieder früh mit der Arbeit begonnen, denn Celia hatte ihr etliche Patientinnen ganz besonders ans Herz gelegt. Folglich waren die Termine eng getaktet und heute war sie sogar froh darüber.

Antonias Anruf, durch den sie kurz vor Mitternacht von Franz' Tod erfahren hatte, hatte sie nicht um den Schlaf gebracht. Sie hatte es zwar nicht gedacht, aber ihr Gefühl war gewesen: Das ist himmlische Gerechtigkeit.

Und als sie Victor berichtet hatte, hatte er gesagt: »Der ermordete Reichstagsabgeordnete ist Franz?« Er hatte gelacht. »Dieser Wichtigtuer, der nichts Wichtiges zustande gebracht hat. Weißt du, was ich befürchte, Henny? Erst nach seinem Tod wird er ein berühmter Mann werden.«

Sie sah ihm seine Einstellung nach, die jedes Mitleid vermissen ließ. Er hatte den Cousin gehasst, weshalb sollte er Trauer vorspielen? Als sie am Morgen erwachte, war sein Bett leer und kalt gewesen. Sie fand ihn in der Küche, wo er einen Kaffee aufbrühte, die Haare nach einem unruhigen Schlaf zerzaust.

»Was geht dir durch den Kopf?«, hatte Henny gefragt.

»Alles und nichts«, war seine Antwort. »Vielleicht stehe ich manchmal nicht mit beiden Beinen in der Wirklichkeit, sondern betrachte das Geschehen wie ein Schauspiel auf einer Bühne. Und da gibt es stets eine schwierige Stelle: Wenn ein Held stirbt – wer ersetzt ihn?«

Kurz darauf war die verschlafene Frieda hereingekommen und war, als sie die Nachricht erfahren hatte, mit Felicitas durch die Wohnung getanzt.

Inzwischen war es Mittag. Die letzte Patientin vor der Pause war eine ältere Frau, der sie mitteilen konnte, dass die Gewebeprobe eine Gutartigkeit ihres Karzinoms erbracht hatte. Anschließend verließ Henny ihr Sprechzimmer, um sich mit Antonia darüber auszutauschen, ob und wann sie nach Freystetten fahren sollten. An diesem Tag hatten die Schwestern sich noch nicht gesehen, weil Antonia zumeist etwas spät in die Praxis kam und dann sofort eine Patientin übernahm. Auch jetzt war ihre neue Praxispartnerin noch beschäftigt.

An ihrem Empfangstresen nahm Josefine gerade ein Telefongespräch entgegen, was zu ihren Aufgaben gehörte. Auf dem Ständer hingen die an einer langen Holzklammer befestigten Tageszeitungen, die Patientinnen und Patienten sich ausleihen konnten, um die Wartezeit zu nutzen. Alle machten mit Franz' Tod auf: Victor hatte recht gehabt: Nach seinem Tod wurde ihr Cousin tatsächlich eine Berühmtheit.

Josefine sagte gerade ins Telefon: »Frau Doktor Vandenberg steht neben mir. Ich geben Sie Ihnen.« Und an Henny gewandt: »Ein Kriminalrat aus dem Polizeipräsidium möchte dich sprechen, Henny.«

Verwundert nahm sie den Hörer entgegen und meldete sich.

»Mein Name ist Wagner. Kurze Frage, Frau Doktor: Kennen Sie Franz von Freystetten?«

»Er ist mein Cousin«, bestätigte sie seine Frage.

»Mein Beileid.«

»Danke. Wir standen uns nicht sehr nah.«

»Darf ich Sie bitten, mich im Polizeipräsidium aufzusuchen?«

»Weshalb? Können wir das nicht am Telefon erledigen? Ich weiß ohnehin nichts über den Tod meines Cousins.«

»Ich denke schon, dass es etwas zu bereden gibt, Frau Doktor.«

Henny legte mit widerstreitenden Gefühlen auf. Was ging sie der Tod von Franz an, einem Mann, dessentwegen sie monatelang in eine psychische Schockstarre gefallen war? Mit Schaudern dachte sie daran, wie schlecht sie sich am Vorabend gefühlt hatte, als der SA-Trupp an ihr vorbeimarschiert war. Der Vorfall hatte sie darauf aufmerksam gemacht, dass ihre Seele nach wie vor wund war. Franz' Tod würde daran nichts ändern, denn der Spuk, zu dem er gehörte, würde fortbestehen.

Da Antonia nach wie vor eine Patientin hatte und das Präsidium nah war, beschloss Henny kurzerhand, die Sache sofort hinter sich zu bringen. Weshalb auch noch Antonia die Mittagspause verderben wegen einer Formalität, die irgendein Kriminalrat klären wollte?

Vor dem Polizeipräsidium am Alexanderplatz wurde demonstriert. Henny las die Sprüche, die Rache für Franz forderten, und war froh, sich sofort hierher begeben zu haben, um aus erster Hand etwas über die Hintergründe zu erfahren.

Eine freundliche rundliche Frau von schätzungsweise Anfang sechzig empfing sie in einem mit Akten übervollen Vorzimmer. Frau Krawinski, die Sekretärin des Herrn Kriminalrats, führte Henny in dessen Amtszimmer. Ein Herr, noch rundlicher als seine Vorzimmerdame, war hinter Bergen von Akten fast verborgen, mittendrin ein gedeckter Apfelkuchen. Mühsam kam der schwerfällige Mann aus seiner selbst gebauten Festung hervor, um ihr die Hand zu reichen.

»Kriminalrat Wagner«, stellte er sich vor. »Sehr freundlich, Frau Doktor, dass Sie sogleich gekommen sind. Schön, dass ich Sie nun endlich kennenlerne«, sagte er.

»Danke«, erwiderte sie, verwundert über die seltsame

Begrüßung. »Was möchten Sie von mir wissen, Herr Kriminalrat?«

»Darf ich Ihnen ein Stück Kuchen anbieten? Die Äpfel stammen aus Frau Krawinskis Garten. Sehr köstlich. Vielleicht versöhnt Sie das mit dem Umstand, dass ich Sie gewiss um Ihre wohlverdiente Mittagspause bringe. Vielleicht noch einen Kaffee zum Kuchen?« Ohne die Antwort abzuwarten, rief der Kriminalist: »Trude, 'nen Kaffee für die Frau Doktor!«

»Schwarz ohne Zucker«, sagte sie.

»Ohne allet, Trude!«, rief er.

Henny linste auf den Kuchen, und ihr wurde schwer ums Herz, fühlte sie sich doch an jene Kuchen erinnert, die ihre Großmutter gebacken hatte. Aber gerade stand ihr nicht der Sinn danach.

Der Kriminalrat ergriff eine bereits aufgeschlagene Akte. »Als ich mich gestern mit dem Ableben Ihres Herrn Cousin zu befassen begann, musste ich gleich an Sie denken«, begann der Polizist. »Denn vor anderthalb Jahren erstattete Ihre Frau Schwester Anzeige gegen Ihrer beider Cousin Franz von Freystetten. Er wäre verantwortlich für einen heimtückischen Angriff auf Sie, Frau Doktor, behauptete sie.«

»Ach, damit waren Sie befasst?«

»In der Tat, ja. Leider hatte ich damals nicht das Vergnügen, Ihre Bekanntschaft zu machen. Sie waren nicht abkömmlich, wenn ich mich recht erinnere.«

»Das ist richtig. Ich bin anschließend in die USA gereist«, erwiderte Henny. »Sehen Sie einen Zusammenhang? Möchten Sie möglicherweise wissen, ob ich meinen Cousin getötet habe?«

»Nein, Frau Doktor, das werden Sie wohl nicht getan haben.« Wagner schmunzelte.

»Wurde er von den Kommunisten ermordet?«, fragte sie und verwies auf die Demonstration vor dem Sitz der Polizei, der von den Berlinern wegen seiner Architektur *Rote Burg* genannt wurde.

»Manch einer scheint nach seinem Tode beliebter zu sein als zu seinen Lebzeiten. Das erlebe ich leider häufig.«

Das Lächeln des Polizisten erinnerte Henny an einen weisen Buddha.

»Kommen wir zu Ihnen, Frau Doktor: Wie war Ihr Verhältnis zu Franz von Freystetten?«

»Ich hatte keines«, sagte Henny. »Ich ging ihm aus dem Weg.«

»Verstehe. Das ist allerdings seltsam.«

Frau Krawinski brachte den Kaffee. »Sahne zum Kuchen, Frau Doktor?«

»Danke, nein. Was meinen Sie mit seltsam, Herr Kriminalrat?«

Wagner hielt jetzt einen Brief in der Hand.

»Auf dem Schreibtisch von Franz von Freystetten fanden wir dieses Schreiben. Es lag so, dass man es nicht sogleich entdecken konnte. Dieser Brief ist an Sie gerichtet, Frau Doktor Vandenberg. Obwohl Sie sagen, Sie hatten kein Verhältnis zu Ihrem Cousin.«

Bevor Henny etwas erwidern konnte, donnerte draußen vor dem Fenster die Stadtbahn vorbei. Sie wurde hier über das Hochgleis geführt. Das laute Quietschen der Bremsen zeigte an, dass der Zug im nahen Bahnhof Alexanderplatz anhielt. Der Lärm ließ die Scheiben leise vibrieren, und Henny meinte, die Schwingungen übertrügen sich auf sie. Den Brief in der Hand des Polizisten zu sehen, auf dem deutlich lesbar stand *An Frau Dr. Henriette Vandenberg, persönlich*, erschütterte sie.

»An mich? Was sollte Franz mir zu sagen haben?«

Der Kriminalrat übergab ihr den Brief.

»Wären Sie so freundlich, ihn zu lesen, Frau Doktor?«

Franz hatte ihr – soweit sie sich erinnerte – nie einen Brief geschrieben. Auf diesem Weg von ihm Post zu erhalten, obendrein nach seinem Tod, war gespenstisch.

»Hier soll ich das lesen? Etwa jetzt, in Ihrer Gegenwart?«, fragte sie.

»Das wäre sehr entgegenkommend.«

Den Brieföffner reichte der Polizist ihr bereits, den Griff voraus. Er lächelte sie ermutigend an. Sie trennte den Umschlag auf.

Kusine Henriette,

heute ist der Tag, an dem ich mich zu den Vorgängen auf dem Tauentzien erkläre. Ich wollte meine damalige Frau Grit durch Männer einschüchtern lassen, die unter meinem Befehl standen. Sie griffen anstelle von Grit dich an. Ich bedauere dies zutiefst. Dir zu schaden, lag weder in meinem Bestreben und war auch nicht meine Absicht. Ich bitte dich um Vergebung, Kusine.

Der irdischen Gerichtsbarkeit werde ich mich nicht mehr stellen. Dies schreibe ich mit dem Vorsatz, aus dem Leben zu scheiden. Ich bin ein sehr kranker Mann. Die Aussicht, meine verbleibenden Jahre als ein Krüppel in Siechtum zu verbringen, ist mir unerträglich.

Franz

Henny reichte den Brief wortlos dem Kriminalrat, der ihn seinerseits las.

Ein einziges Wort schoss ihr durch den Kopf: Feigling! Ausgerechnet Franz, der sich immer als starker Mann dargestellt hatte, hatte nicht den Mut gehabt, ihr unter die Augen zu treten. Stattdessen diese mageren Zeilen, aus denen mehr Selbstmitleid herauszulesen war als Mitgefühl mit den Leiden, die sie seinetwegen durchgemacht hatte.

Wagners schwerer Kopf nickte auf eine Art, als wollte er sagen: Das erklärt einiges. Er deutete auf ihren Teller.

»Kuchen macht den ständigen Umgang mit schlechten Nachrichten angenehmer. Probieren Sie es doch auch mal damit.«

Zerstreut und mehr aus Höflichkeit teilte Henny ein Stück ab und schob es im Mund hin und her. Er schmeckte gut, aber das Geheimrezept des Kommissars taugte nicht, um ihre kalte, unbefriedigte innere Wut zum Schweigen zu bringen. Sie trank den Kaffee, der stark war. Wagner hatte eine sehr spezielle Methode, um die Schattenseiten dieser Welt für sich erträglich zu machen, dachte sie. Für sie jedoch gehörte ein Kuchen ausschließlich auf die Sonnenseite des Lebens.

Wagner legte den Umschlag in seine Akte.

»Darf ich den bitte zurückbekommen?«, fragte sie.

»Selbstverständlich, Frau Doktor. Wissen Sie, ich ermittle wegen eines Kapitalverbrechens. Mord ist ein solches. Jemand möchte zumindest, dass es so aussieht.«

»Ich verstehe nicht.«

»Ihr Cousin verlor sein Leben durch eine Kugel, die der Gerichtsmediziner in seinem Kopf fand. Da es keine Waffe gibt, die auf einen Suizid schließen ließ, sah es nach Mord aus. Allerdings wies eine seiner Hände Schmauchspuren auf. Was eine etwas widersprüchliche Auffindungslage ist. Nun also der Brief, in dem Ihr Cousin ziemlich eindeutig schreibt, dass er sterben will. Aber: Wer sich erschießt, kann nicht anschließend die Waffe verstecken.«

»Haben Sie dafür eine Erklärung, Herr Kriminalrat?«

»Haben *Sie* eventuell eine, die mir weiterhelfen würde?«, fragte er zurück.

»Jemand hat die Waffe entfernt, würde ich vermuten.«

»Das wäre möglich. Aber wer tut so etwas? Es ist wohl meine Aufgabe, das herauszufinden. Einstweilen danke für Ihre Hilfe, Frau Doktor. Sie erhalten den Brief, sobald die Herren von der Staatsanwaltschaft es gestatten.«

Wagner lächelte liebenswürdig.

Hennys Gedanken kreisten mehr um den Inhalt des Briefs als um Franz' Todesumstände. Er hatte nicht darauf gewartet, dass sie ihm vergibt. Doch das war der Sinn einer solchen Bitte. Andernfalls bliebe sie eine bloße Behauptung, nicht geeignet für eine Versöhnung über den Tod hinaus.

Sie reichte Wagner die Hand. »Auf Wiedersehen, Herr Kriminalrat. Oder auch nicht. Wer weiß?«

»Noch eines«, sagte er. »Ihr Cousin war homosexuell. Wussten Sie das, Frau Doktor?«

»Ja«, antwortete sie. »Ist das von Bedeutung?«

»Wer wusste es noch?«, fragte Wagner zurück. »Zum Beispiel in seiner Familie.«

»Tut mir leid, Herr Kriminalrat, dazu habe ich nichts zu sagen. Das müssten Sie bitte jemanden aus der Familie Freystetten fragen.«

»Ja, natürlich. Auf Wiedersehen.«

Vor dem Polizeipräsidium hatten sich in der kurzen Zeit erheblich mehr Demonstranten eingefunden. Es waren jene Männer der SA, die nun aufmarschierten, deren Anblick Henny kaum ertrug. Ihr Puls begann zu rasen, ihre Knie wurden weich. Sie lehnte sich mit dem Rücken gegen die Ziegelwand der *Roten Burg* und versuchte, langsam und gleichmäßig zu atmen.

»Brauchen Se Hilfe?«, fragte eine Frau, die zufällig vorbeikam.

»Danke, es geht schon wieder«, japste Henny.

Die vorgespielte Berliner Gemütlichkeit des Kriminalrats und seiner Sekretärin, die er Trude nannte ... Sein zielstrebiges Vorgehen, das er mit Schmeichelei tarnte ... Die NSDAP-Leute, die gegen einen Mord demonstrierten, von dem nicht einmal klar war, ob es ein solcher war ...

Es war Irrsinn, der dennoch Wirklichkeit war. Wer benutzte hier wen? Wie war Franz wirklich ums Leben gekommen?

Henny blies der eisige Ostwind in den Rücken, als sie in Richtung ihrer Praxis lief durch die schmalen Straßen des alten Berlins, in denen ihre Mutter aufgewachsen war. Sie sah eine Gruppe SA-Männer auf sich zukommen, die zum Alexanderplatz marschierte. Sie schlüpfte in einen Hauseingang, ließ sie vorbeiziehen und bemühte sich, ihre innere Ruhe wiederzufinden.

Wagners letzte Frage war eigentümlich. Was hatte Franz' Homosexualität mit seinem Dahinscheiden zu tun? Bei dem Überfall am Tauentzien hingegen hatte sie in gewisser Weise eine Rolle gespielt. Hatte Wagner sich damals danach erkundigt? Immerhin sollte die mit Grit arrangierte Ehe von seiner Liebe zu Männern ablenken. Am Zustandekommen dieser unglückseligen Verbindung hatte Henny erheblichen Anteil gehabt: Sie hatte Grit gemeinsam mit Franz' Schwester Frieda regelrecht ausgesucht. Von diesem Arrangement wussten nicht viele in der Familie. Henny war sich nicht einmal darüber klar, ob Franz' eigene Mutter über die sexuelle Orientierung des Sohnes Bescheid wusste.

Überhaupt: Rosel! Wie würde sie den Tod des letzten ihrer Söhne verkraften?

In Hennys Küche herrschte großes Durcheinander. Seite an Seite schälten Antonia und Frieda Kartoffeln, auf einem Holzbrett lagen weich geklopfte Schnitzel. Die Zwillinge saßen auf dem Boden und spielten mit Bauklötzchen, Joanna schlief in der Wiege. Die beiden Kusinen drehten sich gleichzeitig zu ihr um, als Henny eintrat.

»Wir kochen gerade. Möchtest du mitessen?«, fragte Antonia.

»Ich helfe euch!«, sagte Henny. Wie gut es tat, jetzt etwas so Alltägliches wie Kochen tun zu dürfen! »Ich habe Riesenhunger!«

»Du warst bereits im Polizeipräsidium?«, fragte Antonia.

»Du hattest noch Patienten. Da der Polizist konkret mich sehen wollte, bin ich gleich los.«

»Hat man dir Kuchen angeboten?«, fragte Antonia schmunzelnd.

»Dir etwa auch, als du Franz damals angezeigt hast?«

»Der war gut, der Kuchen. Ist mir sonst noch etwas Wichtiges entgangen? Was wollte der Polizist von dir?«, fragte Antonia.

Henny sah keinen Anlass, aus ihrem Wissen ein Geheimnis zu machen.

»Kein Mord also«, folgerte Frieda. »Komisch, auf eine seltsame Weise beruhigt es mich, das zu wissen. Ich hätte nicht gewollt, dass ihm jemand so etwas antut.«

»Du hättest wahrlich allen Grund gehabt, ihm sonst etwas zu wünschen«, sagte Antonia.

»Er ist mein Bruder, Toni. Trotz allem. Na ja, er war meistens ein Scheusal, aber nicht ausschließlich.« Frieda grinste und gleichzeitig glitzerte eine Träne in ihrem Auge.

Henny sah es ebenso: Immerhin hatte Franz eingewilligt, als sie und Frieda ihn dazu überredeten, Grit zu heiraten, damit die beiden als Eltern der Zwillinge angegeben werden konnten. Die Konsequenzen, die er daraus zog, waren allerdings weniger vorteilhaft für Frieda.

»Hätte ich geahnt, dass Jonathan mich heiratet, wäre die ganze Charade nicht notwendig gewesen.« Frieda seufzte. »Hätte, hätte … Was soll's? Vorbei ist vorbei.«

»Oder es geht weiter«, warf Antonia ein. »Wenn dein Vater Felicitas' Vormund wird.«

»Nein, bitte nicht!« Frieda starrte sie entsetzt an. »Dann redet *er* mir in mein Leben hinein! Ich habe euch doch erzählt, wie er mich in Südfrankreich besucht hat, um Feli abzuholen. Franz und ich, wir waren wie Feuer und Wasser. Zwischen Vater und mir – da herrscht Eiszeit.«

Dieser Albtraum muss ein Ende nehmen, dachte Henny. Sie war fest entschlossen, das Wirrwarr, an dessen Entstehen sie beteiligt gewesen war, endgültig aufzulösen.

Das würde nicht leicht werden. Die Kleine, die nun ebenso wie ihr Brüderchen selbstvergessen an einer Karotte knabberte, war der letzte Trumpf, der dem Haus Freystetten geblieben war – die Erbin von allem, was dem Grafen wichtig war.

Im Kamin knisterte das Feuer. Kleine Flammen standen auf dem glühenden Holz, bläulich schimmernd verfärbten sie sich zu den Spitzen hin hellrot und verzehrten, was über Jahrzehnte gewachsen war. So entstand Wärme, die für eine derart kurze Zeitspanne anhielt, dass sie nicht vergleichbar war mit jener, die der Baum zum Wachsen gebraucht hatte. Ob Rosel bei diesem Anblick das Gleiche wie sie dachte, konnte Ricarda nur ahnen. Denn der Kummer drohte ihre Schwester gerade ebenso zu verzehren wie das Feuer den Baum, den ihr beider Vater einst gepflanzt hatte und der nun verheizt wurde.

»Der Tod«, sagte Rosel halblaut. »Immer ist er um mich. Warum, Rica? Warum darf ich nicht glücklich sein?«

Sie erwartete keine Antwort auf ihre Frage.

Damals, als ihrer beider Schwester Antonia zu Weihnachten im Schlosssee ertrank, hatte die zehn Jahre alte Rosel eine pragmatische Lösung gefunden, um damit umzugehen: Sie hatte noch in derselben Nacht begonnen, in deren Bett zu schlafen. Bis dahin hatten Ricarda und sie sich eines teilen müssen. Die große Schwester Antonia hatte Küchenhilfe gelernt, ihr Platz war frei geworden, Rosel hatte ihn auch hier eingenommen. Niemand, auch nicht Ricarda, hatte sich je gefragt, wie die Jüngste der drei Schwestern den Tod der Ältesten tatsächlich verarbeitet hatte. Ricarda hatte auch kaum darüber nachgedacht, wie die kleine Schwester damit umging, von ihr verlassen worden zu sein, als sie nach Berlin zog: Wer geht, blickt in die Ferne, wer bleibt, sieht den Gehenden schwinden. Erst kürzlich hatte der Tod ihrer Mutter sie an den verdrängten Abschiedsschmerz jener Tage erinnert.

Die Söhne, die ihre Schwester verloren hatte, hatte Ricarda kaum gekannt. Rosels Zwillinge wären inzwischen vierzig Jahre alt. Friedrich war bereits kurz nach der Geburt gestorben, sein Zwillingsbruder Ferdinand siebenundzwanzigjährig im Krieg als Pilot abgeschossen worden, ebenso sein vier Jahre jüngerer Bruder Florian. Ricarda hatte nie verstanden, wie Rosel den Schmerz über den Verlust der Letzteren als *Dienst am Vaterland* hatte schönreden können.

Nun war der Letzte ihrer Söhne tot, der Älteste. Es musste ein Schmerz sein, der unvorstellbar war, dachte Ricarda, die so viele Menschen als Ärztin in den Tod begleitet hatte. Ein Kind war Rosel geblieben – Frieda, die Ungeliebte. Und nun stellte Rosel die Frage in den Raum, weshalb sie nicht glücklich sein durfte. Als ihre ältere Schwester, die oft mit Distanz auf deren Leben geschaut hatte, fand sie, dass die Frage ein Teil der Antwort war:

Frieda war eine zwar manchmal chaotische Person und dennoch ein liebenswerter Mensch, in dessen Nähe man sich wohlfühlen konnte. Aber wie konnte sie Rosel das begreiflich machen?

Zu ihr selbst, daran dachte sie nun, war das Schicksal nur jenes eine Mal so unbarmherzig gewesen wie in jenem Moment, als die brechenden Augen ihrer sterbenden Schwester Antonia durch das eiskalte Wasser des Schlosssees zu ihr hinaufgesehen hatten.

Sanft zog Ricarda Rosel an sich, während sie beide aneinandergeschmiegt auf dem Sofa vor dem Kamin des kleinen Salons saßen. Die Nähe der anderen spürend wie in jenen Jahren im Gesindehaus, als es nicht für jedes der drei Mädchen ein eigenes Bett gegeben hatte.

Friedemann betrat den Raum, setzte sich etwas linkisch in einen Sessel, der fast zu weit entfernt stand, um ein Gespräch zu führen. Siegfried folgte ihm, suchte jedoch die Nähe der am Kamin sitzenden Frauen.

Ricardas Schwager hatte keinen Hehl daraus gemacht, wozu er Ricarda und Siegfried brauchte. Gewiss liebte er seine Frau, aber die Ereignisse überforderten seine Gefühlswelt. Er war schlichtweg ratlos.

»Du hast doch mit Franz gesprochen, Friedemann, kurz bevor er … Du weißt schon«, sagte Rosel; das Wort *Tod* wollte nicht über ihre Lippen. »Womit hatte er sich die Roten derart zu Feinden gemacht, dass die ihn umbringen mussten?«

Ricarda ließ die Frage so stehen, obwohl sie ein Telefonat mit Henny auf den neuesten Stand gebracht hatte: Franz war wohl selbst aus dem Leben getreten. Aber das wollte sie vor ihrer Schwester so lange wie möglich geheim halten. Es war für sie schließlich alles schwer genug zu ertragen.

»Franz war ein bedeutender Mann mit einer großen Zukunft«, antwortete der Graf auf die Frage seiner Frau. »Große Männer haben stets Feinde.«

Siegfried, der ebenfalls im Bilde war, und Ricarda tauschten einen einvernehmlichen Blick. Lügen hatten kurze Beine, sagte man, aber noch trug diese Lüge Rosel ein Stück weit. Nur, wie lange konnte das gut gehen? War es für Rosel als Mutter gar besser, mit der falschen Variante der Geschehnisse weiterzuleben?

Als Friedemann den Raum verließ, folgte Ricarda ihm und stellte ihn im Flur.

»Wir müssen reden«, sagte sie und bat ihn in die Bibliothek, wo sie ihm die Erkenntnisse der Polizei vorhielt. »Weißt du davon?«

Der Graf nickte. »Ja, natürlich. Aber Rosel soll es nicht erfahren.«

»Hat Franz eine Andeutung gemacht, Friedemann? In dem Brief an Henny schrieb er, er wolle kein Leben in Siechtum.«

Friedemann öffnete einen großen Ledergloblus, in dem sich eine kleine Bar verbarg, eine Sammlung edler Tropfen. Gezielt griff er nach einer Flasche Cognac und goss sich einen Schwenker zwei Finger breit ein.

Ricardas Blick ging hinaus auf die trostlos graue Novemberlandschaft und die schwarze Wasserfläche des Schlosssees. Es war kalt geworden, der Regen hatte sich in Schnee verwandelt. Das Barometer neben der Tür zeigte an, dass es noch kälter werden würde. Nicht mehr lange und alles würde von einer weißen Schneeschicht bedeckt werden. Und in vier Wochen wäre Weihnachten, vermutlich das traurigste seit Jahren.

Mit dem Glas in der Hand trat Friedemann neben Ricarda ans Fenster und starrte hinaus.

»Es ging nicht um seine Erkrankung«, sagte er schließlich und wandte sich Ricarda zu. »Zumindest nicht nur«, setzte er hinzu.

»Sondern?«, fragte sie gespannt.

»Ich weiß nicht, ob es gelingen wird, die Angelegenheit nicht publik werden zu lassen«, sagte Friedemann gedehnt. »Auf dein Verständnis kann ich setzen. Darum möchte ich offen sprechen, Ricarda. Franz wurde erpresst. Er sah keine andere Möglichkeit, dem zu entkommen.«

»Erpresst? Es ging um Geld?«

»Nein. Du wusstest von seiner Neigung, nicht wahr?«

Selbst jetzt traute der eigene Vater sich nicht auszusprechen, was Franz vermutlich das Leben gekostet hatte! In einer Männerwelt waren Männer füreinander Kameraden, Gefährten, Freunde, Kumpel. Was darüber hinausging, war mittlerweile wieder wie zu Kaisers Zeiten unaussprechlich.

»Du willst mir sagen, dass jemand ihn bloßstellen wollte wegen seiner Homosexualität?«

»Nicht so laut, Ricarda! Man könnte uns hören!«

Ricarda musterte ihren Schwager unauffällig. Das früher rote Haar war über die Jahre eisgrau geworden; im Alter sah er besser aus als in seinen jungen Jahren. Ein echter Landadliger mit blassem Gesicht und feinen Zügen, die seine wahren Gefühle verbargen.

»Der gute Name deines Hauses, ich verstehe«, sagte sie. »Hast du nie darüber nachgedacht, wie sehr es Franz zugesetzt haben muss, nicht der sein zu dürfen, der er war?«

»Er durfte sein, wer er war, Ricarda. Ein Mann, der sein Leben bis zur letzten Minute konsequent geführt hat. So wird er in Erinnerung bleiben.«

»Was ist wirklich geschehen, Friedemann?«, fragte Ricarda. »Du hattest mir gesagt, dass ihr euch zuvor getroffen hattet. Hat er dir seinen Suizid angekündigt?«

»Nein, natürlich nicht! Einer seiner SA-Männer stürzte

plötzlich aufgebracht in mein Abgeordnetenkontor: ›Durchlaucht, ich brauche Ihre Hilfe.‹« Friedemann machte eine lange Pause. »Ein guter Mann, mehrfacher Familienvater. Ich werde mich ihm gegenüber erkenntlich zeigen.«

Wieder brauchte er einen Moment, um sich zu sammeln.

»Ich ging zu Franz in sein Kontor. Er saß zusammengesunken an seinem Schreibtisch, die Waffe neben sich. So durfte man ihn nicht finden. Ich nahm den Revolver an mich und gab dem Mann den Befehl, die Polizei zu benachrichtigen.«

Er sah seine Schwägerin offen an.

»Ich würde immer wieder so handeln. Die Ehre eines Mannes ist das Kostbarste, das er hat.«

Ricarda fragte nicht, ob die Polizei das ebenso sah. Sie machte Friedemann jedoch darauf aufmerksam, dass sie es falsch fand, wie die Lüge über den Tod ihres Neffen von dessen Partei missbraucht wurde.

Friedemanns Antwort fiel deutlich aus: »Was willst du, Ricarda? So ist Politik. Franz ist damit seiner Partei über seinen Tod hinaus zu Diensten.«

Es war eine empörende Antwort voller Zynismus. Und sie schuf neues Leid, gerade jetzt in Berlin. Aber davon bekam der Graf auf seinem Landsitz nichts mit.

Nach dem Gespräch bat Ricarda ihren Mann, sie bei einem kurzen Spaziergang im Park zu begleiten. Die Anspannung, unter der sie stand, weckte ihr Bedürfnis, frei durchatmen zu können. Aber Siegfried lehnte mit Verweis auf seine schmerzenden Gelenke ab. So half sie ihm zuerst mit den Blutegeln, die sie auf seine Knie setzte, und wartete ab, bis sie herunterfielen. Erst anschließend trat sie allein den Bummel durch den im grauen Licht des Spätnachmittags liegenden Park an.

Es war inzwischen bitterkalt, leichter Schneefall hatte

eingesetzt, niemand war zu sehen. Jedoch führte eine einsame Fußspur vom Schloss zum See. Im Näherkommen erkannte Ricarda ihren Schwager, der dort gerade eintraf. Er war noch zu weit entfernt, als dass er sie bemerkt hätte.

Friedemann holte aus und warf etwas mit großem Schwung ins Wasser. Der Gegenstand versank in der Mitte des still ruhenden Sees. Der Grund des künstlich angelegten Gewässers bestand aus einer dicken Schlickschicht, wusste Ricarda. Nun also barg er das Geheimnis um den Tod des Grafensohnes.

Da es immer kälter wurde, würde sich schon am nächsten Morgen eine Schicht aus Eis gebildet haben. Sie würde von Tag zu Tag tragfähiger werden und alles würde sehr friedvoll aussehen.

Ricarda wandte sich ab, bevor Franz sie entdecken konnte.

Am Abend trafen Henny, Antonia, Frieda, Victor und Guntram mit den fünf Kindern in Freystetten ein. Die mittig in ein rotes und ein weißes Farbfeld geteilte Flagge Brandenburgs hing halbmast im Schlossrondell, als würde das ganze Land um Franz von Freystetten trauern. Antonia hatte den Eindruck, dass es niemanden aus der Gruppe der Eintreffenden interessierte.

Frieda war schon während der Fahrt schweigsam gewesen. Heute lieferte nicht nur der Tod ihres Bruders Grund für ihre Nervosität, sondern auch das Schicksal von Felicitas. In der Eingangshalle war ein Tisch mit einem Kreuz, einer Fotografie des Schlosserben samt Kondolenzbuch sowie Blumen- und Kerzenschmuck aufgestellt. Frieda, die kleine Joanna auf dem Arm, blieb davor stehen, die anderen gesellten sich zu ihr.

»Es ist ein seltsames Gefühl«, sagte sie. »Dass der Tod

immer so endgültig ist. Nichts mehr zu bereden nach all den vielen Streitigkeiten, die wir hatten. Nun bin ich die Letzte, die aus der Riege der Geschwister übrig geblieben ist.«

Ihr Blick löste sich von dem wie ein Altar gestalteten Tisch, sie sah ihre Verwandten an und ein schelmisches Lächeln spielte um ihre Mundwinkel.

»Wisst ihr, was ich vor ein paar Jahren getan hätte? Ich fürchte, ich wäre tanzen gegangen, die ganze Nacht hindurch bis zum Morgen. Und jetzt ... am liebsten würde ich wohl für ihn beten. Er war so unglücklich, und ich habe es nicht gesehen. Oder sehen wollen. Nein: nicht sehen können. Weil ich selbst so unglücklich war. Diese Gruft ... Wieder ist jemand gestorben ... Ich darf hier nicht zu lange bleiben.« Sie streckte die Hand aus. »Felicitas, komm! Wir gehen jetzt zu deinem Großvater.«

»Soll dich jemand begleiten?«, fragte Antonia.

»Nein, nur die Kinder und ich«, beschied ihr Frieda.

Zumindest Henny sah Antonia an, dass sie das für keine gute Idee hielt. Frieda neigte nach wie vor dazu, bei einer Auseinandersetzung mit ihrem Vater aufbrausend zu werden, wobei jetzt Fingerspitzengefühl gefragt war.

Es war Victor, der seiner Kusine widersprach: »Wenn du jetzt nicht umsichtig vorgehst, ruinierst du alles, Frieda. Lass die Kinder außen vor bei dem Gespräch; sie sind schlechte Zuhörer. Nimm stattdessen Henny mit oder Toni. Du brauchst jemanden, der zwischen euch Sturköpfen vermittelt.«

»Ich tauge dazu nicht«, wehrte Antonia rasch ab.

Sie würde ihr freches Mundwerk nicht beherrschen können, das wusste sie. Insgesamt hielt sie wenig von Friedas geplantem Vorgehen, ihren Vater direkt aufzufordern, die

Vormundschaft für Felicitas auf Jonathan Landsmann zu übertragen. Auch wenn es sinnvoll erscheinen mochte.

»Guntram und ich, wir sind bei Rosel, wenn alle einverstanden sind. Die Zwillinge nehmen wir mit«, schlug Antonia vor.

»Ein richtiger Schlachtplan ist das«, scherzte Victor. »Erobern wir die Festung!«

Alle wussten, dass es ihm wie Frieda erging: Er verabscheute es, an diesem Ort zu sein.

Vicky drückte ihre Gefühle auf ihre Weise aus: »Da mich niemand braucht, kümmere ich mich um den verwaisten Flügel im großen Salon.« Sie blickte in die Runde. »Hat zufällig jemand einen Musikwunsch, den ich erfüllen kann? Etwas, das nett ist zu den Tränendrüsen, vielleicht?«

»Bitte etwas mehr Feingefühl, Vicky«, tadelte Henny ihre Tochter.

In Victors Gesicht stand ein kaum verhohlenes Grinsen. Er hatte Franz schließlich nie gemocht. Deshalb ging Antonia davon aus, dass er auf keinen Fall dabei sein würde, wenn es um die Zukunft der kleinen Felicitas von Freystetten ginge. Der Erbin jenes Mannes, der per Gesetz als ihr Vater galt. Mehr denn je lag auf dem Kleinkind die Hoffnung, dass der Name Freystetten zumindest für eine weitere Generation weitergegeben wurde. Bevor Felicitas einmal heiratete und der Name dann endgültig erlöschte.

Henny war überrascht, in welch aufgeräumter Stimmung sie und Frieda den Grafen antrafen.

»Die kleine Johanna«, sagte Friedemann und begutachtete wohl zum ersten Mal das Kind im Arm seiner Tochter. »Schon so groß geworden.«

»Joanna«, verbesserte Frieda, schien über die freundliche Begrüßung jedoch erfreut zu sein.

»Also keine Johanna von Orléans? Aber eine kleine Kämpferin soll sie gewiss werden, schätze ich. Bei dem Vater. Wo ist er überhaupt, dein Gemahl?«

»In New York. Er baut dort Wolkenkratzer, Vater. Jonathan ist ein gefragter Architekt.«

Henny spürte, dass die für kurze Augenblicke des Anfangs gelöste Stimmung bereits zu kippen drohte. Der Graf unterstellte mit seiner Bemerkung, dass Friedas Ehe nicht intakt war, sie hingegen hob hervor, wie wichtig die Arbeit ihres Mannes war. Das konnte auf eine Konfrontation hinauslaufen, die Henny vermeiden wollte.

»Mein tiefes Beileid zum Tod von Franz«, sagte Henny nicht nur, um das Thema zu wechseln. Sie war auf die Reaktion des Grafen gespannt, wenn sie nicht durchblicken ließ, dass sie vom Suizid ihres Cousins wusste.

»Danke, Henny. Das ist sehr freundlich von dir.«

Friedemanns Antwort fiel so undurchsichtig wie nur möglich aus, und Henny beschloss, es dabei zu belassen. Franz hatte seine Form der Entschuldigung gewählt, sein Vater hatte stets den Unwissenden gespielt und wollte diese Rolle beibehalten. Mit dieser schweigenden Übereinkunft wollte sie leben, um den Frieden zwischen den Familien zu wahren, beschloss Henny.

Aber Frieda war offenkundig nicht bereit, bei diesem Abkommen mitzumachen. Denn sie hatte sich nach dem Überfall auf Henny anklagend gegen ihren Bruder gestellt. Und damit auch gegen ihren Vater.

»Franz hat Henny einen Abschiedsbrief geschrieben, bevor ihn sein feiger Mörder tötete. Wusstest du das, Vater?«, fragte Frieda.

Sie brachte damit klar zum Ausdruck, dass sie vom Suizid ihres Bruders wusste.

Im Gesicht ihres Vaters zuckte kaum ein Muskel, der

seine Empfindungen bloßgestellt hätte, als er erwiderte: »Das ist erstaunlich.«

»Du fragst nicht, was darin steht?«, hakte die Tochter nach.

Henny fand, dass Frieda dabei war, einen schweren Fehler zu machen. Wozu den Grafen herausfordern, wenn sie doch etwas von ihm wollte – das Sorgerecht für Felicitas?

»Briefe, die zwischen Menschen getauscht werden, betreffen nur sie«, wehrte Friedemann ab.

Das mochte auch ein Seitenhieb gegen Henny sein, die den Inhalt dieses Briefes schließlich verraten haben musste.

Frieda wollte sich diese Belehrung offensichtlich nicht gefallen lassen. Denn Franz' Eingeständnis kurz vor seinem Lebensende rechtfertigte ihr damaliges Aufbegehren gegen den Bruder und den Vater. Ihr kurz bevorstehender Gefühlsausbruch war deutlich zu erkennen. Da Henny zugunsten von Felicitas auf ihr Recht auf Wiedergutmachung verzichten wollte, wollte sie versuchen, eine Eskalation zu vermeiden. Die Zukunft des Kindes erschien ihr wichtiger als die Heilung ihrer seelischen Wunden. Gleichzeitig musste sie herausfinden, ob Friedemann weiterhin Anspruch auf seine Enkelin erhob.

»Wir wollen mit dir besprechen, wer künftig Felicitas in rechtlichen Fragen vertreten wird«, sagte Henny.

»Dazu habe ich meine Entscheidung getroffen«, erwiderte Friedemann überraschend. »In der Familie gibt es jemanden, der endlich dazu bereit sein muss, die Verantwortung zu übernehmen, die ihm naturgemäß zufällt.«

Der Graf drückte sich derart gewunden aus, dass Henny nicht verstand, wen er meinte.

Da sagte Frieda bereits: »Dazu ist mein Mann bereit, Vater. Ich telegrafiere ihm, dass er zurückkommt.«

»Nein, Frieda, das musst du nicht«, widersprach der Graf. »Mir schwebt eine andere Lösung vor.«

Als sie und Frieda schon fast wieder zur Tür hinaus waren, rief Friedemann Henny zurück.

»Henny, auf ein Wort, bitte«, sagte er.

»Komm zu deiner Großmutter, Felicitas«, bat Rosel in liebevollem Ton und streckte die Hände ihrer Enkelin entgegen.

Sie saß in ihrem Lehnstuhl am Fenster, ein Taschentuch auf dem Schoß, die Augen rot geweint. Ein Mensch, der förmlich danach schrie, geliebt zu werden.

Die Zweijährige stand ein paar Meter entfernt, den Kopf gesenkt und rührte sich nicht vom Fleck. Ihr Brüderchen lief munter durchs Zimmer, lachte vergnügt und fühlte sich in der behaglichen Zimmerflucht seiner Großmutter wie zu Hause. Antonia wunderte sich, wie gut sich der einst schwächliche Felix herausgemacht hatte. Aber für den kleinen Jungen mit den dichten schwarzen Haaren hatte Rosel keinen Blick. Sie war wie fixiert auf das blond gelockte Mädchen.

»Na, komm, Schatz, geh zu Großmutter«, ermunterte Antonia sie.

Doch Felicitas versteckte sich nun erst recht in den Falten von Antonias weitem Kleid.

»Ein Kind in dem Alter fremdelt manchmal, gnädige Frau. Das wird sich geben«, sagte Guntram.

»Wie kann es sich geben, wenn die Kleine mich nicht mehr kennt?«, fragte Rosel zurück. »Ich will, dass sie wieder hier im Schloss lebt. Gerade jetzt, wo das mit Franz passiert ist.«

»Verzeihen Sie, gnädige Frau«, widersprach Guntram sanft, »aber ein Mensch kann selten einen anderen ersetzen.

Noch dazu so ein junger Mensch. Man würde einem Kind eine Bürde aufladen, für die es zu jung ist.«

Antonia mochte die Art, wie er ihrer Tante begegnete. Die allgemein gehaltenen Formulierungen hörten sich nicht wie Vorwürfe an.

Rosel sah Guntram auf eine Weise an, als hätte sie kaum zugehört. »Nicht ein Wort hat er über Felicitas verloren«, sagte sie.

»Wer?«, fragte Antonia.

»Franz natürlich. Heute kam sein Brief.« Nun sah Rosel ihre Nichte offen an. »Er hat sich von seiner Mutter verabschiedet. Es täte ihm leid, er wolle so nicht weiterleben, schreibt er.« Sie stöhnte auf. »Es täte ihm leid, das schreibt er mir, die ihn zur Welt gebracht hat. Ich habe an ihn geglaubt! Und er sagt: Es tut mir leid, dass ich mein Leben wegwerfe!« Rosel schnäuzte sich.

»Er hat dir einen Abschiedsbrief geschickt, Tante? Mit der Post?«

»Ja, Toni. Er wurde nicht ermordet. Nein, Franz ist freiwillig aus dem Leben geschieden. Ganz dünne Worte.« Rosel schüttelte den Kopf. »Ich verstehe es nicht. Er hatte doch alles. Die Menschen liebten ihn. Wie konnte er das tun? Man kann auch mit einem Bein leben, nicht wahr, Herr Doktor?«, fragte sie, an Guntram gerichtet. »Er hatte einen gesunden Kopf, gesunde Arme. Das ist doch kein Grund zu sterben.«

»Sein Brief zeigt, dass er sich nicht davonschleichen wollte, sondern dir Lebewohl sagen«, versuchte Antonia, sie zu trösten.

Plötzlich ging durch Rosel ein Ruck. »Kein Wort davon zu Friedemann! Es ist besser, er nimmt an, ein Fremder habe unserem Sohn das Leben geraubt. Versprich mir das, Toni. Und Sie auch, Herr Doktor!«

»Wie Sie möchten, gnädige Frau«, sagte Guntram. »Was soll nun mit der Kleinen geschehen?«, fragte er.

Felicitas hatte sich auf Antonias Schoß eng an sie geschmiegt.

»Ich habe selbst einen Sohn«, fuhr Guntram fort. »Ich vermisse ihn, aber Enno ist bei seiner Mutter in guten Händen; sie liebt ihn.«

Dass er Fremden gegenüber von Enno sprach, kam so gut wie nie vor. Es gab Antonia einen Stich, wie verletzlich er sich gab.

Rosel streckte die Hände nach ihrer Enkelin aus, aber die Kleine wich zurück. Es war ungerecht, wie offen sie ihrer Großmutter gegenüber ihre Ablehnung zeigte. Aber das Kind konnte keine Gefühle vorspielen, die es nicht hatte. Und Rosel ließ ihre Hände so langsam sinken, als zögen schwere Gewichte sie nach unten.

»Danke, dass ihr gekommen seid«, sagte sie. »Ich muss jetzt allein sein.«

Sobald sie und Guntram mit den Zwillingen durch das Schloss gingen, um Frieda und die anderen zu suchen, fragte Guntram: »Wird sie einsichtig sein? Was meinst du, Toni?«

Antonia blickte auf die wippenden Locken der Kleinen, die neben ihr mehr hüpfte, als dass sie ging. Sie konnte Rosels Wunsch, Felicitas um sich zu haben, gut verstehen.

Bevor Familie Vandenberg nach Freystetten aufgebrochen war, hatte Victor wieder lange Stunden am heimischen Klavier verbracht. Er bastelte an seinem ersten Song für einen deutschen Film. Und auch im Schloss saß er am Klavier. Nicht an jenem Flügel im großen Salon, auf dem Vicky nach wie vor spielte, sondern an dem Piano in dem Gästezimmer, das die Familie bewohnte. Es war eine eingängige

Melodie, an der Victor arbeitete, ein Schlager mit einem schnellen Refrain.

»Das gefällt mir«, lobte Henny, trat hinter ihn und strich durch sein volles Haar.

»Danke.« Victor ließ die Melodie verklingen und blickte zu ihr auf. »Gibt es Fortschritte im Hause Freystetten?«

»Dein Onkel möchte mit dir sprechen, lässt er ausrichten«, sagte Henny. »Er wünscht sich, dass ich dabei bin.«

»Das klingt ja spannend«, erwiderte Victor in einem Tonfall, der das genaue Gegenteil signalisierte: Es interessierte ihn überhaupt nicht, was der Onkel ihm zu sagen hatte.

Wieder wählte Friedemann die Bibliothek für die Unterredung.

Er begann umständlich, erkundigte sich nach Victors Fortschritten im Filmgeschäft, machte Small Talk, was sonst nicht sein Stil war.

Entsprechend nahm Victor jetzt kein Blatt vor den Mund: »Ich wüsste nicht, wann du dich zuletzt für meine Arbeit interessiert hättest, Onkel. Umso schöner, dass du es tust.«

»Ihr werdet nach Los Angeles zurückkehren?«

Henny und Victor tauschten einen einvernehmlichen Blick.

»Das haben wir noch nicht endgültig entschieden«, sagte Henny.

»Ich denke, im späten Frühjahr wird es wohl so weit sein«, verbesserte ihr Mann sofort.

»Dann ist es gut, dass wir jetzt dieses Gespräch führen«, erwiderte Friedemann. »Freystetten steht nach Franz' Tod vor einer schwierigen Situation. Als Familienoberhaupt ist es meine Aufgabe, diese Lücke zu füllen.« Der Graf räusperte sich, als wollten die Worte nicht so recht aus seinem Mund herausfinden. »Ich habe lange nachgedacht, auf welche Weise dies geschehen könne. Victor, du bist der Sohn meiner einzigen Schwester. Als solcher bist du natürlich nicht erbberechtigt.«

»Natürlich«, wiederholte Victor.

Henny wusste, dass es für ihn ein Wortspiel war, mit dem er auf die Natur der Vererbung anspielte, nicht auf die Selbstverständlichkeit, dass seine Mutter nur deshalb vom Erbe ausgeschlossen war, weil sie eine Frau war. Darüber hatte sich Victor erst kürzlich geärgert.

»Mir ist eine Idee gekommen, wie du den Platz von Franz einnehmen kannst, Victor«, sagte der Graf und lehnte sich in seinem Sessel zurück.

Er schien sehr mit sich selbst zufrieden zu sein.

»Was auch immer du dir überlegt hast, Onkel: Ich nehme bereits einen Platz ein, an dem ich mich wohlfühle.«

Friedemann breitete die Arme aus. »Du verstehst nicht, was ich dir sagen will, Victor. Ich biete dir Freystetten an.« Sein Blick ging zu Henny. »Euch beiden biete ich es an.«

»Wie ist das zu verstehen?«, fragte Victor.

»Du bist ein gebürtiger von Freystetten«, sagte Friedemann. »In deinen Adern fließt unser Blut. Es ist nur der Name, der uns voneinander trennt.«

Victor starrte seinen Onkel sprachlos an, stand aus seinem Sessel auf, in dem es ihn offensichtlich nicht mehr hielt, und sagte mit einem falschen Auflachen: »Das also hast du dir überlegt, mein lieber Onkel! Dein Sohn tritt aus dem Leben und du suchst dir Ersatz. Weißt du, wie wir es im Theater genannt haben, wenn der eigentliche Hauptdarsteller ausfiel und jemand anders seinen Part übernehmen musste? Das nannten wir zweite Besetzung. Meistens gab das Ärger, die Leute waren enttäuscht, denn sie erwarteten den Star des Abends.«

Friedemann erhob sich seinerseits und versuchte vergeblich, seinen Arm väterlich um die Schulter des Jüngeren zu legen. Victor entwand sich ihm.

»Du verstehst das falsch, Victor. Als mein Neffe bist du mir am nächsten. Du bist keine Zweitbesetzung!«

»Was denn sonst, Onkel?«

»Ich möchte dich adoptieren, Victor. Als meinen Sohn und rechtmäßigen Erben.«

Victor brach in Lachen aus. Henny ahnte, weshalb. All die Zurücksetzung, die er als einstiger Bankert, als unehelicher Sohn seiner überkandidelten Mutter, einst erfahren hatte, lag in diesem Lachen. In der Tat erschien auch Henny dieser Vorschlag wie die Pointe eines schlechten Witzes.

Friedemanns Miene erstarrte. Es musste für ihn eine ungeheure Demütigung sein, für das aus seiner Sicht überwältigend großherzige Angebot mit einem Lachen abgestraft zu werden.

»Bedenke doch: Du könntest dann auch der gesetzliche Vormund von Felicitas werden«, schob Friedemann hilflos nach.

»Und die Pferde, Hunde, die Hirsche, die Fasane, Enten und die Bäume im Park … All das wäre auch meines? Wie schön.« Victor schüttelte den Kopf. »Ich erzähle dir eine kleine Geschichte aus Hollywood«, sagte er und berichtete von der Art und Weise, wie Louis B. Mayer ihn kaltherzig rausgeschmissen hatte. »Wenn ich dein Sohn sein würde, Onkel, dann wärst du Louis B. Mayer. Du würdest mir sagen, was ich tun muss. Ich habe mir geschworen, nie mehr von jemandem abhängig zu sein. Ich bin Victor Vandenberg und das ist meine Frau Henny Vandenberg. Und das bleiben wir.«

Victor deutete eine tiefe Verbeugung an, wobei er einen

Hut zückte, den er nur in seiner Fantasie auf dem Kopf trug. Es war eine Geste wie die eines Clowns im Zirkus.

»Danke für die Ehre, Durchlaucht. Ich bleibe die Erstbesetzung in meinem eigenen Leben. Das ist gut genug für mich.«

Victor hielt Henny die Bibliothekstür auf, damit sie beide hinausgehen konnten. Er stand schon im Türrahmen, als er sagte: »Eines deiner Angebote nehme ich an, Onkel: Ich trete bei Felicitas an Franz' Stelle. Danke dafür.«

Draußen, im langen, kühlen Gang, blieb Victor stehen und schloss Henny in die Arme. »Großer Gott, was war das denn?«

Sie spürte, wie sein Herz raste. Er kämpfte sichtlich mit den Tränen, schluckte sie herunter.

»Das ist mehr, als ich ertragen kann«, sagte er.

Er hatte das Angebot seines Lebens erhalten und mit einem Lachen ausgeschlagen. Henny wusste nicht, ob sie auf ihren Mann stolz sein oder ob sie ihn tadeln sollte.

»Du hättest dir Bedenkzeit erbitten sollen, Victor«, sagte sie schließlich. »Deine Entscheidung war impulsiv. Du hast mir keine Gelegenheit gegeben, dazu Stellung zu beziehen.«

Victor stutzte. »Ja«, sagte er. »Das stimmt. Aber du hast auch mal gesagt, du willst kein Schloss haben. Letztlich ist es meine Entscheidung, ob ich meine Vergangenheit verrate oder dazu stehe, wer ich bin. Ich bin ein Freystetten. Und ich bin ein Bankert. Meine verrückte Mutter hat es überaus geschickt angestellt, das zu vertuschen. Im Herzen werde ich es jedoch immer bleiben. Und das verdanke ich Franz, der den kleinen Bankert so gern verprügelte. Ich kann ihm also nicht als Schlossherr folgen. Es wäre die Umkehrung jeder Logik.«

Er nahm ihre Hand, und sie folgten dem Klang von

Vickys Klavierspiel, um sie im großen Salon vorzufinden. Ganz allein saß sie am Flügel, niemand war zugegen, hochkonzentriert hatte sie ihre Augen geschlossen.

»Unsere Familie braucht kein Schloss«, flüsterte Victor. »Wir brauchen nur ein Klavier.« Er grinste schelmisch und setzte hinzu: »Eigentlich, Frau Doktor.«

Und Henny fragte sich, ob sie ihre damalige Bemerkung, kein Schloss haben zu wollen, wirklich ernst gemeint hatte. Schließlich war es unvorstellbar gewesen, dass das Schicksal eines Tages solche Purzelbäume schlagen würde.

Als Victor zärtlich Hennys Lippen küsste, war es eine Art von Versöhnungskuss. Er hatte ein schlechtes Gewissen, weil er sie übergangen hatte, während sie neben ihm gesessen hatte.

Sie sagte nicht, was sie dachte: dass in der Sache Erbe von Freystetten wohl noch nicht das letzte Wort gesprochen war.

# EINER NEUEN HOFFNUNG ENTGEGEN

— ♦ —

*April 1932*

Die metallische Stimme aus den Lautsprechern klang in Antonias Ohren so scharf wie der Schnitt eines Messers, das in ihre Haut eindrang.

»Achtung, Achtung an Gleis zwei! Bitte zurücktreten. Türen werden geschlossen. Zug fährt ab.«

Von oben im Waggon, aus dem heruntergeschobenen Abteilfenster, lachten sie die Gesichter von Felicitas und Felix an, Joanna – auf Friedas Arm – verstand noch nicht, was gerade vor sich ging.

»Tschüss!« und »Bis bald, Tante Toni!«, riefen die Zwillinge.

Um ihnen die gute Laune nicht zu verderben, gab sich Antonia alle Mühe, ihre Tränen zu verbergen.

Frieda gelang es nicht so richtig. »Danke!«, rief sie. Und: »Ich liebe dich, Toni!« Und: »Ihr kommt uns bald besuchen. Du hast es versprochen!«

Antonia riss ein Taschentuch hoch und winkte dem Zug nach.

So oft hatte sie hier Menschen verabschiedet oder war selbst davongefahren. Ein Abschied wie dieser war ganz anders, schwerer, wehmütiger, so hart erkämpft. Und noch etwas war anders als sonst: Frieda brach mit den Kindern nicht auf, um wiederzukommen. Sie fuhr fort, um in der Fremde zu bleiben.

Der Bahnsteig war brechend voll, als der Zug die große Halle des Lehrter Bahnhofs verließ. Die Menschen standen und winkten, als führe ihre Sehnsucht nach einem neuen Leben mit. Blasse Mienen, denen der Hunger ins Gesicht geschrieben stand und der Abschiedsschmerz. Sechs Millionen Menschen, eine neue traurige Rekordzahl, waren in diesem Land ohne Arbeit und ohne Aussicht darauf, dass es besser würde. Wer wie Frieda und ihre Kinder im Zug nach Hamburg saß, um die Schiffe nach Amerika zu erreichen, zählte zu den Glücklichen, die einer neuen Hoffnung entgegenfuhren.

Das vergangene halbe Jahr war ein kalter, turbulenter Winter gewesen, unter den Friedas Abreise den Schlusspunkt setzte, dachte Antonia. Sie beschloss, die Viertelstunde vom Bahnhof in ihre Praxis zu Fuß zu gehen. Die Bäume am Tiergarten rund um die Siegessäule zeigten ein erstes Grün, Pärchen gingen Hand in Hand. Und sie dachte daran, dass Guntram nicht nachließ, sie mit Zärtlichkeit zu verwöhnen. Manchmal fand sie den Gedanken verlockend, dass es so bleiben könnte – ein Leben zu zweit.

Sie rief sich zur Ordnung, wie sie es immer tat, wenn ihre träumerische Seite übermächtig zu werden drohte: Es war Zeit für ein Kind, das sah sie durchaus auch so. Aber die Freiheit, arbeiten zu können, Guntrams Nähe zu genießen und gleichzeitig keine weitere Verpflichtung zu haben, tat eben auch gut.

Sie hatte schließlich mit eigenen Augen gesehen, wie Friedas Leben sich gestaltete. Nur hinaufgehen hatte sie müssen, in die erste Etage, wo Frieda, Henny und Victor mit fünf Kindern gelebt hatten. Eine große harmonische Familie mit Mutter Frieda als Mittelpunkt. Henny hatte kaum Arbeit mit Leo gehabt, Frieda hatte ihr nicht nur alles abgenommen, die Kleinen hatten meistens sogar gemeinsam gespielt.

Von heute an würde es in der Beletage der Behrenstraße wesentlich ruhiger zugehen, nun, da Frieda mit ihren Kindern fort war.

Die Vormundschaft für Felicitas zu bekommen, war für Victor wesentlich schwerer gewesen als von allen erwartet. Denn Rosel hatte sich erneut quergestellt. Sie hatte gewollt, dass Friedemann diese Aufgabe übernimmt. Aber der Graf stand in seinem siebenundsechzigsten Lebensjahr und hatte keine Lust auf die drohenden Streitigkeiten mit einer Tochter, die mit ihm nichts zu tun haben wollte. Und ein weinerliches kleines Mädchen, das Mutter und Bruder vermisste, war wohl auch nicht das, was Großvater Friedemann brauchte.

Schließlich hatte Victor zu einer List gegriffen: Er hatte die mächtige Produktionsfirma Ufa dazu gebracht, eine Filmpremiere in Freystetten zu feiern. Rosel durfte, wie bei Tonis Hochzeit, alles organisieren; sie hatte wochenlang alle Hände voll zu tun. Daraus ergaben sich neue Aufträge für die *Veranstalterin großer Festivitäten*, wie die Berliner Zeitungen die Gräfin nannten. Rosels Kummer über die ungelebte Rolle einer Großmutter geriet darüber allmählich in Vergessenheit.

Friedas Abschiedsbesuch im Schloss – der Gruft, wie sie es nannte – fand denn auch am Vortag eines großen Festes statt, das ihre Mutter auf Trab hielt. Sie bekam kaum mit, um was es ging: Wer sich mit so kleinen Kindern auf die tagelange Reise in die Neue Welt machte, kam nicht so rasch zurück. Oder – wie in Friedas Fall – nie? Von Jonathan hieß es, es gefiele ihm sehr gut in New York. Und Friedas Englischkenntnisse hatten dank Hennys und Victors Hilfe rasche Fortschritte gemacht.

Antonias und Guntrams Hochzeitsreise dorthin stand nach wie vor aus. Zu gern wäre sie schon heute mitgefahren, aber Celia war noch nicht zurück aus Ägypten. Es gab da wohl einen Briten, der die Ausgrabungen an einem Pharaonengrab leitete oder irgendwie dabei mitmischte, so genau hatte die Freundin das in ihrem Brief nicht enthüllt. Sie klang jedoch so, als könnte sie sich vorstellen, jenes magere Liebesleben aufzugeben, bei dem ein Mann nur wie ein Koch auftreten durfte, der ihr eine erlesene Speise servierte. Ob sie ihre Tochter Ida weiterhin vom Unterricht befreien konnte oder wollte, dazu äußerte sich die Freundin nicht. So teilte sich das Ehepaar Harrich nach wie vor die Praxis mit Henny. Wobei Antonia noch immer nicht wusste, ob die große Schwester sich Celias unklaren Plänen anpasste oder trotzdem wieder in die USA zurückkehren wollte.

Am Abend besuchte Antonia die Vandenbergs in deren Wohnung, in der er es plötzlich sehr still geworden war. Vicky saß auf dem Teppich des Kinderzimmers und stapelte mit Brüderchen Leo Bauklötze aufeinander. Antonia sah ihrer Nichte an, was in ihr vor sich ging.

»Frieda hat diesen großen Schrankkoffer«, sagte Vicky. »Ich bin hineingekrochen. Hatte für mich genau die richtige Größe. Ihr habt richtig Glück gehabt, dass Leo nicht mit hineingepasst hat. Ich hab's nicht übers Herz gebracht, ihn in dieser Stadt zurückzulassen!« Sie grinste und zog dann doch die Mundwinkel hinunter. »Ich hab's gewusst, Toni. Jetzt sitzen wir in Berlin fest! Ich werde Los Angeles nie wiedersehen.«

»Nie ist ein großes Wort«, erwiderte Antonia. »Du kannst nicht in die Zukunft sehen, Vicky.«

Sie hatte auch Zweifel, dass Victor es auf Dauer in

Deutschland aushielt; er liebte Amerika, weil er dort als Kind zum ersten Mal glücklich gewesen war. Bei Henny war es umgekehrt. Ihre Wurzeln sah sie in dieser Stadt. Umso schlimmer war es, dass sie nach wie vor bei jedem Aufmarsch der SA zu Eis erstarrte.

Antonia fand sie in der Küche, wo sie ein offensichtlich größeres Abendessen vorbereitete.

»Es gibt Schweinekamm mit Schmorgurke«, sagte Henny. »Am Mittag war ich in der Lindenhalle. Diese Fülle an frischen Lebensmitteln, Toni! Es ist zwar alles teuer, aber das findest du in Los Angeles eben nicht.«

Ein schwerer Seufzer schloss sich an.

In der geschlossenen Markthalle am südlichen Ende der Friedrichstraße – keine zehn Minuten Fußweg von der Behrenstraße entfernt – hatten Fleischer, Gemüse- und Fischhändler ihre Verkaufsstände. Blumenhändler boten die ersten Tulpen aus holländischen Gewächshäusern an, wie ein frischer Strauß bewies, der den Esstisch zierte.

»Kommt Besuch?«, fragte Antonia.

»Friedemann hat sich angesagt«, antwortete Henny. »Nun, da Frieda fort ist, will er einen weiteren Versuch wagen.«

Da hat er ja nicht lang gewartet, dachte Antonia, verkniff sich aber die Bemerkung. »Ich dachte, das Thema Adoption wäre für Victor erledigt«, sagte sie stattdessen.

Im vergangenen halben Jahr hatte Friedemann seinen Neffen vergeblich gebeten, es sich noch einmal anders zu überlegen.

Henny schnitt die Schmorgurken der Länge nach durch und entfernte die Kerne.

»Es ist so viel Zeit vergangen, seitdem Friedemann seinen Vorschlag erstmals gemacht hat«, sagte sie. »Nun kann man die Sache mal ohne Emotionen betrachten, finde ich.

Was ist so schlimm daran, wenn Victor in die Erbfolge eintritt? Freystetten ist das Zuhause von uns allen.«

»Eine sachliche Argumentation ist das nicht gerade«, neckte Antonia sie.

»Schlaumeier!« Henny verdrehte die Augen.

»Und du, Henny? Was willst du?«, fragte Antonia eindringlich.

»Der Winter hier war schon hart«, sagte Henny. »Aber jetzt, wo es wieder schön wird, frage ich mich schon: Will ich wirklich zurück nach Kalifornien?«

Sie atmete auf, als sie es ausgesprochen hatte. Und war sich gleichzeitig darüber klar, dass sie in Kalifornien das Gleiche über Berlin gesagt hatte. Es war verwirrend, wie zerrissen sie war.

»*Mom*, du hast gelogen!«, schrie eine empörte Mädchenstimme von der Küchentür her.

Vicky hatte das Gespräch absichtlich oder zufällig belauscht.

»Du hast gesagt, es wäre nicht für immer! Dass das Haus auf uns wartet. Rosalia hält alles sauber. Für uns! Du bist … oh … ich finde keine Worte!«

Vicky stürmte davon, schlug irgendwo eine Tür hinter sich zu und hämmerte kurz darauf ihre Gefühle in die Klaviertasten. Leo begann zu weinen und Antonia hob ihn zum Trösten auf ihren Arm. Henny zerteilte die Gurken und schnitt Speck mit einer Konzentration in kleine Würfel, als wollte sie eine Meisterköchin werden. Aber Antonia kannte sie gut genug, um zu wissen, dass sie sich gedanklich nicht dem tatsächlichen Konflikt stellen wollte.

»Hast du mit Mutter kürzlich über die Adoption gesprochen?«, fragte sie.

»Das wäre die Sache von Victor, sagt sie, klug wie sie ist. Sie könnte nur zwischen die Fronten geraten. Deckst du mal den Tisch, Toni?«, fügte sie übergangslos an. »Wenn du bleiben willst, für fünf. Essen ist genügend da.«

Antonia setzte Leo ab, der sich beruhigt hatte. Und in diesem Moment wusste sie um ihre eigene endgültige Einstellung zu der möglichen Adoption: Sie war dagegen. Wenn Friedemann der letzte Graf sein sollte, dann war das eben so. Die Zeiten veränderten sich gerade, die Menschen hatten keine Arbeit, es gab zu wenige Wohnungen in Berlin, und der alte Adel genoss nach wie vor seine Privilegien. Die einstige Kommunistin in ihr sah keinen Grund, diesen Lebensstil zu unterstützen.

Eines jedoch hatte sie aus der Vergangenheit gelernt: Manchmal war es klüger, nicht zu sagen, was man dachte.

»Danke, ich fahre nach Hause«, sagte sie schließlich. »Du erzählst mir dann morgen alles.«

»Ist gut.«

Mit anderen Worten: Es war Henny ganz recht, wenn Antonia ging.

Es läutete an der Tür. Friedemann hatte jemanden mitgebracht, mit dem wohl auch Henny nicht gerechnet hatte.

»Das ist ja eine Überraschung!«, rief Henny ehrlich erstaunt.

Sie öffnete die Wohnungstür einem Paar, das sie in dieser Kombination selten zu Gesicht bekommen hatte. Graf Friedemann wurde zu diesem Besuch im Haus Vandenberg von seiner Schwester Florentine begleitet. Henny musste keine Gedanken lesen können, um zu verstehen, was das zu bedeuten hatte.

»Verzeih, meine Liebe, dass ich mich nicht angekündigt habe«, flötete Florentine. »Die Feuerwehr ruft nie an, bevor sie kommt.«

Sie trug einen weit geschnittenen, frühlingshaft apricotfarbenen Herrenanzug zur Bluse mit überdimensionierter weißer Schleife am Hals und dazu einen wagenradgroßen Strohhut, als käme sie direkt vom Mittelmeerstrand. Sie duftete nach einem blumigen Parfüm. Ihr Bruder, der Graf, war im schwarzen Anzug, auch die Krawatte hatte die Farbe der Trauer. Ein größerer Gegensatz war kaum vorstellbar.

Mit einem Blick auf Antonia, die ihre Verblüffung nicht minder verbergen konnte, sagte Hennys Schwiegermutter: »Du bist auch hier? Ach, ich liebe solche Zusammentreffen. Das wird lustig.«

»Bedaure, ich lache nicht mit, sondern bin schon fast weg«, sagte Antonia und schob sich mit einem leisen Augenzwinkern an ihrer Schwester vorbei ins Treppenhaus. »Schönen Abend!«

»Wir werden Spaß haben«, meinte Florentine. »Ist mein wunderbarer Sohn nicht zu Hause?«

»Er stellt zurzeit die Musik zu einem Film fertig und wird bald hier sein«, sagte Henny.

Es roch leicht angebrannt.

»Bitte alle in die Küche«, sagte Henny unkompliziert. »Ich koche gerade.«

In letzter Sekunde rettete sie die Schmorgurke, indem sie sie mit dem bereits fertigen Püree aus passierten Tomaten und Bouillon ablöschte.

»Ich wusste nicht, dass du kochen kannst«, stellte Florentine fest.

»Warte ab, bis du das Ergebnis probiert hast. Kannst du bitte den Wein …«

»Bin schon unterwegs!«, rief Florentine.

Von den einstigen Beständen aus jener Zeit, in der sie hier gewohnt hatte, waren noch einige kostbare Flaschen übrig. Das Ehepaar Vandenberg rührte sie allerdings nicht an; es war Floras Wein.

»Deine Großmutter hat dir gewiss beigebracht, wie man so etwas macht«, sagte Friedemann mit Blick auf den dampfenden Herd.

Er stand mitten in der Küche wie ein Mann, der sich sonst nie an einem derartigen Ort aufhielt.

Gerade an einem Tag wie diesem empfand Henny Friedemanns Bemerkung als ausgesprochen fehl am Platze. Gleich sollte es darum gehen, ob sie an Victors Seite eventuell die Gattin des neuen Grafen Freystetten werden würde. Und er erinnerte sie sehr direkt an ihre Abstammung.

»Leider hat Großmutter mir nichts beigebracht«, erwiderte Henny dennoch sachlich. »Wir sahen uns zu selten.«

»Verstehe.«

Friedemann verschränkte die Arme und bewegte sich keinen Schritt, während Henny wie eine Tänzerin um ihn herumwirbelte, um ihre Aufgaben zu erledigen. Schließlich hielt sie inne, umfasste seine Oberarme und dirigierte ihn wie eine überdimensionierte Puppe zur Tür.

»Im Salon steht Cognac auf der Anrichte, bediene dich bitte.«

»Da sitzt ein Kind im Flur«, sagte er im Hinausgehen.

»Nachdem deine Enkel abgereist sind, wird das wohl unseres sein. Es wohnt hier und heißt Leo«, gab sie mühsam beherrscht zurück.

Nein, es war keine gute Idee, den Grafen einzuladen, dachte sie. Victor hatte schon bessere Einfälle gehabt. Bislang hatte Henny Friedemann stets im Schloss erlebt, wo seine steife Förmlichkeit nicht so deutlich auffiel wie hier.

Wollte sie mit diesem Mann tatsächlich ständig zu tun haben?

Florentine stellte sich geschickter als ihr Bruder an. Was auch an Vicky lag, die ihre unkonventionelle Großmutter in Los Angeles für immer in ihr junges Künstlerinnenherz geschlossen hatte.

Sie war wie ausgewechselt und redete wie ein Wasserfall über die glücklichen Zeiten: »Weißt du noch? Wie wir am Pool des reichsten Mannes der Welt waren. War das nicht irre!«

»In der Tat, *darling*, das war es«, erwiderte Florentine, die an jenem Tag – und zwar an besagtem Pool – von ihrem eigenen Sohn aus dem gemeinsamen Projekt zur Verfilmung eines Romans ausgeschlossen worden war.

Im Flur rief Victors gut gelaunte Stimme: »Bin zu Hause!«

»Da ist er ja, unser junger Graf«, erwiderte Florentine.

Sie hat also tatsächlich die Absicht, jenes Familienporzellan zu kitten, das vor Jahrzehnten zerschlagen worden war, erkannte Henny.

Nachdem das Geschwisterpaar von Victor begrüßt worden war, bekam Henny einen zarten Wangenkuss.

»Tut mir leid, dass ich spät dran bin. Ich muss erst lernen, wie man die Takte der Musik auf die Sekunde genau mit dem Filmschnitt abstimmt. Macht aber Spaß.« Er warf einen halben Blick zu Florentine. »Wusstest du, dass Mutter kommt?«

»Nein. Sie sagt, sie spiele Feuerwehr.«

»Ach«, sagte Victor, »es brennt? Gut zu wissen.«

Das eigentliche Thema des Abends hatte die Runde bislang sorgsam umschifft.

Stattdessen schwärmte Florentine ausgiebig davon, wie wundervoll New York sei und ganz besonders Jonathan Landsmann, dem sie angeblich alle möglichen Türen dort geöffnet habe.

Zu ihrem Bedauern habe er sich entschieden, sich nicht in Manhattan niederzulassen, wo sie wohnte, sondern in

Brooklyn. »Wo seine jüdischen Glaubensbrüder leben. Aber sonst ist er ein bezaubernder Mann.«

Nun freute sie sich auf den Frühling in Beaulieu-sur-Mer.

»Deine Eltern begleiten mich, wenn ich an die Riviera fahre. Das hat deine Mutter dir doch gewiss gesagt, Henny. Diesmal nehme ich sogar gemeinsam mit ihnen den Zug. Deine Mutter meinte, man reist auf diese Weise sehr angenehm.«

»Vor allem freut mich daran, dass du und sie sich so gut verstehen«, sagte Henny, die das schon vor der ersten Reise nicht erwartet hatte. Sie schob es auf die Altersweisheit ihrer Eltern, dass es nun möglich war.

Vicky klapperte auffällig unauffällig mit ihrem Besteck.

»Ich muss noch üben. Morgen habe ich Geigenunterricht«, sagte sie. »Darf ich mich entschuldigen? *Mom*, das Essen war vorzüglich. Vielen Dank.«

Als sie aus dem Zimmer war, lobte der Graf: »Ein gut erzogenes Kind.«

»Liegt in der Familie.« Victor grinste.

»Weshalb nennt sie dich *Mom*, Henny? Das deutsche Wort Mutter ist passender«, bemängelte der Graf.

»Jede Familie hat ihre eigenen Gewohnheiten«, wehrte Victor ab.

»So ist es, *darling*.«

Florentine schien es sich nicht verkneifen zu können, in Richtung ihres Bruders zu sticheln.

»Es wandern so viele Menschen aus in dieses Amerika«, sagte der Graf. »Wissen sie nicht, dass jene, die dort leben, Nachfahren gescheiterter Existenzen sind? Es ist keine Kultur, was von dort kommt. Allein der Sklavenjazz! Ist das Musik, Victor? Oder Ausschweifung, die niedere Instinkte befriedigt?«

»Jede Zeit und jedes Volk hat eine eigene Art, sich auszudrücken.«

Victor, der den Jazz liebte, blieb ruhig, wofür Henny ihn bewunderte, aber sie sah auch, wie es in ihm arbeitete. Lange würde er sich diesen Ton nicht mehr gefallen lassen.

»Wo wir gerade über gute Erziehung sprachen«, fuhr Florentine fort. »Mein geschätzter Bruder, der mich etliche Male aus dem Schloss herauskomplimentiert hat, hat einen erstaunlichen Sinneswandel durchlaufen. Was er will, ist hinlänglich bekannt. Ich war auf dem Weg von New York an die Riviera, als mich Friedemanns Hilferuf erreichte. Meine erste Reaktion war: Gute Idee!« Florentine strahlte über das ganze Gesicht. »*Darling*, ich möchte, dass du Graf wirst!«

»Das habe ich mir schon gedacht«, erwiderte ihr Sohn. »Und warum möchtest du das?«

»Ich denke, es ist höherer Wille, dass es so kommt. Franz war nicht geeignet, die Aufgabe auszufüllen, die ihm Freystetten stellte. Es hat ihn nicht interessiert.« Florentine lächelte böse. »Was ich ihm keinesfalls vorwerfe, geht es mir doch ebenso. Victor, du kannst mit sich verändernden Situationen umgehen, denn du bist ein Mann von Welt. Ein Fest mit Leuten vom Film! Genau das braucht Freystetten. Und nicht nur frisches Fleisch vom Fasan und Hirsch. Du bist ein wenig altmodisch, mein lieber Bruder. Victor wird frischen Wind in die alten Gemäuer bringen. Nicht wahr, *darling*?«

Friedemann verzog keine Miene, und dennoch konnte Henny an seiner Körperhaltung ablesen, dass er einsah: Florentine um Hilfe zu bitten, war nicht nur hilfreich. Er behielt das, was man in seinen Kreisen die *Contenance* nannte – man wahrte das Gesicht.

»Du sprichst abwertend über das, was unser Land einst

groß und bedeutend in der Welt gemacht hat, Florentine. Franz stand genau dafür ein. Die Zukunft von Deutschland muss genauso sein: Die alten Werte müssen neu erweckt werden.«

»Letzten Endes geht es um Hennys und mein Leben und das unserer Kinder«, sagte Victor.

Henny war froh, dass er sich nicht auf eine politische Diskussion einließ.

»Wir sind Stadtmenschen. Ein Leben in Freystetten ist für uns unvorstellbar.«

»*Darling*, was redest du für einen *nonsense*«, sagte Florentine. »Ich heiße Freystetten, aber wohne ich etwa dort? Nimm den alten Namen und tu, was du willst. Das Leben ist ein Kompromiss. Nur unkluge Leute pochen auf ihre Prinzipien. Die schlauen machen mit dem Schicksal einen *deal.*« Als ihr des Englischen unkundiger Bruder sie fragend ansah, verbesserte sie: »Das heißt, jeder bekommt, was er will. Du, Friedemann, sicherst dein Erbe, und Victor hat ein Schloss.« Sie hob ihr Glas. »Was will man mehr?«

Am Abend, als Friedemann und Florentine gegangen waren, sagte Victor: »Wenn man es so wie Mutter sieht, ist es eigentlich keine große Sache, sondern in der Tat lediglich eine Formalität. Wir führen unser Leben fort wie bisher.« Er grinste lausbubenhaft. »Ein Haus mit Pool in L. A. und ein Schloss mit Fasanen in Brandenburg. Uns fällt beides in den Schoß. Im Grunde wäre ich dumm, wenn ich es ausschlage.«

»Ganz im Ernst, Victor? Was wurde aus deinem Ärger über Franz und deinem Gefühl, zweite Besetzung zu sein?«, fragte Henny. »Wenn du es jetzt doch machst, ist es für immer.«

»Ja, ich weiß. Aber es ist recht viel Zeit vergangen. Ich

betrachte die Dinge nüchtern«, sagte Victor. »Oder bist du dagegen?«

»Nein. Wie gesagt: Freystetten ist die Heimat unserer Familien. Als Friedemanns Adoptivsohn würdest du die Zukunft sichern. Aber du musst es wirklich wollen, Victor. Ein Schloss ist kein Haus mit Pool. Da hängt eine Menge dran. Denk nur an die vielen Leute, die von ihrer Arbeit in und für Freystetten leben.«

»Du willst es mir ausreden?«

»Keineswegs, Liebster. Aber du hast selbst gesagt: Wir brauchen nur ein Klavier.«

»Das habe ich«, gab Victor zu. »Und so ist es auch. Weißt du, Henny, so ein Schloss kann man ebenso wieder verkaufen wie eine Villa in L. A. Es sind letzten Endes nur Häuser, und an die sollte man sein Herz nicht hängen.«

So sprach ein Mann, der nie Wurzeln gehabt hat, dachte Henny. Das Schloss mit all den Menschen, die davon abhingen, bedeutete ihm nichts. Die ganze Aufregung hatte für ihn nur in der Rivalität mit Franz bestanden, wurde ihr in diesem Moment schlagartig klar. Falls er also jemals Freystetten verkaufen wollte, wäre es ihre Aufgabe einzuschreiten, nahm sie sich vor.

»Ich werde Friedemann anrufen«, sagte Victor. »Wir machen es, wie er vorschlägt: Ein Notar soll einen Vertrag aufsetzen und im nächsten Schritt wird die Adoptionsurkunde ausgefertigt.« Er zog sie zärtlich an sich. »Ist doch alles nur Papierkram, nicht wahr?«

Faszinierend war es durchaus, was da gerade vor ihren Augen geschah, dachte Ricarda. Obwohl es ihr ein wenig verrückt erschien, dass lärmende Autos mit irrwitziger Geschwindigkeit durch die Gassen einer alten Stadt am Meer rasten. Und zwar direkt vor ihren Augen, während sie auf einer Tribüne vor der Spielbank von Monte Carlo saß, umgeben von vermutlich sehr vermögenden Menschen, die Champagner tranken und sich Austern auf Silbertabletts reichen ließen. Es roch gleichzeitig nach Benzin, dem teuren Parfüm der elegant herausgeputzten Damen und den Zigarren ihrer in Smokings gewandeten Begleiter. Als wäre man in der Oper und nicht unter der Sonne des Mittelmeers, das im Hintergrund glitzerte.

Erst seit ein paar Tagen waren Ricarda und Siegfried wieder zurück an der Côte d'Azur. Denn der Aufenthalt in Florentines Villa hatte Siegfried im letzten Jahr gutgetan, und Ricarda hatte das tägliche Schwimmen im Meer genossen. Dieses Mal hatten sie das schöne große Haus für sich, denn Frieda und deren Familie waren inzwischen in New York angekommen. Zumindest zu einem Ausflug ins berühmte Spielerparadies Monte Carlo, wo gerade der *Große Preis von Monaco* stattfand, hatte Ricarda sich in diesem Jahr von Florentine überreden lassen. Auch wenn Siegfried sich geweigert hatte mitzukommen. Seine Begründung, dem Treiben der Kapitalisten keine Aufmerksamkeit schenken zu wollen, war etwas unlogisch, genoss er doch sehr wohl gleichzeitig Florentines luxuriöses Anwesen.

»Nur meiner Gesundheit wegen ertrage ich es, Rica!«, hatte er mit einem Augenzwinkern gemeint. »Du sollst dir doch keine Sorgen um deinen alten Mann machen müssen.«

Sie mochte es, wenn er sich über sich selbst lustig machte.

In diesem Moment sauste fast in Reichweite ein knallroter Rennwagen vorbei, dessen Räder weit vom schmalen Korpus des Gefährts abstanden. Schon folgten weitere, ähnliche Vehikel. Der Lärm war derart ohrenbetäubend, dass Ricarda insgeheim Siegfried recht gab, sich dieses Spektakel erspart zu haben.

Florentine hingegen genoss jede Sekunde.

»Das da gerade war Karratsch!«, rief sie begeistert. »Dem musst du die Daumen drücken. Ein toller Mann!«

Mit Flora und den Männern war das so eine Sache. Stets entflammte sie für neue, und auch ihr Alter schien daran nichts zu ändern. Südländer mussten es obendrein sein. Normalerweise. Bei dem Herrn mit dem knalligen Kosenamen Karratsch handelte es sich jedoch um den Deutschen Rudolf Caracciola, dessen Eltern ein Weingut am Rhein besaßen, wie Florentine zu berichten wusste.

»Bis zur letzten Saison fuhr er für Mercedes, aber denen ist das Geld ausgegangen«, berichtete sie. »Nun zahlen seine Eltern dafür, damit er hier starten kann. Es ist ein Trauerspiel, Rica! Was wird nur aus diesem Deutschland! Es geht nur noch bergab.«

»Du hast doch nicht etwa die Liebe zu deiner Heimat wiederentdeckt!«, neckte Ricarda sie.

»Das siehst du zu eng, Rica. Wenn du sagst, du bist Deutsche, dann darf das nicht klingen, als sagtest du: Ich stamme aus einem Armenhaus. Verstehst du, was ich meine? Man kann schon lange nicht mehr stolz darauf sein, Deutsche zu sein. Aber das wird sich bald ändern.«

»Wie meinst du das?«

»Letzte Woche die Reichspräsidentenwahl, Rica! Du wirst doch nicht etwa den greisen Hindenburg gewählt haben. Der gute Mann steht mit einem Bein im Grab. Die Zukunft gehört Hitler. Der hat Ideen, wie Deutschland wieder groß und mächtig wird.«

Florentines Ansichten überraschten Ricarda, wenngleich derartige Überzeugungen verbreitet waren. Denn tatsächlich hatte der dreiundvierzigjährige Aufsteiger Hitler bei der Wahl zum ersten Staatsamt nur knapp gegen den angesehenen, vierzig Jahre älteren Paul von Hindenburg verloren.

»Du verharmlost Herrn Hitler«, widersprach Ricarda. »Dessen SA hat Henny verprügelt. Solch einen Mann darf niemand wählen.«

In diesem Moment raste der Siegerwagen durchs Ziel und kurz danach der Zweite. Es war der Deutsche mit dem italienischen Namen, und Florentine winkte einen Boten heran, dem sie den Auftrag gab, ihm in ihrem Namen einen Blumenstrauß zukommen zu lassen.

»Warum tust du so etwas, Flora?«, fragte Ricarda verwundert.

»Weil es mir Spaß macht und weil ich es kann. Mach nicht so ein Gesicht. Du bist zu oft in Freystetten, da vergisst man, wie amüsant das Leben sein kann. Komm, jetzt gehen wir ins Casino. Ich spüre es: Heute ist mein Glückstag.«

Ricarda musste sich nicht lange von ihrer Begleiterin erklären lassen, wie Roulette funktioniert. Denn egal, wohin Florentine ihre Chips platzierte, es schien wie eine Anweisung an die Elfenbeinkugel zu sein, genau dort liegen zu bleiben. Schließlich stapelten sich die Jetons vor Florentine. Sie ließ sich das Geld auszahlen und verteilte großzügig Trinkgeld an die Croupiers.

Gemeinsam machten sich die beiden Frauen auf den Weg nach draußen, doch plötzlich blieb Florentine auf dem Platz vor dem Casino stehen. Da das Rennen vorüber war, hörte Ricarda das Plätschern der großen Fontäne in dem kleinen Park, und sogar der Gesang der Vögel und Zikaden war zurückgekehrt.

»Ich hatte gehofft, es würde dir gefallen, wenn ich dir etwas aus meinem Leben zeige, Rica«, gestand Florentine. »Aber es gefällt dir nicht, das sehe ich. Sag nichts. Ist schon gut.«

Es schien, als wäre die vom Glück scheinbar Verwöhnte den Tränen nah. Aber sie lächelte sie fort.

»Was gefällt dir daran, Flora?«

»Puh! Was soll ich darauf antworten, Frau Doktor? Das Geld. Ich glaube, es ist das Geld. Es liebt mich. Selbst wenn ich es von mir fortschubse, kommt es wieder zurück. Es ist das Einzige auf dieser Welt, das mich liebt. Komm, Rica, lass uns essen gehen!«

Sie hakte sich bei ihr ein, was ihrem leicht unsicheren Gang gut bekam.

»Ich glaube nicht, dass es stimmt, was du sagst, Flora. Dein Sohn liebt dich und Vicky erst! Sie himmelt dich an. Na gut, wenn du ein wenig mehr Zeit für Hennys Familie hättest, würden sie sich freuen. Leo kommt auch in ein Alter, wo es Freude bereitet, sich mit ihm zu beschäftigen!«

Florentine ging so gemächlich, dass es Ricarda, die sonst flott unterwegs war, schwerfiel, sich auf ihr Tempo einzulassen. Das Ziel befand sich schräg gegenüber vom Casino, ein ebenso pompöser Bau, wo Florentine offensichtlich wohlbekannt war. Jedermann sprach *Madame Comtesse* auf Französisch an, und bei jeder Begrüßung wechselte eine der hübsch bedruckten großen Francsnoten den Besitzer. Das als *Grill* bezeichnete Restaurant, mit Lichtkuppeln, Lüstern und Gold überreich ausgestattet, erschien Ricarda dennoch so gemütlich wie ein gigantischer Wartesaal. Sie ertappte sich bei dem Gedanken, dass man vielleicht sogar deshalb hierherkam, weil man auf irgendetwas wartete – vielleicht das große Glück.

Florentine ließ eine Flasche Champagner kommen, obwohl Ricarda stets ausschließlich Mineralwasser trank.

»Lass dir etwas *Cassis* in dein *Eau Perrier* hineinmischen«, schlug Florentine vor. »Das schmeckt hervorragend.«

Sie wandte sich an den Ober und bestellte auf Französisch.

»Deine Mutter hätte gewiss gewusst, wofür Schwarze Johannisbeere im Mineralwasser gesund ist. Du weißt es auch, oder?«

Ricarda nickte lächelnd, wollte aber nicht wie die Streberin wirken, die auf alles eine Antwort hat.

Florentines Blick schweifte ins Nirgendwo.

»Du fragtest vorhin, was mir an meinem Leben gefällt. Es ist natürlich nicht nur das Geld. Es ist kompliziert. Weißt du, Rica, dass ich an jenem Tag tatsächlich den Boden unter den Füßen verloren habe? Ich habe ihn nie wieder gefunden. Ich träume oft davon, wie ich in unserem See versinke. Ich sehe dort deine Schwester im Wasser, Blasen steigen aus ihrem Mund. Als wollte sie mir etwas sagen, aber ich kann sie nicht hören.«

Florentine beschwor die auch Ricarda prägenden Bilder des Weihnachtstags des Jahres 1876 so plötzlich herauf, dass es unwirklich war, sich dabei in diesem eleganten und gleichzeitig anonym erscheinenden Restaurant zu befinden. Vielleicht war es jedoch gerade hier möglich, wo man der Heimat wie entrückt war, dass sich jeder Vergleich von selbst verbot.

»Ich wusste nicht, dass dich das bis heute verfolgt«, sagte Ricarda.

»Verfolgt es dich nicht?«, fragte Florentine zurück.

»Ich habe damit meinen Frieden gemacht«, sagte Ricarda. »Ich vermute, es war für mich in gewisser Weise einfacher, weil ich etwas tun konnte, als du und Antonia im Eis eingebrochen wart. Den Hund losschicken, um meinen Vater zu alarmieren, die Leiter holen, nach dir greifen, dich halten.«

»Ich war angewiesen auf deine Hand, Rica. Sonst wäre ich gestorben. Weihnachten ist für mich wie ein zweiter Geburtstag. Ich feiere ihn dennoch nie, weil ich ganz besonders an diesem Tag versuche, nicht daran zu denken.«

Der ganze Pomp, die tägliche Verschwendung, das Umsich-Schmeißen mit Geld – war das so etwas wie eine immer wiederkehrende Feier, am Leben geblieben zu sein? Ricarda sprach diese Frage nicht aus. Es wäre ihr zu persönlich, zu intim gewesen. Sollte Florentine doch ihren Luxus genießen! Wenn er ihr dabei half, das Gefühl zu haben, nicht den Boden unter den Füßen zu verlieren. Stand es ihr zu, sie dafür zu kritisieren?

Bis zum letzten Jahr, in dem Siegfried und sie erstmals in der Villa in Beaulieu-sur-Mer Urlaub gemacht hatten, hatte Ricarda Florentine ihren Lebensstil zwar nicht offen vorgeworfen. Aber sie hatte sie für deren Genusssucht und vermeintliche Oberflächlichkeit verachtet. Jetzt, in diesem seltsamen Moment, an einem Ort, der genau dafür stand, spürte sie, wie sie damit ihren Frieden machte.

»Du hast dir dein Leben gut eingerichtet, Flora«, sagte Ricarda.

»Ganz im Ernst?«, fragte Florentine. »Ich dachte immer, du missbilligst es.« Sie lachte. »Ich habe dich doch nicht etwa überzeugt?«

»Von deinem Lebensstil überzeugt hast du mich nicht, Flora. Aber ich bin von ganzem Herzen froh, dass ich dir damals die Hand gereicht habe.«

»Oh Gott, Rica!« Florentine schossen Tränen in die Augen. »Das sagst du einfach so.«

Sie griff nach einem Seidentuch und trocknete ihr Gesicht, bevor die Tränen ihr Make-up verwüsten konnten.

»Ich weiß nicht: Habe ich dir jemals gedankt? Ich glaube nicht«, sagte Florentine.

»Ich weiß auch nicht, ob ich es je erwartet habe. Wohl nicht.« Sie suchte nach der Formulierung für einen im

Grunde unbeschreiblichen Vorgang. »Ich bin nicht gläubig, wie meine Mutter es war. Wenn es einen Gott gibt, so hat er mich in jenem Augenblick dort sein lassen. Ich war so etwas wie ein Werkzeug. Oder? Was meinst du?«

»Na ja, Rica, das warst schon du selbst! Zum größeren Teil jedenfalls. Du hast immer zugepackt, das Leben beim Schopf gegriffen. Wenn Gott jemand anders dorthin gestellt hätte, hätte der sich nicht aufs Eis gelegt und nach meiner Hand gegriffen.«

Die Tränen drängten nach, Florentine tupfte mit dem Seidentuch dagegen an.

»Danke«, sagte sie schließlich.

Der Ober ließ den Korken aus der Champagnerflasche zischen und schenkte den beiden Damen ein. Zu spät hinderte Ricarda ihn daran, auch ihr Glas zu befüllen. Sowohl das *Eau Perrier* als auch den *Cassis* hatte er vergessen.

Florentine hob ihr Glas, das edle Kristall brach das Licht wie ein Prisma in unzählige Farben und ließ das Getränk noch edler wirken.

»Auf uns, Rica. Auf das Leben!«

Angesichts eines solchen Toasts konnte Ricarda sich nicht weigern, mit ihr anzustoßen. Seit mehr als vier Jahrzehnten hatte sie keinen Champagner angerührt. Auf den Tag genau konnte sie das Datum bestimmen. Jetzt jedoch führte sie das Glas an die Lippen. Der Geruch, der sie bis zu diesem Moment hatte würgen lassen – sie empfand ihn als angenehm, frisch und weich. Vorsichtig gewährte sie einigen Tropfen, ihre Lippen zu benetzen.

»Das schmeckt gut«, stellte sie erstaunt fest.

Florentine bemerkte die Bedeutung fast zu spät, die dieser Augenblick für Ricarda hatte. »Stimmt«, sagte sie, »du trinkst nie Alkohol. Oh, ich Dummkopf!«

»Nein, alles gut, Flora. Auch ich muss mich den Gespenstern der Vergangenheit stellen. Es ist in der Tat alles lange her«, sagte Ricarda und kostete einen weiteren kleinen Schluck.

Die Erinnerung kam tatsächlich nicht zurück. Die schreckliche Verbindung zwischen dem Geruch des Champagners und der Ausdünstung jenes Mannes, der sie vergewaltigt hatte, war ausgelöscht.

Später, als ein Taxi sie beide nach Beaulieu-sur-Mer zurückbrachte, war das Autofenster geöffnet. Die Luft roch nach Salz, Erde und Blüten, die Zikaden zirpten.

In der Villa erwartete sie Siegfried. Sie fragte, ob er am Meer gewesen sei. Er antwortete, er habe wieder zu schreiben begonnen auf jener Maschine, die ihm im Vorjahr so gute Dienste geleistet hatte.

»Ich habe noch so viel zu erzählen. Meine Kindheit, die Armut in unserem Viertel, dem Krögel an der Spree, und meine feste Überzeugung, dass ich dem entkommen würde. Oder der Tag, an dem du mir das erste Mal begegnet bist. Nie werde ich es vergessen: die Überraschung, dich, die Unbekannte, in der Wohnung meiner Mutter anzutreffen, wo du meine kranke kleine Schwester versorgen musstest.«

Er nahm Ricardas Hand und sie traten hinaus auf die Terrasse direkt vor ihrem Schlafzimmerfenster. Es herrschte absolute Windstille. Die Wellen schwappten so sanft gegen die Felsen, auf denen das Haus stand, dass es wie ein Flüstern war.

»Es war ein langer Weg, den wir beide gegangen sind«, sagte Siegfried. »Und wie geht es dir? Der Lärm muss ohrenbetäubend gewesen sein.«

»Welcher Lärm?«

»Das Autorennen. Warst du nicht dort?«

»Oh doch!« Ricarda lachte. »Das habe ich fast vergessen.

Florentine und ich, wir haben uns endlich ausgesprochen. Das war wichtiger«, sagte sie. »Schade, dass wir das nicht längst getan haben. Es verbindet uns vielleicht nicht so viel, wie uns trennt, aber wir haben Gemeinsamkeiten.« Sie lachte. »Und ich habe einen kleinen Schwips.«

»Nanu? Du meidest doch sonst jeden Tropfen.«

»Heute war mir danach. Es ist ein lustiges Gefühl, als schwebte ich einen halben Zentimeter über dem Erdboden und müsste nur die Zehen ausstrecken, um ihn berühren zu können. Ein klein wenig möchte ich noch schweben.«

Sie hielten sich in den Armen und blickten auf das Meer hinaus. Es dunkelte, das Wasser war eine ebenso ruhige schwarze Fläche wie der Himmel, mit dem es zu einer untrennbaren Einheit verschmolz. Die Positionslichter der vor Anker liegenden Segeljachten, die sich im Wasser spiegelten, erinnerten Ricarda an die menschliche Endlichkeit, mit der sie so oft in ihrem Leben zu tun gehabt hatte. Das Funkeln der Sterne jedoch bewies ihr, dass auch das Gegenteil existierte – die Unendlichkeit. Es war ein Moment von perfekter Schönheit und reinem Frieden. Sie lehnte den Kopf an Siegfrieds Schulter und lauschte auf seine regelmäßigen Atemzüge.

Mit Ilse Markert und ihrem Kinderwunsch hatte es zwar nicht direkt angefangen. Doch die flotte Patientin, die ihrem Mann so unkonventionell bei seiner Samenspende beigestanden hatte, hatte bei Antonia den lebendigsten Eindruck hinterlassen. Inzwischen war die Praxis in der Behrenstraße ein Geheimtipp für Ehepaare, die sich schon lange und vergeblich nach einem Kind sehnten. Bei den meisten spielte dabei eine Rolle, dass weder Mann noch Frau Bescheid wussten, nach welchen Regeln der weibliche

Organismus funktionierte. Obwohl Antonia meinte, zu diesem Thema alles zu wissen, wurde sie nicht schwanger. Ihre Einstellung, dass sich mit der Zeit alles fügen würde, geriet zunehmend ins Wanken. Sie brauchte eine Ergänzung zu ihrer normalen Arbeit, um sich abzulenken.

An diesem Morgen trafen Guntram und sie gemeinsam vor der Praxis ein. Ihr Blick fiel auf die vier Ärztenamen, die dort auf einer Messingtafel aufgelistet waren. Ihrer stand an unterster Stelle und ihm fehlte der Titel.

»Heute fange ich an«, sagte sie kurz entschlossen zu Guntram.

»Womit?«

»Mit meiner Dissertation.« Sie reckte kämpferisch das Kinn. »In einem halben Jahr bin ich fertig.«

»Das ist sportlich, Toni!« Guntram klang, als wollte er sagen: Das schaffst du niemals in so kurzer Zeit.

»Du wirst es sehen!«

Oben im Empfangsraum duftete es intensiv nach einem unbekannten schweren Damenparfüm, und aus der Dienstküche waren zwei Frauenstimmen zu vernehmen. Die eine gehörte Josefine und die andere unverkennbar Celia Fahrland!

Die Freundinnen herzten sich überschwänglich, und Antonia spürte bereits in diesen ersten Minuten des Wiedersehens die Veränderung, die mit Celia geschehen war. Eine große Veränderung, die nicht nur ihr Äußeres betraf: Ihr Gesicht war voller geworden, die Haut leicht gebräunt, das blonde Haar länger und von der Sonne noch ein wenig mehr gebleicht. Vor allem strahlte sie auf eine Weise von innen heraus wie nie zuvor. Sie wirkte, als wäre sämtliche Schwere von früher von ihr abgefallen.

Antonia ließ sie erst mal von Ägypten schwärmen, dem Nil, der so anders als andere Flüsse sei, den Pyramiden.

Dann war sie schon bei den Ausgrabungen der Pharaonengräber.

Und immer wieder erwähnte sie einen Namen: »Mike sagt, wir stehen erst am Anfang einer neuen Periode der Entdeckungen. Er meint, dass nicht einmal die Hälfte der Arbeit getan ist.«

»Er ist doch nicht etwa am Nil geblieben?«, sagte Antonia leichthin.

»Nein, er ist mit Ida und Teddy am Wannsee beim Segeln. Ida hat es auf dem Nil so gut gefallen und der Hund liebt Wasser«, erwiderte Celia und merkte zu spät, dass sie ihrer Freundin auf den Leim gegangen war. »Du hast mich durchschaut, Toni!«, rief sie. »Ja, wir lieben uns. Mike ist ein wundervoller Mann. Er lässt mich die sein, die ich bin. Für ihn ist eine Frau kein Kind, das er bevormunden muss.«

Darunter hatte die Freundin in ihren beiden vorherigen Ehen besonders gelitten. Seitdem hatte sie sich sehr verändert, wie Antonia wusste. Nur ein Mann, der über genügend Selbstbewusstsein verfügte, war ihr gewachsen.

Celia hatte ihre Kleidung klug gewählt. Ob sie schwanger war, konnte niemand erkennen. Antonia hatte jedoch durch ihre Arbeit einen sechsten Sinn dafür entwickelt. In Anwesenheit der anderen hielt sie sich mit Nachfragen zurück und überlegte, welche Folgen sich aus der wahrscheinlichen Schwangerschaft der Praxispartnerin ergaben.

Erst als die beiden Freundinnen allein waren, fragte Antonia frei heraus: »In welcher Woche bist du?«

»Ich wusste, dass ich dir nichts vormachen kann! In der zehnten, Toni. Ich bin so glücklich! Mit vierunddreißig noch mal ein Kind. Mike und ich werden heiraten. Ein neues Leben beginnen, Toni. Du nimmst es mir nicht übel, nicht wahr?«

»Nein, natürlich nicht, Lia. Ich freue mich für dich. Für euch«, verbesserte sie. »Hast du es Ida schon gesagt?«

»Wir warten noch ein paar Wochen. Man weiß ja nie.«

»Das ist vernünftig«, stimmte Antonia tapfer zu. Doch es gab ihr durchaus einen Stich. »Du bist also gekommen, um Lebewohl zu sagen.«

Celia nickte heftig. »Wir besuchen erst mal Mikes Eltern in London.« Sie strahlte über das ganze Gesicht. »London, Toni! Da wollte ich schon immer hin. Danach werden wir in Oxford wohnen, wo Mike an der Universität Vorträge hält. Endlich kann ich Ida das schenken, wonach sie sich so lange schon sehnt – eine Familie.« Sie lächelte glücklich und sprach davon, dass Ida künftig in London zur Schule gehen würde. Nach Antonias Kinderwunsch erkundigte sie sich nicht. Aber das war verständlich, wenn das eigene Leben gerade auf den Kopf gestellt wurde, dachte Antonia und berichtete von ihrer begonnenen Dissertation.

Und die Freundin scherzte: »Ich bin gespannt, wer gewinnt: das Baby oder deine Doktorarbeit.«

»Babys gewinnen immer, das weißt du doch«, sagte sie. »Da kann keine schnöde Ansammlung von Buchstaben mithalten!«

Sie lachten beide und hielten sich im Arm. Es war ein Abschied, der wehtat, wie es nun mal bei Abschieden unumgänglich war. Zwischen ihnen beiden würde sehr bald eine Welt liegen.

Für Henny waren Celias Neuigkeiten sogar noch wichtiger, das war Antonias nächster Gedanke. Wie würde sie darauf reagieren? Vor allem gerade jetzt, wo Victor und sie kurz davorstanden, sich fest an Freystetten zu binden!

Hennys Reaktion bestätigte, was Antonia geahnt hatte.

»Mir persönlich nimmt Celia eine schwere Entscheidung ab«, sagte Henny. »Gewiss, an manchen Tagen vermisse ich Kalifornien und die freundlichen Menschen dort. Aber hier bist du, mit der ich Tür an Tür arbeite, hier sind die Eltern.«

Durch das geöffnete Fenster waren Leute zu hören, die judenfeindliche Parolen grölten. Das geschah hier, wo viele alte Berliner Bankhäuser ihren Sitz hatten, immer öfter.

»Wenn nur die politische Lage nicht so unerfreulich wäre«, ergänzte Henny. »Das belastet mich schon sehr.«

Sie stand auf und schloss das Fenster.

»So ist es besser«, sagte sie mit einem schiefen Lächeln.

Am Abend, als Antonia und Guntram allein in ihrer Schöneberger Wohnung waren, sagte er: »Ich finde, dass deine Schwester eine sehr angenehme Praxispartnerin ist.«

Da saß Antonia bereits an einem kleinen Schreibtisch, der im Wohnzimmer noch gerade so Platz gefunden hatte, über ihren Aufzeichnungen. In Vorbereitung ihrer Doktorarbeit hatte sie seit Langem Material gesammelt. Vom Schicksal wollte sie sich schließlich nicht überraschen lassen. Es musste bei ihr immer noch eine Alternative geben. Da das eigene Baby auf sich warten ließ, schrieb sie eben darüber, wie anderer Leute Kinderwunsch in Erfüllung gehen konnte, eine sogenannte empirische Studie, die Praxis und Theorie zusammenführen sollte.

Guntram massierte sanft ihre verspannten Schultern. »Kommst du voran?«, fragte er.

Sie blickte zu ihm auf. »Ja. Und zwar so gut, dass wir jetzt ins Bett gehen können.«

»Dein Thema inspiriert dich wohl?«, neckte er sie, was sie mit vielen Küssen beantwortete.

Henny sah ihrem Mann seine schlechte Laune an, obwohl Victor sich große Mühe gab, sie zu verbergen.

Objektiv betrachtet hatte er dazu allerdings keinen

Grund. Es war ein wunderbarer Tag Anfang Mai, sie fuhren beschwingt durch das ergrünte Brandenburg, und das Auto besaß sogar etwas, was kaum ein anderes hatte – ein Radio. Im Raum Berlin war das Ehepaar Vandenberg dadurch in den Genuss eines Violinkonzerts gekommen, was im dünn besiedelten ländlichen Bereich, wo es kaum Funkmasten gab, nicht mehr der Fall war. Doch auch die Musik hatte Victors Stimmung nicht aufhellen können.

»Wenn du dich anders entschieden hast, dann halt an und wir kehren um, Victor«, sagte Henny energisch. »Du bist nicht gezwungen, eine Durchlauchtigkeit zu werden.«

»Niemand zwingt mich, das stimmt«, gab er zu. »Aber es ist mein Recht. Und das übe ich aus.«

Das war seine Position in der Angelegenheit, seitdem Henny ihm in einem weiteren Gespräch klargemacht hatte, dass er mit der Adoption auch irgendwann die Verantwortung für Freystetten würde übernehmen müssen. Aber Victor beharrte darauf, das Erbrecht durch sein beherztes Eingreifen korrigieren zu müssen. Seine schlechte Laune bewies Henny, dass das als Grund für einen letztlich so wichtigen Schritt nicht ausreichte.

Nicht nur, seitdem Victor mit sich rang, ob er sich tatsächlich adoptieren lassen wollte, hatte die Harmonie im Hause Vandenberg Schaden genommen. Celias Ausscheiden aus der Praxis hatte Tatsachen geschaffen, auf die niemand vorbereitet gewesen war.

Vicky hatte es sofort erkannt: »Das war's – *goodbye California*!«

Mit einer wilden Geste hatte sie sich den kleinen Schildkrötenpanzer vom Hals gerissen, den sie nach wie vor an einer Kette am Hals getragen hatte. Und Henny hatte sie aufgehoben und zur Reparatur gegeben. Klammheimlich hatte sie ihrer Tochter den Glücksbringer später auf den

Nachttisch gelegt; sie trug ihn seitdem wieder. Stillschweigend, wie es ihre Art war.

»Wir hätten darauf bestehen sollen, dass Vicky heute dabei ist«, sagte Victor, während der Wagen über das Kopfsteinpflaster Brandenburgs rumpelte. »Es ist ein großer Tag. Nicht nur für mich, auch für uns alle.«

Vickys Position war überaus deutlich ausgefallen. Als ihr Vater sie zu dem bevorstehenden Treffen mit dem Grafen und einem Notar in Freystetten hinzugebeten hatte, hatte sie gesagt: »Nee, Dad, ich will keine Prinzessin werden. Meine Leistung soll die Menschen überzeugen. Nicht, ob ich Gräfin oder sonst was bin.« Die Augen der rebellischen Tochter hatten gefunkelt, als sie hinzugefügt hatte: »Das könnte auch ein Argument sein, das für dich gilt, Vater.«

Ganz deutlich hatte sie es gesagt – Vater, um sich von ihrem geliebten Vorbild *Dad* abzugrenzen. Und Victor hatte ein Gesicht gemacht, als hätte er eine Ohrfeige bekommen.

»Nun sind wir ohne Vicky und Leo. Das ist auch mal ganz schön«, erwiderte Henny auf Victors Behauptung, welch großartiger Tag dies sei.

Als Victor den Wagen in die Schlosseinfahrt steuern wollte, parkten dort bereits zwei schwere Limousinen. Vier in schwarze Hemden und Hosen gekleidete Männer, die nach SS aussahen, verstellten den Weg. Henny verstand es nicht. War mit dem Tod von Franz die Verbindung zur NSDAP nicht gekappt?

Einer der Männer trat auf Victors Seite ans Fenster.

»Wer sind Sie und was wollen Sie hier?«, fragte er.

»Victor Vandenberg. Ich habe einen Termin«, erwiderte er in geschäftsmäßigem Ton, weil die Frage an sich nicht ungewöhnlich klang. Erst in der nächsten Sekunde schien

Victor verstanden zu haben, dass etwas nicht stimmte. Die Männer waren Fremde, er hingegen hatte in dieser Einfahrt schon als Kind gespielt.

»Was geht Sie an, wer ich bin? Wer sind *Sie*?«, fragte er schroff und öffnete seine Fahrertür.

Die wurde von außen zugedrückt. Henny hielt es für klüger, den Wagen nicht verlassen zu wollen.

»Sitzen bleiben!«, kommandierte einer der schwarz gekleideten Männer.

»Was geht hier vor sich?«, fragte Victor seine Frau empört. »Sollen wir uns das gefallen lassen? Ich glaube, wir fahren wieder.«

»Wir sollten warten. Ich würde gern wissen, was hier vor sich geht«, erwiderte Henny.

Kurz darauf trat Friedemann aus dem Schlosseingang, ein paar Herren in dunklen Anzügen und mit Hüten waren in seiner Begleitung, von denen einer Henny irgendwie bekannt vorkam. Gefühlsmäßig wirkte er an diesem Ort, der für sie fast ein Zuhause war, wie ein Eindringling.

Sobald Friedemann bemerkte, dass Victor am Aussteigen gehindert wurde, sprach er mit seinen Begleitern, die den schwarzen Männern einen Befehl gaben. Sofort wich der Mann an der Fahrertür zurück.

»Aussteigen!«, befahl er in barschem Ton.

»Wie erfreulich, dass Sie Ihre Meinung ändern«, scherzte Victor.

Friedemann eilte auf seinen Neffen und Henny zu.

»Du kommst genau zum richtigen Zeitpunkt, Victor! Henny, guten Tag. Schön, auch dich zu sehen.«

»Wer sind die Herren?«, fragte Victor.

»Ich mache euch bekannt.«

Friedemann legte den Arm um Victors Schulter.

»Darf ich vorstellen: mein Neffe Victor und seine Frau

Henriette. Adolf Hitler, der Führer der Bewegung.« Er wandte sich einem zweiten Herrn zu. »Das ist Herr Goebbels, das Genie der Propaganda. Wir sprachen bereits über dich, Victor.«

Der Angesprochene, dessen Gesichtszüge Henny an eine Ratte erinnerten, lächelte gewinnend. »Hollywood, da waren Sie schon, hörte ich. Und nun Babelsberg. Leute wie Sie braucht die Bewegung.«

Er griff in die Brusttasche seiner Anzugjacke, deren Schultern er nicht ausfüllte, und gab Victor eine Visitenkarte.

»Rufen Sie mich an. Hugenberg kennen Sie wohl nicht persönlich?«

»Nein«, sagte Victor.

Henny gegenüber hatte er sich nur missbilligend über den Pressezaren geäußert, dem seit Kurzem die Ufa-Filmproduktion gehörte. Weder ein Komponist noch ein Produzent hatten vermutlich Zugang zu ihm.

»Ich mache Sie mit Hugenberg bekannt. Wär doch gelacht, wenn wir nicht aus einem Mann wie Ihnen, der aus Hollywood ins Reich heimgekehrt ist, was machen könnten«, sagte Goebbels.

»Die Bewegung braucht eine Musik, die die Menschen mitreißt«, sagte Adolf Hitler.

»Stimme Ihnen vollkommen zu, mein Führer«, sagte Joseph Goebbels. »Ich habe da gerade eine Idee. Wir brauchen ein Lied über einen Märtyrer der Bewegung, einen Helden wie Franz von Freystetten.«

»Richtig, Goebbels. Das deutsche Volk muss aufgerüttelt werden. Kampfeswille und Heldenmut sind verloren gegangen. Das werden wir den Deutschen zurückgeben, damit wir wieder stolz sein können auf dieses Land«, sagte Adolf Hitler.

»Unser Vaterland, mein Führer«, verbesserte Goebbels rasch.

»Ja, vergesse ich immer. Muss ich mir merken«, nuschelte Hitler.

Mit einer seltsam zackigen Bewegung riss Hitler den angewinkelten rechten Unterarm hoch, die Innenseite nach außen gekehrt, eine Art Winken, als wollte er vermeiden, dass man ihm die Hand gab.

»Danke für Ihre Gastfreundschaft, Freystetten.«

»Mein Haus steht Ihnen jederzeit offen«, erwiderte der Graf, der neben Hitlers Auto wartete, bis es abfuhr.

Henny und Victor tauschten einen ratlosen Blick.

»Das war Adolf Hitler.« Victor klang, als wäre gerade ein Erdbeben durch ihn hindurch gegangen. »Was hat der hier zu suchen? Das ist ja, als hätte jemand auf den Schlossteppich geschissen.«

Henny musste über seine Ausdrucksweise lachen.

»Es freut mich, dass euch beiden der Besuch des Führers gefällt«, sagte Friedemann, der Victors Bemerkung nicht gehört hatte. »Wir haben vereinbart, dass die Parteiführung sich hier demnächst zu einer Tagung trifft. Rosel ist bereits voller Euphorie. Sie ist inzwischen perfekt darin, so etwas zu organisieren.«

»Das freut mich zwar für Tante Rosel. Trotzdem sind das jene Leute, die Henny bewusstlos geprügelt haben!«, rief Victor empört.

»Du solltest das eine vom anderen trennen, Victor.«

»Du gehörst den Nationalkonservativen an, Onkel. Was willst du von Hitler?«

»Man muss Hitler einhegen, Victor. Wie man einen Zaun um eine Viehweide baut«, erklärte der Graf.

»Wie will man jemanden einhegen, der dazu aufruft, Menschen zu erschlagen?«, fragte Henny erstaunt.

»Was dir geschah, hatte nichts mit der politischen Auseinandersetzung zu tun. Ich denke, das weißt du. Wir Konservativen mäßigen durch unsere Zusammenarbeit die radikalen Kräfte der NSDAP. Das ist Politik.«

»Der Mann saß im Gefängnis. Und dahin gehört er auch wieder«, beharrte Henny.

»SA und SS sind Mitte April, kurz vor der Wahl zum Reichspräsidenten, verboten worden. Das ist das Ergebnis auch meiner Arbeit«, erwiderte Friedemann mit unüberhörbarem Stolz.

Friedemann machte eine einladende Geste in Richtung Salon. »Der Notar wartet. Können wir jetzt zu ihm gehen?«

Henny sah ihrem Mann an, dass ihn Friedemanns Erklärung zu Hitlers Auftritt nicht zufriedenstellte. Allerdings wählte jeder dritte Deutsche NSDAP. Und es wurden immer mehr.

Während Henny, der Graf und Victor durch die langen Gänge des Schlosses zum Arbeitszimmer unterwegs waren, stellte Hennys Mann eine Frage.

»Was mir jetzt erst einfällt, Onkel: Weshalb hast du mit Hitler und Goebbels über mich gesprochen?«

»Du sollst durch meine guten Verbindungen einen Vorteil haben. Das ist selbstverständlich«, erwiderte der Graf gönnerhaft.

Henny lief ein Schauer über den Rücken. Wie passte es zusammen, dass man jemanden einhegen wollte, wenn man gleichzeitig von dessen Beziehungen zum mächtigsten Medienbesitzer des Landes, der offen die NSDAP unterstützte, profitieren wollte?

Mit jedem Schritt, den die drei dem sie im Arbeitszimmer erwartenden Notar näher kamen, wurde Hennys Abneigung gegen das Vorhaben größer. Denn sie spürte, dass sowohl Victor als auch sie die Adoption nicht in ihrer gesamten Tragweite gesehen hatten. Victor wollte einen Fehler der Vergangenheit korrigieren und sie die Zukunft sichern. Aber die Gegenwart – das, was gerade geschah – war überwältigender als Vergangenheit und Gegenwart zusammen.

Damit wollte Henny nichts zu tun haben.

Der Notar hatte an Friedemanns Schreibtisch Platz genommen, ein dünner Mann mit einem Brillengestell aus massivem Horn, das sein halbes Gesicht bedeckte.

»Hoher Besuch in Ihrem Haus«, begrüßte er die Eintretenden. »Fühle mich geehrt, für Sie tätig sein zu dürfen, Durchlaucht.«

Friedemann überging die plumpe Schmeichelei. »Danke, dass Sie nach Freystetten gekommen sind. Ich wollte die Zeremonie hier stattfinden lassen. Das erschien mir dem Anlass angemessener.«

»Bin ganz Ihrer Meinung, Durchlaucht.«

Henny nahm auf einem Stuhl seitlich vom Schreibtisch Platz, während sich der Graf und sein künftiger Adoptivsohn Seite an Seite gegenüber vom Notar niederließen.

»Ein paar Dinge, die Bürokratie betreffend, wären da noch zu erledigen«, sagte der Notar. »Ihre Pässe, meine Herren. Wenn ich darum bitten dürfte.«

Beide waren darauf vorbereitet und griffen gleichzeitig in die Brusttaschen ihrer Sakkos. Das Ergebnis war unterschiedlich. Jener des Grafen – grüngrau, weich wie ein Lappen – trug die Aufschrift *Deutsches Reich Reisepass*. Auf Victors Dokument – dunkelgrüner Karton mit goldener Aufschrift – standen die Worte *Passport* sowie *United States of America*.

»Ihren deutschen Pass, Herr Vandenberg«, sagte der Notar.

»Ich habe keinen«, erwiderte Victor.

»Sie haben keinen?«, echote der Notar.

»Wie kann das sein?«, fragte der Graf.

»Ich wurde bereits als Kind in den USA adoptiert und habe nie einen deutschen Pass beantragt«, sagte Victor. »Deshalb bin ich amerikanischer Staatsbürger.«

»Tja«, sagte der Notar und klappte seine Mappe mit den Unterlagen zu. »Dann tut's mir leid.«

»Was tut Ihnen leid?«, fragte Friedemann hörbar verärgert.

»Herr Vandenberg muss zunächst Deutscher werden, bevor Sie ihn adoptieren können, Durchlaucht.«

Friedemann starrte seinen Neffen entsetzt an. »Das erledigst du gleich morgen, Victor!«

Victor sagte nichts, weder Ja noch Nein.

Während sie wenig später zurück nach Berlin fuhren, schwieg Victor ebenfalls lange. Das gemeinsame Mittagessen mit dem Grafen und Rosel hatte das Ehepaar ausfallen lassen mit der Begründung, dass zu Hause viel Arbeit warte. In Wahrheit ging es jedoch darum, sich zu fragen, wie es weitergehen sollte.

Henny hatte dazu bereits eine klare Meinung, hütete sich jedoch, sie auszusprechen, bevor Victor sich positioniert hatte. Darum das lange Schweigen.

Sie hatten die Hauptstadt fast erreicht, als Victor überraschend vor einem Gasthaus am Straßenrand anhielt.

»Lass uns etwas essen«, schlug er vor.

Es war weit nach Mittag, die Küche wollte schon schließen.

»Thüringer Bratwurst mit Sauerkraut jibt et noch. Stampfkartoffeln sind aus«, beschied ihnen der Wirt etwas ruppig. »Wollen Se Brot?«

Sie saßen unter einem Sonnenschirm am Straßenrand; es war sogar recht idyllisch. Oft schon waren sie hier vorbeigekommen und hatten nie gehalten, weil sie entweder im Schloss erwartet wurden oder heim gemusst hatten.

Der Wirt fragte, was sie trinken möchten, und beide antworteten: »Wasser.«

»Wasser is für Hunde. Bei uns jibt et Bier«, sagte der Wirt.

»Dann bringen Sie uns Bier«, erwiderte Victor, der in Gedanken anderswo war. »Wer hat sich eigentlich zum Trottel gemacht?«, fragte er schließlich. »Ich mich oder Friedemann? Ich fürchte: ich. Was meinst du?«

Henny war überrascht, dass er so grundsätzlich begann, als stellte er seinen Charakter infrage.

Bevor sie antworten konnte, fuhr er fort: »Ich bin ein verführter Narr. Vom Glanz des Grafenhauses habe ich mich blenden lassen. Das Interessante ist doch, dass die Angelegenheit daran scheitern würde, wenn ich der bliebe, der ich bin. Ich gehöre nicht dazu, muss erst dazu gemacht werden, einer von ihnen zu sein, indem ich Deutscher werde.«

Es war klar, dass er diesen Preis nicht zahlen wollte. Der Weltkrieg hatte ihn gelehrt, dass es entscheidend war, auf welcher Seite man stand. Als Amerikaner in Deutschland konnte er sich aus allem raushalten: Er musste nicht einmal darüber nachdenken, ob er die NSDAP wählen sollte oder besser nicht.

Der Wirt stellte zwei Gläser Bier auf den Tisch, sagte: »Wohl bekomm's.«

Henny und Victor hoben gleichzeitig die Humpen, tranken, setzten ab, wischten sich den Schaum von den Mündern und lächelten sich an.

»Vicky hat recht«, sagte Victor.

»Sie ist ein kluges Mädchen«, erwiderte Henny. »Trotzdem …«, setzte sie hinzu, »… ist damit die Entscheidung Berlin oder Kalifornien nicht getroffen.«

Das Essen wurde gebracht und es schmeckte Henny.

»Deutschland ist wie Sauerkraut. Man mag, was mehrfach aufgewärmt wurde«, sagte Victor.

»Dann bin ich sehr deutsch!«

Henny musste an Vicki Baum denken, die beim mexikanischen Essen erzählt hatte, in den USA würde ihr ständig Sauerkraut angeboten, das sie nicht mochte.

»In Los Angeles hatte ich ständig Heimweh«, gestand sie.

»Hast du mir das gesagt? Oder habe ich dir nicht zugehört?«

»Ich hab's dir nicht gesagt«, räumte Henny ein. »Ich bin wie dieses Essen.« Sie lachte. »Es fällt mir schwer, mich dazu zu bekennen, dass ich so bin. Folglich versuche ich, es mir nicht anmerken zu lassen.«

»Als Gräfin hättest du eine gute Figur gemacht. Tut mir leid, dass ich dich um diese Erfahrung bringe«, sagte Victor und schob das Essen vorsichtig von sich, von dem er vor allem das Graubrot zu sich genommen hatte.

»Wenn du dein Sauerkraut nicht isst, gib es mir«, sagte sie.

»Ich küsse dich nicht gern, wenn du nach Sauerkraut riechst.«

»Du hast auch schon davon gegessen. Nun ist es zu spät!«

Sie aß und studierte dabei unauffällig das Gesicht ihres Mannes, der einem Ochsenkarren nachsah, der über das Kopfsteinpflaster holperte. Ein Gefährt aus Zeiten, die in anderen Gegenden längst vergangen waren. Um ein Haar wäre Victor ein Graf geworden und sie seine Gräfin. Verrückt, wie das Leben manchmal spielte.

Und sie dachte an Komtess Henriette von Freystetten, der sie ihren Vornamen verdankte. Friedemanns Tante war gleichzeitig die Mentorin ihrer Mutter gewesen. Ohne das Zutun von Jette, wie sie genannt worden war, wäre aus Ricarda nie eine Ärztin geworden. Indem nun Henny eine Freystetten geworden wäre, hätte sich ein Kreis geschlossen. Sie hätte in Jettes Fußstapfen treten können.

Wozu die Vergangenheit aufwärmen, fragte sich Henny und legte die Gabel mit dem Sauerkraut auf den Teller zurück. Sie hatte genug gegessen und nahm einen Schluck von dem herb schmeckenden Bier.

Leo hatte sich an seine Tante gekuschelt, während sie beide im Wohnzimmer auf dem Sofa lagen. Antonia las ihrem Neffen gerade eine Geschichte vor. Aus dem Nebenzimmer war Vicky zu hören, die noch Geigenunterricht hatte. Antonia ließ das Buch sinken.

»Na«, sagte sie mit einem frechen Grinsen, »man hat schon glücklicher dreinblickende Adlige gesehen. Was ist passiert?«

»Ich habe mich selbst disqualifiziert«, antwortete Victor. »Ist aber nicht schlimm. Dafür ist uns Adolf Hitler höchstselbst in die Arme gelaufen.«

»Ich verstehe kein Wort!« Antonia lachte.

»Erzähl du, Henny!«

Ihr Mann ging zu Vicky. Deren Antwort erfolgte kurz darauf in Vickys eigener Sprache: Sie spielte auf dem Klavier Ludwig van Beethovens *Ode an die Freude*.

Nachdem Antonia sich die ganze Geschichte angehört hatte, sagte sie: »Einerseits ist es unsinnig, die Adoption deshalb auszuschlagen, weil Victor kein Deutscher werden will. Denn im Grunde ist er es. Andererseits wären weder er noch du glücklich geworden mit der Gruft, wie unsere liebe Frieda immer zu sagen pflegt.« Sie seufzte. »Dass Hitler dort mit seinen Unholden herumläuft, bereitet mir größere Sorgen. Dabei fällt mir ein: Die Staatsanwaltschaft hat einen Boten mit einem großen Umschlag geschickt. Ich habe ihn da drüben auf den Tisch gelegt.«

Später am Abend, als Antonia gehen wollte, fragte sie: »Warst du eigentlich an Großmutters Grab?«

»Nur kurz«, sagte Henny. Sie wusste, auf was ihre Schwester anspielte: »Die Rosen, die du gezogen hast, sind angegangen. Überall sprießen die kleinen Blättchen. Großmutter wäre stolz auf dich.«

»Danke, dass du nachgesehen hast«, sagte Antonia. Zum Abschied umarmte sie Henny. »Und? Was nun?«, fragte sie.

»Wenn ich das wüsste!«

Als sie fort war, entschloss sich Henny zu einem heißen Bad, um nach diesem aufwühlenden Tag ihren inneren Gleichmut wiederzufinden. Sie zog sich einen weichen Morgenrock an und heizte den Badezimmerofen mit Briketts ein. Während sie darauf wartete, dass das Wasser sich erwärmte, räumte sie auf und entdeckte den Umschlag wieder, den Antonia entgegengenommen hatte.

Kriminalrat Wagner teilte in schlichten Worten mit, dass die Staatsanwaltschaft die Ermittlungen zur Todesursache des Franz von Freystetten eingestellt hatte. Hiermit würde er den Brief, der an sie gerichtet war, zurückgeben.

Kein Wort zu einem Suizid, obwohl Franz' Abschiedsworte der Beleg dafür waren. Goebbels hatte Franz einen *Märtyrer der Bewegung* genannt, einen *Helden*. Es war eine Lüge und dies war der Beweis.

Henny las noch einmal Wort für Wort, was ihr Cousin geschrieben hatte. Was hatte der Offizier, der er durch und durch gewesen war, damit bezwecken wollen? War es ihm um die Entschuldigung für den Überfall gegangen? Oder war es als Ablenkungsmanöver gedacht, um die wahren Motive für seinen Rückzug aus der Welt zu verschleiern – die bevorstehende Entlarvung als Homosexueller und den damit verbundenen Ehrverlust? Wie auch immer: Sein Vater hatte sich als der bessere Stratege erwiesen, indem er eine eigene Lösung für den Tod seines Sohnes gefunden hatte.

In der Tat, das war Friedemann – ein Stratege, dachte Henny. Bei der Adoption von Victor ging er ebenso vor: Er wollte seinen Neffen und damit auch sie benutzen.

Sie faltete den Brief und steckte ihn in die Tasche des Bademantels, den sie auf einen Hocker neben der Wanne legte. Dann stieg sie in das heiße Wasser. Nach einer Weile kam Victor zu ihr, nahm den Bademantel hoch, um sich neben sie auf den Hocker zu setzen und mit ihr zu reden. Dabei glitt Franz' Brief aus der Tasche und fiel ins Badewasser. Obwohl Henny schnell danach griff und ihn herausholte, war es zu spät. Die Tinte, mit der Franz eine Entschuldigung geschrieben hatte, die Henny nichts galt, zerlief bereits.

»Tut mir leid«, sagte Victor. »Das war dumm von mir. Verzeih bitte!«

»Nicht so schlimm«, erwiderte Henny.

Es änderte nichts, ob sie den Brief hatte oder nicht. Er gehörte zu den Dingen, auf die sie keinen Einfluss nehmen konnte. Aber es gab solche, die in ihrer Macht lagen. Auf die wollte sie sich konzentrieren. Das war für sie die Botschaft des Briefs, den es nun nicht mehr gab.

Im *Gloria-Palast* feierte an diesem Abend Ende Mai der Horrorfilm *Frankenstein* seine glanzvolle deutsche Premiere. Durch Victors Kontakte waren er und Henny beim anschließenden Empfang zu Gast.

Henny war, als schnürte sich ihr die Kehle zu, als ihr der groß gewachsene Hauptdarsteller mit dem leicht gebräunten Teint die Hand entgegenstreckte, um sie zu begrüßen.

Victor sagte auf Englisch: »Henny, du erinnerst dich an Bill? Weißt du noch, wie er uns erklärte, dass er künftig als Boris Karloff Karriere machen würde?«

Wie auf Knopfdruck ließ Karloff seine Gesichtszüge gewissermaßen einfrieren und legte eine erbarmungswürdige Traurigkeit in seine Augen. Um Sekunden später fröhlich zu lachen.

»Du hast es geschafft! Gratuliere!«, rief Henny. »Der Film ist großartig geworden.«

Vor fast anderthalb Jahren hatte sie Zweifel gehabt, ob Bill unter seinem Aliasnamen Boris Karloff in Hollywood der Durchbruch gelingen würde. Die eigene Erinnerung erschien ihr wie ein Film: wie sie alle rund um den Pool versammelt gewesen waren, die Palmen, die Leichtigkeit des Augenblicks. Es war ein schöner Abend gewesen. Sie spürte, wie sehr sie es bedauerte, dass es das nicht mehr gab. Boris Karloff, der so überzeugend ein trauriges Monster verkörpern konnte, stand für dieses verloren gegangene Gefühl, darum saß der Kloß in ihrem Hals so fest.

Inzwischen hatten einige andere Besucher den Darsteller erkannt. Bill schrieb fleißig Autogramme als Boris Karloff. Für nur einen Tag war er in Berlin. Da er so viele Engagements hatte, musste er zurück nach Hollywood, in diese Welt, in der man alles sein konnte. Wenn man es nur wirklich wollte – und das Glück einem hold war.

»Wir hatten eine schöne Zeit in Los Angeles«, sagte Henny.

Victor nickte schweigend, und sie spürte, dass ihn Schwermut zu überkommen drohte. Zum Glück entdeckten andere an der *Frankenstein*-Produktion Beteiligte Victor, umarmten ihn und schüttelten seine Hand, schwatzten munter drauflos, als wäre er gerade erst fortgegangen.

Jemand erzählte, dass *Grand Hotel*, der Film, den Louis B. Mayer ihm weggenommen hatte, gerade in den amerikanischen Kinos ein phänomenaler Erfolg sei.

Und dann hörte Henny den Satz, vor dessen Antwort sie sich fürchtete: *»When will you be back in L. A., Victor?«*

*»Very soon.«*

Sehr bald, erwiderte er also auf die Frage, wann er wieder in L. A. zurück wäre. Eine Antwort, die beides sein konnte – ein Versprechen an sich selbst oder eine diplomatisch gemeinte Vertröstung, die nichts zu bedeuten hatte.

Später traten sie Arm in Arm hinaus ins Neonlicht der rund um die Gedächtniskirche installierten Reklametafeln. Henny war nicht danach zumute, gemütlich bummeln zu gehen, zu deutlich war die Erinnerung an die marschierenden SA-Männer. Auch wenn sie noch verboten waren, so traute sie dem Frieden nicht.

Wieder einmal waren Wahlen angesetzt. Drei Monate nach den Reichspräsidentenwahlen ging es Ende Juli um die Wahl der Abgeordneten und damit um die Mehrheit im Reichstag. Männer mit Eimern voll Leim, zusammengerollte Plakate unter den Armen, machten sich daran, die alten Plakate auf Häuserwänden und Litfaßsäulen mit neuen zuzukleistern. Weil die SA und die SS ihre Uniformen nicht tragen durften, hatten sie eine neue gefunden. Ihre Hemden waren nun demonstrativ weiß wie die Unschuld.

Gerade war einer der jungen Burschen fertig damit, ein Plakat genau dort anzubringen, wo es täglich Tausende Zugreisende sahen – am Bahnhof Zoo. Eine junge Mutter mit zwei kleinen Kindern, davor der verzweifelte arbeitslose Ehemann. Darum herum die Botschaft: *Frauen! Rettet die deutsche Familie! Wählt Adolf Hitler!* Daneben klebte sein Kollege das Plakat *Wir haben genug gewählt. Jetzt nur noch Hitler!*

Ein vorbeikommendes Paar sah die Wahlwerbung und sagte: »Hitler hat doch recht. So kann es nicht weitergehen!«

Die Stadtbahn zur Friedrichstraße fuhr ein, am Bahnsteig ein Plakat: *Hitler – der Führer aus Elend und Not.*

Henny und Victor stiegen in den Zug, der sich voller Menschen rumpelnd über die Gleise schob.

»Mein Onkel hat heute Morgen angerufen, als du in der Praxis warst«, sagte Victor. »Er wollte wissen, ob ich in der amerikanischen Botschaft war, um meinen Pass abzugeben. Dann sprachen wir über Politik.« Victor räusperte sich eine aufsteigende Verärgerung von den Stimmbändern. »Er hat die Partei gewechselt. Er ist jetzt in der NSDAP. Das sei er Franz schuldig.«

Nun hatte Hitler also für mehr als nur eine Verunreinigung des Schlossteppichs gesorgt, dachte Henny und fragte: »Was hast du ihm geantwortet?«

»Dass ich meinen alten Pass behalte. Daraufhin warf er mir vor, Freystetten im Stich zu lassen.«

Seite an Seite ging das Ehepaar Vandenberg, jeder in seine eigenen Gedanken vertieft, durch die nach wie vor von Nachtschwärmern belebte Friedrichstraße heim.

Seit Henny in diesem Viertel lebte und arbeitete, lungerten vor den Lokalen, Kneipen und Clubs Gestalten herum, die sie entweder für eine Dirne oder eine abenteuerlustige Touristin hielten. Irgendein Kerl quatschte sie immer an, ob mit Victor an ihrer Seite oder ohne ihn. In Berlin schienen eben alle Varianten von Amüsement käuflich zu sein. Ein Mensch konnte hier für nichts anderes gehalten werden als eine Ware, die man erstehen konnte.

*Unsere letzte Hoffnung: Hitler* stand auf einem Plakat,

das just in diesem Moment jemand an die Wand gegenüber von Hennys Zuhause in der Behrenstraße klebte.

Vor der Haustür blieb Henny stehen und griff nach Victors Hand, um ihn für einen Moment zurückzuhalten, bevor sie hineingehen würden.

»Wir müssen morgen mit Toni reden«, sagte sie. »Wir werden ihr sagen, dass wir nach Los Angeles zurückkehren wollen.«

»Willst du das wirklich, Henny? Es wird dort kein Sauerkraut geben.« Er grinste.

»Das ganze Berlin wird mir fehlen, Victor. Aber ich will nicht dabei zusehen, wie es sich in ein Berlin verwandelt, das mir nicht gefällt.«

»Und was ist mit deinen Eltern?«

»Wir werden sie einladen, uns zu besuchen. Ich denke, sie haben die Freude am Reisen wiederentdeckt.«

»Und Toni?«, fragte Victor. »Sie wird die Letzte von euch drei Ärztinnen sein, die in der Praxis verbleibt.«

»Ja«, sagte Henny. »Es wird immer jemand die Letzte sein, die bleibt. Nicht jede hält das aus, Toni schon. Und sie hat Guntram an ihrer Seite.« Sie lächelte. »Vielleicht werden die beiden ja doch irgendwann ein Kind haben. Eine Tochter. Sie wird dann die Enkelin der Ärztin Ricarda Thomasius. Wer weiß.«

»Ja, wer weiß, was die Zukunft bringt. Versuchen wir erst mal, mit der Gegenwart zurechtzukommen«, meinte Victor.

Einen Augenblick standen sie noch im Licht der Gaslaterne, an das sie sich gewöhnt hatten, weil es nachts in ihr Schlafzimmer fiel. So etwas gab es in Pacific Palisades nicht.

Sie atmeten noch einmal tief die Luft der lauen Berliner Sommernacht ein und gingen dann ins Haus.

# DAS LEBEN FINDET EINEN WEG

— ♦ —

*November 1932*

Jemand, der es gut mit ihr meinte, hatte Antonia darauf hingewiesen, dass der Professor bei den Quellenangaben besonders genau hinsehen würde. Wäre da ein Fehler, könnte das gleich eine schlechtere Beurteilung zur Folge haben. Was besonders für die einreichenden Doktorandinnen gälte. Es wurde nämlich nicht mehr so gern gesehen, wenn Damen sich auf dem Feld der Medizin in höhere Gefilde aufschwingen würden, hieß es allgemein. Was Antonia nicht abschrecken konnte. So etwas kannte sie bereits aus den Erzählungen ihrer Mutter, auch wenn deren Erlebnisse Jahrzehnte zurücklagen.

Inzwischen war es spät, die genaue Uhrzeit kannte Antonia nicht, sie spielte auch keine Rolle. Hatte sie sich doch in den Kopf gesetzt, die Arbeit in dieser Nacht abzuschließen. Gerade war sie bei dem Buchstaben V wie »van de Velde, Theodoor Hendrik« mit seinem Standardwerk *Die vollkommene Ehe*, aus dem sie in ihrer Dissertation zitiert und das sie nicht nur Ilse Markert, sondern auch zahlreichen anderen Patientinnen empfohlen hatte. Nachdem sie den Erscheinungsort und das Jahr der Erstveröffentlichung überprüft hatte, setzte sie mit Bleistift einen Haken hinter ihre Quelle und stellte das Buch zusammen mit anderen zurück ins Regal.

Schließlich schob sie den Blätterstapel, von denen jede

einzelne Seite von ihr mit der Schreibmaschine beschrieben worden war, sorgsam zusammen. Im Licht der Schreibtischlampe leuchtete das weiße Papier, auf dem der Titel zusammenfasste, was nicht nur ihre tägliche Arbeit war. Sondern auch ein Anliegen: Frauen stand das Recht zu, sich mit ihrem Körper in einer Weise auszukennen, die ihnen eine ihrer wichtigsten Entscheidungen zu treffen half – ob sie schwanger werden wollten oder nicht und wenn ja, unter welchen Umständen.

*Befruchtung und Unfruchtbarkeit. Eine Untersuchung aus der Praxis einer Frauenärztin zur Semination unter besonderer Berücksichtigung gesellschaftlicher Moral.*

Wie sperrig das klang! Sie grinste. Ihr Doktorvater liebte solche Formulierungen.

Außerdem hatte sie gewonnen, fiel ihr gerade ein. Celias Baby ließ noch auf sich warten, wie sie bei dem gestrigen Telefonat nach London erfahren hatte, aber ihre Arbeit war schon abgeschlossen.

»Fertig!«, rief sie und warf sich voller Übermut neben Guntram auf das Sofa.

Er ließ sein Buch – wie immer über Pädiatrie – sinken, küsste sie und sagte, dass sie feiern sollten. Guntram holte eine Flasche Sekt, goss etwas davon in zwei Gläser, und Antonia spürte, dass etwas nicht so war, wie es sein sollte, als der Geruch in ihre Nase stieg. Aber sie ignorierte das eigentümliche Gefühl, das sie hatte, und stieß mit ihrem Mann an.

»Du Dickkopf, ich liebe dich!«, sagte Guntram. »Prost.«

Antonia hob das Glas, wollte ebenfalls Prost sagen. Doch sie spürte einen Drang, dem sie im Badezimmer sofort nachgeben musste. Sie hatten am Mittag Spinat mit Rührei gegessen. Das klatschte nun in kaum veränderter Form in die Toilettenschüssel.

»Oh«, sagte Guntram verblüfft, als er ihr besorgt gefolgt war. »War das Ei nicht mehr frisch? Also ich spüre nichts.«

»Ich bin wohl nur aufgeregt, weil ich morgen abgeben muss«, sagte sie. »Ich bin gleich wieder bei dir.«

Sie schloss die Badezimmertür hinter ihm und setzte sich auf den Toilettendeckel. Sie musste ganz in Ruhe nachdenken. Und zwar über sich. Etwas, das sie lange nicht mehr getan hatte.

Es waren ausgesprochen aufregende Monate gewesen, seitdem Henny ihr eröffnet hatte, dass sie und ihre Familie wieder in Los Angeles leben würden. Kurz darauf hatten sie das Vorhaben in die Tat umgesetzt. Jetzt oder nie, hatten sie gesagt. Wenn Musik aus dem ersten Stock zu hören gewesen war, hatte es ausschließlich fröhlich geklungen. Vicky hatte auf ihre Tante gewirkt wie ein Vogel, den man aus dem Käfig gelassen hat! Pausenlos hatte sie von einer Rosalia gesprochen, die sie so sehr vermisste. Die ihr einen kleinen Schildkrötenpanzer als Talisman geschenkt habe. Vom Pool und den Palmen hatte sie in einer Weise geschwärmt, als könnte sie ausschließlich dort glücklich sein. Antonia hatte sogar Lust verspürt mitzufahren, aber es war ein schlechter Zeitpunkt gewesen für die überfällige Hochzeitsreise. Der Abschied war tränenreich gewesen, aber auch sehr kurz. Guntram hatte gemeint, Reisende solle man nicht aufhalten, und Antonia hatte nicht widersprochen. Ähnliche Kommentare hatte sie einst zu hören bekommen, als ihr eigenes Fernweh sie nach Afrika getrieben hatte.

Von Henny kamen regelmäßig Briefe aus Los Angeles. Sie hatte ihre Stelle als Leitung der Onkologie am *Cedars of Lebanon Hospital* zwar nicht zurückbekommen, weil die zwischenzeitlich vergeben worden war. Aber sie war Oberärztin und freute sich, auf diese Weise um einen Großteil der Verwaltungsarbeit herumzukommen und sich stattdessen auf die Patientinnen konzentrieren zu können.

Gerade hatten die Oscar-Verleihungen stattgefunden, und der große Sieger war *Grand Hotel* mit Greta Garbo, der in Deutschland wie die Romanvorlage dazu heißen würde, *Menschen im Hotel*, teilte Henny mit. Dieser Triumph erinnerte Louis B. Mayer daran, was er an Victor gehabt hatte, und er ließ ihn eine Filmmusik nach der anderen komponieren. Vicky sei das erste Mal in einen Jungen verknallt, den sie beim gemeinsamen Musizieren an der High School kennengelernt hatte, ein Cellist, berichtete die große Schwester aus der Ferne. Und Leo sei ebenso wie Vicky überglücklich gewesen, jene Rosalia wiederzusehen, über die Antonia noch immer nicht in Erfahrung gebracht hatte, wer sie eigentlich war. Ein Schildkrötenpanzer hatte damit wohl zu tun. Ob es den ebenso wie in Afrika auch in den USA gab – einen Abwehrzauber? Wenn es so war, hatte er insofern gewirkt, dass Hennys Familie nach Amerika zurückgefunden hatte. Hatte er Vicky somit gar vor den Folgen einer falschen Entscheidung ihres Vaters – der Adoption – beschützt? Antonia konnte es nur vermuten.

Seitdem die Vandenbergs fort waren, führten die Harrichs die Praxis in der Behrenstraße zu zweit und hatten etliche Patientinnen von Henny und Celia übernommen. Gewissermaßen nebenbei hatte Antonia ihre Doktorarbeit geschrieben. Vor allem nachts.

In manchen dieser Nächte, wenn sie so vernünftig gewesen war, das Licht der Schreibtischlampe endlich auszuschalten, weil sie am nächsten Morgen in der Praxis präsent sein musste, war sie jedoch noch voller Energie gewesen. Sie war zu Guntram ins Bett geschlüpft, und sie hatten sich voller Leidenschaft geliebt. Selten hatte es in ihrem Leben eine Phase gegeben, in der sie so wenig geschlafen und sich dennoch so lebendig gefühlt hatte.

Dabei hatte sie ihre Regelblutung vollständig außer Acht gelassen. Erst jetzt, während sie allein im kühlen Bad saß, kam sie ihr wieder in den Sinn. Zweimal schon war sie ausgeblieben, rechnete Toni zurück. Offenbar hatte es irgendwann den richtigen Zeitpunkt gegeben, um einem neuen Leben die Tür zu öffnen. Sie lächelte sich im Spiegel an. Mutter werden, eine neue Erfahrung. Wie würde sie damit zurechtkommen?

Sie trat ganz dicht an den Spiegel heran. Hatte die viele Arbeit neue Falten unter ihre Augen gezeichnet? Ja, da waren zwei. Und da: ein weißes Haar. Sie zwinkerte sich selbst zu, löschte das Badezimmerlicht und kehrte zu ihrem Mann zurück.

»Wie geht es dir?«, fragte Guntram besorgt.

»Sehr gut!« Antonia lachte und lachte und streichelte Guntrams erstauntes Gesicht.

Endlich begriff er. »Wir haben völlig vergessen, dass wir ein Kind …«

»Ja«, sagte Antonia. »Eine bessere Methode gibt es nicht, um eines zu bekommen: nicht mehr daran denken, wie wichtig es ist.« Sie lächelte. »Ich übertreibe. Es gibt schon noch eine andere Methode. Oder eine weitere. Steht alles in meiner Arbeit. Ich bevorzuge unsere Methode.«

Er sah sie mit einem glücklichen Lächeln an. »Für den Rest meines Lebens werde ich Spinat mit Rührei eine besondere Bedeutung beimessen.«

Später schmiegten sie sich aneinander gekuschelt ins Bett. Und Antonia dachte, dass sie ihrer Mutter die Neuigkeit erzählen musste. Dass eine Schwangerschaft nämlich durchaus möglich war. Trotz all der eigentümlichen Dinge, die geschehen waren.

Ohne sie angerufen zu haben, erahnte sie die Antwort ihrer Mutter. Und sie würde nicht nur daraus resultieren, dass sie eine Ärztin war: Das Leben findet einen Weg.

# WIE ALLES BEGANN

Liebe Leserinnen und Leser,

mit den sechs Romanen »Die Ärztin« und »Die Töchter der Ärztin« durften wir rund dreitausend Buchseiten füllen! Die Chance zu einer derart groß angelegten Erzählung bietet sich Autorinnen und Autoren wohl selten. Das verdanken wir dem Zuspruch, den unsere Arbeit durch Sie erfahren hat! Am Ende dieses Buchs erscheint es uns deshalb angebracht, einen Blick auf das zu werfen, was hinter uns liegt.

Wie so oft im Leben begann alles mit einem Anruf am Morgen, der Einladung zum Kaffee am Nachmittag. Als wir – das Ehepaar, das erst für diese Buchreihe das Pseudonym Helene Sommerfeld wählte – unsere langjährige Verlegerin Barbara Laugwitz im Februar 2017 in einem Berliner Café trafen, fragte sie, ob wir bereit wären, einen zweiteiligen Roman zu schreiben. Die einzigen Vorgaben: Im Mittelpunkt solle eine Ärztin stehen, die in der zweiten Hälfte des 19. Jahrhunderts in Berlin lebt.

Nach intensiver Beschäftigung mit den damaligen Verhältnissen entschieden wir uns, die Geschichte fünf Jahre nach Ausrufung des Deutschen Kaiserreichs einsetzen zu lassen – 1876. Das damalige Deutschland erlebte in den folgenden Jahrzehnten eine Blütezeit, die bis zum Beginn des Ersten Weltkriegs reichte.

Diese Entwicklung aus weiblicher Perspektive nachzuzeichnen, war auch deshalb reizvoll, da Frauen in Deutschland zunächst von dieser spannenden Entwicklung ausgeschlossen wurden. Sie hatten kaum Rechte. Aber sie hungerten danach. Man denke nur daran, dass es schon für sie schwer war, den einzigen intellektuellen Beruf zu ergreifen, nämlich Lehrerin zu werden. Und dann auch nur, wenn die Kandidatin darauf verzichtete zu heiraten. Woraus sich damals zwangsläufig ein Leben ohne eigene Kinder ergab. Frauen mit dem hohen Ziel, Akademikerin – also etwa Ärztin, Forscherin, Juristin – zu werden, standen vor kaum überwindbaren Hürden. Sie wurden gar nicht erst zum Studium zugelassen. Deshalb spielt Band 1 von »Die Ärztin – Das Licht der Welt« bereits nicht nur in Berlin, sondern auch in Zürich, wo den Damen dies erlaubt war. Was die Richtung für die anderen Bände vorgab: Die teilweise extremen Schauplatzwechsel – hier die vertraute Heimat, dort die Fremdheit in der Ferne – bilden auch die innere Zerrissenheit ab, unter der die Heldinnen leiden und die sie früher oder später heilen müssen.

Als zentrale Person der Erzählung ersannen wir die zu Beginn der Geschichte erst dreizehn Jahre alte Ricarda Petersen. Als Mädchen aus einem brandenburgischen Dorf, Tochter einer Köchin und eines Gärtners, war ihr der Zugang zu einfacher Bildung erschwert, zu höherer gar unmöglich. An dieser Stelle brachten wir eine Frauenfigur ins Spiel, von der in »Die Töchter der Ärztin« gelegentlich die Rede ist: Henriette von Freystetten. Ausgestattet mit den Privilegien ihres Standes, hatte »Jette« in Zürich Medizin studiert. Für diese Figur orientierten wir uns an einer knappen Handvoll Frauen, die im Deutschland jener Zeit tatsächlich einen ähnlichen Weg gegangen sind.

Jette wurde zur Mentorin der jugendlichen Ricarda. Durch das auch in dem vorliegenden Band erwähnte Unglück auf dem Eis verzahnten sich die Lebensläufe der Familien Petersen und Freystetten, doch waren sie von Anbeginn an kompliziert. Die Mutterrolle konnte die ehrgeizige Jette nie annehmen, woraus sich ständige Spannungen zwischen ihr und Ricarda ergaben. Auch Ricarda, als sie denn selbst ihre Erstgeborene bekam, Henny, fremdelte mit der Mutterrolle.

Wie Sie sehen, beschäftigte uns das Thema von Anfang an, das wir mit »Die Töchter der Ärztin« gezielt in den Mittelpunkt stellten. Was wohl auch daran liegen mag, dass wir selbst drei Töchter großgezogen haben …

Sobald Band 1 fertig war, ging es mit Nummer 2 weiter. Die »Stürme des Lebens« führten Ricarda weit fort – nach Afrika und dann sogar nach China. Ihnen gefiel dieses Konzept so sehr, dass Sie dem Buch im November 2018 eine große Ehre zuteilwerden ließen – die Nummer 1 der Bestsellerliste. Damit war der ursprüngliche Plan überholt, sich nur mit dem 19. Jahrhundert zu befassen. Wir geben zu, dass wir großen Respekt vor der Aufgabe hatten, über die dunkle Zeit des Ersten Weltkriegs zu schreiben. Die ursprünglich nicht geplante Nummer 3, »Die Wege der Liebe«, erschien im August 2019. Während dies Buch entstand, ergab sich für uns eine große Umstellung.

Für Sie als Leserinnen und Leser spielt der Verlag, in dem ein Buch erscheint, eine weniger große Rolle als für uns, für die der Verlag ein Stückchen Heimat ist. Mit all den oft liebgewonnenen Personen, die dort arbeiten. Wir fanden ein neues Zuhause schließlich beim dtv, wo wir mit »Polizeiärztin Magda Fuchs« eine neue Reihe starteten. In den drei Bänden, die zeitlich an »Die Ärztin« anschließen, traten einige der Figuren erstmals auf, die Sie aus »Die Töchter der Ärztin« kennen. Allen voran Antonias resolute Freundin Celia Fahrland.

Im Anschluss finden Sie eine Leseprobe, die vielleicht Ihr Interesse an diesem dreiteiligen Roman weckt. Er erzählt, wie sich das hungrige Nachkriegs-Berlin in die glitzernde Metropole der Goldenen Zwanziger verwandelt. Durch die Augen einer Polizeiärztin, die den Schwächsten der Gesellschaft beisteht, erleben Sie dies hautnah mit.

Die Geschichte von Ricardas Familie umfasst ein bedeutendes halbes Jahrhundert, in dem sich die Welt radikal verändert hat. Welch eine herrliche Aufgabe, diese Epoche beschrieben zu haben!

An dieser Stelle, wo es darum geht, Ihnen zu berichten, wie alles begann, müssen wir Ihnen leider auch sagen, dass es hier endet. Das Ehepaar, das sich Helene Sommerfeld nennt, hat der Tod Ende Juni 2024 getrennt. Er ließ uns gerade noch genug Zeit, um diesen Band fertigzustellen.

Er ist gewidmet der Frau, die »Die Ärztin« ebenso wie »Die Polizeiärztin« ersann.

Vielen Dank für alles, Ilona! Du bleibst unvergleichlich.

Ihnen, liebe Leserinnen und Leser, alles Gute! Geben Sie bitte auf sich acht.

*Helene Sommerfeld* im Juli 2024

LESEPROBE

SPIEGEL
Bestseller-
Autorin
HELENE
SOMMERFELD
POLIZEIÄRZTIN
MAGDA
FUCHS
Das Leben,
ein ewiger Traum
ROMAN
dtv

# DIE LÄNGSTE NACHT

— ◆ —

*1919*

Kein Laut, keine Schritte, keine Stimmen. Es war so ruhig, dass es wehtat. Als Magda in dieser verhängnisvollen Novembernacht das Fenster des Wohnzimmers schließen wollte, zog leichter Bodennebel durch die Gasse. Ein Hauch von Feuchtigkeit lag auf dem Kopfsteinpflaster, das im schwachen Licht der Gaslaternen schimmerte. In dem Fachwerkhaus, in dem sie wohnte, öffneten sich die Flügel nach außen. Sie musste sich deshalb hinausbeugen. Gerade jetzt rumpelte ein Kraftwagen durch die schmale Straße. Doch das Auto hielt nicht, es fuhr einfach vorbei. Das Tuckern seines Motors klang in der Stille der Nacht nach, und der Geruch des verbrannten Benzins schwebte wie eine vergebliche Hoffnung zwischen den sich eng gegenüberstehenden Häusern.

Viermal hell, elfmal dunkel schlugen die Glocken der St.-Godehard-Basilika. Eine Stunde vor Mitternacht. Hildesheim schlief. Doch irgendwo da draußen war Bertram. Etwas hatte ihn aufgehalten. Oder jemand. Aber sie kannte ihn als einen Mann, der sich nicht aufhalten ließ.

Noch einmal sah Magda die Straße hinauf und hinunter. Keine Menschenseele war zu sehen. Mit einem schweren Seufzen ließ sie sich auf dem Sofa nieder.

Wenn sie doch nur ein Telefon hätten! Irgendwann im nächsten Jahr sollte es wohl so weit sein. Aber in Hildesheim hatte schließlich kaum jemand eines. Allenfalls Leute vom Rang des Bürgermeisters. Im Krankenhaus gab es immerhin schon zwei und auch eines auf Bertrams Dienststelle. Magdas Gedanken schweiften ab. Ein einziges Mal hatten Bertram und sie sogar ein Telefonat mit diesen Fernsprechern geführt. Sie als Ärztin und er als Staatsanwalt. Ganz dienstlich, sogar gesiezt hatten sie sich. Auch wenn sie schon längst verheiratet gewesen waren.

»Frau Stationsärztin«, hatte Bertram sie genannt.

Und sie hatte erwidert: »Wie kann ich Ihnen helfen, Herr Staatsanwalt?«

Die Erinnerung an diese unsinnige Förmlichkeit ließ sie lächeln. Wie lange mochte das her sein? Nicht lange, etwa kurz bevor sie festgestellt hatte, dass sie in anderen Umständen war. Also vor vier Wochen. Keinen weiteren Tag hatte sie gearbeitet, um jede Möglichkeit einer Infektion auszuschließen. Obwohl sie doch so hart gekämpft hatte, damit sie studieren und schließlich in dem Beruf arbeiten konnte, der ihr Lebensinhalt war. Seitdem war sie zu Hause und es fühlte sich an wie eine lange Sommerfrische. Kochen für Bertram. Stricken und Häkeln für das Kind, das in ihr heranwuchs.

Die innere Unruhe trieb Magda hoch, sie legte noch zwei Briketts in den Ofen. Bertram würde mit Sicherheit vollkommen durchgefroren sein, wenn er endlich käme.

In dem einen Jahr, das sie nun verheiratet waren, war es noch nie vorgekommen, dass die Arbeit ihn die ganze Nacht über davon abgehalten hätte heimzukommen. Spät wurde es manches Mal, doch nie war es nach neun Uhr geworden. Schließlich war er ehrgeizig, klug und vor allem neugierig, wichtige Voraussetzungen in seinem Beruf. Soweit Magda wusste, beschäftigte ihn gerade der Mord an einem Landstreicher, der auf der Baustelle des Hildesheimer Stadthafens gefunden worden war.

Das Läuten der Haustürglocke ließ Magda zusammenzucken, als hätte man ihr einen Schlag versetzt. Sie war wohl kurz eingenickt, hatte kein Auto kommen hören.

Bertram hat einen Schlüssel, das war ihr erster Gedanke. Er würde niemals läuten – schon gar nicht um diese Uhrzeit. Aber vielleicht hatte er ihn verlegt.

Mit der Petroleumlampe in der Hand ging sie die schmale Treppe von ihrer im ersten Stockwerk gelegenen Wohnung nach unten. Die Stufen knarrten unwirklich laut. Sie umfasste den Türgriff, kam nicht einmal auf die Idee, dass draußen jemand stehen könnte, den sie besser nicht einließe.

»Ich habe mir solche Sorgen ge...« Es war nicht Bertram.

Magda kannte den Besucher. Seit ihrer Kindheit waren Conrad und Bertram Freunde und hatten gemeinsam Jura studiert. Allerdings hatte Conrad nach dem ersten Staatsexamen aufgehört und war in den Polizeidienst eingetreten und Kommissar geworden, während Bertram abgeschlossen hatte. Vor einigen Wochen, als ihr Mann hier seinen dreißigsten Geburtstag gefeiert hatte, war natürlich auch Conrad mit seiner Frau Anneliese unter den Gästen gewesen. Auch am letzten Sonntag waren sie zum Mittagessen gekommen. Dabei hatten die beiden Männer kurz über den Toten vom Stadthafen gesprochen. Als Magda hinzugekommen war, hatten sie das Thema gewechselt. Denn zu Hause redete Bertram grundsätzlich nicht über seine Arbeit.

»Conrad«, sagte sie und stutzte. »Was machst du denn hier? Bertram hat gesagt, du hast die Grippe und liegst im Bett. Wo ist er überhaupt? Ich warte schon die halbe Nacht.«

»Magda ...« Dem Kommissar – stämmig wie ein Baum, stark wie ein Bär – traten Tränen in die Augen. »... wir haben ihn gefunden.«

Die wahre Bedeutung der Worte hatte Magda noch nicht begriffen, aber sie legte beide Hände schützend vor ihren Bauch, der sich noch kaum rundete.

Die Augen des Freundes ihres Mannes folgten der instinktiven Bewegung, mit der Magda das Ungeborene in ihrem Leib vergeblich vor einem Schicksal bewahren wollte, das in dieser schier endlosen Nacht festgelegt worden war. »Es ist furchtbar. Bertram ist tot.«

»Warum?«, fragte sie kaum hörbar. Es war das einzige Wort, das ihr einfiel. Es umschrieb alles. Warum wird mir der Mann genommen, den ich gerade erst geheiratet habe? Warum darf unser Kind seinen Vater nie kennenlernen? An die Frage, woran er gestorben war, dachte sie in diesem Augenblick noch gar nicht.

»Wir wissen es nicht.«

»Ja, natürlich«, antwortete sie. Die Antwort des Kommissars, so unvollständig sie auch war, erschien ihr logisch, gerade weil ein derart hinterhältiges Unglück keinen Sinn ergab. Sie strich über ihren Bauch. Als wollte sie fühlen, dass sie nicht allein war. Obwohl sie es von einer Minute zur anderen war.

»Also, ich meine«, korrigierte sich der stämmige Mann vorsichtig selbst, »wir wissen schon, wie Bertram starb, aber ...«

»Wie? War es ein Unfall mit dem Kraftwagen?«, unterbrach Magda ihn voller Ungeduld.

»Nein. Kein Unfall, Magda.« Der Polizist konnte nicht weitersprechen. Das Erlebte setzte ihm offenkundig sehr zu.

»Nein? Wie dann?« Sie sah zu ihm auf, in sein Gesicht,

das seinen inneren Kampf und seine Verzweiflung offenbarte. »Musste Bertram leiden? Oder blieb ihm das erspart?«

»Bertram saß …« Die Worte auf den Lippen des hünenhaften Mannes versiegten kurz. »Er war verabredet. Eine Zeugenaussage, ein Treffen am Bahnhof, das ich vereinbart hatte. Aber meine Grippe …«

Magda sah ihm an, dass er wirklich krank war.

»›Ich übernehme das für dich. Wird nur eine Sache von ein paar Minuten sein. Um halb neun bin ich zu Hause bei Magda‹, hat er gesagt.« Wieder suchte der Freund nach Worten. »›Es geht doch nur um den ermordeten Landstreicher‹, höre ich Bertram noch sagen.« Er wischte sich fast wütend die Tränen aus den Augen. »Und dann finden wir ihn erschossen in seinem Wagen. Man ermordet doch keinen Staatsanwalt. Himmelherrje noch mal!«

# STULLE FÜR DEN KOMMISSAR

— ◆ —

*1920*

Dieser Lärm! Diese vielen Menschen!

Berlin brüllte und boxte, hetzte und drängelte, schubste und stank. Dennoch bemühte Magda sich, einen Weg durch das mittägliche Gewühl auf dem viel zu schmalen Bahnsteig des Lehrter Bahnhofs zu finden. Wo kamen diese Menschenmassen her? Nie zuvor hatte sie so viele Leute auf einem Haufen gesehen. Sie hob den Arm, um dem Dienstmann, der geradewegs auf sie zukam, zu zeigen, dass sie ihn brauchte, damit er ihr den schweren Koffer abnahm. Ein eleganter Herr mit Bowlerhut blickte sie kurz abschätzig an – und drückte dem Dienstmann sein eigenes Gepäck in die Hand. Weg waren beide. Magda war so verblüfft, dass sie stehen blieb. Prompt wurde sie angerempelt.

Dass jemand an ihrem Mantel zog, bemerkte sie zunächst kaum, und als sie sich umdrehte, sah sie niemanden, der sich für sie interessieren könnte.

»Kofen Se n Appel!«

Der Arm des kleinen Mädchens schien Magda vom Bahnsteig aus entgegenzuwachsen. Immer weiter näherte sich die Hand mit dem rotbackigen Apfel ihrem Gesicht.

»Du siehst doch: Ich habe keine Zeit.«

Sie war in der Tat spät dran. Kurz vor Berlin hatte der Novembersturm einen Baum auf das Gleis gestürzt, was den D-Zug eine halbe Stunde aufgehalten hatte. Wahrscheinlich würde sie es deshalb nicht rechtzeitig zum Polizeipräsidium am Alexanderplatz schaffen.

Magda eilte mit einem unbehaglichen Gefühl weiter. Nichts hätte sie lieber getan, als dem Kind etwas abzukaufen, aber dies war der denkbar ungünstigste Moment. Obendrein hätte sie mitten im Gedränge entweder den Koffer mit ihrer Kleidung oder die Arzttasche abstellen müssen. Wie konnte das Kind nur auf die Idee kommen, hier seine Äpfel verkaufen zu wollen?

»N Groschen det Stück!«

Widerwillig verlangsamte Magda ihre Schritte, blickte hinab zu dem Mädchen, das neben ihr herrannte. Der Korb war noch voller Früchte, sein Gewicht zog den kleinen Körper schief. Wer bürdete einem Kind eine derart schwere Arbeit auf? Das war ein Verbrechen. Die Kleine würde davon krank werden! Dort, wo Magda gerade herkam, in Hildesheim, hatte der Krieg natürlich auch Armut gebracht. Aber sie sprang nicht derart ins Auge, weil die Menschen in der kleinen Stadt füreinander einstanden.

»Wie alt bist du?«, fragte Magda. Sie war jetzt doch stehen geblieben.

»Na jut: fünf Fennje«, sagte die Kleine.

Magda hörte nur: fünf. Das konnte nicht stimmen. Das Kind mochte höchstens vier sein. »Schickt dich dein Vater mit den Äpfeln los? Bist du nicht viel zu jung für eine solche Arbeit?«

»Wenn Se drei nehmen, kriegen Se die für zwee Groschen!«, rief das Mädchen.

Magda musste lachen. »Na, das ist ja mal eine lustige Rechnung. Ich kaufe dir einen ab.« Sie setzte den Koffer ab, griff in die Tasche ihres Mantels, holte ihre Geldbörse hervor, tauschte Münze gegen Frucht und sah dabei der Kleinen ins Gesicht.

Ihre Haut war schneeweiß, die Augen lagen in schattigen Höhlen, nur auf die Wangen hatte die Anstrengung rote Tupfen gezeichnet. Obwohl es empfindlich kalt war, trug die Kleine weder Mantel noch Kopftuch oder Mütze. Ihr kurzes struppiges Haar leuchtete ungewöhnlich, gelb wie Wachs war es. Ihre Augen waren kristallblau. Nicht der Anflug eines Lächelns lag darin. Es sind alte Augen, dachte Magda und erschrak bei dem Gedanken.

»Wie heißt du?«, fragte Magda. Aber da war die Kleine mitsamt ihrer schweren Fracht schon im Gewühl verschwunden.

Als sie sich nach ihrem Koffer bückte, war er weg.

Ringsum brodelte das geschäftige Treiben, doch Magda stand einfach nur da und ließ sich von allen Seiten knuffen und schubsen. Ihre gesamte Wechselkleidung war verloren. Nur das, was sie am Körper trug, war ihr geblieben.

Was habe ich mir eigentlich dabei gedacht, als ich diese Arbeit angenommen habe?, schoss es ihr durch den Kopf. Wie soll ich in dieser Stadt zurechtkommen?

Die Menschen um sie herum hasteten vorbei. Krumme Rücken. Müde Gesichter. Blass. Ausgemergelt. Aber sie gingen festen Schrittes weiter. Einfach weiter. Immer weiter.

Ja, was denn auch sonst, dachte sie und umfasste den Griff ihrer Arzttasche fester. Sie durfte nicht aufgeben. Ein gestohlener Koffer war eine Kleinigkeit. Verglichen mit ihrer Vergangenheit, der sie entkommen wollte. Hier, in dieser Riesenstadt, hatte sie vor zu vergessen, was geschehen war. Weil sie niemanden und nichts kannte. Während sie in Hildesheim jede Straße, jedes Haus, jeder Baum an Bertram erinnerte. Ein Neuanfang. Nun ja, zumindest der Versuch, ihn zu wagen. Denn sie hatte ihrer Schwester versprechen müssen zurückzukehren, wenn sie spüren sollte, dass sie es nicht schaffte. Aber der Gedanke an Christa und ihre übergroße Fürsorglichkeit gehörte nicht hierher.

Schließlich war sie jetzt in Berlin und fest entschlossen, sich von so einem dummen Diebstahl nicht unterkriegen zu lassen. Das bisschen Witwenkleidung! Magda atmete durch und trat aus dem Bahnhofsgebäude. Die fremde Stadt empfing sie mit Nieselregen, der ihr mit einem Windstoß ins Gesicht geweht wurde.

»Zu wem wollen Se?« Der Beamte in der viel zu oft gewaschenen Polizeiuniform blickte Magda wie ein schlecht gelaunter und übermüdeter Wachhund an. Er saß in einer dunklen Ecke im Eingang hinter einer Glasscheibe mit der Aufschrift *Polizeipräsidium Anmeldung*.

Von der Stadtbahnstation Alexanderplatz kommend, hatte Magda sich darüber gefreut, wie einfach das Polizeipräsidium zu finden gewesen war. Nicht nur, dass der Bau aus rotem Backstein mit seinen vier Stockwerken und den plumpen Türmchen an den Ecken – den die Berliner die Rote Burg nannten – kaum zu übersehen war. Der Eingang lag, praktisch für alle Ankommenden, in der schmalen Dircksenstraße, die parallel zu der auf einem Hochgleis fahrenden Bahn verlief.

»Ich möchte zu Kommissar Wagner. Ich bin …«

Den Satz zu vollenden, gelang Magda nicht, denn der so schläfrig wirkende Beamte schnitt ihr das Wort ab: »Name.«

»Magda Fuchs. Ich bin …«

»Wollen Se nen Mord melden?«

»Nein. Ich bin die neue Polizeiärztin. Aber ich …«

»Sind Se neu? Hätten Se gleich sagen sollen. Hier sind Se falsch. Det is der Eingang fürs Publikum. Jibt zwee für Leute wie Sie.«

Magda war so verblüfft, dass sie nichts erwiderte.

»Kommen Se.« Damit schob der Mann seinen spindeldürren Leib aus dem Verschlag heraus. Da ihm ein Bein fehlte, stützte er sich auf zwei Holzkrücken, die er sich unter die Achseln klemmte. Er öffnete eine Glastür und deutete mit einer Krücke in einen langen Gang. »Immer jeradeaus. Dritter Quergang rechts, zweiter links, erster Stock, fünfte Tür links. Allet Jute, Frau Dokta.« Damit ließ er sie stehen.

Nach dem zweiten Quergang begann Magda den Aufbau des Präsidiums zu verstehen: Um möglichst viele Büros auf wenig Raum unterzubringen, hatte man sie um winzige Innenhöfe gruppiert. Auf den verbindenden Gängen begegneten ihr unzählige streng blickende Herren in Anzügen und mit Hüten auf dem Kopf, aber kaum eine Frau. Und obwohl Magda so spät dran war, hatte sie das Gefühl, sich vor dem ersten Gespräch mit dem Kommissar zumindest ein wenig herrichten zu müssen. Doch die Toiletten, an denen sie vorbeikam, waren allesamt mit einem breitbeinigen H beschriftet. Kein einziges weiches D.

Als sie den vermutlich einzigen Rückzugsraum für Damen endlich gefunden hatte, blickte sie ihr müdes, abgekämpftes Gesicht aus dem Spiegel an. Ihr volles kastanienbraunes, leicht gelocktes Haar hatte schon immer vieler Haarnadeln bedurft, um im Zaum gehalten zu werden. Gerade wehrte es sich mit aller Macht gegen den schwarzen Hut, der es niederdrückte. Die Schatten unter ihren hellblauen Augen, die sich dort seit Bertrams Tod wie Trauergäste niedergelassen hatten, die nicht heimgehen wollten, waren noch dunkler. Rasch puderte sie ihr Gesicht, nötigte das widerspenstige Haar in einen strengen Knoten am Hinterkopf und stülpte den Hut über.

»Frau Polizeiärztin«, sagte sie halblaut in das sie kritisch aus dem trüben Spiegel ansehende Gesicht. Und hörte die vorwurfsvollen, aber lieb gemeinten Abschiedsworte ihrer Schwester heute in aller Früh auf dem Hildesheimer Bahnhof: »Du bist doch nicht bei Trost, dir das anzutun, Magda.«

»Ich will nicht länger in meiner Trauer ertrinken, Christa«, hatte sie entgegnet. Jetzt reckte sie das Kinn, packte die Arzttasche und machte sich auf die Suche nach dem irgendwo in den Tiefen dieses riesigen Gebäudes verborgenen Herrn Wagner.

Die Flure schienen eng und verwinkelt wie Maulwurfsgänge. Dann wieder tat sich plötzlich eine lange Flucht auf, die auf Magda wirkte, als würden die Wände sich am Ende des Flurs berühren. Auf dem Boden aus grauem Linoleum, der scharf nach Bohnerwachs roch, quietschten Magdas schnelle Schritte. Alle Türen waren geschlossen.

Sollte das etwa ihr täglicher Arbeitsplatz werden? Das hatte sie sich anders vorgestellt. Wenngleich sie sich eingestand, dass sie sich eigentlich gar keine konkrete Vorstellung vom Inneren des weit über die Berliner Stadtgrenzen hinaus bekannten Polizeipräsidiums der Hauptstadt gemacht hatte.

Über die Annonce in der *Medizinischen Wochenschrift* war sie nur deshalb gestolpert, weil es geheißen hatte: *Polizeiarzt (weibl.) gesucht*. Stellen, die gezielt für Ärztinnen ausgelobt wurden, waren eine Seltenheit. Aufgegeben hatte das Inserat das Berliner Gesundheitsamt, das künftig für sie zuständig war. Doch in ihrem Vertrag hieß es, sie würde bis auf Weiteres dem Polizeipräsidium zugeordnet sein. Sie solle sich dort mit einem Kommissar Wagner in Verbindung setzen, hatte im Anschreiben gestanden, und Magda rief ihn an. Das Telefonat war kurz gewesen: »Dann kommen Se Mittwoch um halb zwölf vorbei.« Ein Sprung ins kalte Wasser.

Während sie die langen Gänge entlanghastete, blieb ihr

Blick immer kurz an den Namensschildern haften. Und da stand es endlich: *Ernst Wagner. Kommissar.* Sie klopfte. Niemand antwortete.

Es war inzwischen fast halb eins. Vorsichtig öffnete sie die Tür und lugte in den Raum. »Guten Tag!« Es klang mehr wie eine Frage.

Immer noch keine Reaktion.

Sie öffnete die Tür ein bisschen weiter und trat langsam ein.

Der große Schreibtisch stand quer vor dem für den Raum viel zu kleinen Fenster – auch hier drinnen also: eine Burg. Mitten auf dem Tisch ein Teller mit einem halb aufgegessenen Stück Sahnetorte. Darum verteilt Aktenordner, Fotografien, Papiere und Zettel mit einer Handschrift, die einen eigenwilligen Geist verriet. Ein Sofa aus ausgebleichtem grünem Stoff und zwei Sessel verströmten eine für einen solchen Raum etwas befremdliche Gemütlichkeit. Gleich neben dem Schreibtisch befand sich eine Tür, grau wie offenbar alle Türen hier und nur angelehnt. Von dort erklang das Stakkatogewitter einer Schreibmaschine. Und im selben Moment dröhnte draußen die Stadtbahn auf ihrem Hochgleis vorbei, das parallel zur Dircksenstraße auf Höhe des ersten Stockwerks verlief. Es war so laut, dass es durch die geschlossenen Fenster drang.

Hinter einem fast ebenso wuchtigen Tisch wie im Nebenzimmer lugte eine Frau über ihre Schreibmaschine. Sie schob sich die Brille mit den dicken Gläsern auf die Nasenspitze und sah Magda darüber hinweg an. Ihr Blick fiel auf die Arzttasche. »Na, sind Se nu endlich da?«

Das Haar der Sekretärin war zu einem runden Knoten gebunden, was ihr volles, weiches Gesicht noch mütterlicher erscheinen ließ.

»Der Herr Kommissar is schon wech.«

»Das tut mir leid. Mein Zug hatte Verspätung. Sonst wäre ich schon vor einer Stunde hier gewesen.«

»Is ja ein Mistwetter. Eben November. Waren Se schon in Ihrer Pension?«

»Ich habe noch keine.«

»Und Ihr Jepäck lassen Se hier in die Burg schicken?«

»Ich habe nur die Tasche.« Es erschien Magda unpassend, jetzt zu erwähnen, dass der Koffer gestohlen worden war. Was machte denn das für einen Eindruck, wenn sie, die künftige Polizeiärztin, sich beklauen ließ, kaum dass sie in Berlin angekommen war?

»Wollen Se denn nich länger bleiben?«

Das grelle Läuten des Telefons verhinderte zum Glück Magdas Antwort. Sie hätte ihre gedrückte Stimmung in diesem Moment wohl kaum verbergen können.

Das Gesicht der Sekretärin wurde förmlich, während sie den schweren Hörer von der Gabel eines Telefons nahm. Ein modernes Gerät, wie Magda es noch nicht kannte. »Polizeipräsidium. Vorzimmer Kommissar Wagner. Sie sprechen mit Frau Krawinski. Ich höre.«

Aus dem schwer in der schmalen Hand der Sekretärin liegenden Hörer drang eine kräftige Männerstimme. Bei deren ersten Worten zeigte sich erneut eine Veränderung auf dem Gesicht der Frau, die Magda auf Mitte vierzig schätzte. Sie lächelte kaum merklich, wurde sogleich wieder ernst und blickte im selben Moment Magda an, wobei sie nickte: »Ja, Frau Fuchs steht neben mir. Das Wetter hat se aufgehalten. Is ja ne weite Reise.« Sie lauschte wieder.

»Ja, sag ich ihr, Herr Kommissar. Ich schick se zu Ihnen.« Sie legte auf. »Sie sollen gleich zum Herrn Kommissar fahren. Wieder ’n Mord.«

Wenn Tote gefunden wurden, war dafür die Gerichtsmedizin zuständig. So kannte Magda es zumindest aus Hildesheim, wo es keine Polizeiärzte gab. »Mord? Wieso Mord?«, fragte sie. Erst jetzt wurde ihr bewusst, dass sie als Polizeiärztin mit schweren Verbrechen zu tun haben könnte. Frau Krawinski sah sie irritiert an. »Das hier is der Mordbereitschaftsdienst. Jeden Tag haben wir mindestens zwei Morde. Der arme Herr Kommissar, nie kommt er zur Ruhe.« Frau Krawinski klang, als sorgte allein ihr Vorgesetzter in der Stadt für Ordnung.

»Ich bin keine Pathologin«, sagte Magda. Hatte sie sich etwa falsche Vorstellungen von der Stelle gemacht?

Frau Krawinski überhörte die Bemerkung. »Muskauer Straße. Das is in der Luisenstadt. Da erwartet der Herr Kommissar Sie.« Sie drehte sich um, und Magda rechnete damit, einen Stadtplan in die Hand gedrückt zu bekommen. Stattdessen streckte ihr die Frau ein Päckchen entgegen. »Bringen Se doch bitte dem Herrn Kommissar seine Stulle mit. Er hat ja nich mal Mittagspause jehabt wegen der vielen Toten.«

Das Haus, vor dem Magda stand, war recht neu, vielleicht dreißig Jahre alt, aus den Glanzzeiten des Kaiserreichs, vier Etagen, Stuck an allen Fenstern. Sie drehte sich kurz um, sah die Straße hinauf und hinunter. Das war ihr schon während der Fahrt aufgefallen: wie großzügig die Berliner Straßen waren. Chausseen mit hohen kahlen Bäumen, sogar breiter als die Landstraßen rund um Hildesheim. Und selbst hier, wo die hohen Mietshäuser mit den fast gleichförmigen Fassaden Schulter an Schulter standen, war die Straße breit und schnurgerade.

Das gesuchte Haus hatte einen Haupteingang und eine Tordurchfahrt. Zwar war auf der Straße niemand zu sehen, doch aus dem Durchgang waren Kinderstimmen zu hören.

Sie würde den Kommissar im zweiten Hinterhof finden, hatte der Fahrer gesagt.

Zahllose Kinder suchten im Durchgang vor dem Regen Schutz. Keines älter als sieben, acht Jahre, alle zu dünn angezogen, die meisten barfuß, einige in löchrigen Strümpfen. Obwohl es so kalt und feucht war. Nur ein älterer Junge in zu kurzer Hose hatte ein komplettes Paar viel zu großer Schuhe an den Füßen. Die Kinder beobachteten jeden von Magdas Schritten mit hungrigen Augen. Sie schienen ihre Unsicherheit zu spüren und sich untereinander mit Blicken zu verständigen. Dann trat der mit den Schuhen vor. Wortlos streckte er Magda seine Kinderhand entgegen. Als wollte er sie begrüßen. Doch die schmutzig graue Innenseite war wie eine kleine Schale nach oben geöffnet, die gefüllt werden wollte. Nun folgten andere seinem Beispiel.

Diese unverhohlene Bettelei, die zugleich so nachvollziehbar war, weil die Kinder vollkommen heruntergekommen waren, erschreckte Magda. Sie kam sich hilflos vor. Allen hätte sie Geld in die kleinen Hände drücken mögen und ahnte, dass der Junge mit den Schuhen alles einstecken würde. Fast meinte sie, er könnte wie ein ausgehungerter Hund das Brot mit der Cervelatwurst in ihrer Manteltasche riechen.

Es war kein Durchkommen.

»Wo ist der Kommissar?« Magda legte alle Strenge in ihre Stimme, die sie in diesem Moment aufbringen konnte.

Das Novemberlicht, in dem die Stadt lag, war ohnehin grau. Viel zu wenig davon fiel in den Hinterhof. Kaum noch etwas drang bis in das Verlies vor, in das Magda ein paar Stufen hinunterging. Zum Dämmerlicht gesellte sich der Geruch von Feuchtigkeit. Beides zusammen gab Magda das Gefühl, eher ein Grab als eine Wohnung zu betreten.

Sie rief sich zur Ordnung; schließlich lag ein solcher Vergleich nahe, wenn man den Schauplatz eines Mordes betrat.

Doch es handelte sich zweifellos um eine Wohnung, so klein sie auch war. Allmählich konnte Magda zwei Betten mit dicken Decken – offensichtlich aus Stroh –, einen Tisch, zwei Stühle, Pappkoffer und Kisten ausmachen, hinten an der Wand befand sich ein Wasserauslass mit Blechbecken. Ein kleiner Ofen, dessen Abgasrohr durch das Kellerfenster in den Hof führte. Es war kaum zu glauben, dass hier Menschen wohnten.

In der Enge der Wohnung wirkte der massige Mann mit Hut und Mantel, der ihr die Hand entgegenstreckte, wie ein Eindringling. »Kommissar Wagner«, sagte er. »Willkommen. Sie sind also Frau Doktor Fuchs.« In seiner sonoren Männerstimme lag Autorität.

Wagner musste den Kopf einziehen, um in der niedrigen Kellerwohnung überhaupt aufrecht stehen zu können. Seinen Hut wollte er offensichtlich dennoch nicht abnehmen.

»Nur Fuchs«, erwiderte Magda. »Ich habe keinen Titel.«

»Ich sage Frau Doktor zu Ihnen. Klingt besser in so einer Umgebung. Man muss hier für Respekt sorgen.«

Wagners Gesicht konnte sie eher erahnen als sehen, er mochte etwa vierzig sein.

»Was ist hier geschehen?«, fragte sie. Die feuchte Luft machte das Atmen schwer.

Wagner machte eine Geste in Richtung der Betten. »Ehegattenmord.«

Wegen der schlechten Lichtverhältnisse sah es aus, als würde der Körper des Mannes mit dem Bett verschmelzen, auf dem er bäuchlings lag. Der Schatten neben dem Ofen verschluckte die zweite Leiche, und Magda nahm sie nur deshalb wahr, weil ein Mann daneben kniete, der sich nun erhob.

»Doktor Wenzel vom gerichtsmedizinischen Bereitschaftsdienst«, stellte Kommissar Wagner ihn vor.

Wenzel nickte einen flüchtigen Gruß. »Für Sie die Lebenden, für mich die Toten«, sagte er und wandte sich an Wagner: »Die Frau hat erst ihren Gemahl hinterrücks erstochen und sich dann die Adern aufgeschnitten. Nur ein Kind hat überlebt.« Er trat zur Seite. »Wenn Sie sich bemühen möchten, Frau Kollegin.«

Von dem in Decken gewickelten Säugling war kaum mehr als das Gesicht zu sehen; er schien trotz des Wirbels um ihn herum fest zu schlafen. Angesichts der schlechten Lichtverhältnisse war auf den ersten Blick nicht einmal sicher zu sagen, ob das Kind lebte. Doch die Merkmale der Mangelernährung im Gesicht des Kindes waren unübersehbar: blutig eingerissene Mundwinkel und Wassereinlagerungen, sogenannte Hungerödeme. Magda öffnete ihre Arzttasche, nahm das Stethoskop heraus und schob die Lumpen, in die das Kind gewickelt war, behutsam beiseite. Das winzige entkräftete Lebewesen öffnete die Augen einen kleinen Spalt und schloss sie sogleich wieder.

»Darf ich kurz um Ruhe bitten?«, sagte Magda, um die Herztöne hören zu können.

Die Kontraktionen eines gesunden Lebensmuskels hatten etwas Kraftvolles, Beruhigendes. Obwohl Magda es schon so oft gehört hatte, mutete der Rhythmus, den ein Mensch aus sich selbst hervorbrachte, wie ein Wunder an. Doch dieses kleine Herz kämpfte um jedes Pulsieren, es kam aus dem Takt, stolperte, versuchte es erneut. Lange würde es nicht mehr die Kraft haben durchzuhalten. Im Gesicht waren die Wassereinlagerungen offensichtlich.

Doch Herz und Lunge eines derart unterernährten Säuglings waren in aller Regel ebenso geschädigt.

Vorsichtig drehte Magda den winzigen Körper herum

und horchte die Lunge ab. Das Organ, das dem Herzen zuarbeitete, bekam kaum noch Luft. Es klang wie ein leises Gurgeln. Sie wickelte das Kind wieder ein, nahm es hoch. Vor allem in den Augen des Kollegen Wenzel las sie, was auch ohne Stethoskop offenbar war.

»Die Folgen des Hungers sind unser tägliches Brot, Frau Doktor«, sagte Kommissar Wagner. Seine Stimme war nun deutlich leiser.

Im Hof hatte sich inzwischen eine Handvoll Erwachsener eingefunden. Sie reckten die Köpfe, wirkten aber nicht übermäßig neugierig. Eher so, als wären sie nicht überrascht davon, welche Tragödie in ihrer Nachbarschaft geschehen war.

»Kennt jemand das Ehepaar Lebert?« Wagners voluminöse Stimme füllte den Hof, als sie die Kellerwohnung verließen.

»Amalie is meene Schwester«, sagte eine junge Frau in grober schwarzer Kleidung mit Schürze. »Wat is mit ihr?«

»Tot ist sie, gute Frau«, antwortete Kommissar Wagner. »Hat ihren Mann umgebracht.«

»Det war n Schwein. Hat nich jegloobt, dat Grete von ihm is. Jesoffen und jestritten hat er«, sagte die Schwester der Toten.

Die Umstehenden nickten.

»Lebt Gretchen?«, fragte die Frau. Wagners Blick gab Magda das Wort.

»Sie ist sehr schwach. Sie muss ins Krankenhaus.«

»Strobel, bring die Tante und das Kind in die Charité«, sagte Wagner. »Ich darf, Frau Doktor?« Damit nahm er ihr das Kind aus dem Arm und reichte es der Schwester der Toten.

Das ging so schnell, dass die überraschte Magda ihre Sprache noch nicht wiedergefunden hatte, als der Schupo bereits mit den beiden verschwand.

Anstatt sein rücksichtsloses Verhalten zu rechtfertigen, fragte Wagner übergangslos: »Hat Frau Krawinski Ihnen was für mich mitgegeben?«

Magda war von diesem abrupten Themenwechsel kurz überfordert. Dann begriff sie und reichte ihm das Wurstbrot. Wagner wickelte es aus, biss hinein. Wo er war, wer anwesend war und was hier geschehen war, schien ihm einerlei zu sein.

Jetzt endlich sah sie sein Gesicht deutlich. Es war vollkommen glatt rasiert, rund, mit einem Doppelkinn. Bei seinem Alter hatte sie wohl richtiggelegen.

»Ich muss los. Wir sehen uns im Präsidium. Schönen Tag noch, Frau Doktor«, sagte er mit halb vollem Mund und marschierte durch den Hof, quer durch die Kinderschar. Wie zufällig ließ er das Brot fallen. Es landete nur deshalb nicht auf dem Boden, weil sofort ein Junge herbeisprang, um es aufzufangen.

# HUNGER NACH LEBEN

— ♦ —

Pension Bleibtreu«. Kein schlechter Name, den sich ihre Mutter ausgedacht hatte. Das musste Celia zugeben. Damit erschöpfte sich ihre Begeisterung aber auch schon. Ganz langsam und mit spitzen Fingern schob sie die *Berliner Morgenpost* von sich, die zwischen ihr und ihrer Mutter auf dem Tisch im kleinen Salon lag. Auf dem polierten leicht rötlichen, mit Intarsien verzierten Kirschholz wirkte die Anzeigenseite der Tageszeitung wie ein Eindringling.

»Das hältst du für eine gute Idee, Mutter«, stellte sie mehr fest, als dass sie fragte. Innerlich kochte sie vor Empörung. Allerdings kannte Celia ihre Mutter gut genug, um zu wissen, dass sie gegen sie nicht ankam. Nicht einmal ansatzweise. Darin lag ja das Problem. Gewissermaßen das Problem ihres Lebens, das ihr gerade wieder vor Augen geführt wurde.

»Es geht nicht darum, ob es eine gute Idee ist, Celia. Ich muss vielmehr dafür sorgen, dass Geld ins Haus kommt.« Agnes Fahrland reckte ihr Kinn noch ein wenig höher.

Ihre Tochter kannte diese Geste zur Genüge und sah darin nur Stolz und Rechthaberei. Und nicht das, was ihre Mutter damit auszudrücken gedachte: die Überlegenheit alten ostpreußischen Adels, dem sie entstammte und der ihr anzusehen war. Mit ihren bald fünfzig Jahren war sie immer noch gertenschlank, das weizenblonde Haar zu einem strengen Knoten gebunden. Heute trug sie ein türkisblaues Korsagenkleid. Celia fand die Farbe überaus passend; sie spiegelte die Gefühlskälte ihrer Mutter wider.

»Diese Wohnung ist unser Zuhause«, sagte Celia.

»Es *war* deines. Diese Zeiten sind vorbei. Du hast ein eigenes Heim. Dass du es scheust, ist eine Schmach, die du auch mir fortwährend bereitest.«

»Eine Schmach ist, dass du mir vorschreibst, wie ich mein Leben zu führen habe, Mutter. Wenn du nicht hintertrieben hättest, dass ich Medizin studiere, hätte ich schon bald als Ärztin mein eigenes Geld verdient«, schnappte Celia.

»Nicht schon wieder dieses unerquickliche Thema«, sagte Agnes Fahrland. »Zurück zum eigentlichen Grund unseres Gesprächs. Ich habe Liesl angewiesen, die wenigen persönlichen Sachen aus deinem früheren Jugendzimmer zu entfernen.«

»Das heißt, auch mein Zimmer wird an Gäste vermietet?«

»Wozu solltest du hier noch ein Zimmer haben?«

Nicht um dir, sondern um Vater nah zu sein. Um einen Zufluchtsort zu haben. Um … Ach, es hat keinen Sinn, sich an die Vergangenheit zu klammern, dachte Celia resigniert.

Sie hielt es auf dem mit goldgelbem Samt bezogenen Stuhl kaum mehr aus. Auf diesem Möbelstück konnte man ohnehin nicht sitzen, ohne dass nach einer Viertelstunde der Rücken schmerzte. Es zwang jeden am Tisch in eine aufrecht steife Haltung. Obwohl der kleine Salon ausdrücklich für den Nachmittagstee eingerichtet war, bei dem eigentlich entspannt geplaudert wurde. Celia konnte sich an keine solche Runde erinnern. Und gelöst hatte sie ihre Mutter noch nie erlebt.

»Ich musste alle Räume zur Disposition stellen«, sagte Agnes Fahrland.

»Findest du es nicht selbst eigentümlich, hier mit fremden Menschen zu wohnen?«

Ihre Mutter schnipste einen nicht vorhandenen Fussel von ihrem türkisblauen Kleid. »Celia, die Haushälterin habe ich schon entlassen. Soll ich deinen Vater ohne Köchin und die beiden Dienstmädchen versorgen?«

Das waren nachvollziehbare Argumente, doch Celia hätte sich gewünscht, von ihrer Mutter in solche Entscheidungen einbezogen zu werden. Vielleicht hätte es ja andere Möglichkeiten gegeben. Immerhin war Celia mit einem vermögenden Bankier verheiratet. Wenngleich auch wider Willen. Derart übergangen zu werden zeigte ihr erneut, dass ihre Mutter sie nach wie vor für ein Kind hielt. Trotz ihrer zweiundzwanzig Jahre.

»Wann sollen die ersten Logiergäste hier eintreffen?«, fragte Celia.

»Ich denke, dies wird heute der Fall sein. Ich behalte mir natürlich eine eingehende Prüfung der betreffenden Damen vor.«

»Welchen Kriterien müssen sie denn entsprechen, die Damen, damit sie deinem scharfen Blick standhalten?«

»Dieselben, die ich an jeden anlege, der die Füße bislang unter unseren Tisch gestreckt hat.«

Celia lachte laut auf. »Es wird jeder der Damen ein Genuss sein, dies zu tun.« Sie wusste, wie fruchtlos ihre Ironie war. »Du entschuldigst mich bitte, Mutter.« Sie ging hinaus und schloss die Tür leise hinter sich. Obwohl sie sich schon so oft gewünscht hatte, sie mit lautem Krachen ins Schloss zu werfen, hatte sie es noch nie getan.

Während sie gedankenschwer durch die Räume der Wohnung streifte, hielt Celia plötzlich inne. Mit verbundenen Augen hätte sie sagen können, dass sie sich vor dem Musikzimmer befand. An dieser Stelle kippelte das Holz der Eichenriemen im Dielenboden, wenn sie darauftrat. Sie erinnerte sich haargenau, dass es kurz vor ihrem zehnten Geburtstag gewesen war, als das neue Klavier geliefert worden war. Das vordere Rädchen des schweren Instruments war beim Absetzen genau an dieser Stelle aufgeschlagen.

Jetzt klappte Celia den Deckel auf. Sie sah ihren Vater, der ihrem Spiel mit geschlossenen Augen lauschte. Ihre Finger verkrampften sich; sie konnte nicht mehr spielen. Seit Jahren nicht. Sie schloss das Instrument und wischte mit ihrem seidenen Halstuch die Fingerspuren vom schwarz glänzenden Klavierlack. Sie wandte sich ab und verließ den Raum.

Die Wohnung war schon immer riesig gewesen. Celia war das früher nie aufgefallen, weil die vielen Räume und langen Korridore voller Leben gewesen waren. Seit jenem schmerzlichen Tag vor drei Jahren, dem Tag, an dem die Nachricht vom Tod ihres Bruders Gottfried kam, war das anders. Es war eine Wunde, die nicht heilen wollte. Keine sechs Monate später hatte dann das Unglück mit ihrem Vater begonnen. Der erste von mehreren Schlaganfällen.

Sie stand vor der Tür seines Zimmers, die schmale Hand bereits erhoben, um zu klopfen, doch sie zögerte. Es schmerzte so unendlich, ihn in diesem Zustand zu sehen. Aber es musste sein, denn er freute sich immer so, dass er weinen musste, wenn sie ihn besuchen kam. Und dann konnte auch sie die Tränen nicht zurückhalten.

Ich werde dieses Mal nicht weinen, schwor sie sich.